湖南科技大学学术著作出版基金资助项目

湖南科技大学马克思主义学院学术著作资助项目

Chengshi Renmin Gongshe Yanjiu
Ziliao Xuanbian

城市人民公社研究资料选编

第 4 卷

李端祥　编著

人民出版社

编著说明

即将出版的《城市人民公社研究资料选编》(8 卷本,下称《选编》)是 2012 年度国家社会科学基金重点项目《城市人民公社文献的收集、整理与研究》两项结题成果《城市人民公社文献选编》(12 卷本,主结题成果)与《城市人民公社运动再研究》(专题论文集,副结题成果)的精选部分。它是集"编"与"著"为一体,融"史"和"论"于一身的大型学术著作。编入本《选编》的文献共 572 篇(其中专题研究论文 15 篇,档案资料 264 篇,报刊资料 293 篇)。其卷本构建如下:

《城市人民公社研究资料选编》

第一卷:《城市人民公社运动再研究》

第二卷:《城市人民公社档案资料》(甲)

第三卷:《城市人民公社档案资料》(乙)

第四卷:《城市人民公社档案资料》(丙)

第五卷:《城市人民公社档案资料》(丁)

第六卷:《城市人民公社报刊资料》(甲)

第七卷:《城市人民公社报刊资料》(乙)

第八卷:《城市人民公社报刊资料》(丙)

本《选编》第一卷《城市人民公社运动再研究》,之所以如此命名,自然包含着与本人第一本拙著《城市人民公社运动研究》(国家社科基金一般项目《乌托邦思想与城市人民公社研究》的最终成果,下称《研究》)的联系与区别。就研究主题而言,是《研究》的延伸与拓展。就研究内容而言,是《研究》中未曾涉及与深入的问题。此卷中的 15 篇专题论文,自著 11 篇,本人指导的硕、博士研究生论文 4 篇(编入本书时作了压缩与修改)。按各自论文发表或刊载先后为序，编入本卷。

第二、三、四、五卷为档案文献资料，共收录此类资料264篇。第二卷收录的是中央部委级（包括协作区）文献资料，以文献制作时间为序，将其依次编排。第三、四、五卷收录的是地方文献资料，从社至省各级都有。以文献制作者为分层标准，将其分成省市（地）级、区（县）社级两个层次，各个层次的文献按时间顺序编排。需要说明的是，由于第三、四、五卷内的文献源自多个省市，而有些文献在标题中并未标明文件的适用范围，所以在编入本书时，编者在文献标题前加注了文献的产地，放在括号内以示区别，如《（上海市）关于积极准备条件，建立城市人民公社的工作规划（草稿）》。这样，能使读者一目了然，便于查阅。

第六、七、八卷为报刊文献资料，共收录1958年至1962年间几十家官方报刊上的城市人民公社文献293篇，以报刊名称为单位，按每种报刊文献刊出的时间为序编排。值此，有两种情况需要说明，一是“（十八）《人民公社好》”，不是报纸，也不是期刊，而是书名。当年由中共哈尔滨市委办公厅编辑出版的一本小册子，收集于旧书摊，因为就一本，只能将其编入报刊类。二是有多种报刊的文献篇数较少，将其统一编排在“其他报刊”条目内。

还需说明的是，整理编辑中为保持文献内容原貌，哪怕是读者明显感觉到的疑惑之处，也未作更改。比如文献原件中的数字一般有汉字和阿拉伯数字两种表达方式，在本书中均保持原样，未按统一要求予以处理。在尽量保持文献内容原意的同时，也作了一些必要的修改和添加：(1)对档案文献中一些涉及个人名誉、隐私的人名，本书只标姓，名字用××代替；(2)政治敏感性内容作了技术处理，用□□代替被删除的文字；(3)原文中没有文件名的，编入本书时加了标题，并作题注；(4)对一些文献作者（地厅级及以上人员）作了注解；(5)档案文献来源，应档案馆要求，仅注“原件现存于×××档案馆”；(6)每篇文献题目下行居中有一个用汉字表达的日期（文献制作时间）为编者所加；(7)制作日期仅标明月、旬的部分文献，一般放在该月、旬的最后面；(8)文献中涉及的方言，在其后的圆括号内加了注释。

另外，原件中的错字、别字，或不规范的字，本书中分别在〈〉内校正；缺字和不能辨认的字加□号；原文中的通假字、旧式引号，本书都未校改。

城市人民公社研究资料(包括档案资料与报刊资料)是反映城市人民公社历史事件的文字史料,是城市人民公社历史研究的基础。由于城市人民公社是“左”的错误的一种表现,历史已证明,建立城市人民公社为最初探索社会主义建设道路的一次不成功尝试。所以,本书所收录的史料,适宜研究参考使用。正因为如此,对资料的整理编辑提出了更高要求。在工作中始终坚持严谨作风,一丝不苟,力求电子稿与纸质原件高度一致;体例力求清晰,为的是便于读者查阅利用,更准确地了解把握城市人民公社历史原貌。即便这样,疏漏与错误依然在所难免,敬请读者批评指正。

值此《选编》付梓之际,本人深感本书关于资料收集、整理研究、编辑出版任务之艰难。一路走来,离不开单位、师长、同事、学生以及家人的帮助与关心。一桩桩,历历在目;一件件,感恩不尽。

师恩浩荡,大爱无疆。把本套书比作一艘在学海中从此岸到彼岸的航船,启航者是我的研究生指导老师湖南省委党校雷国珍教授,而导航者当属北京大学原副校长梁柱教授、湖南省社科院院长刘建武教授、湖南科技大学党委书记刘德顺教授、湖南科技大学校长朱川曲教授、湘潭大学校长李伯超教授、湖南科技大学副校长李琳教授、中共福建省委党校郭若平教授、湘潭大学谢起章教授,护航者则是国家社会规划办、中央党史研究室、人民出版社、湖南科技大学。

新史料是史学研究创新的根本动力,也是成就本套书稿最基础、最关键、最根本的要素。感谢中央档案馆及北京、上海、天津、黑龙江、吉林、辽宁、河北、河南、湖北、湖南、江西、广东、广西、福建、江苏、浙江、四川、云南、贵州、山西、陕西、甘肃、青海、内蒙古、宁夏、新疆等省会城市档案馆的领导和工作人员,在资料收集时所提供的大力支持与无私帮助。特别要感谢上海市、湖南省、福建省、陕西省、宁夏回族自治区、广西壮族自治区、河南省、沈阳市、南京市、合肥市、哈尔滨市、南昌市、福州市、南宁市、银川市、长沙市、湘潭市、株洲市、长沙市岳麓区、湘潭市雨湖区等档案局(馆)的领导与工作人员,因其受崇尚学术、敬畏历史、共享宝贵资源等崇高精神的驱动,还将已查阅的馆藏城市人民公社资料予以授权出版。倘若没有他们的博大胸怀,本套书远没有现在这样丰富。

常言道:“一个篱笆三个桩,一个好汉三个帮”。感谢《城市人民公社文献的收集、整理与研究》课题组成员吴怀友教授、许彬博士、邹华斌博士、米晓娟老师为课题研究所作的努力与贡献;感谢马克思主义学院徐德刚教授、吴怀友教授、廖和平教授、廖加林教授、吴毅君教授、米华教授、赵惜群教授、刘大禹教授、毛小平教授、李连根教授、朱春晖教授、罗建文教授、尹杰钦教授、宋劲松教授、黄利新教授、杨松菊博士、刘敏军博士、戴开尧副教授、谢忠教授、刘正妙博士、黄爱英博士、韩平博士等对课题研究与本书出版的大力支持。感谢马克思主义学院中共党史硕士点、中国近现代史纲要教研部的专家学者们对课题研究与本书出版的鞭策鼓励及人文关怀。其中李秀亚老师整理本书稿时反映出的扎实的专业功底、精益求精的职业操守、一丝不苟的治学精神、任劳任怨的劳动态度,令人敬佩。另外,由衷感谢湖南科技大学党校副校长彭雪贵先生,在本书整理、出版最需要时候的竭诚相助,有些甚至是雪中送炭。愿好人一生平安。

感谢湖南科技大学马克思主义学院中共党史专业与中国近现代史基本问题方向的硕士研究生为资料整理所付出的艰辛劳动。与此同时,特别感怀我指导的研究生刘洋(博士)、姚二涛(博士)、张家勇、汪前珍、付彩霞、米晓娟、钟俊、盘林、肖楚楚、阳文书、万建军、钟原、李鑫、刘璐、姜陆同学,因其怀有对稀缺历史资源的好奇与敬畏,不惜为本套书各个环节的工作挥洒甘露般的汗水。

本套书能在人民出版社成功出版面世,离不开该社崔继新先生、刘江波先生的独具慧眼、运筹帷幄,离不开高华梓博士为本套书编辑所付出的艰辛劳动。在此,深表谢意。

感谢我的妻子肖金玉,完成本职工作外,包揽了所有家务,让家庭环境井然有序、生活温馨和谐,为的是让我有舒畅的心情、旺盛的精力、充足的时间从事城市人民公社资料的收集、整理与研究工作。常言道,一个成功男人的背后,必定有一个贤慧女人。我算不上成功男人,但背后妻子的贤慧却是不折不扣、名符其实。还有我的儿子李博,虽然学的是金融专业,从事金融工作,但对历史问题,尤其对中国历史感兴趣并有感悟。对我的研究工作很是支持,提出的意见诚恳而宝贵,有些甚至是建设性的。

所有这些，都使我深深感到，本套书能够以现在的面貌出版，其中蕴含了多少人的聪明才智，也凝聚了很多人的辛勤劳动。在此，再次对已提及和未提及的单位和个人，表示诚挚的谢意。

李端祥

2018 年 6 月 20 日

目　录

城市人民公社档案资料（丙）

（一）省、市（地）级城市人民公社资料

(二) 区(县)、社级城市人民公社研究资料

城市人民公社档案资料（丙）

（一） 省、市（地）级城市
人民公社资料

长沙市城区建立人民公社试点初步总结*

（一九五八年十月二十六日）

按照省委指示，我市于9月上旬，在城内4区各选了1个点进行人民公社的试点工作，10月中旬，城区街道都戴上公社帽子，现在全市共有32个以街道办事处为范围、以居民为对象的街道人民公社，8个学校人民公社，机关、工厂、商店建立人民公社的问题，尚在酝酿准备。现将试点的情况初步小结如下：

一、试点的基本情况

我们选择的4个试点包括三种类型：(1)以居民为对象，以1个街道办事处为范围：西区如意街；(2)以居民为对象，以2—3个居委会为范围：东区都正街3个居委会，南区天心阁2个居委会；(3)以工厂和居民混合组织人民公社：北区文昌阁的大华胶木厂和附近的4个居委会。这4个点共有居民9758户32322人，其中职工、干部、手工业社社员、中学生等共6874人，居民2548人。居民中16岁以上的共9034人。

从试点的情况来看，城市居民的第一个特点是：阶级情况比较复杂。4个点的9034名16岁以上的居民中，职工、干部、社员家属4836人，占53.53%；城市贫民和无固定雇用单位的劳动者2045人，占22.64%；摊贩和个体手工业者家属1691人，占18.72%；资本家家属240人，占2.7%；地、富、反、坏、右和

* 原件现存于长沙市岳麓区档案馆。

刑事犯罪分子 222 人，占 2.46%。

另一个特点是：妇女多，男性少；中老年多，青少年少。4 个点的 9034 人中，16—25 岁的青少年 1277 人，占 14.14%；26—45 岁的中壮年 4083 人，占 45.2%；46 岁以上的 3674 人，占 40.67%；男性 1682 人，占 18.62%，妇女 7352 人，占 81.38%。

我市的再一个特点是：全民性的整风运动和总路线的宣传教育，以及全党办工业的号召提出来以后，区办工业迅速发展，为建立人民公社奠定了一定的生产基础。4 个点在建社前已组织了各种定型生产单位 136 个，共有 4467 人参加生产，共占 16 岁以上居民总人数的 49.44%，占尚有不同劳动力总人数的 52.91%。随着生产的组织，适应妇女参加劳动的要求，福利事业也有了很大的发展，这 4 个点在建社前已组织起了公社食堂 8 个，入伙 847 人，幼儿园、托儿所共 13 个，收托儿童 440 人。但是，街道居民从事生产的人员多是妇女，半劳动力、弱劳动力多，全劳动力少，从事的生产门路是为大工业加工服务的多，其生产基础不能与农业社相比。

二、建立人民公社的必要性与优越性

从 4 个点的试点情况看，人民公社的建立，有如下六个好处：

1. 成立人民公社，实现生产组织化，生活集体化，可以把广大的妇女劳动力从家务劳动中彻底解放出来，为需要劳动力的生产战线增加力量，加速社会主义建设。4 个试点地区在建社以前，经过动员已经组织到区办工业中和参加各项劳动生产的居民共有 4467 人，当时感到劳动力再也调不出来了，但在建社过程中又调出了 2232 人参加生产，再进一步贯彻生产组织化、生活集体化，还可以调出 2000 人左右。不组织人民公社，这一点是办不到的，或者办到了，也是不能巩固的，如北区文昌阁红旗人民公社，在建社前（建立红旗居委会时），参加劳动生产的曾一度达到 1482 人，占有劳动能力的居民总数的 81.2%，但由于生产没有组织化，生活集体化没有全面推广，许多人仍然以操持家务为主，参加劳动生产为辅，如有的妇女上午 9 点钟搞完家务以后才上班，11 点钟又回去做饭，下午 3 点钟上班，5 点钟又要回去做饭，久而久之，就干脆放弃生产了，因而，参加生产的人数曾一度下降到55%左右。人民公社建立后，经过生产组织，大力实行生活集体化，吃饭进公共食堂，小孩进托儿所，做衣服有缝纫组，洗衣有洗衣组，使妇女能够从家务劳动中彻底摆脱出来，参加生产的人数就回升到1671人，占有劳动能力居民总数的91.6%以上，而且绝大多数做到以主要力量参加生产，生产效率大大提高了，如纽扣加工组，过去每组21人，只能完成加工任务，后来每组减至14人，产量却提高到9箩。

广大的家庭妇女对于建立人民公社表现了由衷的喜悦、热忱的拥护。如西区如意街职工家属李万仙等反映，“过去我们妇女只能做茶煮饭、洗衣服、带带孩子；现在入了社，能和男人一样搞生产，不再靠人吃饭了”，认为“爷有娘有，不如自己有；丈夫有，也要伸只手，咯下子入了社，洒洒脱脱参加生产，为社会主义出一份力，真正发挥妇女半边天的作用”。家庭妇女陈锡芳写了这样一首快板诗歌颂人民公社：“人民公社办起来，家庭妇女笑颜开；从此不愁冒事做，工作个个有安排；家庭琐事不必虑，饭有集体伙食开；另外还有托儿所，专门负责带小孩；一心一意搞生产，幸福生活过起来；这是搭帮毛主席，妇女才能把头抬”。

2. 人民公社建立后，充分地显示了集体力量的巨大，有利于进一步推动生产，发展生产，有力地保证了“钢帅”和重点工程的上马：4个试点在建设过程中，就新发展50个生产单位，容纳2232人，原有的生产单位一般地都扩大了。同时还调出了300多较强壮的劳动力支援炼钢和基本建设，原有生产单位的劳动生产率也大大提高了，如东区红星人民公社的七一制订厂抽走了12%的人支援炼钢，人数减少了，又多是妇女劳动力，但仍提前5天完成了20000元的产值计划。建立人民公社后，生产之所以能进一步发展的原因，还在于成立公社以后打破了原来按居委会分散组织生产力量小、各守本位、不利协作的局限（过去两个生产单位互相之间借工具也不肯借，各干各的），如北区红旗人民公社成立后，小集体变为大集体，广大社员与大华胶木厂协同努力，在两天内就办起了容纳200多人的装配、车扣子、车螺丝、压机4个工厂，大华只拿出一些设备。没有厂房，社员就腾让住房，没有工作台，社员就送来门板，节约了基建投资26000多元，工厂满意，居民高兴。

3. 建立人民公社，实现生产组织化、生活集体化，破个人，立集体；破私有，立公有；有利于兴共产主义，灭资本主义，“我为人人，人人为我”的高尚风格正在居民中形成。广大居民群众为了社里的公益事业，为了国家建设表现出来崇高的忘我的共产主义风格。如东区红星人民公社王三娭驰为了全心全意为社里办事，自己不搞家务，带着几个小孩到公共食堂吃饭，并且主动为出去支援基建的社员带了两个小孩；北区红旗人民公社70多岁的胡大爷义务参加第二食堂的掌厨工作，社员称赞他是为人民服务的老英雄，他既兴奋又感慨地说：“共产党早来20年就好了，现在人已经老了不得用了”。很多居民群众将自己家里的桌、凳、碗筷送到公共食堂来用。随着生产组织化和生活集体化的实现，资产阶级的法权观念、家庭观点和生活方式已经从根本上动摇起来了。

4. 老有所养，幼有所教，青壮年有所依归，共产主义前景激动人心。由于生产的发展，社会公共福利事业逐步大量兴办，青壮年和稍有劳动能力的人都参加了生产，老而无靠者可进幸福院；儿童都入了学，放学后有儿童俱乐部；幼儿可进幼儿园、托儿所，真正做到各有所归。看到这种现象，广大群众都亲切地感谢共产党和毛主席，如幸福院的老人龚大爹说：“解放前受了一辈子的苦，想不到活到70岁还有今天这样的日子”。

5. 可以节约大量人力物力。建立人民公社，不仅可以解放广大的妇女劳动力，而且许多老年人也可以参加一定生产或者社会服务活动；生活集体化以后，还可以大量节约物力，如北区红旗人民公社第二食堂以现有搭伙的85户185人计算，由于集中吃饭，可以节省煤4900斤，仅为原来分散吃饭时耗煤量的50%左右；这85户过去每户每天做饭以3小时计算，一天就相当于30个劳动力，现在这个食堂只用5个工作人员，节约了25个人力。其他在用电、用水、住房等方面，也都有所节省。

6. 加强了党对街道工作的领导。人民公社化不单只是一个经济组织，而且是经济、军事、文化、政治的统一体，因而街社合而为一，能够更有效地把群众组织起来，实现组织军事化、行动战斗化，提高纪律性和生产效率，更便于党对街道工作的领导。

三、建立人民公社的步骤、做法和必须抓住的几个环节。建社试点大体上是分四步进行的

第一步:做好准备工作。一是训练干部,使干部明确建社的目的要求,有关政策和工作方法;一是对建设对象的政治思想情况和劳动能力情况进行摸底排队,制订建社规划和工作计划。在试点中,有些地区由于缺乏经验,对摸底排队和劳动力规划抓得不够细致,在建设后底子不足,工作较为被动。第二步:宣传动员,发动申请入社。宣传内容主要是当前国内外有利形势,建立人民公社的意义、好处和以积极参加生产、搞好生产的实际行动迎接人民公社的建立。在宣传中,着重进行了"我为人人,人人为我"、"劳动光荣"、"艰苦奋斗"和"服从组织纪律、服从统一调配"的思想教育,同时交代政策,化除误解。宣传的方法是采取作报告,大鸣大放、大争大辩。这一步工作做得愈深入,群众思想问题解决得愈透彻,建社以后的工作就愈好做一些。在试点中,有的地方注意收集群众各方面的思想反映、组织群众鸣放辩论不够,满足于群众一片拥护声;有的地区宣传人民公社的好处多(这是对的),但宣传服从调配、努力生活、艰苦奋斗、勤俭办社不够。因此,在建设以后组织生产、实行生活集体化工作中,暴露出很多思想问题,使工作受到了一些阻碍。第三步:全力组织生产和生活集体化,掀起生产高潮,充分发挥社的力量,显示公社的优越性;同时,着手建立健全制度,加强管理,以求得社的巩固。第四步:在将居民集体生产、生活问题基本组织好以后,处理遗留问题,接管第一步下放给人民公社管理的小学、商业,并吸收机关、团体、工厂、学校入社。目前,第四步工作尚未进行。

在建立人民公社过程中,我们认为应认真抓住以下几个环节:

1. 正确地贯彻阶级路线。建立人民公社是一个伟大的社会变革,公社在建立和巩固的过程中,是存在着两个阶级、两条道路的斗争的。城市街道居民的阶级情况比较复杂,与农村有所不同。这些人由于经济地位和政治立场不同,在对待建立人民公社的态度上互不相同。在试点中,对这个问题进行了调

查研究，从调查了解的情况看，职工、手工业社员、干部家属和贫苦劳动市民，对建立人民公社一般是热烈拥护的。这类人约占人数的50%左右，是建社中主要依靠的对象；小商贩、个体手工业者（包括一部分非劳动人民出身、收入较高的职工干部家属和部分资本家家属），虽对入社表示拥护，但大多数存在着怕劳动、怕受拘束、不自由等不同程度的顾虑，这类人约占居民总数的30%左右，是应该团结教育的对象；部分资本家、资产阶级知识分子和收入较高、自发倾向严重的个体手工业劳动者家属，对入社有很大的抵触和顾虑，这类人约占居民总数的15%左右；地、富、反、坏、右及其他刑事犯罪分子，约占居民总数的5%左右，他们绝大多数人是表面不做声，不表示态度，其中一部分人暗中进行破坏，这类人应当分别情况加以孤立、分化、瓦解。如从东区堂皇里第五、六居民小组应入社的66名居民看：职工、干部、社员家属26人，其中积极拥护的17人，基本拥护但有若干顾虑的9人；贫苦劳动市民17人，其中积极拥护的15人，基本拥护但有若干顾虑的2人；小商贩及手工业者家属8人，其中积极拥护的2人，抱有不同程度顾虑的6人；资本家家属6人，其中表示拥护但有若干顾虑、抵触的5人，有严重抵触情绪的1人；另有五类分子9人，其中8人有不同程度的抵触情绪，表示争取入社改造的1人。因此，我们认为在街道建立人民公社，如何深入细致地用阶级分析的观点，摸清入社对象的政治思想情况，明确依靠哪些人，团结教育哪些人，并警惕和防止哪些人从中破坏，是一个很重要的问题，特别是要认真审查建社的骨干，如北区红旗人民公社即有少数社干需要调整，该社24个主要社干中，有14个出身成分好、思想觉悟高，个别的虽然改造上办法少一些，但都改造积极、任劳任怨、从不退缩；4人系小商贩、小手工业者，过去改造都还积极，这次却有3人表现不好，如陈××（小商贩，现安排为副社长）表现严重自私自利，搞红旗街时，首先把自己的爱人安排在妇女代销店做轻松工作，建社后看到大华胶木厂要人，又利用职权私盖社章，将爱人介绍到大华区工作；有的人是资本家或资本家家属，其中2人（肖××夫妇）过去是开大钱庄的，大儿子是反革命，次子两夫妇是右派，肖本人在鸣放时还宣扬过右派言论，工作上阳奉阴违，只做表面功夫；另一人工作虽表现积极但同劳动人民缺乏感情，态度粗暴，群众关系不好。

2. 从始至终，认真深入地做好思想教育工作。建立人民公社的过程也就是两个阶级、两条道路、两种思想的斗争过程。突出地表现在以下几个问题上：(1)参加劳动的问题：绝大多数群众是自觉地、积极地参加劳动，但也有一部分人（主要是□□□家属、□□□□家属和少数□□□□□□的生活又较富裕的□□□□□□□）不愿参加劳动，好逸恶劳，习于坐食；有的人（手工业户、收入较高的散板车人员、临时工）不愿入社，想留在社外搞自发；有一部分人虽愿参加劳动，但只愿进工厂，不愿在街道，愿干轻松的、收入高的、路近的活，不愿干活计重的、工资收入低的、路远的活或者只愿搞生产、不愿搞保育员、炊事员。(2)自由不自由、习惯不习惯的问题：主要是生活方式和习惯上新与旧、共产主义与资本主义思想的冲突。有的说劳动可以，但不愿统一调配；有的对小家庭生活爱不忍释，嫌公共食堂饭菜不合口味，强调不方便；还有少数职工干部存在封建思想，认为老婆是应该留在家里侍候自己，不让爱人入社。(3)部分资本家家属怕共产、怕入社后财产房屋归公；另一方面也有部分贫苦市民误解入社后万事大吉，想从此自己的一切生活问题都依赖社里来解决，缺乏艰苦奋斗、勤俭办社的思想准备。这些问题，开始建社时存在，在社的巩固发展过程中也还继续存在，不过在不同时期表现出的具体问题有所不同。一般看来，开始建社时群众关心的是共不共产、要不要投资等问题，经过报告讨论，这些问题大体上都解决了。但随着组织参加劳动生产、进行劳动力统一调配，处理分配问题、实行生活集体化的问题就暴露得更为深刻具体了。因此，整个建社和巩固社的过程，就是深入开展鸣放辩论、深入进行“我为人人，人人为我”“劳动光荣”“服从统一调配”“遵守组织纪律”的思想教育过程。为了做好这一点，加强对骨干干部的教育是非常重要的环节：首先要组织骨干干部进行专题讨论，提高觉悟，统一思想，消除顾虑，批判谣言，如果不紧紧抓住思想教育，特别是骨干分子的训练这一环节，骨干分子不坚强，真假干部不明，则障碍重重，人也调不动，生产也搞不起来，生活集体化也难以实行，公社就会受到损失。

3. 以生产为中心，从始至终抓紧组织生产，实行生活集体化这一环节。街道建立人民公社，当前的主要目的是解放妇女劳动力，发展生产，满足生产大跃进的劳动力需要，同时，也只有抓住了组织生产和生活集体化这一中心环节，才能为公社打下可靠的物质基础。因此，我们在动员建社时，就提出了支援"钢帅"、支援基建运输、大力组织生产、迎接人民公社化的口号，建社以后又全面组织规划生产，并进一步大力实行生活集体化，收效较大。但有的地区事先对劳动力统一规划不够，临时调不出人，有的将反革命家属、右派分子等政治上不可靠的人或有传染病的人调到食堂和幼儿园去工作，人员安排不适当，影响了工作的进展。

4. 坚持群众路线的工作方法，依靠群众、群策群力、大家办社。办社中只有依靠群众大家动手，树立群众的主人翁感觉，事情才办得快、办得好、办得省。如西区如意街先锋人民公社大办工业要房子，仅第四分社在 3 天内就由群众腾出 37 间房屋，群众都欢欢喜喜地自动搬了家，又自动协助改装房屋；办公共食堂，群众自己拖黄泥打灶，砖头、炉锅、桌凳等也是群众送来的，只花极少的钱就办起来了。食堂如何办？办起来后，管理费怎么收？是群众最关心的问题，也只有和群众商量，按照大多数人的意见才能办得好。如西区如意街公共食堂以前未和群众商量，规定了收管理费的标准，群众不了解管理费是怎么回事，认为收得太高，划不来，有的主张不收费。经过群众辩论后，认为当前不收不行，最好少收，确定了非社员收费照旧，社员大人减半，小孩又较大人减半，结果大家满意，积极入社。北区文昌阁红旗公社也是一样，过去大人收 1 元，小孩收 5 角管理费，入伙人数只有 600 人，经群众讨论，决定社员减为 5 角，小孩改为 2.5 角，入伙人数即增至 1200 人；相反的，有的地区没有和群众很好商量，群众不清楚底细，怕增加支出，就不愿进食堂。

四、城市建立人民公社的几个具体问题的意见

1. 关于城市人民公社的性质问题：城市人民公社既是行政组织又是生产组织。在所有制方面它既包含有全民所有制的成分（我市各人民公社的主要生产基地是交社经营管理的区办工业生产单位，是全民所有制性质），也包含集体和全民结合的所有制（如部分社会福利生产单位吸收了部分个体手工业户带资金工具参加），有的还包含着少量国家资本主义性质的成分（如东区都

正街资本家汤永刚尚有不少生产资料，经营喂养大量家禽），比较复杂，我们觉得城市人民公社应尽快地实现全民所有制为好。因此，规定居民入社不收股金、不投资，但对持有生产资料者，要求带生产资料入社（暂时一律登记，先不作如何处理的规定），将来视各人生活情况及社的生产发展情况，分期折价归还一部分；对资本家、地主所持有的则可掌握不归还或少归还。生产收入，社员除分配工资、享受一定公共福利待遇外，不论何种所有制一律不分红，借用皆不给息；社的积累应提一部分交区，作全区社救基金和扩大再生产之用。从总的方面看来，我市街道人民公社系以全民所有制为主要成分，同时又包含着一开始就向全民所有制过渡的其他所有制的一种较复杂的情况。

2. 关于人民公社的规模问题：为适应当前大力组织生产、劳动力大量需要的形式，以一个区成立一个公社，实行区社合一，下设 2—3 个分社为宜。这样一方面可以更进一步地发挥公社的潜力，便于集体领导，扩大和发展生产，并有利于统一调配、合理使用劳动力；另一方面，以 2—3 个街道办事处（总人口数约为 5 万—7 万人）为范围成立分社，可基本上不打乱原有街道行政组织和基层群众组织基础，避免造成脱节现象。

3. 关于机关、工厂、商店、中等以上学校的建社和条条块块的关系问题：工厂、机关、商店、学校按照中央指示的方向均应建立公社，将来都要归于一个统一的公社组织中，但这将是逐步做到的。从当前情况看，较大的工厂（如 1000 人以上的）可以本单位职工、集居工厂的家属及附近的部分居民、农民成立一个公社，这样的公社可直接受市（视同一个街道分社）领导，并由公社管理当地的行政事务；较小的机关、工厂、学校和商店都可以本单位的成员及集中居住在单位的家属为对象组织公社，本单位的党和行政的领导关系按原有系统不变，其成员的政治文化生活、物质待遇均暂按国家现行规定办理，不加变动。但由于他们在某些活动上应受当地街道的管理，如除“五害”、户口、治安行政、粮食供应等；其职工、干部家属也应当与街道分社的社员一样参加社会活动；同时，这些单位在生产、生活方面亟须与当地街道人民公社建立协作关系。为此，这一类公社可以团体为单位，加入当地人民公社街道分社为集体社员。

4. 人民公社的管理范围和体制问题：（1）工业：目前是一条街一个社，只管区办工业，将来可以将市、区所属工厂中部分较小的工厂、手工业社交分社管理，计划下达、利润上缴、工资分配暂时仍按原来规定办理。但是，单位企业分成和福利费用可以抽出一部分交由公社支配。（2）学校：目前是民办中、小学和公立小学均交分社管理，若以区成立公社，则公立中学也可交一部分到社，这样做的好处是便于学校教育与社会教育更好地结合。（3）商业：除全市性的市属较大的商店外，国营和私有合营的粮食、油、蔬菜、猪肉、煤炭及小商业群均交分社管理。职工、干部的党、团、工会关系一律转到公社，职工、干部的管理和政治思想教育均由公社负责，工资福利由原单位支付，并维持现有标准。经济核算与社分开，与社不发生经济关系，只由社监督管理。合作商店、合作小组交分社管理，经济上亦由社统一管理，提高改造形式过渡到国营或公私合营时，则经济上由公社划出，人民公社并可经营代销业务，但代销费宜低不宜高。（4）农业：城区内的菜农，一律作为大队划归城区公社。（5）兵：以生产单位为单位建立民兵的组织，由公社统一管理训练。

体制问题：以区为单位成立公社、实行区社合一，区委即为社党委会，分社设支部（或党委会），区工会、团委、妇联即为社工会、团委、妇联组织，分社亦相应成立团支部、妇联、工会。公社的最高管理机关是社员代表大会，社员代表大会选举管理委员会，管理社务（社员代表大会同人代会合一，管理委员会同人委会合一），管理委员会由社长 1 人、副社长若干人、委员若干人组成，下设办公室、生产、文教卫生、武装保卫、财会、民政等 6—8 个部，另选监察委员会，监督业务。

5. 关于入社投资及生产、生活资料的处理问题：以不规定入社股金为宜。社员的生产资料一律折扣入社或借用，属于劳动人民的，将来逐步归还一部分或全部。生活资料与生产资料不分的可暂时不处理。房屋问题，待社巩固后，先将出租部分（不够改造起点的）收归社统一经营管理。个人住房，暂后一步再进行研究处理。其他生活资料一律不动。

6. 关于收益分配积累问题：税收和利润上缴，按照国家规定办理；建社初期，在中央和省没有规定之先，定型生产单位暂按原有规定纳税和上缴。生产经营收入，大体以 4∶6 分，即积累 40%、工资 60%，但对生产收入每人不足 15 元的生产单位，可掌握不抽或少抽积累。工资分配，一律采取计时工资，除技术人员工资以不超过同等手工业社同工种等级工资外，一般粗工劳动，应逐步实行基本工资加奖励制。办法是:(1)按劳动能力分等评级,评定基本定额,确定基本工资。(2)以盈补亏统一计算。基于街道公社劳动力所从事的生产变化性较大,工资分配问题也就比较复杂,目前拟在西区如意街先锋人民公社进行调查研究和试点。

7. 关于劳动力的组织、编队问题:街道公社生产劳动活动的特点是变动性大,组织难以固定,过去是任务变动一次组织就乱一次,为了做到"组织固定,便于管理,调动灵活,便于调度",拟分别按以下四个类型编组:(1)区办工业基干单位(如机械厂、化工厂技术性较强,人员需要固定的单位)以单位为基础加以组织,这种队伍比较固定,一般不流动。(2)基建和交通运输基干队,这是今后基建、交通运输的骨干队伍。(3)以区办工业为基地的机动队(亦工、亦基础、亦运输),这个队伍是亦工、亦运输、亦基建队伍,这些人平时在生产单位生产,基建交通运输任务紧张时,可随时调出,任务完成后仍回原单位参加生产。(4)服务队伍:主要是由从事公共食堂、幼儿园等公共服务事业的人员组成;民兵师以这些劳动组织为基础组成,劳动力队伍编好以后,有领导有骨干,加强管理教育,做到真正实现组织军事化、行动战斗化的要求。

8. 举办公共服务事业、实行生活集体化问题:这是一个关系到能否彻底解放妇女劳动力的主要问题。公共食堂和幼儿园要迅速大力举办,实行大、中、小结合,方便群众,勤俭办事,收费低廉或不收费,并逐步做到满足社员来客、生病的需要;对于用开水、用热水问题、产妇分娩期间的照顾问题、幼儿园取暖用煤等问题,均要专题研究,加以解决。服务人员必须由政治可靠、热心公务的人不得从事这一工作,并加强政治思想教育工作和业务知识的训练,使其安心并做好这一工作。

9. 关于地、富、反、坏、右规划入社问题:应本着有利于分化、瓦解、改造的原则,分别对象,加以规划处理。

一九五八年十月二十六日

中共湖南省委关于建立城市人民公社若干问题的意见*

（一九五八年十一月）

全省9个市在9月上中旬，均先后进行了建立人民公社的试点工作。各市做法不一，有的是按地区建社，有的是按单位建社，也有的是以工厂或机关为主，吸收附近居民参加，但多数是以街道为对象进行试点。社的规模一般均不大，约三、四千户，因此，所反映的情况，也就有一定的局限性。由于9月下旬以后，全省大抓钢铁，各市试点在搭起架子以后，即组织劳力全力抓生产，结合生产初步成立了若干公共食堂、幼儿园、幸福院，对入社经济问题则尚未认真进行处理。因此，试点中许多问题只是刚刚触及，有的问题尚未接触到。各市对建社中处理各种具体问题的意见和做法也很不一致。如对私有生产资料的处理，有的拟一律无代价归公，有的主张分别不同情况用多种办法处理，房屋有的只拟处理出租部分和生产需要用房；对分配问题，有的主张不分干部、工人、居民，全部打乱平分，有的主张原固定工资暂时不变，只处理新参加劳动的工资问题；等等。其他如建社规模、体制、组织机构等各项问题，也有着各种不同的意见和做法。为了汇报和检查一下各市建立人民公社试点的情况和问题，省委特于10月25日至31日召集各市有关负责同志和办社干部进行了座谈，通过座谈，对建立城市人民公社中的若干问题提出了一些意见。

（一）从全省9个市建立人民公社试点工作的情况看，广大群众对人民公社是热烈拥护的，但各阶级的人都有一些思想波动。当前群众最关心的主要是三个问题：一是经济问题究竟如何处理；二是入社后怎样安排参加生产劳

* 原件现存于湖南省档案馆。

动;三是如何分配,如何安排自己的生活。首先,在经济问题的处理上,顾虑最大的是拥有房产的资本家,他们怕房产归公,怕挖底财,怕强迫投资。有的资本家说:"早知要共产,悔不多做几身衣服穿了"。在独立劳动者中间,也有人担心自己的房屋、板车、缝纫机等如何处理。而办社干部在工作中则回避正面答复这个问题。因此,在群众中已出现某些偷卖板车、缝纫机、从银行取回存款买手表、乱吃乱用,甚至个别的拆毁房屋等现象。其次,在劳动生产问题上,资本家认为劳动下贱,不愿参加劳动;独立劳动者愿意维持自由经营和自发活动,不愿参加有组织的劳动,特别是街道居民中,妇女一般占85%以上,这些人过去只是参加一部分家务劳动,对参加生产劳动很不习惯,生活较富裕的尤其不愿意,或者只愿做轻活、学技术,不愿做粗活、重活。总之,是单纯从个人得失来考虑。而有的干部在进行教育时,从未从参加劳动的切身利益联系到国家集体利益、从目前利益联系到长远利益来打通思想。第三,在生活集体化的问题上,牵涉面更广,更存在着不少的顾虑,怕不自由、不方便。资产阶级和一些生活较富裕的人怕降低原有生活,生活较困难的怕负担不起(吃公共食堂交伙食费)等等,而有的干部对生活集体化有形式主义的看法与做法,没有认识到必须根据生产发展需要,因势利导地来实现集体生活化,强调自愿不够,若干集体生活中的实际问题未很好解决,因而更增加了群众的顾虑。第四,在分配问题上,各种人都在观望,有不少顾虑,部分贫民主张打乱平分,高低扯平,今后如处理不当,就会产生混乱。总之,在建立城市人民公社中,思想阻力不少,工作是艰巨复杂的。从办社干部来看,绝大多数都积极工作,深入群众,摸索到了一些经验,提出了一些问题,但许多干部对城市情况仍然缺乏系统的具体的分析,对城市特点缺乏完整的正确的认识,有的过高估计群众的觉悟,而忽视资产阶级的思想影响;有的对城市建立公社中依靠谁、团结谁、改造谁、打击谁的阶级路线不够明确,甚至有的夸大工人阶级队伍中思想觉悟与生活水平的差别,不是把工人阶级统一的作为依靠对象;有的对党的城市工作政策体会不深,拿农村工作方法生搬硬套;也有一部分干部不善于走群众路线,不善于运用大鸣、大放、大字报、大辩论这个新的民主形式,充分发动群众和依靠群众进行工作,工作方法简单生硬。总之,干部对建立人民公社的思想准备是不够的,没有很好地从思想上武装起来。因此,教育提高干部,特别在方针政策上求得一致的认识,是当前首要的问题。

(二)对城市基本情况的正确认识,是我们考虑一系列问题的着眼点,这样才能根据具体情况办事。解放后几年来,我省城市经过"三反""五反"、全行业公私合营、个体劳动者的合作化等一系列的社会改革运动,在经济制度上和政治思想上都已经起了根本性质的变化。从经济上说,资本主义所有制已基本上被消灭,全民所有制已占绝对优势;城市小资产阶级的大多数已经集体化,两条道路的问题已基本上解决,剩下一小部分单干户,也比较易于解决。由于生产的发展,工人阶级队伍壮大了,广大的城市消费阶层正在逐步转向生产,新的社会主义的城乡关系建立起来了,社会主义制度已日益巩固。从政治思想上说,经过"三反""五反"和历次社会改革运动,已经搞臭了资产阶级,工人阶级在历次运动中得到了锻炼,小私有者也在运动中受到了深刻的教育,走社会主义道路的信心增强了;资产阶级知识分子通过历次社会改革运动进行思想改造,特别是经过全民整风运动,思想面貌也有了较大的进步。由于几年来城市在各方面起了新的变化,同时在农业生产大跃进的推动下,城市出现了工业生产全面跃进的形势。为了满足群众不断发展生产和改善生活的要求,以便在现有已经取得伟大成绩的基础上争取工业生产的更大跃进,迫切需要更高度地组织城市劳动力,在更大范围和更高程度上组织城乡和各个企业之间的协作,这就需要进一步组织起来,挖掘劳动潜力,加强协作。这样,建立城市人民公社不仅是当前广大群众的迫切要求,也是适应工业生产更大跃进的必然趋势。

解放几年来,城市基本群众和资产阶级之间,虽然经历了一系列的阶级斗争,而且在某些情况下表现得相当激烈(例如"三反""五反"),但是由于资产阶级思想和生活方式的影响较深,我们几年来在城市中,对改变资本主义所有制实行赎买政策,斗争是在"和平"改造的形式下进行的,因之,和农村比较起来,群众的发动是不够充分和广泛的。城市工业的大发展,也有一些非工人成分的人参加到工人阶级队伍中来,这就使得城市的思想斗争更加曲折、复杂和艰巨。在经济上,全民所有制和集体所有制之间在某些范围、某种程度上是有矛盾的,部分个体独立劳动者走社会主义道路的问题尚待解决,资本主义经济成分并未全部消灭,继续完成城市经济改造的任务比农村大,广大消费阶层转为生产劳动者还有着许多思想障碍，阶级关系也较复杂等等，因此，在建社处理经济问题时也就较复杂。在分配上，城市是工业基地，劳动的技术差别较大，高级知识分子主要集中在城市，劳心和劳力的差别仍很大，生活悬殊，因此，在处理分配问题时，必须十分慎重；另外，领导机关也主要集中在城市，工厂、学校多，社会分工细，许多生产单位、工作单位任务不同、性质不同，因此，在组织上应考虑到城市多种多样的特点，不能简单化。而且，由于城市是政治、经济、文化活动的中心，如果在建社中某些措施失当而引起震动，不仅将影响城市本身的生产，也将影响到更大的地区和更多的方面，所有这些问题，都是我们建立城市人民公社中必须充分注意到的。

（三）建立人民公社，是政治上、思想上乃至生活习惯上一场严重的斗争，在目前包含着无产阶级和资产阶级之间的斗争。这个斗争主要表现在：社会主义和剥削者的矛盾；小私有者和社会主义的矛盾；工人阶级内部先进和落后的矛盾。这些矛盾在一般情况下是易于区分的，但在特殊情况下是错综复杂难于区分的。在资产阶级所有制已经基本解决、社会主义制度已日益巩固的条件下，无产阶级与资产阶级的矛盾一般不至于发展为对抗性的矛盾，因而应作为内部矛盾来处理。但是，由于资产阶级与无产阶级政治思想上是根本对立的，继续完成经济上的社会主义革命，触动的还是资产阶级，斗争锋芒主要还是指向资产阶级，这一场斗争是不可避免的。既然是内部矛盾，因此，斗争形式应该采用教育说服、讲理、辩论的方式，这就使得这一斗争是更为复杂的而且是长期的；至于工人阶级和劳动者内部，虽然觉悟程度有高低的差别，但其根本利益与社会主义是一致的，工人阶级中所存在的个人主义、本位主义和一切资产阶级的影响，是工人阶级内部整顿思想作风的问题，只能用批评和自我批评的方法解决。总之，在建立人民公社中，必须认真地、突出地抓住思想教育工作。

在进行宣传教育方面，应贯彻以下几个基本观点，即：发展生产、建设社会主义的观点；目前利益与长远利益、个人利益与集体利益、局部利益与整体利益相结合的全局观点；劳动创造财富、劳动光荣的观点；群众路线的观点。宣传教育的具体内容：首先，应把人民公社的性质、目的讲清楚，要说明公社的根本目的是要过渡到共产主义，当前则是发展生产，加速社会主义建设。过渡到共产主义不是一蹴而就，而是根据社会产品极其丰富、全体人民共产主义思想觉悟和道德品质都极大地提高、全民教育普及并且提高了等等条件逐步过渡的；其次，要把入社经济问题的处理政策讲清楚，说明对资产阶级是继续贯彻赎买政策，完成经济改造，对劳动者是把那些闲置的、分散的生产资料利用起来加速生产建设，是根据自愿、互利原则加以处理；第三，进行劳动教育，说明劳动是光荣的、豪迈的事业，鄙视劳动是可耻的，说明建设社会主义必须各尽所能，积极劳动是每一个自觉的社会主义公民的态度；第四，要说明实现生活集体化是为了适应生产发展的要求，是为了更好地解放劳动力，特别是解放妇女劳动力，因此，必须随着生产发展的需要并根据群众的自愿来积极进行。由于各阶层所处的经济地位不同，思想上所集中考虑的问题也各有不同，在宣传中应根据不同对象抓住不同的重点。宣传内容，对干部和职工应着重解释公社的优越性、建社目的、性质、进行阶级教育，特别是分清剥削者和劳动者的界限等等；对个体独立劳动者着重进行两条道路的教育；对高级知识分子着重说明要自觉参加体力劳动，积极与工农结合；对资产阶级分子着重指出过共产主义"关"，要自觉地、积极地从劳动中来改造自己的立场和思想。另外，在思想教育和组织工作上，都要认真贯彻党的阶级政策，依靠广大的工人阶级，团结独立劳动者和小资产阶级的其他阶层，教育改造资产阶级分子，孤立打击和社会主义处于敌对地位的地、富、反、坏和极少数资产阶级右派分子。因此，在进行宣传教育中，必须首先面对工人和其他劳动群众，充分发动他们，使政策为他们所掌握，然后依靠他们去进行工作。为了更好地联系各阶层的思想实际进行教育，应当从现实生活出发，结合建社中每一阶段的具体问题，密切联系广大群众的切身利益，深入开展大鸣、大放、大字报、大辩论，以澄清各种思想顾虑和误解，大破个人主义、本位主义和其他各种资本主义思想，大立共产主义思想。

（四）建立人民公社的中心目的在于进一步组织劳力，发展生产。由于城市比较集中，社会分工比较细致，有各种不同的经济类型，在同一经济类型中又有各种性质不同的生产单位和工作单位，在生产和流通过程中已形成了一定的渠道，建立人民公社就必须考虑这些特点，采取多种多样的形式，才有利于生产的进一步发展。同时还要注意这是新的工作，我们还没有经验，起初应当把步子放稳一些，边走边看，这样对工作都是有利的。

公社的组织形式，在长沙、衡阳、株洲、湘潭等一些较大的城市，可以采取三级制的办法，即全市成立一个联社，下建立区社，区社之下设基层社或大队，区社按以地区划分的原则设立，由各个机关、企业、学校、街道居民分别组成。在一般情况下，机关、企业、学校，暂时不宜和居民组织在一起，在区社下可设基层社或大队、中队、小队，如需要组织在一起时，也应是联合的关系，在领导体制和分配上，应当分别开来，不要混在一起。原因在于机关、企业、学校是以生产、工作为主的，而公社则是一个进行劳动社会化、生活集体化、思想共产主义化的社会基层组织，两者虽有联系，但工作任务和性质上是有很大区别的。在常德、益阳、邵阳、津市、洪江等一些较小的城市，一般实行两级制，一市建立一个社或联社，下设若干基层社或大队，更小的城镇则可在县或县联社领导下全镇组成一个基层社或大队。这些基层社或大队，原则上也都应当按不同的机关、企业、学校或街道居民分别建立的办法进行组织。这种组织形式的好处是便于领导，有利于生产和工作，处理分配问题比较简单，不至于打乱原有的生产流通渠道。至于各市在试点中，有些已将机关、企业和街道居民组织在一个基层社内的，现在也不要急于把它分开，可以继续试行一个时期，取得经验之后再加以改进。

生活的集体化应当根据工作生活的便利和居住条件，采取多种形式进行组织。生活要采取多样化，组织托儿所、公共食堂、幸福院，应当是既要有利于生产、服从生产需要，又要便利生活，合乎经济原则；要坚持自愿，不能强迫命令。有的社员可以在社工作回家吃饭，应允许其自行选择。这些生活组织，在当前应当结合生产需要，先把公共食堂和托儿所组织起来，幸福院可以根据条件逐步举办。已办的食堂，要加强领导，把它办好，巩固下来，显示出优越性，才能吸引更多群众参加。住宿问题，一般的说暂时不要打乱现有的居住秩序，目前除紧急任务的需要，组织临时性集体住宿的情况外，一般的不要拆散家庭搞集体住宿。军事化可以按工作单位组织，基干民兵和基干劳动队伍的组织是一致的，但基干民兵和普通民兵在建制上和训练的时候要分别开来。

社本身实行政社合一，市、区党委就是市、区联社党委，市、区人民委员会就是市、区联社的社务委员会，社务委员会之下，可以根据工作需要设立若干分工负责部门。党的领导系统可以单独设立秘书、组织、宣传、统战、监察、青年、妇女等部委外,其余有关管理日常业务的部门,应与社务委员会有关部门合在一起,一个机构、两块牌子。

社的体制如何建立,各有关部门应进行研究,提出方案,但总的精神应该是根据“集中领导、分级管理”的原则,随着市、区领导部门的调整,将机构逐步下放。下放以后,在方针政策、计划、资金、物资的管理和分配等重大问题上,按国家统一规定办理,在行政业务上则实行分层负责,使管理上有主次之分,一方面可以减少市联社日常事务工作,多考虑研究一些比较重要的问题;另一方面,下面也便于组织协作和管理。在逐步下放中,由于各项工作繁简不同,任务大小不一,下放些什么?如何放?什么时候放?分批抑或全面下放?组织机构如何调整?这许多问题,都必须周详考虑,全面安排。

至于工农商学兵五全问题,各基层社能结合的应当尽量组织在一起,暂时不能组织到一起的,也应积极地创造条件,向这个方向发展。但就一般的社来说,目前尚不能做到这一步,还需要有一个过渡时期,现在也不必勉强求全。

鉴于城市工业大发展以后,劳动力的突出紧张和对蔬菜副食品需要的大量增加等情况,原有的城市区域已不能适应这种新的需要,适当地扩大郊区是必要的,在规划人民公社当中,也必须对这个问题加以考虑和安排。

(五)关于公社的分配问题。一般来说,城市生产的技术性较高,简单劳动和复杂劳动的差别较大,不同的生产单位其积累能力的增长差别也悬殊,历史上就长期存在着不平衡的情况,大跃进以来,由于劳动力紧张,又出现了新的不平衡现象。在现行的分配制度中有各种不同的形式:机关、学校等是实行间接分配的,集体所有制则是直接分配的;工资形式又有分红、固定工资、计件工资等的不同。改变这种种错综复杂的分配关系,逐步缩小收入水平的差别,是牵涉到所有的人并且对生产有直接影响的重大问题,必须十分慎重。总的说来,既要使分配关系的任何调整都要有利于当前生产,又要在发展生产的基础上,掌握逐步缩小差别的趋向,逐步寻找出改变分配关系的各种途径,积极谨慎地进行准备。但是,在条件(主要是生产水平极大的提高了)尚不具备、还无妥善办法的目前情况下,公社的分配还应该按原有的体制来进行,即全民所有制和集体所有制要区分开来,基层社和大队既是核算单位,也是分配单位。这不仅是由于目前生产的水平不同，在分配上应该有所不同，即使将来全部实行供给制以后，这种差别仍是会有的。在建社之初，对目前多种多样的付酬形式，应当暂时保留下来，不要去打乱它，以后随着生产的发展和人民觉悟的提高，再逐步过渡、逐步提高，这样才有利于生产的发展。

在集体所有制经济中，积累和分配的关系，由于目前生产情况的不同，收入水平不一样，还不能确定一个固定的比例。原则上说，应当保证生产发展的速度大于生活改善的速度，个人收入增长的幅度应当小于积累增长的幅度，也就是说，应当在保证社员生活逐步有所改善的前提下，尽量扩大积累，扩大再生产，特别是在苦战三年的期间，尤应注意这个问题。按此原则，在确定当前社的积累和分配比例时，可按照发展生产的需要、现有生产水平和社员收入情况，采取四六、三七、二八、各半或者倒四六、三七、二八等各种比例，要根据社的具体条件而定，不应强求一律。对于现有的积累要恰当的处理，目前在许多手工业合作社中的积累相差很大，要在并厂并社的过程中，按照共产主义的精神进行充分的思想工作加以处理。凡是工资制的职工家属和学生参加社里劳动，原则上不给工资，作为社的积累，但也可以从社的生产收入中，适当地拨出一少部分资金，作为生活上有困难的家属和学生的生活补助费和公共福利事业费。

正确地处理分配关系是在人民公社建立以后进一步发展生产和巩固社的关键问题之一，处理这个问题既要有适合各个时期生产发展水平的形式，又要有充分的思想工作。在当前生产水平很低的情况下，特别要强调以共产主义精神去教育干部和群众，不断批判资产阶级的法权观点，批判那些不从生产出发，不看实际条件，要求一律打乱平分的思想，正确掌握住不断革命的思想，使人民公社迅速地发展巩固起来。

（六）在全民所有制和集体所有制占绝对优势的情况下，目前城市中还存在有生产资料私人所有制的残余。房地产、零星的生产工具、小量的果木园林和郊区农民的自留土等一部分仍为个人所有；某些行业中还存在有个体手工业户；一部分分散的居民中还拥有搬运工具和生产工具，如板车、人力车、马达、缝纫机等等。在建社过程中，正确处理这些财物的问题，是建立城市人民公社中一个重要问题，应当分别情况进行妥善处理。首先要注意区别生产资料和生活资料。属于生产资料的随着公社生产发展的需要，可以通过各种方式逐步过渡到集体所有和全民所有。但是，城市各阶层占有这些财物的情况比较复杂，而且有一些财物如房屋、缝纫机等其性质难以截然划分，因此，在具体处理这些问题的时候，还应当根据具体情况和具体对象灵活处理，不宜千篇一律。其次是要区别不同的阶级成分予以分别对待。对待劳动人民和剥削阶级应当采取不同的处理方式，为劳动人民所有的生产资料要经过说服教育，在自愿的原则下，采用折价入社、分期偿还或借用的方式进行，如果一时难以说服，还可以暂时允许私有，随着公社生产的发展、收入的增加和人们共产主义思想觉悟的继续提高，会逐步地变为公有的，问题在善于等待。城市的剥削阶级主要是资产阶级，对资产阶级所有制的某些残余，在建社后应当根据党对资改造的赎买政策的精神进行改造。房地产问题，在改造起点以上的房地产占有户，按照国家统一规定的政策进行改造，在改造起点以下的占有户仍归个人所有，原则上不准进行买卖。

在建社过程中，一部分小集体经济如原有的手工业生产合作组织和合作商店等，势将合并为大集体，或转为公社所有。在合并或转社中，应当加强教育，反对本位主义，防止在合并前分散公共积累。但是由于各个小集体的基础不同，因而公共财产、债务等情况都不会是完全相同的，应当用共产主义的精神教育干部和群众，站得高、看得远，走共同富裕的道路，不要斤斤计较。

还有一部分集体所有制将逐步过渡到全民所有制。由于国家过去在生产安排方面已经给予照顾，因此，可以经过说服教育，直接收归为全民所有，不给代价。

（七）建立人民公社必须与当前生产紧密结合，不仅不能影响生产，而且要使这个运动成为推动生产更大跃进的巨大力量。因此，在做法上，要先从组织劳动生产入手，在组织劳动生产过程中，摸清情况，制定规划，搭起架子，同时适应生产要求，适当地建立托儿所、公共食堂等社会福利事业，逐步实现生活集体化，然后结合生产逐步处理分配问题和其他具体问题。

生产的核心问题是组织劳动力，从多方面挖掘劳动潜力，以适应工农业大跃进的需要。根据估算：1959 年全省城镇尚有 17 万多个闲置劳动力可以利用，中小学毕业生除升学外，有 5500 人可以参加工作，城镇妇女的家务劳动，如采取一些措施可以节省出 3 万多人参加生产，在校勤工俭学可折合劳动力 21000 多个，商业流通各部门，按现在的情况看，约可调出 30000—50000 余人参加生产，总共约可挖掘劳动潜力 250000—300000 个左右，约占现有城镇人口的 7%—9%，潜力是很大的。

在城市中组织劳动力要采取多种办法去进行。首先要在城镇居民中开展全民办工业、支援农业的大辩论，挖掘劳动潜力，使城镇中一切有劳动能力的人参加力所能及的劳动。其次是采取各种措施从家务劳动中解放妇女，使她们的绝大多数能够参加社会劳动。第三，进行技术改革，改进劳动工具，以节省劳动力。第四，改进社会劳动组织，发挥劳动效果。第五，培养多面手，提高劳动者的文化技术水平。通过上述各项办法，要求全省城镇在建立人民公社后，参加生产的人占到城市总人口的 40%左右。在劳动力的组织调配上，要根据统筹安排、统一调配的原则进行。首先要满足国家基本建设和工农业生产需要，特别是钢铁工业生产需要。其次是要在安排生产上的劳动力的同时，也要注意适当照顾社会福利上劳动力的需要。在组织生产上，要注意使关系长远利益的生产和当前收益较多的生产适当结合起来，以保证收入稳步增长。

在步骤上，当前主要是全面地进行共产主义思想教育，大力组织城镇居民参加劳动生产，跟着解决生活集体化。通过组织劳动要求全省城镇在 11 月份基本上将人民公社的架子搭起来。同时，运用以点带面、点面结合的工作方法，在原有试点单位中，系统地解决建社的组织、经济处理、分配等问题，取得经验，然后有计划、有步骤地解决建社中的具体问题。

鉴于城市情况复杂，又缺乏建社的经验，必须要加强党委的领导。因此，建议各城市党委必须有专职书记来领导这一工作。

中共湖南省委

一九五八年十一月

关于株洲市田心机厂人民公社的建社工作情况向省委城市人民公社办公室和市委的报告*

（一九五九年一月十七日）

田心机厂人民公社是在工农业生产大跃进新形势和全国农村公社化运动的影响下，广大职工群众社会主义思想觉悟空前提高。由于机厂去年生产不仅由过去的修理提高到制造，同时生产任务和扩建任务比往年增加了二倍以上，出现了缺乏劳动力的紧张情况，机厂党委于7月份便组织了一千二百名职工家属参加扩建的基建任务。在组织生产的同时，组织了二个食堂、二个幼儿园和40多个分散的托儿组。这不仅满足了当时生产生活需要，同时为建立人民公社奠定了良好的基础。

田心人民公社是由株洲机车厂的职工、家属和原田心农业社组成的。共2千9百81户，21904人（男13267人，女8637人）。其中机厂职工4473人，学徒工3773人；技校教职工104人，学生1227人，家属3151人，15岁以下的小孩8138人（3岁以下3043人，4—6岁2061人，7—15岁3034人）；农业社339户，1523人，有全劳动力375人，半劳动力185人。现将建社的工作情况报告如下：

一、田心机厂人民公社是怎样建立起来的

田心机厂人民公社是于1958年9月2日建立的。建社的大体作法是：首先，加强党的领导。市委确定田心机厂作为城市厂矿公社的重点，以第一书记

* 原件现存于株洲市档案馆。

马壮昆同志和书记任之同志亲自抓这一工作，并派出一个工作组进行建社的试点工作。在机厂党委领导下，机厂党委和办事处专门抽出以厂党委吴克副书记等领导同志，组成了13人筹委会，成立了办公室，下设秘书、工业、服务、财务、文教、保卫等小组，负责各项具体工作。其次，大张旗鼓地开展宣传，广泛深入地进行社会主义和共产主义思想教育。机厂党委根据市委8月31日的会议精神，当晚召开了中层以上干部会，于9月1日召开了全厂职工、家属动员大会。通过大会报告和利用各种宣传工具，广泛深入地宣传建立人民公社的重大意义。广大职工群众在提高认识的基础上，自觉自愿地掀起了一个入社高潮，有90%以上的人都报了名申请入社。第三，在公社架子搭起来以后，为使公社迅速壮大和发展，显示出人民公社的优越性，公社领导充分认识到：人民公社是人民的生产和生活的组织者，必须注意全面地抓思想、抓生产、抓生活。

由于党的正确领导，广大群众的热烈拥护，在建社过程中，公社领导突出地抓住了以下三方面工作，并取得了很大的成绩。

1. 以组织生产为中心，加强社员的社会主义和共产主义思想教育。广大职工和家属，对建立人民公社是深切期望和极为拥护的，感到做一个光荣公社社员而自豪。许多职工诵诗歌舞表达自己的心愿，职工赵德兴为歌颂人民公社的成立，兴奋地写了一首短诗：

人民公社一枝花，我们人人都爱他。
敲锣打鼓接他来，幸福之花到咱家。
共产主义花儿美，我们大家栽培他。
鲜花怒放千万朵，男女老少笑哈哈。

但是，人民公社的建立，是一个重大的社会改革，部分人由于受资产阶级思想影响较深，对建立人民公社的目的和意义认识不足，因此产生了各种各样的思想反映。大致有如下几种思想：第一种，个别人对公社抱着怀疑、抵触情绪。如官僚家庭出身的家属肖云娥说："……叫我入社就入社，不叫入就算了"。还有些人留恋小家庭，不愿过集体生活，担心爱人参加劳动吃不消，又怕孩子入托受委屈,顾虑多端,对入社信心不足,劲头不大。第二种,少部分顾虑怕私人经济归公,据田心储蓄所统计9月份比8月份定期储蓄降低达9500多元。木工黄冬生有银行存款800余元,不愿报名入社。第三种,在家属中开始较普遍地反映有“四怕”思想(怕带孩子、怕搞食堂、怕搞副业、怕干重活)。他们考虑自己参加劳动后做什么好,如何安排自己的生活,特别是年轻的家属,一心想入大厂学技术,他们认为工厂学技术光芒万丈,进食堂搞副业前途渺茫。不少人脚踏两只船,站在十字路口观望。这些问题充分反映了在人民公社化运动中,还存在着两条道路、两种思想的斗争。

为了端正少数人对公社的认识,解除群众不必要的思想顾虑,批判轻视劳动的错误思想,大破资产阶级思想影响,不立共产主义思想。公社通过大会报告、讨论,以群众自我教育的精神,开展大鸣大放大辩论的方法,向社员进行了“人民公社好”“如何办好人民公社”“生产与生活的关系”等内容的思想教育,插红旗,拔白旗。有的家属非常感动地说“妇女过去在家靠父母,出嫁靠丈夫,老了靠儿子,现在是靠党、靠群众、靠劳动”。有的家属检讨了自己不顾干食堂、保育工作是一种忘本思想,认识了这些工作的重要性,以及为大家服务是无限光荣的。

经过一系列的思想教育后,大大地改变了人们的精神面貌。过去在家属中比较突出地存在着比吃、比穿、比享乐的资产阶级思想。现在逐渐形成一种比劳动、比工作、比干劲的共产主义新风气。妇女参加劳动以后,对她们的体会特别深刻。如51岁的王大娘参加针织厂后,非常感激地说“今天我能参加工厂,这是做梦也想不到的事情”。通过思想教育和集体劳动的实现,改变了人与人之间的关系。团结村过去每月有纠纷案件40多起,由于不团结,而起了个团结村,从今年8月份起家庭纠纷案件基本上消灭了。幸福村彭新发过去是全村有名的“呱啦婆”,不是与东家闹口角,就是与西家争长短,与同屋住的熊芝兰为了一些小事情经常争吵不休,群众称他是“死对头”。在双方参加基建大队以后,在劳动中逐渐感情亲密了,成了好朋友,上下班总是同去同归,现在群众称她们是“亲姐妹”。又如工人周德芝过去下班回家,要妻子把饭端到嘴边才吃,有时饭晚了甚至还打骂爱人。自从家属参加劳动后就不同了,认为妇女都参加了劳动,应该互助友爱,下班后主动去托儿所接孩子,到公共食堂打饭打水。其爱人何玉英感动地说“现在男女真正平等了”。以前妇女在家无事做,东串串,西扯扯,无事生非,有时为了孩子吵架弄得大人也不和睦,现在这些现象没有了。通过人民公社化运动的实现,由于家属们参加了社会劳动,改变了过去的自由散漫习气,在形成组织军事化、行动战斗化、生活集体化的同时,普遍地实行了民主管理化。

2. 充分发动妇女群众,积极参加生产劳动。发展生产是建立巩固人民公社的中心环节。公社党委根据为机厂生产服务、为社员群众生活服务的原则,根据勤俭办社、便民利民的原则,组织家属劳动力参加工厂举办的水泥厂、耐火是材料厂和公社举办的炼钢、炼焦、五金、铜线、针织、缝纫、木工、雨具等工厂,以及种菜、养猪等副业生产小组和参加公共食堂、幼儿园和托儿所等,共组织了2532人参加各项劳动工作,占全部家属劳动力的92.1%(不包括农业社),基本上实现了劳动社会化,并取得了显著的成绩:(1)该厂去年要扩建6万平方公尺的新厂房,基建方面出现了劳动力不足,要求工厂做好土方基础工程。这个任务就交给850名妇女劳动大军。她们从8月23日开始到10月底共计参加了65335个劳动日,完成了2万8千平方公尺的土方工程,保证了第一批厂房按期开工。并由工厂到工地修建了两条铁路,挖通了3米宽、两米深、2200米长的水道工程。充分地显示了妇女们的冲天干劲,忘我的劳动精神,出色地完成了党交给的光荣任务。(2)为了保证基建和生产需要,工厂要新建日产50吨的水泥厂和耐火材料厂,工厂仅抽出不到20名职工担任基建和生产领导与技术工作,家属们参加的就达288名。从建厂到每天能生产80吨水泥,从挖原料、配料、磨粉,直到出水泥,装上火车都由家属们来担任。他们高兴地说“水泥厂、耐火材料厂就是三八妇女工厂”。从而有力地解决缺乏水泥的困难。(3)在大厂的大力支持下,因陋就简,从小到大地举办了8个卫星工厂,该厂在组织家属参加劳动时,党委专门抽一个副书记、一个工会副主席和办事处主任等负责领导,并抽出一个车间主任和几个技术工人来专门组织家属参加生产。在党委领导下,充分发动群众,利用大厂的废料,采取自力更生的办法,因此办起来的工厂投入生产快、成本低、收效大。如炼铜厂就是利用机器切削下来的铜粉末炼成铜锭,还从翻砂的炉渣中筛出来的铜末炼铜。开始家属们用门板炉炼，一天只能生产 80 公斤，含铜率达 76%，她们为了提高产量，想出许多办法，运用炼钢炉的原理，搭成反射炉，最后建成小高炉，使炼铜数量和质量迅速提高，每天由 80 公斤增至 150 公斤，最后达到 1000 公斤，含铜率达 84.3%，比大厂用铜锭炼的铜质量还高，大大为国家贡献奇缺的铸铜原料。木工厂利用大厂的废板皮，制做工业用的木箱，五金厂利用大厂的废锉刀，再加工成新锉刀。据年终统计，8 个卫星工厂、搬运队和副业组，从去年 9 年建社到 12 月底，创造了 113800 多元的财富，发给家属工资 20500 多元，公社获得利润达 36400 多元。此外，家属参加基建和工厂生产的实际工资收入达 82800 元，为公社积累公益金 27000 多元。目前公社除去各项开支（包括炊事员、保育员的工资等）以外，尚存 44000 多元。

3. 在组织生产的同时，积极地组织群众的集体生活。人民公社是人民生产和生活的组织者，而发展生产的根本目的是最大限度的满足全体社员经常增长的物质和文化生活需要。公社党委在大抓生产的同时，根据依靠群众、勤俭办社的原则，同时抓住了群众生活。他们明确了生产与生活的辩证关系，明确了两条腿走路的重大意义。一方面组织妇女劳动力参加各种生产和工作，一方面依靠群众办起了 39 个公共食堂（包括建社前的 3 个职工食堂，新建家属区 23 个、农业社 13 个食堂）。就餐人数达 15898 人，占全社总数的 71%以上。办起了幼儿园 3 个，托儿所（组）66 个，收托儿童达 2289 人（其中全托达 275 人），占儿童总数的 57%，基本上实现了生活集体化，并且充分地体现了集体生活的优越性：

（1）节约了大批人力、物力。集体吃饭不但能抽出大批人力支援工业建设，减轻妇女繁琐的家务劳动，而且给国家节约了大量的燃料。如家属陈爱莲反映：过去自己做饭，每天早起晚睡，只能睡眠六小时，现在到食堂吃饭，每天能睡到八、九个小时了。据解放村一食堂统计，58 年 10 月份共烧煤 25 担，当月用餐 60 户，按他们自己做饭每户平均需要 150 斤，总计能节约 65 担，全厂一年做饭就可为国家节约 180 吨煤。

（2）减轻了个人生活负担。据调查的 9 户，58 人，58 年 8 月份未进食堂用餐，实际伙食支出为 510.49 元，平均每人 8.79 元。11 月份在食堂用餐，实际伙食支出为397.52元,平均每人6.85元,合计一个月节约开支112.97元,平均每户节约12.55元。主要原因是:节约了柴火杂货开支,加强了计划性,注意了节约,减少了大吃大喝的现象,群众都反映食堂吃得好,而且花钱少。如陈传坤同志在民主村一食堂说"食堂的热饭热菜口味好,炊事员照顾得真周到,比在家里吃饭吃得好"。

(3)由于广大职工家属参加了社会劳动,建立了托儿组织,就使得孩子的妈妈们安心生产。如职工薛笃勇、程叔珍(夫妇)说:"孩子入了托儿所,好似卸下了千斤担子,生产时就放心了"。

(4)小孩入园后,培养了他们热爱集体的良好品德。不少小孩都显得比在家时更加健壮活泼。养成了一种有组织、有礼貌、讲卫生的良好习惯。如第二幼儿园,仅开办三个多月,小孩一般都会唱十几个新歌,会跳十多个舞,孩子们比在家显得活泼,家长们都很满意。

他们的集体福利工作办得好的原因主要是:首先由于党委不断地加强领导,书记挂帅,帮助建立民主管理制度,不断进行政治思想教育;其次,发动群众,本着便民利民、勤俭办社的原则,因此公共食堂、幼儿园、托儿所,一个接一个地办起来了;第三,在职工群众中开展了红旗竞赛,开展服务态度良好月,实行了民主管理化。

市委为了交流办好食堂、幼儿园的经验,于去年12月18日在田心人民公社召开了全市的"三好"现场会议,参加会议的有各工厂、企业、市属机关的领导同志150多人,进行了现场参观。会后又陆续有五公司、商业局等10来个单位200人左右,到公社进行了参观,普遍受到了好评。

二、公社的范围、体制和分配问题

由于在城市、在工厂区建立人民公社,还是一项新的工作,一切都在摸索着前进。在三个多月的建社过程,实际上是不断发现矛盾和解决矛盾的过程。目前公社的生产、生活方面已有了一些基础;公社的体制、范围问题最近经市委讨论已经肯定下来,公社根据职工、家属、农民的不同情况,实行了按劳分配制度。

（一）公社的规模范围

田心机厂确定建立一个基层社，以机厂职工、家属为主，吸收原田心农业社参加。这是根据什么原则确定的，它的好处是：(1)便于领导，便于生产。公社以机厂为主组成，建立一厂一社就不致于影响机厂领导工业生产的精力，如果范围太大，单位太多，势必影响生产，影响公社的巩固和发展。(2)从实际出发，适合社会主义新兴工业城市的特点，株洲市各国营工厂多在市郊，且较分散，以一厂一社划分部分农村，便于工厂园林化，解决职工蔬菜供应。在划分农村时，宜小不宜大。这样还可加速农村机械化、电气化。(3)由于公社正在试点，步子稳一点，范围小一点，由小到大，便于领导，逐步摸索经验，不致因范围太大，不便领导，影响生产。

总之，我们认为工厂办公社，从近三个多月体会，最好先办小一点，以一厂一社吸收部分农民参加为好。这样就能够以大厂带小厂，工农业并举，互相促进，互相支援，使社会主义集体所有制逐步过渡到社会主义全民所有制；使社会主义全民所有制逐步过渡到共产主义全民所有制的道路。

（二）体制、机构问题

1. 田心机厂人民公社是社政合一的、社厂合一的、工农商学兵相结合的社会生产组织和基层政权单位。根据全市分为市联社、区联社、基层社的体制，确定为基层公社组织。

公社与工厂的关系：是密切协作、互相促进的关系。公社的一切工作出发点，都应为发展工业生产服务，为社员生活服务。目前工厂只是公社的一部分，已是社会主义全民所有制经济，而公社的另一部分，如卫星工厂、农业社则是社会主义集体所有制经济。因此，在经济核算上，还需分为两本账。工厂有些工作，如职工生活福利、文教卫生、治安保卫等，可与公社合并起来，统一举办。

2. 党群领导机构：公社设立党委会，为便于统一领导，工厂党委即公社党委。在公社党委统一领导下，分工由一个副书记专门抓公社工作。党委的组织、宣传等部门应将公社党的工作全面的抓起来。工厂团委亦如此。厂工会不变,公社办的卫星工厂不成立工会组织。公社不设妇联组织,设妇女委员一人。

3. 行政机构:由公社社员代表大会选举产生社务管理委员会。设社长一人,副社长二、三人,委员若干人。机厂厂长任社长,在社长领导下,具体分工一个生活福利副厂长任副社长,具体抓公社工作。社管委会下设一个办公室、生产、人事、保卫、财务、生活福利、文教卫生等科(部),并设农业大队、居民中队(即原居委会),成为单独的经济核算单位。

根据需要,各科设科长或副科长一至二人,干事若干人;大队设大队长和教导员,中队设中队长一至二人。

4. 财贸单位:区联社成立领导机构,财贸供应点(站)应下放归基层公社领导。

公社配备的干部工资,仍由原单位负责,新增加的干部由公社负责。

(三) 分配问题

人民公社应在勤俭办社的原则下,正确处理自己的收入。为了迅速发展生产,在总收入扣除生产费用和管理费用以后,应当适当地提高积累的比例。但是在发展生产的基础上,同时应当使收入中用于社员个人消费和集体消费的部分逐年有所增加,使人民生活逐年有所改善。

目前公社是由国营工厂职工、职工家属、农业社的农民三部分人组成的。现行工资分配情况有三种:

1. 职工:由国家按月支付工资,月平均工资为 68.2 元,月劳动生产率为 826 元(按 58 年 1—11 月份平均数),月工资占其生产价值的 7.68%。

2. 家属:由公社组织的劳动生产收入中支付工资,实行基本工资加奖励制(正逐步实行),月平均工资为 14.08 元,(月)劳动生产率为 215 元(按 58 年 11 月份生产计算),月工资占其生产价值的 6.55%。

3. 农民:按照郊区农村一样,实行半工资制半供给制。平均月工资为 10 元左右,月劳动生产率为 22 元(系按 58 年全收入积累 30%,分配 70%比例推算),月工资占其生产价值的 45.4%。如果按现在郊区所定半供给制、半工资制的标准,则平均月工资为 21.9 元。

从现在分配情况来看，差别虽然很大，但根据目前“按劳分配”的原则，基本上是合理的。因此，现行的工资分配制度暂不改变。目前分配问题上的差别主要是工农之间的差别，只有在不断扩大生产、提高生产率的基础上，才能逐步缩小，以至最后消灭这个差别。田心农业社按今年农业生产规划，产值比去年将提高 3 倍以上，如果按积累 70%，分配 30%的比例计算，农民的平均工资，将达到 35.1 元，但是农民生活水平的提高，还必须考虑到整个郊区的情况。

家属参加生产后的分配，是根据从事不同的劳动和体力强弱分为三级，除公社所办工厂外，凡参加大厂所属单位和基建队，均按工资总额，提出 25%作为公社公益金。

家属工资有如下几种：(1)参加大厂所属单位按普工和杂工两种。普工的工资分 20.14 元，21.75 元，23.91 元；杂工的工资分 10.12 元，17.62 元，19.12 元。(2)基建队是日工资制，分 0.65 元，0.75 元，0.85 元。(3)公社所办工厂：缝纫厂分 24 元，22 元，20 元；铜线、木工、五金等厂都是学徒技术，按学徒办法发给工资，分为 12 元，14 元，16 元。(4)公社所办的集体福利事业工作：食堂分为 20 元，21 元，22 元；保育员分为 17 元，18 元，19 元；幼儿寄托户，按带孩子多少和大小计算，两岁以下 2.5 元，2—4 岁 1.5 元，4—6 岁 1 元。种菜组和做鞋组等，自负盈亏。公社所办幼儿园、食堂工作人员的工资，全部由公社公益金中开支。凡是参加劳动的家属，在食堂用膳和寄托孩子，一律不交管理费和保育费。

家属医药费用，仍按原规定享受半费医疗。农民在农业生产积累的公益金中，享受公费医疗和免费托儿制度。

公社目前积累和分配的比例问题：从公社 11 月份收支情况看，总收入是 55535.21 元，除去生产管理费用 16015.22 元，尚存 39599.32 元，其中工资分配是 28786.1 元，占 72.8%，结余利润 10733.89 元，占 27.2%。这样，目前公社积累与分配的比例基本上是 3∶7。今后随着公社生产的发展，应适当提高积累的比例。同时随着生产的发展，社会产品的丰富，分配给社员所有的生活资料也必然愈是丰富。

三、几点体会

（一）党委重视，政治挂帅，书记亲自参加公社工作，是办好公社的重要保证。

首先，党委明确了建立人民公社的重大政治意义和经济意义。在职工群众中，开展了广泛的宣传动员，从而迅速地掀起了一个入社高潮。为了加强对公社的领导，党委除多次开会研究公社工作外，还责成由一个副书记专门抓公社工作，抽调较强的干部和积极分子，抓住了组织生产，加强食堂、幼儿园的政治思想领导。并通过交流经验，插红旗，拔白旗，在生产单位、食堂、幼儿园、托儿所之间开展竞赛，把生产与集体福利工作推向新的高潮。

其次，加强政治思想教育，组织讨论，提高觉悟，树立爱社如家的集体主义思想。在开始办社时，许多人不愿搞服务性的工作，党委根据群众自我教育精神，开展大鸣大放大辩论。通过一系列的政治思想教育，绝大部分人明确了服务工作是直接为生产、为群众服务的光荣岗位，不仅基本上安心了工作，而且干劲冲天。如和平村一食堂在580多人用餐时，只有7个炊事员，公社准备给他们增加两个人，他们提出厂里生产紧张，坚持不叫增加人。

第三，厂党委除定期召开公社基层干部会议外，还采取以搞试验田的方法，公社的领导、干部和家属们，实行了星期日义务劳动制度，帮助食堂工作。这样，不仅关怀体贴了炊事员们的辛苦，而且也解除了群众对食堂的怀疑思想。从而，进一步加强了团结，鼓舞了食堂工作人员的积极性和光荣感。

（二）工厂办公社必须紧密地贯彻为工业生产服务、为群众生活服务的方针。党委采取以大厂带小厂、互相促进的办法，抽出部分资金和设备支持小厂，发动群众业余时间放“卫星”，很快就建成并投入了生产。在卫星工厂投入生产后，不仅把过去积存的废料利用起来，而且更有力地支援了大厂。如炼铜厂利用机器切削的铜粉末炼铜，解决了生产上奇缺的材料困难。

（三）运用群众路线的工作办法，贯彻勤俭办社、便民利民的原则，大力发展生产，办好集体福利事业。发展生产要依靠群众，办好集体福利事业也要依靠群众。开始有些人，图大图好，依靠公家包干，结果不行。党委便决定采取发动群众和办法，提出因陋就简、逐步提高的方针，号召各村开展以办得快、办得好的竞赛。各村在家属干部带动下，食堂、幼儿园、托儿所，一个接一个办起来了。没有房子群众就主动地腾出来，没有材料群众自己找废料，废料没有群众自己想办法。如民主村一食堂厨房没有材料，职工汪海湘同志把自己花105元买的盖房子木料，无偿地送给了公社，使食堂三天就盖起来了。不少群众自动送家具、物品等，就在短短的时间内，盖起了14个食堂。

（四）抓生产、抓生活，普遍实行民主管理化，这是办好群众生活的关键问题。在公社组织起来以后，为了贯彻民主集中制的问题，同时普遍地实行民主管理化。在八个卫星工厂和所有公共食堂里，加强了生产管理，实行了经济核算制度，选出了管委会。如各个食堂都选出管委会，加强对食堂的领导和监督，每月清理公布账目一次，这样不仅能够得到群众的支持，使群众及时了解情况，而且使食堂更加巩固，办得愈来愈好。民主村一食堂过去吃饭只200人，现在增加到350人，真正做到在食堂吃饭比在家吃饭既经济又方便。

四、尚存在的问题

在公社化运动中，对解放妇女参加劳动生产，支援国家建设，举办集体生活福利事业，取得了显著的成绩，但是由于时间较短，缺乏经验，工作进展较快，牵涉的面又广，因此，还存在着不少问题，需待今后加以解决。

1. 社会主义和共产主义思想教育尚不够深入，不够细致，少数人对人民公社的性质、目的和参加集体劳动的意义，还认识不足，因此，应通过贯彻中央八届六中全会精神和结合当前共产主义教育，对人民公社建立的重大意义，进行一次深入地宣传，批判错误认识，提高政治思想觉悟。

2. 新建卫星工厂，由于时间较短，基础很薄弱，设备和技术力量还很缺乏。为了进一步促进生产的发展，更好地为机厂生产，为群众生活服务，还需加强生产管理，改善劳动条件。

3. 集体福利事业，虽然取得了很大的成绩，但是有些还不能满足形势发展的需要。如缝补衣服、洗衣、做鞋等，还没有跟上去，很多职工需要拆洗缝补和新做衣服，还不能及时得到解决。如食堂、幼儿园、托儿所的服务质量还需要进一步提高，特别是服务人员队伍必须进行整顿。据了解，绝大多数是纯洁的，但在食堂人员中有10%，保育人员里有20%左右的人，系地、富、反、坏、右分子或其直系家属（目前正在进行整顿）。

4. 关于组织军事化问题正在研究，由于职工家属较多，在工厂办公社如何组织，具体怎样搞好，还没有经验。

以上报告当否？请指示。

中共株洲市委人民公社办公室

1959年1月17日

石家庄市对城市人民公社有关领导体制、积累分配等几个问题的意见*

（一九五九年四月七日）

一、关于城市公社的领导体制

城市人民公社和农村公社一样，它是群众生产、生活、交换、分配统一组织者；它是工农商学兵相结合政社合一的社会组织。为了很好地发挥人民公社的作用，也应实行统一领导分级管理的制度。因此，在公社下边应建立相应的管理机构。根据近两个月的试点体验，建立管理区是必要的，因为：

第一，原来街道办事处，是区政府派出机构。它的任务是履行一般的行政职权，这显然与公社的性质和任务是不能完全相适应的。

第二，城市公社由于规模较大，如果下边不建立相应管理机构，一切工作都由公社直接管理，势必出现头绪过多、管不好、顾此失彼的现象。同时也不便于发挥各级生产管理的积极性。

第三，管理区建立之后，由于吸收了各方面主要负责同志参加领导，这样就便于在全区范围内组织工农商学兵结合，实现生产、生活、分配、交换等全面安排。许多管理区因贯彻了为工厂服务的精神，广泛地进行协作，工作中出现了新局面。

城市公社实行几级管理的制度，对农村部分，大家一致意见实行三级管理两级核算（公社、生产队）；对市内部分实行三级管理（公社、管理区、居民委员

---

* 原件现存于石家庄市档案馆。

会或社员管理委员会)、两级核算(公社、管理区)。我们认为这个意见是可行的。

对于市下放到公社的商业门市部,哪些由公社下放到管理区管理,由公社与市级有关部门讨论决定。

各级核算主要内容:

(1)公社:核算的内容是社办企业的盈亏和管理区、农业生产队上缴利润和公积金以及为市代管企业利润提成部分的分配使用。

(2)管理区:主要是核算自己所属企业的盈亏、社员管理委员会上缴管理费、农业生产队上缴的公益金等收入和分配使用。

(3)社员管理委员会虽有一些经济收入,但不算一级经济核算;农业生产队虽受管理区领导,但在财政上直接对公社负责。农业生产队办的工业、副业、多种经济等收入合并农业核算。

二、所有制问题

(1)公社投资办的企业和由管理区办交公社直接管理核算的企业为公社集体所有制,但市下放给公社管理的仍是全民所有制的;管理区投资办的企业和虽不是管理区投资办的而现在由管理区直接管理和进行财政核算的企业为管理区集体所有制(不包括公社下放的企业,公社下放的仍是公社集体所有制);属于合作性质的经济归群众集体所有,随着生产的发展可以逐步过渡。

(2)管理区所办企业中,对于社员的投资可以分期偿还,并给予一定利息。

(3)为自己做衣服用的缝纫机,一般按生活资料处理。社员愿入社的可折价归社分期偿还。社员愿将机器供给社使用的可给一定折旧费。

三、积累分配问题

根据有利于不断扩大再生产、不断提高社员生活水平、既要注意适当积累还要注意改善社员生活的精神考虑分配问题。

(1)积累和分配的比例。第一,社营企业的纯利润企业自留 10%—15%,用于生产奖励和困难补助等,其余上缴公社,公社除按规定上缴市的部分以外其余全部由自己支配。第二,管理区所属企业的纯利润除企业自留 10%左右归厂使用外,其余全部上缴管理区,管理区将所属企业在上缴利润总额中抽出 20%—30%,上缴公社,其余全部归自己支配。第三,农业生产队上缴部分按五级干部会议规定执行,其中公益金部分交管理区使用。第四,管理区、分社利润提成部分,60%—70%用于扩大再生产,30%—40%用于举办公共福利事业等项开支。

(2)工资问题。根据"各尽所能、按劳分配"的基本原则,各生产单位生产情况不同,工资形式可以多种多样,工资水平也可有高有低,但最高工资不得超过同类国营、地方国营同等劳动工人工资水平。对国营、地方国营企业中调来支援社办工业的职工待遇,一般按原待遇不动。社办工业普通工人工资月薪一般 18—35 元;技术工人 30—60 元,有些特殊技术的工人可以超过 60 元。另外有些工厂或工种可以考虑工人的试用期,在试用期的工资不得超过国营学徒工的补助水平。

(3)关于福利问题。社员因公负伤,工资照发,并开支医药费。非因工负伤和疾病,在一个月以内者上半月工资照发,下半月发工资 50%,医药费原则上自理,生活有困难者酌情补助,超过一月以后工资停发,确有困难者酌情予以适当补助。

关于目前伙食管理费,过去多数是由公社负担,现在桥东煤市街提出"除职工本人免纳管理费外,其他入伙人员,按年龄分别交付一定数量的管理费(成人 1.5 元,小孩 5 角至 1 元)"。这一问题(已经执行很长时间)牵连面很广,所以我们的意见对于失掉劳动能力的老人或残废以及有疾病的人愿意回家自己吃饭的也可以批准。其他入伙人的管理费仍由公社负担为宜。

产假:根据国营工厂和农村产假规定,可根据劳动强度高低分别按 50—56 天执行。

四、社员的洗澡、理发问题

各单位可根据生产水平给予社员适当解决。

各试点管理区一般要在4月15—20日以三天左右的时间召开一次社员代表会议。会议不选举管理委员会，主要是总结建立管理区以来的工作和讨论1959年经济发展规划和解决体制、分配、协作等问题的具体办法，经过讨论形成决议。

代表的产生，一般可采取推选或指定的办法。代表名额一般在50—100人左右。在代表的选举中要注意到代表的广泛性，在工人、农民、职员、学校、商业、医务等各界社员中都要有社员代表参加；在代表中要有男有女，有青壮年也要有适当的老年人。在宗教界可以吸收其中的进步分子参加（是以社员名誉，而不是以宗教名誉），同时要注意在代表中一般社员要占50%以上，以便能够倾听社员的意见。

石家庄市城市人民公社领导小组

一九五九年四月七日

天津市开展城市人民公社工作的概况*

（一九五九年八月十二日）

天津市是一个改造任务比较重的工商业大城市，人口众多，政治经济情况均较复杂。在开展城市人民公社工作方面，存在着有利条件，也有不少的困难。情况是：（1）工商业均很发达，全民所有制经济是主要成分，因此，在组织公社生产时，便于取得全民所有制经济的扶植，发展较快；另一方面，私有制的残余还存在，需要经过一个时期才能消灭。（2）工厂、机关、学校较多，并已按照社会主义原则高度组织化了，但尚有一部分市民，其中绝大部分是依靠职工工资收入维持生活而从事家务劳动的家庭妇女，她们缺乏集体主义觉悟和集体劳动的习惯，必须经过较长时间的思想教育和实际生产劳动的锻炼，才能适应客观形势的需要。（3）工人阶级所占比重较大，先进思想在群众中有深刻的影响，有利于进行共产主义教育改造。同时，资产阶级和资产阶级的知识分子亦较为集中，资产阶级思想和资产阶级法权残余均很浓厚，对城市人民公社工作有很大的抵触情绪，改造这种思想，需要一个相当长的过程。（4）人口集中，便于领导便于教育，但旧城市带来的工商业分布与市民居住的不合理，造成建立公社统一组织生产生活的某些困难等。

以上这些错综复杂的情况，就给城市开展人民公社工作提出了新的问题，就是城市人民公社如何建立？如何使之成为改造旧城市和建设社会主义新城市的工具，成为生产、分配、交换和人民生活福利的统一组织者，成为工农商学兵相结合和政社合一的社会基层组织。在这方面我们是缺乏实际经验的。因

---

* 原件现存于天津市档案馆。

此，市委根据中共中央六中全会决议中，大城市人民公社从缓的精神和天津市的具体情况，决定开展公社工作中，采取积极地有步骤地稳步前进的方针，即是全面准备，积极试验，通过试点创造适合城市特点的经验，树立榜样，用事实教育群众，特别是教育那些思想不通的人。为了集中力量加强领导，即将全市11个试点压缩为5个试点。我们在进行公社试点工作中，是按地区，以生产为基础，以工厂为骨干进行的。因在试验时期，为慎重起见，街办事处名义均保留。这5个试点类型，大体上可分为三种：(1)以街道办事处的行政区域为范围，以一个大工厂为骨干，吸收一部分农村参加，组成五位一体的公社。公社管理委员会是由工厂、街办事处及有关部门的负责同志组成，厂长兼社长，办事处主任兼副社长，工厂的有关科室与公社各部设在一起，为一套机构两套人马，统一规划分工进行，在经济上分两本账，如灰堆、织染厂人民公社。(2)按街道办事处的行政区域，以几个大工厂为骨干建立的人民公社。区配备较强的干部担任公社党委会第一书记和社长，吸收大工厂书记或厂长分别担任公社党委会书记或副社长。公社并以大工厂为骨干划分若干分社，由街办事处干部或工厂负责人员担任分社长或副分社长，如鸿顺里人民公社。(3)按街道办事处的行政区域，以街道居民生产为基础建立人民公社。街党委会和街办事处即为公社党委会和公社的办事机构，以街党委会和街办事处干部为主，吸收一部分工厂、企业负责同志组成社委会。各种类型的公社均吸收一部分积极群众参加社委会，以便发挥他们的积极性。公社以下以一至二个居民委员会的地区建立分社，如兴安路、郭庄子人民公社。公社的机构要求尽量精简，目前一般设有办公室、生产、财贸、文教卫生、生活福利、治安保卫等部，公社以下大部分都设了分社，分社均为一级管理，下设生产、生活福利、街道居民工作等工作委员会，把原居民委员会的积极分子大部分吸收进来，参加各项领导工作。

我们在进行全面准备工作中所采取的方法是：大力地组织生产，相应地组织生活服务事业，加强共产主义教育，普遍地建立生产服务合作社统一领导生产、生活和街道居民工作，为建立城市人民公社打下组织基础和思想基础。

在这一时期中公社和街道服务社主要进行了以下几方面的工作。

一、发展与巩固生产。

积极发展生产是建立和巩固提高人民公社的物质基础。因此,在建社过程中始终是以发展与巩固生产为中心,相应地组织生活服务和文教事业。我们在组织过程中,大体上可分为组织发动和巩固提高两个阶段。去年六、七月到今年二月间以发展为主同时注意巩固提高,即边发展边巩固。在这一时期中,我们根据因地制宜、因陋就简、就地取材、勤俭办事业的原则,全面地进行了组织发动。由于我们采用了依靠群众、发挥群策群力和在互相支援的基础上争取国营工厂企业的支援扶植相结合的方法;贯彻了发展与巩固相结合、思想动员与自愿相结合、大中小相结合、生产和生活服务相结合的原则,克服了在组织过程中房屋、设备、资金、技术等方面的困难,街道生产和生活服务事业迅速地发展起来,并掀起了高潮。今年三月到六月为巩固提高阶段。截至现在全市共有生产单位3547(原数据如此)个,参加生产的人员102845(原数据如此)人,其中加工性生产2381个,80489人,自产自销或自产包销性生产380个,1459人;服务性生产976个,7757人。此外,还输送到工厂企业、清洁队去工作的合同工51911人。在组织生产的过程中,由于组织的数量多又缺乏管理生产的经验,因而出现了一些混乱现象,为了使之巩固提高并建立起正常秩序,我们用了四个月的时间进行了整顿,经过整顿,解决了一些亟须解决的问题。

1. 进一步贯彻了生产方针。我们组织街道生产的方针是:"为大工业生产服务,为商业方面需要服务,为居民生活需要服务"。这个方针,是根据工业生产需要和街道居民的特点确定的。从生产方面来看,天津市是我国工业基地之一,随着社会主义建设事业的发展,承担着重要的生产任务,需要一些辅助性的生产为其助手,特别是在大跃进以后,国营工厂企业的职工们创造出许多新产品,为了使这些新产品投入生产,迫切需要补充一批劳动力把一些简单的生产承担起来,以便腾出手来向高、精、大、尖、优方面发展,组织居民担当这项任务,既不用多大投资,又不增加城市人口和各方面供应的负担。从居民方面来看,街道劳动力中家庭妇女占90%以上,她们政治热情很高,但都有程度不同的家务拖累,如果要求她们到离开家门的工厂去工作,有一部分人是有困难的,必然影响一部分劳动潜力充分发挥出来。同时,家庭妇女多数文化低,缺乏生产技能,掌握复杂的生产技术非短期所能办到的。因此,适合从事一些技术性低、简单易学的加工性、服务性的生产。从街道组织生产的条件来看,街道组织生产是一件新事情没有物质基础,缺乏房屋、资金、设备、技术等,除发动群众发挥群策群力解决一部分外,还必须依靠国营工厂企业的支援扶植;而组织加工性、服务性生产,适合了国营工厂企业的需要,就能够取得他们的支援和扶植。一年来实践证明,市委提出的这个生产方针是完全正确的。

我们贯彻这个方针是从三方面进行的:一、组织加工生产,和当地的国营工厂企业挂钩,承担一些简易的产品和工序,积极地配合工厂企业完成跃进计划,做好大工业生产的助手。二、根据工厂企业生产的需要,输送合同工,补充他们发展生产时劳动力之不足。三、在国营商业系统的统筹安排下,一方面组织服装、鞋帽、小五金、小百货等服务性生产,补充日用百货方面产品的不足;另一方面根据居民生活需要,组织生活服务事业以解决职工和居民在托儿、吃饭、缝纫、拆洗、修配等方面的需要。在组织生产的过程中,由于有些干部对生产方针认识不足,曾一度产生了盲目追求利润、搞正规化和自产自销性生产的思想,不愿搞加工生产,不愿输送合同工,因而纵容了某些管理人员盲目组织自产自销性生产,并在经营方法上采用了套购偷运、投机倒卖、以货易货、高抬物价等违犯国家经济政策和市场管理的行为,这是社会主义计划经济所不能允许的。为了进一步贯彻生产方针,市、区均分别召开了三级干部或四级干部会议,贯彻方针政策,检查生产情况,并针对当前存在的问题进行鸣放、辩论,以统一思想、提高认识。同时,我们还组织了检查组,专门对自产自销性生产进行了检查和处理。我们掌握的原则是:凡是属于工业生产和社会急需的产品,要与国营工厂企业挂钩,改为包销或加工,直接地或间接地纳入国家计划;凡是作用不大,原料又不能解决的,要转加工生产或服务性生产;凡是违法经营的,其中是工业生产和社会急需的,要改组领导,更换管理人员;非急需的,坚决解散或与其他单位合并。根据以上原则,全市在检查过程中共处理了非法经营单位 60 个(占自产自销性生产的 16%),其中解散了 9 个;转加工生产或合并其他单位的 49 个;转服务性生产的 2 个。目前 380 个自产自销性生产中,经过整顿后,大部分改为自产包销了,其产品和原料也大部分直接或间接地纳入了国家计划。

2. 建立健全了生产管理和财务管理制度。街道生产中,健全管理制度,是提高出勤率、提高生产效率、贯彻勤俭办事业的基本环节。开始,由于管理制度不健全,生产效率和出勤效率都较低,贪污浪费现象较为普遍。因此,我们首先建立健全了管理制度。目前街道生产中,一般的单位都建立了由管理人员、技术人员、生产人员代表等组织起来的生产管理委员会或管理小组,实行社员参加管理,管理人员跟班劳动的制度,还建立了考勤考绩、生产定员定额、定质定量、技术检验、产品验收、工具交接、原材料保管、安全卫生以及业务、文化、政治学习等制度,这些制度的建立,都是经过社员讨论修改后确定的,因而社员均很重视,制度亦较巩固。为了充分发挥社员管理生产的积极性,各生产单位,都建立了由专人分工负责的统计、学习宣传、人事工薪、安全卫生、工具保管等七大员或八大员。较大的生产单位,还在清理家底的基础上,健全了财务管理制度,实行了现金管理,确定了流转资金,健全了收支手续,明确了开支权限和范围等,基本上清除了混乱现象,建立了正常秩序。

3. 充实领导力量,纯洁组织。街道生产的规模,50 人以上的单位不在少数,仅百人以上的大型工厂就有 88 个。这些单位规模大、人多事繁,尤其是自产自销性生产单位中,吸收了一些小业主、小资本家、刑满释放犯、机关工厂企业清洗的分子及自动离职的分子,资产阶级思想相当严重,街道生产中不仅担负着组织发展生产的任务,而且亦担负着社会主义改造的繁重任务。因此,这些生产单位不论在经营管理上或是思想领导上,仅靠几个街道积极分子来领导是有困难的,必须充实领导力量。我们强调了百人以上的单位调配脱产干部或有管理生产经验的职工。目前在这 88 个单位中已下放了干部 63 人,并还抽调了 7 千余党团员群众充实各个生产单位,基本上各单位都有专人负责,都有了一定数量的领导骨干。

天津市街道居民的成分是比较复杂的,大部分社会渣滓集中在街道,因之街道生产组织中成员不纯现象是客观存在的,领导人员成分不纯亦是难免的。为了正确地对待这一问题,便于分别对待、明确敌我,我们首先对生产管理人员和社委进行了全面的审查排队,明确出哪是依靠骨干、哪是团结教育对象、哪是需要清洗或调离领导岗位的分子。我们掌握的精神:依靠骨干的条件是立场坚定、历史清楚、工作积极、出身于劳动人民、群众拥护的,但是非劳动人民出身、工作一贯表现积极、拥护社会主义、群众拥护的，亦可当骨干使用。对于以下几种人，坚决调离领导岗位和要害部位，即是：(1)正在服刑的管制分子、假释、缓刑、监外执行、保外就医和其他剥夺政治权利的罪犯；(2)地主、富农分子(已改变成分、表现好的除外)、反革命和右派分子；(3)流氓成性、一贯为非作歹屡教不改的坏分子；(4)刑满释放不久，未经过实际考察的反革命分子和坏分子；(5)一贯敌视社会主义、进行造谣惑众或破坏生产的反革命分子；(6)借用街道生产之便，非法经营、贪污、盗窃、拉拢腐蚀干部和群众的资本家、小业主及有严重贪污行为的分子。对这些人的处置，一般的均本着自愿原则，给予适当工作和劳动机会，以便通过组织进行改造。据六个区的统计共处理了 522 人，其中调离领导岗位和要害部位的 458 人；已撤职处理的 55 人，逮捕法办的 9 人。经过调整以后，大大改善了领导成分，劳动人民不仅担任了主要领导职务，而且还在领导成员中形成了多数。

4. 普遍地进行了共产主义教育，提高了觉悟。整社中，各社针对普遍存在的资本主义经营思想、劳动纪律松弛、个人主义等现象，开展了为谁服务、遵守纪律、遵守政策法令等方面教育，因而端正了思想，提高了觉悟，为提高出勤率、提高产品质量、开展劳动竞赛增产节约打下了思想基础。

5. 反复贯彻了生产、学习、街道工作、家务四不误的原则。街道生产中，参加生产的人员，有 90%以上是家庭妇女，组织了食堂、托儿所、服务站以后，虽然解决了她们一些主要的家务负担，但是还有不少的零碎家务事是不可能完全解决的，因此，街道生产强调实行 8 小时工作制，在一部分人员中是有困难的。此外，家庭妇女中，绝大部分文化低或没文化，对生产技能均很生疏，必须很好地学习业务、提高技术、熟悉操作方法，才能提高生产效率。因此，生产时间，我们强调实行 6—2 制、7—1 制，即是 6、7 小时生产，1、2 小时学习。街道工作和处理家务，有些生产任务繁忙的，生产时间可略多，但最多不超过 8 小时。实践证明，实行了 6—2 制、7—1 制以后，工时虽然缩短了，但是由于生产人员有了处理家务的时间，取得了婆婆丈夫孩子的支持，消除了精神负担，提高了生产情绪；生产人员有了时间学习业务和政治，很快地提高了政治觉悟和生产技术，因之出勤率和生产效率大大提高了；同时生产单位有了充足的时间研究生产管理中的问题，及时地改进了工作，大大地提高了管理水平等等，所以生产效率普遍提高了几倍。如和平区兴安路人民公社制本车间，过去日产量是800打—1100打，自实行6—2制以后，产量普遍提高，目前已提高到日产3000打，比以前增加了二、三倍。

6. 普遍地开展了增产节约劳动竞赛运动。街道生产由于管理水平低、操作方法不熟练、出勤率低等，普遍存在产品数量少、质量低。为了有效地提高生产效率，普遍地开展了以提高产品质量、数量、按时完成或超额完成任务为中心的增产节约劳动竞赛运动。根据目前街道生产的情况，我们强调从以下四方面进行：(1)加强管理，健全制度，做到保质保量保时；(2)改进操作方法，提高设备利用率，提高生产效率；(3)充分利用废品下脚料，寻找代用品，节省原材料；(4)厉行勤俭节约，杜绝人力财力物力方面的浪费等。在增产节约劳动竞赛运动中，在改革生产工具、改进操作方法、节约原材料等方面，经社员的苦心研究，有不少的革新和创造。改进操作方法是街道生产中当前的主要方面，不少单位，由于改进了操作方法，提高了生产效率。如河西区大营门街背包杂品厂，康美云小组过去做手套，是每人一台缝纫机一包到底，快手一天只做50副，经社员研究将缝手套的活分为上条、合缝、上大指、缝松紧带等四道工序，实行流水作业法，全组八个人由过去日产270副提高到350副。不少的单位还在现有的设备条件下，改进了生产工具，如手工操作改为半机械、人力操作改为电动等，大大提高了生产效率。南开区蓄水池街焊条车间，过去切铁丝，每次只切一根，经将刀子的刀面加宽后，每次可切四根，不仅工作效率提高了3倍，还节省了六个人力。河西区大营门街制鞋厂，过去焖胶鞋底子是在火炉上一个一个的焖，每天最多焖16双，在劳动竞赛运动中，生产人员创造了锅炉水蒸气焖鞋底的工具，每天可焖320双，生产效率提高了18倍，每月还可节煤340斤。利用废品或其他代用品进行生产节省原材料，运动中有不少的发明，全市共有288个生产单位寻找和使用了代用品，仅和平、南开两个区就使用了代用品50多种，如用炭精片代替阻力丝，用纸代替油绸、用粉代替万能漆，节省了原料，创造了财富。红桥区三条石街喷漆车间，生产人员集体创造了以立德粉和清漆代替万能漆，质量良好，仅五月份一批加工活就可节约一千多元。通过增产节约劳动竞赛，由于提高了出勤率和生产效率，产值和加工收益大增，据六个区统计，二月份为5740000元，竞赛后五月份即达7500000元，比过去增加了1750000元。此外,为了提高生产技术,提高产品质量,减少次品和残品,许多单位组织了技术学习会,师徒包教包学,组织现场参观等提高了技术水平,产品质量有了很大的提高,多数达到了要求标准。

一年来实践证明,街社生产发挥了很大的作用。一是直接地支援了工业生产。街道生产中有不少是生产资料的生产,这类生产目前共有五金、医疗器械、机电、化工等四个行业,主要产品有铸件、切片、电镀、电焊条、坩埚、电焊机、冷炼机、变压器、炭精刷等309种,这些产品的生产能力很大,仅电焊条即月产10万公斤,变压器月产13000台。这些产品都是工业生产急需的,而在市场上又是很缺少的,街道生产积极地生产这些大工业所不能生产而又十分急需的产品,就直接地配合大工业生产更好地完成国家计划。二是支援了人民生活必需的商品生产。街道生产中除了生产资料的生产外,还有不少生活资料方面的生产,这类生产目前共有小五金、小百货、缝纫杂品、纸制品等13个行业,主要产品有拉链、发卡、插销、鞋眼、炊事用具、刷子等307种,生产能力很大,仅发卡就月产1700箩;鞋73000双;帽19000打;服装65万件。这些产品都是一些国营大工厂不能生产或不能满足市场供应需要的,街道生产了这些产品,就有力地支援了日用百货商品生产的需要,在目前市场商品供应不足的情况下起了积极的辅助作用。三是充分地利用了废品下脚料。街道生产中有不少的单位,是利用工厂企业的废品下脚料和社会上的废物为原料进行生产的。如利用废铁管做医疗病床、废铁片做眼镜盒、用纸厂流走的纸浆做纸等,这些东西过去有的是长期存放任其腐烂,有的是当做废物扔掉,街道生产充分利用之后,既可把这些无用之物变成有用之物,又可给国家创造财富和支援工业生产。如河西区灰堆人民公社利用造纸厂流出的废药液,生产硫酸铝,这是造纸不可缺少的原料,没有它纸就发阴,这个厂目前月产18吨,可供天津最大的造纸厂每月用量的三分之一。

二、生活服务方面。

街道生产人员中,大部分是家庭妇女,她们在参加生产的同时,带来了许多必须解决的托儿、吃饭、缝纫等事务,必须组织生活服务事业,解决生产人员的家庭负担,才能巩固劳动力,巩固生产,但生产服务事业,由于开支多收入少,必须依靠生产积累来补助,才能巩固,两种是互相支援、互相影响的。因此，我们在组织生产过程中，根据生产需要，相应地组织生活服务事业，使两者结合起来相应地进行发展。

我们组织的生活服务事业，一部分是食堂、托儿所，一部分是缝纫、拆洗、修配等服务行业。

1. 目前全市共有食堂 907 个，解决 85000 人的吃饭问题，托儿所 1498 个，收托儿童 63000 余名。我们组织的方针是“为职工服务，为社员服务”。开始，由于财力物力薄弱，缺乏业务知识和管理经验，以及房屋设备等条件的限制，在组织的类型上，强调大、中、小结合，以中小型为主，在百人左右为宜，有条件的尽量与工厂企业合办，工厂企业出钱出物，街道出人，这样即可解决工厂企业职工生活方面的精神负担，有利于生产，又可解决一部分社员的问题。由于有了工厂企业的支援，组织得快，又较巩固，鸿顺里人民公社与泰山、恒大两个工厂合办的公共食堂解决了社员、职工生活上很大的问题，反映很好。

工作中，为了把食堂、托儿所组织巩固起来，我们采取了以下措施：(1)贯彻经济、便民、适用的原则；(2)保管员、炊事员的人选，要政治可靠，身体健康，并进行业务训练，提高服务质量；(3)增设一些必要的设备，改善条件；(4)健全卫生保健安全制度。

目前食堂、托儿所存在的主要问题，是服务质量不高、经营管理上赔钱两问题。为了研究解决这一问题，有的单位试行了自给自足的办法，即是定员定额，依靠收费解决开支。我们认为这是个方向，但是由于目前生产人员工资较低，全部收费会影响社员的实际收入，因此，必须有一个过渡的办法，即是目前实行收费和补助相结合的办法，将来在提高工资的基础上，逐步达到自给自足。郭庄子人民公社在过渡时期，采取了两定一包的办法，两定是：一定保育员、炊事员和吃饭人员、入托孩子的比例；二定食堂、托儿所的收费标准；一包是：生产服务合作社根据各单位收托社员儿童数和社员入伙人数，补助社员交费不足部分，实行单位包干负责。管理好的，节余部分奖励工作人员、举办福利或购置一些必要设备；管理不好的，收入不足全体人员工资者，按比例下降，这样既可促使管理人员和炊保人员积极钻研业务，提高服务质量，减少铺张浪费现象，又可减少社的开支。

2. 生活服务行业，随着生产的发展和居民生活需要的增加，今春以来有了不少的发展。目前全市共有生活服务单位 2954 个，服务人员 15887 人，服务项目多种多样，达 60 多种，主要的是缝纫、拆洗、改旧换新、生活用具修理、短期照顾病人、产妇、修理钟表、自来水、收音机、自行车等。这些项目中，有些是商业部门有而不足的，有些是商业部门不便办理的。事实上，由于服务行业的业务广、零散、不固定，完全由国营商业部门包起来，确有实际困难，而街道居民组织服务行业，则有许多便利。一是人员机动调配灵活，有活可来，无活回家；可以集中，可以分散。目前我们组织的服务行业的人员就根据这个特点按三类进行安排：一类是专业人员，如修钟表、油漆粉刷、电工、白铁等人员，因这类活多有技术，别人不便插手，所以确定以服务工作为主，有活做活，没活做社的其他工作；二类是生产人员兼作服务工作，如缝纫、做鞋、临时保姆等，因这些不固定，时有时无，就由性质相同的单位兼做，有活就做，没活仍搞原来的生产；三类是未参加生产的家庭妇女，以家务劳动为主，兼做一些零星的服务工作，如补袜子、做鞋底等。二是可以广泛地设置服务点，便利群众。全市平均每街有 60—70 个服务点，如果国营商业部门这么办，就会在人力物力及管理上有很多不便，街道组织服务行业，由于星罗棋布，很受群众欢迎，红桥区大伙巷街建立生活服务站两个月的统计，就为工厂、企业职工和居民洗补旧衣 17890 件，缝制新衣 224 件，修理自来水 180 件，安装玻璃 60 户，洗补工作服、手套 2400 件。对服务行业的领导，由于情况复杂，我们采取集中领导分散经营的方法。集中管理的是：价格规定、原料的调拨，以及管理技术性较高的项目如修理钟表、水电、绱鞋等。分散经营的是：各社可以单独经营的如缝补、拆洗、临时服务等。这样既可统一领导，又可发挥各社经营的积极性。

在组织的过程中，都是首先摸清需要的数量和项目，本着先易后难、先简后繁的精神逐步发展组织的。工作中，原料和业务指导是要首先解决的问题，我们解决的办法，一是争取商业部门进行业务领导、供给原料、安排任务；二是和当地国营服务行业中的同行业门市部挂钩，争取他们进行业务指导，提高业务水平。

街、社服务行业显示出很大的优点：

(1)服务行业一般的技术性低,缝补拆洗的事情较多,很适合家庭妇女的特长,特别是一些年龄大、家务多无法参加街道生产劳动的妇女,承担这些工作,既可照顾家务,又可增加一些收入,是充分发挥家庭妇女劳动潜力的一个途径。

(2)一些中小型工厂企业,由于规模小、工人少,举办各种福利有困难,职工的生活问题如拆洗衣服被褥、缝补袜子、临时疾病照顾等就无法解决,街社服务行业和他们定活包活、管取管送,这就解决了他们很大的精神负担,有利于生产积极性的发挥。

(3)街、社服务行业所用的原料,大部分是利用废品下脚料,这样既生产出人民生活必需的物品,又可将一些废品修理成为有用的东西,这对节省国家物资消耗方面是有很重要作用的。

三、财务管理和所有制问题。

街社生产是在居民发挥群策群力和国营工厂企业的支援扶植下,以公社、街和生产服务合作社为范围组织起来的,因此,这些生产的所有制,虽然有程度不同的全民所有制成分,但是实质上仍是公社、街和社的集体所有制,因之我们均确定为集体所有制。我们确定它为集体所有制,是根据其发展的演变过程、生产资料的来源和目前生产的实际情况而定的。因为,公社、街道生产由于是辅助生产的,变化仍是很大,生产人员流动频繁,收入亦不稳定,如确定为全民所有制,一是生产人员的劳保福利无力解决,二是有些生产停工和半停工后,生产人员不好处理,其工资包不起来,但确定为集体所有制就较主动,积累多了多办些福利,积累少了就不办,生产需要时就来,不需要时就回家。街道生产中有些生产工具是国营工厂企业支援的,为了分清全民所有和集体所有的资财,我们对国营工厂企业支援的工具设备和资金,采取借用的办法,先记一笔账,有条件的可折价购买和偿还,目前无条件购买和偿还的,仍旧借用。

街社生产由于是街社的集体所有制,因此,我们在财务管理上,确定为街、公社和服务社、分社两级管理、两级核算、各计盈亏,以分社和生产服务合作社为基础。因为:(1)公社、街道生产基本上都是在分社和服务社的范围内组织起来的,以社为基础进行领导和管理,便于发挥社委会和社员的积极性;(2)公社、街道生产中有不少的零星的和分散的生产,无法成立核算,同时公社、街道中又缺乏财会人员,如以生产单位为一级核算,不仅人员浪费,而且由于领导力量薄弱,缺乏监督亦易发生弊病。但公社、街办工厂和分社、服务社办较大的工厂,由于生产事务较多,为便于发展生产,可在公社、街、分社、服务社统一领导下,实行单独核算。为了充分发挥各单位经营管理的积极性,保证重点所需资金,我们确定公社、街、分社、服务社生产单位采取利润留成的办法。街社根据生产单位的生产规模、生产设备、盈余情况和资金需要,给予10%—30%的利润留成,其余部分按月上交。但这部分留成,只限扩大再生产,不足者街、社还可按需要拨发。为了鼓励经营好的单位,我们规定了奖金和福利费的提取比例,凡每人每月平均纯利润达到10元以上的,可按工资总额提取4%—6%为福利费,再提4%—7%为奖金,留本单位使用;不足10元的,不提或少提。分社和生产服务合作社的公共积累必须上交,但由于目前社的经济基础薄弱,福利开支又多,因此上交时我们确定多留少交的原则。上交和留成的比例是,从分社和服务社的纯利润中提出5%—20%按季交公社、街,收入少者少交或不交。社所留的利润,要以40%—60%用于扩大再生产,其余部分用于集体福利、奖金和文教支出等。

交公社和街的积累。为了合理地使用、促进生产的发展,我们确定从积累总额中,提取60%—80%用于再生产,其余用于公社、街范围内的集体福利事业的开支,不准用于行政费的开支。

此外,我们还强调健全会计监督、现金管理、向群众公布账目等制度,加强群众监督,使财务工作更好地为生产服务。

积累分配是一项很复杂的问题,我们确定积累分配的比例,曾经过多次研究亦做过一些变化。开始,由于街道生产没有基础,没有资金和设备,为打下生产基础,我们强调在照顾到社员实际收入的情况下,多积累少分配,苦战三个月,目前各街社都有了一定的积累,亦增设了一些必要的工具和设备。为了进一步激发生产人员的积极性,我们即确定适当地多分配少积累的原则,在这一原则下盈利多的多积累,盈利少的少积累,没有什么盈利的不积累;社员多劳多得、少劳少得、不劳不得。在生产正常的情况下,一般的生产人员收入能达到25元(包括福利费用)上下。

分配的方法,我们强调多种多样,一般的是属于生产稳定收入正常、在生产过程中互相有密切影响的,均实行固定工资加奖励的办法,采取死级活值,生产任务完成好的给予奖励,收入不足全部人员实发工资者,按比例下降;属于分散生产、生产不稳定或生产虽稳定但在生产过程中互不联系、本人能决定生产效果者,均实行计件工资,但计件工资与固定工资在掌握上相差不要太大。同时,我们还提倡了集体奖励,以教育社员树立提高集体主义思想,热爱集体。

经过以上整顿,生产、生活服务基本上达到了巩固提高,但仍有些问题解决得不透:

一、产品质量虽然普遍提高,但与国营工厂企业的产品相比还相差一定距离,如果不迎头赶上去,将来有被淘汰的危险。

二、有些制度规定得不够合理不切合实际,需要进一步改进。

三、个别社在经营管理上仍存在着资本主义思想,还有一些违法事情。

一年来实践证明,试建人民公社和建立生产服务合作社的过程中,有力地推动了生产的发展巩固,生产的发展巩固推动了生活服务事业和文教卫生事业的发展巩固,显示出很大的优点,主要是:

一、发挥了统一组织领导生产、生活服务和街道行政工作的积极作用。自从组织生产劳动以后,街道工作任务就由原来的以居民行政工作为主改变为以生产为主,这样,生产、生活服务和街道行政工作,就需要统一领导结合进行,但街道办事处是区人委的派出机构,是纯行政组织,领导集体所有制的经济组织有一定局限性,而人民公社既是社会基层政权组织又是经济组织,就便于统一领导生产、生活服务和行政工作,便于组织街道与工厂企业和工厂企业之间密切协作,如灰堆造纸厂在组织人民公社以后,抽调干部和机器设备,帮助公社建立了8个工厂,这样不仅发展了公社生产,亦解决了造纸厂急需的硫酸铝和草绳等物品。

二、对城市的改造方面也起了积极的作用。一方面是组织生产后,把一些独立劳动者和逃避改造的小业主以及一些坏分子都组织起来了,通过生产劳动和共产主义的教育,既加强了对他们的改造,又加强了群众的经常监督;另一方面是广大街道居民特别是家庭妇女参加生产劳动后,变消费者为生产者,不仅增加了收入改善了生活,提高了家庭的经济、政治地位,而且通过集体生活劳动的锻炼和共产主义教育,树立了爱社如家、团结互助、热爱集体的共产主义道德品质等,这在改造旧城市面貌方面是有积极的作用的。

三、由于生产的发展,为国家创造了财富,对支援国营工厂企业完成国家计划方面起了积极的辅助作用,同时依靠生产积累举办了不少的生活福利事业和文教卫生事业。据统计,全市每月仅补助保教人员、炊事人员的工资以及文教卫生等方面费用,即达 40 万元。这些事业的组织和经费的开支是国家难以包起来的,组织这些生活服务文教卫生事业后,既解决了居民的需要,又减少了政府的负担。

但是试建人民公社和生产服务合作社是一件新的事业,许多问题都很生疏,必须边研究边建设。兹将目前存在的几个问题提出商榷:

一、对生产服务合作社的领导问题。

生产服务合作社既是群众的集体经济组织,又是群众自治性组织。它的主要任务是统一领导生产、生活服务和居民工作,但街道办事处是政府派出机构,因此,在领导集体经济和提取公积金与国营工、贸部门订立合同等方面确有很大不便。为此,我们曾考虑在街道办事处范围内建立生产服务合作社街道联社的组织,街道办事处主任或副主任兼任联社主任,由生产积累中开支,设 3—5 个干部负责经常领导生产、生活服务等方面业务,这样既便于统一领导生产服务合作社的工作,又便于统一安排推动生产、生活服务和居民工作,实质上起着公社筹委会的作用。

二、公社的规模问题。

目前公社试点,都是以街道办事处范围,实行政社合一、五位一体或四位一体的。经过这段试验,我们感到街道办事处是政府的派出机构,不是一级政权,但公社是政社合一,实际上是一级基层政权,这样天津市就成了市、区、街三级政权了。此外,按街办事处建立人民公社,规模过小,不便统一组织生产、分配、交换。因此,我们认为大些较好,最好是以区为单位进行。

三、公社和商业关系问题。

公社和商业部门的关系不够协调。一是有些部门有意压低加工价格,原料按零售价计算,产品按低价包销,致使生产单位所得利润过少甚至不赚或赔钱，影响积极性；有些废品收购部门统得过死，不属国家统购的项目也不准街道生产使用；此外，原下放公社和街道的商业全部收回，特别是有些商业与街道居民的关系十分密切，在街道既便于群众支持，又便于加强群众监督，不分情况一律收回是不够妥当的，我们的意见：行政领导交回，党的关系仍由街委领导，对工作较好有利。这些问题请省委帮助解决。

关于今后开展城市公社工作，我们打算从以下几方面进行：

一、在公社试点方面，除巩固现有的生产、生活服务单位有条件地适当地进行发展一些生产外，着重研究组织公社范围内的工厂机关职工的生活福利问题，逐步向公社统一组织生活福利方面过渡。采取的办法：组织与扩大现有的托儿所、公共食堂和服务站，解决职工吃饭和他们的子女入托及缝洗修理等家务事情。(2)公社和工厂企业机关合办食堂、托儿所，工厂出钱出设备，公社出人和管理，主要解决职工家务生活方面问题。(3)有步骤有计划地接办工厂企业中的一些非生产单位，解决工厂企业领导上在职工生活方面的负担。此外，试行一个区为范围的人民公社试点，初步考虑在塘沽区试行。

二、在全面准备方面，除研究和加强对生产服务合作社的领导以外，在组织生产和生活服务事业方面，根据目前经济形势的需要，我们采取巩固和发展同时并举的方针，对原有的生产和生活服务单位，继续进行业务建设，巩固提高，着重加强管理、提高质量并根据需要，有计划地进行调整。同时，根据工业生产和市场需要及街道设备条件，在国家计划指导下，有计划地发展一些日用百货方面的生产，补充市场商品供应的不足，并根据职工和居民生活的需要，在商业部门的指导下，发展生活服务事业，以解决职工和居民的家务生活拖累。

以上意见很不成熟，不妥之处，请批评指正。

中共天津市委公社办公室

一九五九年八月十二日

中共湘潭市委关于建立城市人民公社的若干问题的意见*

（一九六〇年三月二十三日）

各公司、厂、矿、企业党委（总支、支部）、县委、区、镇委、市属各总支、支部：

（一）中央指示：对于城市人民的组织试验和推广，应当采取积极的态度。中央这个指示，是完全正确的，建立城市人民公社已经是大跃进的要求，群众的要求，条件已经完全成熟，城市人民必须走这条道路。城市人民公社同农村人民公社一样，它是建设社会主义的最好形式，同时也是过渡到共产主义的最好形式。城市人民公社的建立，将大大加速政治上、思想上的社会主义革命，将大大加速社会主义建设事业。可以预见到：一个以大型厂矿为中心的、工农商学兵相结合的、全民性的建立城市人民公社的群众运动，很快就要席卷全市。全党同志必须满腔热情地对待这个运动，在党的领导下，领导全市人民完成这一件具有伟大历史意义的任务。

（二）关于建立城市人民公社的方针政策

1. 关于城市人民公社的性质问题

城市人民公社，既是行政组织，又是生产组织；既是经济组织，又是文化教育军事组织，是包括工农商学兵的社会基层组织。在所有制方面，既包含有全民所有制成分（市属交社经营管理的工业生产单位和国、省、市专营工业）；同时，也包含集体所有制成分（民办工业和农业）；也包含着全民和集体所有制相结合的成分（如部分社会福利生产单位吸收了部分个体手工业户带资金参加的，有的还包括着少数国家资本主义性质的成分）。因此，城市人民公社应

---

* 原件现存于湘潭市第二档案馆。

尽快的实现全民所有制为好，所以，规定居民入社不收股金。但是对持有生产资料的应带生产资料入社（暂时一律登记，先不作如何处理的规定），将来视各人生活情况及社的生产发展情况，分期折价归还一部分。对资本家、地主所持有的入社生产资料，则可不归还或少归还（内部掌握）。

生产收入，社员除分配工资，享受一定公共福利待遇外，不论何种所有制，一律不分红。社的积累应提一部分交市（比例以后确定）作全市社的基金和扩大再生产之用。

2. 关于城市人民公社的规模问题

为了适应生产继续大跃进，大力组织生产，劳动力大量需要的形势，和便利生产，便于进一步发挥公社的潜力，便于集中领导，扩大再生产，并有利统一调配，合理使用劳动力，以及符合工农业同时并举的方针，基本上以原一区（镇）或一区数镇，并规划附近工矿区的农业大队建立人民公社。我市目前规划建立五个公社：岳塘人民公社，所辖地区是下摄司区、五里堆镇、马家河镇、易家湾镇。河西人民公社，所辖范围是南区、北区和包括郊区河西的农业全部。易俗河人民公社，所属范围是铁厂、谭家山、鸡公坡煤矿、烟塘大队、月形大队、赋江大队。爱国人民公社，所辖范围是江南机器厂、云湖桥煤矿、楠竹山人民公社的两个大队。冷水冲人民公社，所辖范围是冷水冲镇、响塘人民公社的两个大队。为了更好地搞好春耕生产，为了很快地和很好地贯彻省委六级干部会议精神，暂时对郊区部分采取上动下不动的办法。

3. 机关、学校、工厂、商店和所在地区的厂矿企业、学校教职员和机关干部的家属及附近的居民、农民统一归于在所属地区的人民公社组织中，为集体社员。公社直接受市委领导。

4. 人民公社的职权范围

（1）工业：原区办工业一律由人民公社直接领导。市属厂矿企业、学校，业务仍由主管单位领导。党的关系和行政关系由人民公社直接领导。这些单位的工资问题，大厂矿照旧不动，原区民办工业也维持现状。对民办工业采取对有前途的提高扩大，相类似的合并，并再新办一批厂子的办法。但是民办企业单位的分成和福利费用，应抽出一部分交公社，由公社支配。

（2）学校：目前是民办中学、小学和公立小学均由公社统一领导和管理，公立中学在业务上由主管部门领导，党和行政关系由公社领导。

（3）商业：除全市性的较大的商业以外，国营和公私合营的粮食、油、菜、猪肉、煤炭、小商业群均交公社管理，职工干部的党团、工会关系一律转到公社，职工干部的管理和政治思想教育均由公社负责。工资福利由原单位支付，并维持现有标准，经济核算与社分开，与社不发生经济联系，只由社监督管理。合作商店、合作小组交社管理，经济上亦由社管理。

（4）农业：菜农和规划归公社的从事农业生产和副业生产大队，一律由公社统一管理。

（5）民兵：以生产单位为单位，建立民兵组织，由公社统一管理训练。

5. 体制问题

公社成立党委会和管委会，参加城市人民公社的农业大队，目前应由原公社领导。岳塘人民公社，设管理区四个（马家河、下摄司、易家湾、五里堆），河西人民公社设三个管理区（南区、北区、农业区）。岳塘和河西人民公社在管理区下面设居委会。易俗河、冷水冲、爱国人民公社下面设居委会，不设管理区。各个公社的居委会不宜过多，一般20个左右，最多不超过30个。管理区不是一级，是公社派出机构，任务是协助公社去领导那一块地方的工作。组织和保证任务的完成。在组织形式上不对口，不建立什么部。居委会的工作要大力加强，机构要扩大，要有办公室和相应的一套机构，要挑选经过考验能联系群众、能组织群众的干部去担任居委会的主任，班子要配齐。管理区、居委会、工厂均成立党支部（或党委会）。党委部门：党委会设办公室（分工业、农业、生活福利三组），组织部、宣传部、财贸部、工业部、监委会。群众团体设工会、妇联、青年团。公社以下单位设委员（或部）。在行政上，公社最高管理机关是社员代表大会，社员代表大会选举管理委员会，管理社务，设社长一人，副社长若干人，委员若干人组成，下设办公室（可与党委办公室合并），生产、文教、卫生、武装保卫、财会、民政等部门。

6. 关于人民公社的收益与积累问题

缴纳国家税收和上缴利润一律按原规定暂不变动。人民公社的分配为三级所有制，并以最基层单位为基本核算单位，各负盈亏。国、省、专、市属厂矿企业,农业的分配,一律不变。工人工资亦不变。其他公社直接管理的经济单位,一般可采取四六分,以60%作为社员工资,40%可作为积累,收益少的单位,积累还可低一些。

对原来民办工业中和民办的其他事业中,分配和福利不一致的,目前仍按原来规定不变,要防止一拉手,主要的是把那些办得不好的收入少的单位赶上办得好的收入多的单位。新办起了的民办工业、集体生活福利事业、社会服务事业单位以及什么运输队、基建队等等,一般一开始要号召苦干,号召自力更生,同时分别不同情况处理:一开始收入就较高(与已办的并已稳定了的那些相等)这就需要确定适当分配比例(可按以上分配原则参照办理),有的在开始困难较多,必须号召苦干和自力更生,不能包起来,我们的任务是加强领导,尽快地让他们度过这个时期,随着生产的发展和稳定,逐步把分配比例确定下来。

7. 入社条件

凡年满16岁不分种族可以入社。五类分子一律不能为社员,由社监督劳动,对已摘掉帽子的,经过社员同意,可入社为预备社员。五类分子的子女可以为社员。资产阶级分子亦视情况入社。对五类分子也应有个规划,本着有利专政和分化、瓦解、改造的原则,加以规划处理(政法部门提出具体意见)。

8. 大办集体生活福利事业和社会服务事业

方针是:以生产为中心,从生产入手,大办特办。原则是:生产需要就干,群众需要就办。办法是:群策群力,自力更生,因地制宜,因繁就简,大中小并举。要求是:95%以上的居民和职工参加食堂,机关要消灭小炉灶,应入学、入托、入园的儿童,尽可能全部入学入托入园。同时还应积极举办文化、娱乐、卫生等福利事业。要大力便利群众,使群众满意,并逐步做到满足社员来客,生病的需要。服务人员要树立“服务生产,便利群众”的思想观念,要由政治可靠、热心公务的人担任这个工作。五类分子和有传染病的人不能担任这个工作。举办集体福利事业和社会服务事业要掀起勤俭办一切事业的风气,防止铺张浪费和资产阶级经营作风。

(三)建立城市人民公社的步骤和作法

初步打算分四步进行:

第一步:成立筹备机构,作好准备工作,建社开始,必须做好两件事:(1)建立机构,成立筹备委员会,各级党委书记必须亲自挂帅,具体指导,作好筹备工作。各筹委会下面设立办公室。(2)进一步培养训练骨干,使骨干明确建立城市人民公社的目的和要求及有关方针政策等问题。

第一步大体三天左右。

第二步:放手发动群众,认真组织生产,大力开展宣传,发动社员申请入社,在围绕生产的前提下,大搞宣传,大造声势,宣传内容:(1)继续宣传国内外的大好形势;(2)宣传建立城市人民公社伟大意义、目的和方针政策;(3)宣传人民公社巨大优越性;(4)宣传勤俭办社、劳动光荣艰苦奋斗和服从组织纪律及统一调配,打消各种顾虑。宣传方法是:采取大鸣、大放、大字报、大辩论,作大报告,召开各种座谈会,深入回访等办法,扎实的作好思想发动工作,使群众的思想解决又深又透,贯彻自愿的原则,争取达到70%的群众积极申请入社。在发动过程中,要揭发坏人坏事(除现行犯罪斗争经过市委批准)严肃进行批判资产阶级思想,扫除建社当中的思想障碍。

第二步大体七天左右。

第三步:在进一步深入思想发动和基础上,处理各项入社经济问题。这一步五天左右。

第四步:充分发扬民主,选举领导机构,全力组织生产,掀起生产高潮,充分发挥社的力量,显示人民公社的巨大优越性;同时相应的建立各项制度,加强管理,处理遗留问题,以达到社的巩固发展。同时在这一步把社章酝酿出来。这一步五天左右。

总之,每一步不要截然分开,要前后结合,穿插进行。

冷水冲和爱国人民公社考虑到目前领导力量的情况,可以后走一步,先组织人民经济生活。

在建立人民公社过程中,必须抓好下面几个主要环节:

1. 坚决正确的贯彻党的阶级路线。建立人民公社是一个伟大的社会变革,在建社过程中,必然会暴露两个阶级、两条道路的斗争,城市街道居民的阶级情况比较复杂,由于经济地位和政治立场不同,在对待人民公社的态度上,也互不相同。因此,我们在建社中,必须严肃认真的贯彻好阶级政策和阶级路线。必须用阶级观点进行分析，摸清入社对象的政治条件，明确依靠哪些人，团结教育哪些人，警惕和防止哪些人从中进行破坏活动，这是一个很重要的问题，特别是对建社骨干要认真进行审查，必须是挑选成分好、觉悟高、工作积极的骨干。只有这样，才能巩固发展人民公社。

2. 从始至终，认真深入地做好思想发动工作，建立人民公社的过程，是两个阶级、两条道路、两种思想的斗争过程。因此，我们在思想发动过程中，必须解除群众中的四怕思想（怕入社参加劳动、怕不自由、怕私人财产、怕投资），要发动群众大鸣、大放、大字报、大辩论，批判各种错误思想，但有少数觉悟不高，对人民公社认识不足的群众要耐心提高群众觉悟，消除顾虑，使社员高高兴兴、愉快的入社。同时，可以发动妇女诉家务苦，注意选择典型，运用算账的形式，防止把锋芒指向婆媳之间、夫妇之间的一些问题上。

3. 从始至终紧紧抓生产，生产、生活同时抓，城市建立人民公社的目的，主要进一步解放城市居民劳动力，满足大跃进劳动力的需要，因此，我们建社时，必须围绕生产、组织生产，以生产为中心，进行建社工作，以达到建社、生产两不误。因此，在建社中，各区、镇和厂矿必须确定强有力领导干部专抓生产，必须大抓、特抓，通过建社，进一步推动生产，掀起生产更大高潮。现在就要立即着手，摸清劳动力底子，并合理组织劳动力，做到各尽所能，人尽其才。采取能用弱的活就一定用弱，能强弱搭配的就强弱搭配。目前劳动力缺乏仍然是一个很大问题，各公社要有专门的人考虑这件事情。

4. 坚持群众路线的工作方法，依靠群众，群策群力，大家办社，办社中只有依靠群众大家动手，树立群众主人翁的态度，事情才能办得快，办得好，在办社过程中，必须认真的听取和征求群众意见，与群众商量，同谋善断。要十分注意防止强迫命令，反复教育干部，头脑要清醒，要善于正确处理两类矛盾。

（四）加强对建社工作的领导

城市人民公社化运动，即将在全市全面铺开，这是一个具有伟大历史意义的运动，是全民性运动。要使这个运动高速度健康的发展，必须全党动员，放手发动群众，加强组织领导，使运动轰轰烈烈而又扎扎实实。因此，市委成立城市人民公社领导小组，由姚欣、于殿武、高峰、张树龙、丁长林等同志组成。下设办公室，掌握领导全市人民公社化运动。各公社筹委会要切实加强对这一工作的组织领导。

此外，由于建立城市人民公社是一件新的工作，凡有关政策性问题，各公社必须进行充分研究报市委同意后执行。

以上意见，请参考研究执行。

市　委

1960 年 3 月 23 日

中共湘潭地委关于成立城镇人民公社领导小组的通知*

（一九六〇年四月三日）

各县（市）委：

根据省委指示精神，建立城镇人民公社的条件已经成熟，为了加强对这一工作的领导，地委决定由周政、品新野、张健、定平、杨汉三、李良秀、阎希孔、王连福、曹瑞武等同志，组成城镇人民公社化领导小组，由周政同志任组长，张健同志任副组长。下设办公室，由阎希孔同志任办公室主任，在专区工会内办公。

各县（市）委亦应成立相应的领导机构，并将领导小组成员名单报告地委。

中国共产党湘潭地方委员会

一九六〇年四月三日

---

* 原件现存于湘潭市第二档案馆。

中共湘潭市委关于扩大干部会议城市人民公社情况的专题报告*

（一九六〇年四月十七日）

4 月 9 日至 12 日，市委召开了扩干会议，分析了形势，讨论和部署了工业生产，建立城市人民公社，爱国卫生等工作。会议全面情况，市委有专题报告，城市人民公社部分的情况作如下报告。

（一）市委 8 月 22 日扩大会议，贯彻中央、省、地委关于建立城市人民公社的指示后，各地采取了大搞宣传，大搞骨干训练，大搞思想发动，大鸣、大放、大辩论的办法，充分发动群众，在全市迅速出现了一个波澜壮阔的城市人民公社化运动的高潮。由于城市人民公社化反映了群众的迫切要求，因而群众积极行动起来。贫苦老人邓政玉田说："人民公社万万年，万万年，长福长寿，长福长寿"。81 岁的联组长赵赞庭听说办城市人民公社，他笑得合不拢嘴，他说："我想活 80 年"，他一边积肥，一边组织群众，在三天时间内，办了一个幼儿园，一个洗衣房，扩大了一个牧场。群众反映：党的领导真英明，老年人越活越年轻，组长我胜过当年"老黄忠"。湘钢一个工人做了一首快板："我是一个单身汉，干活缝衣又做饭，日日夜夜无空间，白天满头抹大汗，自有食堂服务站，吃饭穿衣无负担，全副精力搞生产，一人顶得二人干"。工人家属中积极拥护办城市人民公社的动人事例更是不胜枚举。在这段运动中，我们抓住了群众的要求，贯彻了以生产为中心，生产生活一齐抓的方针，到 6 月 9 日止，新办工厂 347 个，4813 人，搬运队 31 个，1212 人，还发展了养猪和蔬菜生产。在集体福利服务事业方面，新办食堂 115 个，入餐 25827 人，幼儿园托儿所 138

* 原件现存于湘潭市雨湖区档案馆。

个，入托入园儿童2340人，服务站、服务点93个。以上生产和福利服务事业，共安排劳动力9410个，其中绝大多数是解放出来的妇女劳动力。在这个问题上，经历了两种思想、两种作法的斗争。有的同志（公社负责同志）认为群众思想还跟不上来，我们工作还缺乏经验，主张慢慢来，先搞一个时期的试点，再全面铺开。我们认为群众已有迫切要求，工作已经有了一定的基础，更重要的是有党的正确方针政策的指导，因此不应该慢慢来，而应该是高速度，应该既搞试点，又全面铺开，以点带面，而不是面上等点。思想斗争的胜利，带来了工作上的胜利。

工作取得了一定成绩，也取得了一些经验，但是也还存在一些问题，例如一部分干部对阶级路线不明确，对以生产为中心，生产生活一齐抓的方针不明确等。为了解决这些问题，为了使建社工作健康地向前发展，有必要召开一次办社干部会议。

（二）城市人民公社部分参加会议的有：各公社筹委会主任、副主任、区镇委书记、全体办社干部、居委会支部书记共284人。会议听取了周政同志两个报告，学习了中央"双三反"的两个指示，学习了建立城市人民公社的有关资料，然后分小组进行鸣放、讨论、写大字报。会议的内容是集中解决了建社中的阶级路线问题。会议开得严肃紧张，生动活泼，普遍反映开得好，开得及时，清醒了头脑，鼓足了干劲，解决了一个根本问题——路线问题。会议之前，周政同志深入到建社的两个试点（居委会）、七个公共食堂、二个幼儿园、一个托儿所、一个服务站、六个街道工厂，进行了考察，为会议作了充分的准备，成为开好这次会议的根本关键。

（三）这次会议集中解决建社中的阶级路线问题，是有的放矢的。因此把这个问题一提，到会同志都觉得新鲜得很，觉得豁然开朗，觉得许多问题迎刃而解，纷纷自觉检查自己，也批评领导在这方面的官僚主义，会场极为活跃，情绪极为热烈，会议上争先发言，会后谈论不休。北区区委委员李新根同志为了说明贯彻阶级路线的必要性和存在的问题，谈了五居委会的全面情况，五居委会是一个街道性质的居委会，有4200人，居委会基层干部18人，其中严重不纯不能使用的6人，占33.3%，居委会房产主任是一个谍报队员，参加过反共救国军，卫生主任有杀亲之仇，丈夫是伪警察局长，被我处决，她现在还时常独自拿着她丈夫的照片哭泣，她与我们一个共产党员结了婚，怀了孕，竟然在打了胎之后说："我要绝□□□的代"。居委会十个联组长有两个是单干户，自发倾向严重，这次搞人民公社，其他几个联组轰轰烈烈，办工业、办食堂，这两个联组冷冷清清，一事无成。居委会有一个搬运队，队长是个游民，在队内积极搞资本主义，争夺领导权，队上的会计是个右派。居委会有单干户93人（不包括商业的代销点），有挂着社会主义牌子实际上搞资本主义的运输队一个，60多人，这些单干户和运输队，积极搞资本主义，与工农业争劳动力，破坏市场供应，腐蚀干部和青年，争夺领导权等等。五居委会的情况，能大体上代表街道性质这部分居委会的情况。这个情况说明：当前两条道路的斗争仍然是尖锐的，社会主义改造遗留下来的问题仍然是很大的。同时也说明，我们在贯彻阶级路线方面是存在着比较严重的问题。党在城市中依靠工人阶级的路线，在党的七届二中全会上就已明确指出，以后又一直强调，为什么存在这些问题呢？据到会同志检查，有以下几个原因：（1）部分同志，包括政法部门的同志，存在着麻痹思想，他们阶级斗争的观念逐渐薄弱了，他们的思想跟不上阶级斗争发展的形势，他们对资本主义自发倾向缺乏警惕，在依靠什么人的问题上，只要不是地、富、反、坏、右五类分子就不大注意。（2）部分同志缺乏群众观点，他们认为，工人家属、贫苦劳动人民和他们的家属，不识字，没能力，做不得事，不依靠那些光能说会道的对社会主义事业抱敌对情绪的人不行。因此他们不是一条依靠无产阶级的路线，而是一条依靠资产阶级的路线。（3）部分同志经不起资产阶级思想的袭击，经不起敌人两面手法的进攻。会上揭发，有的坏人其所以能钻进我们的基干队伍，就是采用伪装积极腐蚀干部的毒辣手段而达到目的的。（4）有的同志对统一战线缺乏全面的认识。南区一个联组长是个地主分子，民革成员，1958年依靠他办了一个食堂，他在食堂损人利己，根本不为群众着想，食堂垮了，并在群众中造成了很坏的影响。

会议在摆出事实检查原因的基础上，对如何贯彻阶级路线，提出了以下措施：（1）从思想上在全党的全体干部中，指出这个问题的极端重要性，统一思想认识。（2）从组织上加强党对基层政权的领导，决定每个居委会派强有力的专职支部书记。（3）对现有基层干部进行一次整顿，在领导权绝对掌握在无产阶级（包括工人、工人家属、贫苦劳动人民和家属、党团员、积极分子）手里的前提下,分别情况进行调整、改选、清洗、法办。根据到会同志的思想,要防止两种偏向:一种是右的偏向:下不得手,怕伤感情,怕无人代替,因而该调整的不调整,该清洗的不清洗;另一种是左的偏向:不分敌我矛盾和内部矛盾,不分析具体情况,一律清洗。我们认为,属于敌我矛盾性质的人应坚决一律清洗或法办,属于有政治历史问题、社会关系复杂、有小量贪污、有自发倾向、作风不正的人,应注意慎重,一般采取调换工作、改选的办法,个别情节恶劣,在群众中影响坏的人也可以经过公社批准后予以批判斗争清洗。(4)对新提的基干,一律经过审查。公共食堂、托儿所、幼儿园要绝对纯洁。

会上,有的同志主张在城市划一次阶级。我们否定了这个意见,但是对于漏网的地、富、反、坏、右分子和资产阶级分子,经过市委批准后,可以戴上帽子。还有的同志提出是不是平均月收70元就是富裕户？在提这个问题的时候,有的同志错误的把一部分收入高的国家干部和工人也看作富裕户。我们批判了这种观点,指出如果这样,就会失掉方向,挑起领导与领导、工人和农民之间的矛盾,并可能为敌人所利用。此外,我们还强调了在贯彻阶级路线开展两条道路斗争的时候,要认真贯彻党的统一战线政策,对民主党派、华侨、少数民族、资产阶级和他们的知识分子。不要来动员他们入公社、入公共食堂(但应向他们宣传人民公社的优越性)他们对于人民公社的错误言行,不要去动员组织群众开展面对面的批判斗争,群众自动起来开展斗争,也不要制止,如果触犯刑律,由政法部门报市委批准后依法处理。

(四)会议确定建社工作以政治为统帅。以生产为中心,生产、生活一起抓的方针,在这个方针指导下,积极大办工业和集体福利服务事业。

在工业生产方面:(1)强调在国家计划指导下,贯彻执行因地制宜、就地取材、自力更生、勤俭办事业的方针;强调为城市人民生活服务,为社工业服务。在这个方针指导下,坚决贯彻以全民所有制工业带公社工业,大厂带小厂,老厂带新厂,互相支援,国营厂矿、企业,在技术、设备、原材料等方面,对社办工业给以大力支持;社办工业利用国营厂矿、企业、下脚料、废料、废物,根据国营厂矿企业的需要进行加工生产。公社工业应该建设一批骨干,以便逐步发展成为"小洋群"、"中洋群"成为大工厂的后备军和助手。(2)社办工业所有制问题:先搞集体所有制,创造条件,再过渡到全民所有制。凡属各公社、分社,管理区办的工业,目前都属于集体所有制,有大小集体之分。有的同志想一开始就办成全民所有制性质,我们认为是不正确的。(3)劳动力管理问题:甲:各个公社、分社都必须配备专人管理劳动力;乙:任何部门和单位,需要社会劳动力时,都必须通过公社,以便对单干户予以限制,对闲散劳动力予以统一管理;丙:有计划的训练技术力量;丁:对生产、生活方面的所需劳动力进行全面安排,应该首先保证工业生产方面劳动力的需要。

在集体福利服务事业方面,全市初步规划,办街道公共食堂1300至1400个,幼儿园3000—3400个,托儿所1000—1100个。当前我们强调贯彻以食堂为中心,全面组织人民经济生活。吃饭是群众生活的中心,是生活中头一件大事,必须强调把食堂办好,我们提出食堂应做到七好:服务生产好,便利群众好,饭菜味道好,勤俭节约好,服务态度好,技术改革好,民主管理好。并提出了一些相应的措施:如提出了大搞副业生产和从社办工业中提取一部分公益金的办法,做到食堂不收管理费。生活以食堂为中心,同时要求把托儿所、幼儿园、服务站、商业代销点办好。在安排全盘生活的时候,要求各个公社按照“生活以食堂为中心”的思想,从地点摆布上予以充分考虑。

为了实现上述任务的跃进,必须放手发动群众。在发动群众方法上必须抓住四个环节:(1)训练好骨干队伍。要求各个公社从贯彻市委扩干会入手,全市训练3000人的骨干队伍;提高思想,明确阶级路线,明确任务。训练时间两至三天。训练好以后,立即加以组织,兵分生产、生活两路,以骨干为核心,层层串连发动。(2)大搞宣传:宣传城市人民公社的优越性,宣传湘潭市解放前后的变化和远景,宣传典型先进人物,宣传劳动光荣,剥削可耻,宣传国家、集体、个人的关系,宣传目前利益和长远利益的关系,纪律与自由的关系。(3)放手发动群众,开展两条道路的斗争,对五类分子破坏公社的言行,经过市委批准,组织面对面的斗争,资产阶级和具有自发倾向的人针对公社发出来的错误言行以及群众中几种主要思想,归纳成几个问题组织群众开展背靠背的见物不见人的讨论和批判。(4)放手发动群众,大力特办工业和集体福利服务事业。要批判不相信群众的右倾保守思想。

此外,决定立即对全市民办运输队、渔业队,进行一次整顿。

（五）会议决定加强党对公社的领导，市委分了工，分社包干，委派了每个公社的专职负责干部，决定了全体办社干部做到与群众同吃、同住、同劳动同商量。

会议还研究了体制问题。

以上报告，是否妥当请指正。

市　委

1960年4月17日

中共湘潭市委关于城市人民公社管理体制的方案*

（一九六〇年四月十八日）

我市城市人民公社，现在已经正式建立。城市人民公社是一种政治、经济文化、工农商学兵“五位一体”政社合一的新型组织机构。它将成为改造旧城市，建立新城市的有力工具。因此建立它，巩固它，发展它，对于加速我国社会主义建设有着极为重要的意义。随着城市人民公社的建立，在组织领导、体制权限等方面都必将带来很多新的改变，这一套组织工作需要我们迅速地跟上去。为了适应这种新形势的要求，市委最近对这些问题进行反复研究，并广泛征求了各公社干部的意见。现在对组织机构的人员编制、干部配备、体制权限等方面的问题提出如下初步实现方案（草稿）。

一、关于组织形式

为了便于集中领导，根据地域情况，原则上以大工厂为中心组成人民公社。全市共建立五个人民公社，即河东公社、河西公社、江南公社、鹤岭公社、易俗河公社。公社组织共分为三级和二级二种情况。公社下面根据地域、人口多少等具体情况分设若干分社（分社是派出机构），公社下面设若干管理区。经研究具体意见是：

（1）河东公社：设五个分社，19 个管理区。

（2）河西公社：设四个分社，18 个管理区。

* 原件现存于湘潭市第二档案馆。

(3)江南公社:设三个分社,10 个管理区。

(4)鹤岭公社:不设分社,设 4 个管理区。

(5)易俗河公社:不设分社,设 3 个管理区。

管理区一般以工厂或城市居民委员会为基础,管理区人口一般在 10000 人左右(基本上以原居委会不动)。农业以大队为基础。

二、公社的组织机构设置

公社组织机构总的应力求精减,有利于加强党的领导,有利于工作和生产。公社成立党委会和监委会,公社党委委员 13—21 人,10 万人以上的公社,可设常委,常委委员 7—11 人,监委委员 5—7 人,公社党的最高权力机关党员代表大会,由代表大会选出党的委员会,代表大会闭幕后,公社党委行使职权。公社党委配书记 3—5 人,下设办公室、组织部、宣传部、工交部、财贸部、农村工作部、生活福利部、居委会。群团部门设共青团委员会、妇女联合会。公社的行政管理机构,公社成立社务管理委员会,公社的最高权力机关是社员代表大会,代表大会选举管理委员会,代表大会闭幕后,由社务管理委员会行使职权。公社管委会配社长 1—2 人,下设办公室、民政福利科、人事劳动科、工交科、武装部、农业机械科、财粮科、商业科、文卫科、计委会、体委会、公安分局等。除办公室、武装部、农业机械科、计委会、公安分局等部门配备专职干部外,其他部门不配专职干部,由党委和部门的干部兼任工作。

公社下设分社,分社可成立党委会,下设办公室,不设其他部门,主体工作是书记挂帅,委员分工。分社下设管理区,管理区成立党总支委员会和管理委员会、团总支、妇代会等组织。党总支下设办公室、宣传、财贸、工交、监察等委员(监察不配专职干部,由书记或兼)并成立福利委员会和生产领导小组,抓生产和生活福利,生活福利委员会的组成由食堂、托儿所、幼儿园、服务站等有关集体福利单位负责人组成,委员 5—7 人或 7—9 人。选一个强有力的干部任主任委员。管委会下设行政秘书、财会、工交、民政、文教等部门。生产单位和服务部门,可根据地区集中与分散,党团员人数多与少成立单独党团支部或联合支部,管理区配备专职总支书记 1 人,其他干部,以原来的基层干部为基础和有关部门兼任。为了加强党员、团员、干部的政治理论文化学习和教育,各公社党委可设立业余性的培训班或红专学校。

此外,关于管理区干部参加管理的问题。管理区除总支书记会计脱产外,其余各委员均不脱产。他们参加生产和管理可要在时间上原则上加以区分。管委以下的干部 70%以上的时间参加生产。厂矿企业的车间主任、食堂经理、托儿所、幼儿园的负责人基本上参加生产。

三、人员编制和干部配备

为了加强公社党的领导,充分发挥各部门的积极作用,保证各项政治任务的顺利完成,在人员编制和干部配备上应本着节约用人、合理使用干部的原则,加强第一线,依靠群众办好社。必须坚决贯彻精减精神解决的办法,统一从有关部门调整解决。管理区的干部,除个别骨干由市委统筹安排好,其余一般干部仍从原来的居委会、公社、农业大队、厂矿和有关单位调整,采取就地取材,管区包干等办法,其编制经费由财政部门核定,管区本身解决,但必须经市委批准执行。

干部配备的具体意见是:

河东公社:配备国家干部,公社一级 60 个,分社一级 60 个(分五个分社,每个分社按 12 个算,以下同),管区 19 个(即总支书记脱产,以下同,不包括农业大队)。

河西公社:配备国家干部,公社一级 60 个,分社一级 48 个,管理区 18 个。江南公社:配备国家干部,公社一级 40 个,分社一级 36 个,管理区 10 个。

鹤岭公社:配备国家干部,公社一级 40 个,管理区 4 个。

易俗河公社:配备国家干部,公社一级 40 个管理区 3 个。这样公社、分社、管理区三级加起来,共需配备国家干部 438 人,加上农业公社大队干部需配国家干部 568 人,除现有区、镇、公社、大队共有国家干部 292 名,可作为基础外,尚缺干部 276 名,其主要来源:(1)原有区镇干部作为基础,(2)厂矿企业内部调整解决一部分,(3)机构干部撤、减、增的全面安排,调出一批干部下放到公社,大队干部一律不动。

干部管理办法:公社党委委员,分社党委书记、副书记、社长、副社长、管理区总支书记,属市委管理,其他的干部属公社管理。以上希研究执行。

1960年4月18日

长沙市城市人民公社化运动正处在普遍推广高潮中*

——中共长沙市委书记王群伍同志在全市副科长以上党员干部大会上的报告

（一九六〇年四月十八日）

我国的人民公社化运动，是一个伟大的社会主义革命群众运动。在农村，人民公社经过不断的整顿和巩固，正在健康迅速地向前发展着，显示出无比的优越性和巨大的生命力，它促进了农业生产的持续发展，促进了整个国民经济的持续跃进，它吸引了全国人民，轰动了全世界。在城市中，自从1958年以来，根据中央指示，全国各地积极试办城市人民公社，已经取得了很大的成绩和不少经验。目前，各地正在掀起城市人民公社运动的高潮，有些城市已经公社化了，如郑州在去年就实现城市人民公社化。天津、北京也分别在今年4月15日、25日实现了城市人民公社化。中央对城市人民公社十分重视，早在1958年党的八届六中全会《关于人民公社若干问题的决议》中就对城市人民公社问题作了重要指示，最近中央又发出对城市人民公社要采取积极态度的指示。李富春同志在第二届全国人民代表大会第二次会议上《关于1960年国民经济计划草案的报告》中说："现在，全国各城市正在大办人民公社，大办街道工业，大办郊区农业，大办福利事业，大办公共食堂，广泛地组织居民的经济生活，把城市人民进一步地组织起来，并且使成千成万的城市家庭妇女从家务劳动中解放出来，参加社会劳动。这一切，不仅有利于生产建设的发展，而且有利于城市社会生活的彻底改造。"这就把城市人民公社肯定了，向全国人民

---

* 原件现存于长沙市档案馆。

和全世界人民宣告，我们要大办城市人民公社。

市委讨论了城市人民公社问题，根据中央、省委指示和根据发展形势，估计在“五一”以前可以全面实现城市人民公社化，市委特别指出各级领导和各部门必须站在运动的最前面，同心协力，积极地领导好城市人民公社化运动，以便健康地完成我市全面实现城市人民公社化的历史任务。

一、城市人民公社是社会发展的必然产物

我市城市人民公社，早在1958年9、10月间就开始了，它是在社会主义革命和社会主义建设飞跃发展的新形势下产生的。自从全民整风运动和党的社会主义建设总路线深入贯彻以来，我市和全国各地一样，各个战线、各项工作都出现了大跃进的形势。长沙市是一个消费城市，要变为工业生产城市，就要全民办工业、全民办交通、全民办基建，因此，人民公社担负着各项社会主义建设的光荣任务，特别是城市生产建设事业的飞跃发展，生产战线需要补充劳动力，大工业需要一批小工业承担简单的生产和辅助性生产。这就迫切要求把广大居民组织起来，大办街道工业，实现集体化，发掘生产潜力。但是，广大职工家属和街道居民劳动力被繁锁的家务劳动束缚住，没有解放出来。这一支重要的生产力量，是我市街道办工业的劳动力的重要来源，应该充分调动起来。几年来，在中央、省委领导下，我市广大职工家属和街道居民，经过全民整风运动和总路线、大跃进的教育，社会主义觉悟大大提高。在轰轰烈烈的社会主义革命和社会主义建设的高潮中，他们迫切要求走出家庭，为社会主义建设服务。当时的形势就是这样：社会主义建设的高速发展，要求调动一切积极因素，调动起职工家属、街道居民的力量；而职工家属和街道居民又迫切要求组织起来，参加到社会主义建设的行列。根据这种形势，在党中央和省委领导下，我市各级党组织领导全市职工家属和街道居民掀起了一个轰轰烈烈的大办工业、大办生活服务事业的群众运动。在这个运动中，广大职工家属及居民群众依靠广大职工及各方面的支援，依靠自己团结努力，本着因地制宜、因陋就简、就地取材、自力更生和为大工业、为农业生产、为城市人民生活、为社会主义市场服务的方针，迅速地办起了一批小工厂，建立起一批生产组织，随着

生产的发展，建立了公共食堂、托儿所、幼儿园、服务站，从而把居民生产、生活服务、居民工作全面地组织起来。这就是城市人民公社的雏形。所以说大办城市人民公社已经是“瓜熟蒂落，水到渠成”的时候了。

我市在1958年9、10月间，在农村人民公社的启示下，已经办起了22个人民公社。党的八届六中全会决议对城市人民公社问题作了明确的指示，这就使我们更加明确了方向。鉴于城市政治、经济情况比较复杂，为了保证公社工作正常发展，根据中央决议精神，我们一方面以西区先锋人民公社为试点（这个公社是以街道居民为主，把生产、生活、服务事业联合起来），创造总结适合城市特点的经验；另一方面大力地、全面地发展街道工业生产，大办生活服务事业，开展社会主义教育，为全面实现城市人民公社化积极创造条件。一年来的试点证明，城市人民公社显示出了巨大的优越性和伟大生命力，它是推动工业、商业、街道各方协作、发展生产生活服务事业、改造城市的面貌的良好组织形式。城市人民公社进一步的提高和发展，将更加成为改造旧城市和建设社会主义新城市的工具，成为生产、交换、分配和人民生活福利的统一组织者，成为工农商学兵相结合和政社合一的社会组织。因此，城市人民公社是社会发展的必然产物。

二、城市人民公社的优越性

城市人民公社的优越性很多。我市试办的先锋人民公社，虽然目前还处在以职工家属和街道居民为主体的阶段，但它已显示出了极大的优越性：

第一，城市人民公社能够促进生产的高速发展。先锋人民公社建立后，就是紧紧抓住了生产这一中心环节。生产关系发生了变化，就为促进公社生产的高速度发展开辟了广阔的天地。本着为大工业生产服务、为农业生产服务、为人民生活服务、为社会主义市场服务的精神，把100多个小工厂合并成定型的工厂35个，将数百个生产小组合并成242个，生产人员增加到6119人。通过整顿巩固以后，充分发挥了人民公社“一大二公”能在更大范围内统一组织生产的优越性，因此，生产高潮一浪高过一浪。1958年先锋人民公社工业总产值260万元，1959年工业总产值增加到678万元，等于1958年的3倍，1960

年计划工业总产值为980万元,到3月14日止,就超额完成了全年的计划,达到了993万元,产品品种也由1958年的108种增加到301种,由办社初期生产鞋和扣眼、麻袋等简单的产品到生产马达部件、纺织机械成套铸件和机器零件,并成批生产工业上用的钢丝绳、冲天炉、硫酸、盐酸等,最近他们又用木屑制成了建筑材料人造板等产品。白手起家,没有国家的投资,依靠群众办起的35个工厂,目前已有相当规模的生产设备,有车床8部、刨床2部、电动机64台、发电设备1套、炼油设备1套、锯床7台、12吨冲床4台,以及其他机械设备600多台。这个公社仅用一年多的时间,就使社办工业成了大工业的有力助手,并有力地支援了农业、商业及互相协作,共同促进了社会主义高速发展,成为我市工业体系的一个不可缺少的组成部分。

第二,城市人民公社能更好更全面地组织人民经济生活和文化生活。一年来,不仅大力发展了生产,而且更好、更全面地组织了人民的经济文化生活,这也是城市人民公社的中心任务之一。人民公社人多力量大,随着生产的不断发展,有力量举办更多的集体生活福利和文教卫生事业。根据职工和居民的实际需要,这个公社全面组织了人民经济生活,大办食堂、幼儿园、托儿所、服务站,根据积极办好、自愿参加的原则,在职工、居民中办起了37个公共食堂,70%的居民加入了公共食堂,同时办了25个幼儿园、托儿所,46个儿童乐园,将近4000儿童入托,举办13个万能服务站,还办了4所敬老院。这些都给公社社员带来极大方便,初步满足了社员需要,受到了广大社员的热烈欢迎。人民公社不仅在经济上而且在大力组织群众文化生活方面也取得了巨大成就,建立了业余学校、俱乐部、图书室,开展了群众性的文化体育卫生活动。

第三,城市人民公社是妇女彻底解放的很好组织形式。人民公社各项工业的迅速发展,为城市妇女参加社会生产和社会服务事业开辟了广阔前途。先锋公社8000多名街道居民参加各项生产和服务,其中妇女占80%以上,妇女参加生产劳动,受到集体主义、社会主义教育,政治觉悟大大提高,热爱劳动、热爱集体、团结互助、以社为家成为全社会的高尚风格,而且涌现出了许多热爱劳动、积极钻研生产技术和业务知识并做出显著成绩的先进生产者和"三八"红旗手。

广大妇女参加劳动后,通过学习和实践,掌握了一定的劳动技能,长期埋没在家务劳动中的聪明才智有了充分发挥的余地,对社会做出了重大的贡献,因而更加受到了社会上的尊敬,妇女社会地位大大地提高,它已经由“家属”变成了社会主义建设者了,“家属”这个名词,已成为历史上的词汇罢了!

第四,人民公社加强了社会主义改造工作,进一步消灭了城市中的生产资料私有制。城市经过 1956 年对私营资本主义工商业和手工业的社会主义改造,生产资料私有制已基本上被消灭,但还有少数逃避改造的小资本家、小业主、个体劳动者散居在街道,他们继续发展资本主义势力,人民公社根据社会主义改造的政策,把他们吸收到公社集体经济中来,一方面利用他们的技术和生产资料发展公社生产,为社会主义服务;同时也改造了生产资料私有制和资本主义经营思想,堵塞了他们走向资本主义的道路。

人民公社的建立,加强了对散居在街道的地、富、反、坏、右五类分子的改造工作。公社建立后,公安派出所成为公社的一个部门,改造五类分子的任务也就同时成为公社任务之一。公社对五类分子采取劳动改造和思想教育相结合和公社组织监督与广大群众相结合的方法,把他们分别安置在政治力量较强的生产劳动单位,“十红夹一黑”,把他们管制起来,这样一方面便于进行管理和改造,一方面利用他们的技术和劳力进行生产建设。

第五,人民公社以生产为中心,生产生活一齐抓,推动全面工作大跃进。城市工作的面很广,需要把各个方面的工作密切结合起来,并且抓住中心环节推动各项工作全面跃进。人民公社是政社合一的组织,是居民生产、生活教育行政事务的统一组织者和领导者,它可以把各方面工作加以全面安排,统一步调,分工协作,互相推动,同时,街道居民组织起来觉悟提高了,积极性和自觉性加强了,各项工作能顺利开展。例如:调解工作,过去是街道组织的一项繁重任务,公社建立以后,人与人的关系改变了,居民纠纷大大减少了,其他如发动储蓄、大搞卫生、组织义务劳动以及各项宣传教育等工作,公社通过各单位很快动员起来,很快地收到实效。因此,在人民公社中,出现了以生产为中心、生产生活一齐抓、全面工作大跃进的新气象。

总之,城市人民公社与农村人民公社一样,有极大的优越性,可以断定,随着公社的不断发展和提高,它的优越性将日益显示出来。

三、我市已经具备了实现人民公社化的条件

1958年以来,我市一方面积极进行公社试点工作,同时大力发展街道工业、生活服务和文教卫生事业,开展社会主义教育,为全面实现城市人民公社化进行准备。

首先,街道工业获得了飞跃的发展。生产是人民公社的经济基础,发展生产是公社的中心任务。各区、街紧紧抓住这一环节,大力组织加工生产和小商品生产,同时根据工厂需要,有计划、有组织地输送了学徒工、合同工、临时工,这样,就为大工业补充了劳动力,承担了某些辅助生产和小商品生产的任务,有力地支援了大工业生产,对繁荣市场和进一步满足人民的需要,起了很大的作用。事实证明,街道工业是全民办工业的一个方面,是大工业的有力助手,是我市工业体系中一个不可缺少的部分。

其次,在发展生产的同时,大力举办了生活服务事业。根据"为职工服务,为居民服务"的方针,按照"积极办好,自愿参加,特殊照顾"的原则,全面地组织发动。我市今年3月份以来,全市普遍地开展组织人民经济生活的群众运动,由于全党动手,全民动员,工业、商业、街道等方面通力合作,生活服务事业普遍地发展起来了。全市组织了公共食堂580个,入食堂人数达99368人,加上有组织单位的公共食堂,入食堂人数共488906人,占全市人口的70%左右。托儿组织887个,全托儿童32744人,服务站已发展到412个,服务人员共达9503人。这样,全市就形成了一个公共食堂网、托儿网、万能服务修配网。由于生活服务事业的大发展,促进了家务劳动社会化、生活集体化。

第三,在组织发展生产、生活服务事业的过程中,反复系统地对街道居民进行了社会主义、共产主义教育。去年集中地开展了以总路线、大跃进、人民公社为中心内容的社会主义教育运动,这样,使广大职工家属和街道居民的政治觉悟空前提高、政治热情空前高涨,同时,街道生产服务事业的发展给广大群众带来了切实的利益,因而建立城市人民公社,就首先成为了工人劳动人民

的普遍愿望。与此同时,经过反右倾机会主义斗争和整风运动,从党内到党外、从干部到群众,对总路线、大跃进、人民公社有了更深刻的认识,这就为建立城市人民公社打下了思想基础。

总之,由于不断地整顿和巩固,街道工业和生活服务、文教卫生事业有了很大的发展和提高,广大职工家属和街道居民,已经组织起来,基本上实现了生活集体化,这就为建立城市人民公社创造了有利条件。同时经过 1 年多试点,总结出一些在城市建立人民公社的经验,外省也树立了榜样,而且,中央有明确的指示,加上农村人民公社已经巩固并健康地发展,城市全面建立人民公社的条件已经成熟。因此,必须立即抓住这一有利形势,不失时机地全面开展公社化运动,顺利完成建立城市人民公社的历史任务。据此,市委决定在“五一”以前,全面实现城市人民公社化。

四、我市建立城市人民公社计划

根据市委讨论决定、规划,要求我市 25 日以前全面实现城市人民公社化,一个区建立一个人民公社,实行三级管理(公社、分社、管理区)、三级核算。在公社下设若干分社,每个分社领导若干管理区(大的 10000—20000 人,小的 1000—2000 人左右),管理区大体有四种体制:第一种,以街道居民为主体的管理区;第二种,以机关、学校为主体的管理区,这种管理区不一定带居民;第三种,一个地区有两个管理区以机关、学校为中心成立管理区,居民可以另外组织管理区,机关与居民是协作关系;第四种,以工厂为中心包括附近居民组织成的管理区。这样,便于工厂支援居民,居民支援工厂,要大力提倡“每人为人民公社办一件好事”。目前这几种管理区组织形式还只是初级形式,高级形式还须进一步研究。

工作进行步骤:第一步订规划,搭架子,配干部;按一区一公社,下设若干分社、管理区做好规划,配备好干部,如谁担任公社党委书记,哪些机关、学校负责同志兼任党委书记等。干部配备好后,立即成立筹委会,并召开群众大会,教育发动群众,报名入社,选举社员代表,以区为单位召开公社代表大会。西区人民公社要求在 21 日召开社员代表大会,其他各区派代表参加,学习经验。在25日以前,其他各区分别召开社员代表大会。25日左右,全市宣布实现城市人民公社化,庆祝人民公社成立,动员全市人民进一步搞好生产、办好集体生活福利、服务事业,进一步巩固人民公社。要求各机关、工厂、学校大力教育发动群众,每人为公社办几件好事。要求街道大抓生产,组织80%居民入食堂,70%幼儿入托儿所,80%劳动力参加生产、服务福利事业,以新的成绩,迎接"五一"节!

五、如何对待城市人民公社运动的态度问题

城市人民公社运动,是一个伟大的社会变革,是对城市的又一次全面的、彻底的社会主义改造,它将涉及到各个阶级、阶层的人们,贯穿着两个阶级、两条道路的斗争,它必然牵动每一个人,每一个人对城市人民公社化运动是拥护还是反对都要表示自己的态度。因此,城市人民公社化运动,是全党的一项重要任务,必须全党动手,领导全民以群众运动的方法来开展城市人民公社工作。各级党委、各个部门,必须在市委统一领导下,统一步调,同心协力,积极地投入到这一运动中来,以实际行动促进城市人民公社工作的开展,促进城市人民公社的巩固。为此,特提出以下几点意见:

第一,城市工作涉及面广,包括了工业、商业、文教、卫生、民政、公安、财粮、税收以及妇女、青年等各方面的工作。城市人民公社化的新形势,给各部门提出了新的任务,这就需要各部门参加到公社运动中来,主动地发现和研究本部门应当承担的新任务,改进工作,以适应形势需要。同时,要求在全市开展一场大辩论,让人们议论纷纷,街谈巷议,造成一种声势,造成一种舆论,没有议论纷纷,就没有群众运动。要大搞宣传,宣传城市人民公社的优越性和它产生的必然性,彻底解放妇女,推动工业、农业、商业等各项建设事业的全面大跃进,进一步加强旧城市的改造。银幕要放映城市人民公社的宣传标语、口号,工厂、机关黑板报、墙报以城市公社为中心发表感想,进行辩论。报社、电台要大力宣传报道城市人民公社,使大家议论纷纷,然后通过大鸣、大放、大字报、大辩论来统一认识。

第二，从多方面支援公社生产、生活服务和文教卫生事业的发展，为公社办好几件事。生产是公社的基础，我们要从多方面指导、帮助公社搞机械化、半机械化、自动化、半自动化，培养技术人才，改进经营管理，解决设备、原材料问题，帮助公社搞综合利用等等。例如，工厂、学校可以帮助公社研究技术、帮助公社训练新技术人才，服务行业要支援组织人民经济生活等等。总之，我们的责任是要支持它、培植它，为它的成长开辟道路。城市人民公社才开始建立，要扶植它健康茁壮地成长起来。同时，公社的任务就是为生产服务，为各部门服务，为群众服务，公社首先必须发展生产，公社的各项事业发展了，对工业生产和各项工作都有极大好处，对全市人民有极大的好处。公社的经济不久的将来将成为单一的全民所有经济。我们要算政治账、算大账。

第三，发动职工及其家属积极赞助公社的发展。工人阶级是我们国家的领导阶级，是一切事业的领导力量。城市人民公社是一个革命的群众运动，在这个运动中，应当把广大职工、干部动员起来，向他们讲清城市人民公社的必要性和优越性，使他们受到又一次的社会主义和共产主义教育，使他们自觉地赞助人民公社，并且积极参加公社工作和动员家属积极参加人民公社，这是保证城市人民公社化胜利的条件。干部、工人、学生要动员家属积极参加人民公社，将来谁也离不开它。现在首先要动员三部分人：一部分是经济需要参加生产增加收入；另一部分是经济虽然好，但家属思想觉悟高，不愿做家属，愿参加生产；再一部分是有劳动习惯，不愿坐在家里，愿意走出家庭参加生产。这三部分人主要是工人、干部家属和一部分农民，他们是建立公社的基本力量。街道有些小业主，已经参加了街道生产，通过一年来参加生产的锻炼，通过申请，大多数人可以入社；对于地、富、反、坏、右五类分子一律不入社。先把基本社员吸收进来，对于改变了成分的地、富、经过劳动改造的反革命分子和摘掉帽子的右派，经群众讨论，看他们的思想觉悟、政治态度是否做正式候补社员，然后吸收。至于资产阶级、高级知识分子暂不吸收，当然，将来谁也离不开公社。我们要积极大胆放手发动群众，处理问题，要坚持积极动员，坚持自愿，通过教育不通的，等待他们觉悟。高级知识分子，不动员，要参加也要劝他们暂时不要参加。因此，各单位在党组织统一领导下，积极动员家属入社。对于集体宿舍家属，要配合做好组织工作，机关要把家属组织起来，搞生产、服务、福利事业。总之，在公社化运动中，各部门的工作很多，要把公社工作提到议事日程上来，深入工作，掌握运动情况，研究并解决在运动中不断出现的各种新问题，在各级党委领导下，使城市人民公社巩固地、健康地发展下去。

一九六〇年四月十八日

湖南省当前修理服务业务的情况及存在的问题*

（一九六〇年四月十九日）

去秋省委批转省计委党组《关于加强修理修补行业收费及废品收购价格管理意见的报告》后，十月初省委财贸书记会议上，对加强修理服务业务问题，省委又进一步作了指示。十一月间省委城市财贸会议，又专门进行了研究，近几个月来，各地党委对这项工作，已引起应有重视，并作了不少努力，获得了一定效果。

省委财贸书记会议后，省商业厅召集长、衡、株、潭四市，对如何加强修理服务业务问题，专门进行了座谈，同时并确定了专人专抓这项工作。根据各地情况反映，绝大部分地区对省委关于加强修理服务行业的指示，均作了不同程度的贯彻。其具体作法大体分以下三个步骤：首先，以计委为主，组织商业、轻手工业等有关部门对修理行业及废品收购价格进行摸底。据长沙市、湘乡县等二十二个市、县统计，共组织了三百五十余人的专业工作组，对二十多个修理行业近一千个修理项目的收费标准进行了检查，内容包括网点人员、政治思想情况、收益分配、收费标准、服务质量及原材料分配情况。其次，根据调查摸底，制定整顿修补行业及收费标准方案。第三，发动群众，开展宣传，以整风形式普遍进行一次整顿。

从行动上说，长、衡、株、湘、邵等一些较大的城市进展较快，目前已进入第三步整顿阶段，小城市较慢，大部分还停留在第一、二步阶段，也有极少数小城市还迟迟未动。通过初步整顿，大部分地区已加强了党对修补行业的领导，分

* 原件现存于湖南省档案馆。

别设立了专管和兼管机构，长沙市委决定在市商业局成立“生活用品修补公司”，将原属轻、手工业、商业及城市公社各级所经营的修理服务业务统管起来，负责人员领导、价格管理、原材料分配等工作，在所有制上不变，原属全民所有制的由公司统一经营、统一核算；原属集体所有制的仍由公社各级经营核算，公司负责业务领导。市公司已于去冬十二月正式成立，公司下设政治、业务两办公室，分别负责修理人员的政治思想教育与业务管理，已配备干部十余名；公社一级设××公社修补总店，配干部四人至五人，分社一级设××公社××分社修补中心站，配干部二人至三人，分别管理本公社和分社范区内的修理服务行业。到去年十二月底，公社分社干部已基本配齐，并于元月七日召开全市所有干部宣布公司正式成立大会。衡阳市委为了加强对修理服务业务的领导，决定由一位书记挂帅，分别由商业、轻工业、手工业等部门具体负责。市商业局为了便于统一管理，成立了“修补商店”，专管日常业务，市人委还颁布了加强修理服务业及流动摊担管理办法。株、潭、邵以及常德等市党委均加强了对修理服务行业的领导。目前各主要城市均展开了一个以提高服务质量、改善服务态度、降低收费标准、扩大服务网点和服务项目、处处方便群众为中心的大搞修理服务业务的群众性运动。

通过整顿，总的情况是价格比较合理了，人员网点增加了，在服务态度和服务质量上也有所改进了。在收费标准上，大部分地区均贯彻了“不赚钱或少赚钱”的原则，即“以服务为主，稍有积累，整旧的比买新的划得来”的精神制定合理价格，在个别与人民生活密切相关的行业还采取了内部积累补贴办法。长沙市由计委制定统一收费标准，使修理服务行业价格将达到一九五七年的水平，较现行价格降低百分之四十左右。密切关系到人们生活的如修鞋、修锅、修白铁、修伞、修磨刀等五个行业，采取由内部积累补贴办法，降低到一九五七年略低的水平上，并决定从今年元月起，上述流动行业暂免收营业和所得税。衡阳专区根据上述精神，分别不同情况，调整降低了某些不合理价格，如对为农业生产服务的修理行业，贯彻不计利润或少许利润；对为工业生产和为人们生活服务的修理行业贯彻稍有积累；对技术性较高、非人们生活所必需的如修表、修科学仪器等修理行业贯彻略微从高的原则，制定价格方案。衡阳对某些大型生产资料收费过高的还进行了退款，如衡山市交通局在衡市星公社修配厂修理的一部引擎,原收费一千三百七十二元,经过审查,只需一百一十元,退还了九百余元,经过这样处理,得到了群众的好评。在价格管理上,部分地区已执行了“明码牌价,群众监督”的办法。

在人员配备和网点设置上:据长、衡、株、潭四市的统计,目前修理行业从业人员已经增加到七千二百余人,较去秋前增长百分之十五左右,网点增加百分之十至百分之二十不等;邵市、津市由原五百五十五人增加到八百二十四人,增加约百分之五十,网点由一百二十八个增加到一百八十一个,增加百分之四十。衡阳市为了方便群众,扩大修理服务业务,采取了生产什么,修补什么;卖什么修什么的办法,进行了全面安排,合理定点,目前基本上做到了社社有服务站、厂厂有修理部、店店有流动摊、柜柜有修理员、街街有修配网。全国零售商业先进单位——衡阳市百货中心商店设立了人民经济生活服务部,开展了修补、洗、租、收等各项服务活动,每天修补各类物件达三、四百件。由于服务广泛,项目繁多,群众非常满意,称誉其为万能服务部。衡阳内衣厂、针织厂、促进五金机械厂等,专门抽出一些技术较高的技工和一部分机器设备,在市中心区开设修补服务门市部,为顾客缝补卫生衣和棉毛衫、裤、袜子和其它日用小五金商品,特别是目前棉布供应较紧张的情况下,他们一方面利用厂里的边角废料,一方面专门拿出一些好棉纱,为顾客缝补衣衫领子、袖子和袜底层,大受群众欢迎,这样不仅为顾客节约了开支,同时也为国家节约物资,缓和了某些商品暂时供应不足的困难。长沙市还采取固定站点和流动摊担相结合、定时上门和包接包送相结合、专业站点和综合门市部相结合的办法,做到有单一专业的点店,也有修理一条龙的街——坡子街,另计划在中山路再搞一条街,形式多样化处处从方便群众出发;还在一些较大的机关、企事业、学校、团体单位,设立缝补、修鞋服务点,计划全市由目前五百三十一个再增加三百个,服务人员由二千六百七十五人再增加一千六百余人,要求网点和人员于元月中旬基本按需要配齐和合理布置好。

为了解决原材料供应上的困难,各地除将一部分物资纳入国家和地方计划外,还积极开展了旧废品收购,以及利用各生产单位的边角废料。长沙、衡阳市还采取了修理什么收购什么、生产什么供应什么的办法。长沙市决定从今年元月起,修理部门收购的旧废品,采取二八分成方法,即各行修理部门收购的废旧品,自留二成,上交八成,以作统一分配;再是教育服务人员节约用材,降低损耗。长沙市为了执行专材专用,将生产资料与生活资料修理用材划分“两本账”:生活用品修理用材专拨“生活用品修理公司”,由公司统一分配,直拨到点,并强调了修理用材是专材专用,不得搞协作制造。

在服务质量和服务态度方面,各地均有不同程度的改进。据长、衡、株、潭四市反映,大部分的行业和人员,已基本上改变了过去质量低、时间长、服务态度不好的局面,纷纷提出了“保证质量,小修不过夜,大修不过三天”的口号。衡阳市各修理服务行业普遍订立了服务公约,并开展了“五比”竞赛(比服务态度、比交货时间、比修补质量、比执法政策、比节约原材料)。市修补商店门市部的职工还提出“三快”“十包”“三接货”的服务标准(即快接、快做、快交货;包接、送、拆、洗、弹、修、补、改、缝、订;电话接货、信件接货、上门接货)。邵阳市开展了“四熟悉、四见面、三满意”(四熟悉即熟悉服务公约、收费标准、规格和质量;四见面即服务公约、收费标准、规格与质量和群众见面;三满意即街委、群众、自己满意)的红、勤、巧运动,并召开了现场会进行观摩。

从上述情况说明,各地近几个月来对修理服务行业进行整顿中所取得的成绩是巨大的。但是问题也还存在不少。目前我省城乡修理服务业务,虽经过一定努力,还远远赶不上人们生活的需要,群众较普遍地反映的当前修理服务业务质量低、收费高、网点少、时间长、服务态度不好的局面,尚未得到应有的改变。存在上述问题,原因是多方面的。首先是领导不统一,管理制度不严。目前我省修理服务业务,分别为商业、轻、手工业以及公社各级所经营(除长沙市已经统一由商业部门归属领导外,其他各市县均由各部门分别经营,有些城镇尚无人过问,形成无领导状态,有些地区反映修补行业究竟由谁管)。因领导多头,在收费标准上,各自一套,在原材料分配和旧废品收购上出现互相排挤及抬价收购情况,对服务人员缺乏应有的经常性的社会主义思想教育,在组织管理上缺乏一套较好的办法,致使部分服务人员残存和滋长着资本主义经营思想,有的地区虽有统一牌价,但贯彻不下去。如湘潭市河西公社雨湖管区修鞋点钉一双布鞋前后掌竟有高达三元的,超出了买双新鞋价。长、潭市修配一片小钥匙有高到八角的,超过买新价,特别是游街串巷的随便要价的现象尚未杜绝。工资制度混乱,目前我省修补行业人员大体分四种工资形式:(1)计时;(2)计时工资加奖励;(3)计件;(4)提成,在提成工资中有二八、三七、四六、五五不等。因某些工资制度不合理,以致出现部分服务人员工资大大高出国营企业工人工资。如长沙、衡阳、湘潭市等修鞋行业人员,一般平均工资在七、八十元左右,有些行业甚至高出一百元。因工资过多,又促使部分人员滋长吃喝玩乐腐化思想。如长沙市文艺路一修鞋工人,去年二季度以来,每月平均工资一百一十余元,每天干活仅四、五小时,去年来,除吃喝玩乐外,还买了一只手表、一部自行车,群众反映他:“早上进茶馆,中午进饭馆,晚上进戏院,干活干半天”。长沙一电器修理安装工人,月工资竟高达二百八十余元,平常最低亦在一百五十元以上。某些地区对修补行业下达产值任务,如长沙、湘潭市规定修钟表月产值任务五百至八百元超额有奖,完不成照扣(实际是罚),于是促使部分服务出现偷工减料、暗抬价格、只顾数量、不顾质量甚至偷盗零件等不法行为。在网点设置和服务人员方面,数量上还远远赶不上需要,总的是市区少,农村更缺,不大的一支修理队伍,经常调作他用。或不适当地专业转行。如长沙市修锅的一九五二年时有一百五十余人,现在只剩二十余人,其余转进手工业金属加工厂,群众反映一年四季也难见到一个补锅的,人少活多是造成时间长的一个原因。据长、衡、株、潭四市修理从业人员的统计,目前共七千二百余人,按四市市区人口折算,平均仅千分之四点五左右(其中衡阳市较高,约为千分之八)。这数字显然不能担负目前人们生活的需要。在原材料供应上,总的是安排不足,有客观困难,也有主观原因。有些是能够安排的,未做应有的安排,或者把修理用的搞协作制造去了,于是造成人为的紧张现象。再者有部分修补人员不安心这行工作,认为成天补破烂不光彩,没前途,想转行转业。

中共湖南省委城市公社办公室

一九六〇年四月十九日

中共广州市委城市人民公社化运动领导小组关于城市人民公社若干问题的初步规定(草稿)*

（一九六〇年四月十九日）

中央关于城市人民公社的批示和中南协作区委员会《关于城市人民公社若干问题的规定》,对当前在城市实现人民公社化运动的有利形势的分析和所做的规定,是完全正确的、符合我市实际情况的,必须认真贯彻执行。为了加强领导,加速我市人民公社化运动,特根据这一规定的精神结合广州市具体情况对城市人民公社若干问题做出初步规定如下:

一、城市人民公社的性质

目前城市人民公社是社会主义性质的。各种组织形式的人民公社,大多数是以国营经济为主体,全民所有成分的比重很大,但在一个公社内部还包括着国有制、社有集体制和社以下集体所有制几种经济成分。随着公社逐步发展扩大,全民所有制成分将大大增长,集体所有制成分将逐渐缩小,并将逐步过渡到单一的全民所有制。目前由于公社生产水平还很不平衡,社员的思想觉悟程度也有所差别,因此,一般地还不要急于过渡,但应积极地为过渡到单一的全民所有制创造条件。

在建立人民公社过程中,一部分手工业工厂和社、组,以及其他合作商店(组),转变为人民公社的工厂、商店时,对适合公社需要而又为居民群众服务

---

* 原件现存于广东省档案馆。

的可转变为社集体所有制或社以下集体所有制,个别有必要和有条件的,也可转变为全民所有制。

城市人民公社不仅是工农商学兵“五位一体”的社会基层单位,它同时又是社会主义政权组织的基层单位,必须实行政社合一。原来的区人民委员会,街道办事处和居民委员会应该和公社合并,政权工作由公社负责管理。城市人民公社以工业生产为中心,又必须是工农商学兵全面发展,以便在发展生产、提高群众觉悟、深入地进行社会改造、移风易俗等方面,充分发挥它的巨大优越性。公社有了工业,又有了农业,就便于加强工业与农业,城市与乡村的协作,便于进一步巩固工农联盟,促进工业与农业的全面发展,这对于逐步消灭工农差别、城乡差别具有重要意义。

二、社　员

城市人民公社是政社合一的社会基层组织,凡年满十六岁以上的居民,除被剥夺政治权利者以外,只要自愿参加,执行公社的社章、决议,均可成为公社社员。

凡住广州的工厂、企业、机关、学校及其附属单位的职工、干部、学生等,凡具有社员条件自愿参加的,都可在他们生产、工作和学习单位的所在地参加人民公社为社员,但工厂、企业、机关、学校所雇用的临时工,在试用期间仍参加原居住地的人民公社。

凡属流动性大的工人,如三轮车工人、搬运工人、建筑调配工人等,都可参加他们居住地的人民公社。

凡尚未取得广州市正式户口的,一律不得参加广州市的人民公社。

对资产阶级分子、资产阶级家属以及资产阶级知识分子,在办人民公社初期,说服他们不要勉强参加公社,他们入社后,不要取消定息,不摘掉资本家的帽子,一般也不要让他们担任公社的领导职务。

对华侨、侨眷和港澳回来的同胞,必须慎重对待,坚决贯彻“自愿参加”的原则,在建社初期不要勉强他们参加,应该有意识地等待一个时期,对于具备社员条件而又愿意参加的,应接收为社员。对于少数民族人员的入社,也应如此。

对于被监督改造的五类分子，一律不能作为正式社员，他们只能在社员的监督下进行劳动生产。已摘掉帽子的五类分子，可根据他们的实际情况，确实得到改造、表现好、生产积极的，经社员讨论通过、公社党委批准，可分别吸收为社员或候补社员，如表现不好而屡教不改的，若是社员的可降为候补社员或监督劳动。

社员个人的生产资料，应该入社，但必须分别不同对象进行处理。对劳动人民的要合理折价入社，分期归还，对资产阶级分子及小业主的要采取折价入社，按值定息。社员个人的生活资料（包括住宅、衣服、家具等）和银行存款等，仍归个人所有。

社员义务：(1)要模范地执行党和国家的政策法令，遵守公社社章和决议；(2)服从公社的统一领导；(3)积极参加公社所组织的生产或工作；向一切危害公社的行为作坚决的斗争；(4)参加公社所组织的政治活动和各项运动。

社员权利：(1)在公社组织内有选举权和被选举权；(2)对公社各级干部和各项工作都有建议批评和监督的权利；(3)本人及其直系家属有权享受公社举办的集体福利事业的待遇。

国家厂矿、企业、机关、学校等单位的社员，其主要职责，是担负党和国家交给的任务，因此，公社向他们分配任务时，不应该影响他们的主要职责，但是，他们应该在业余时间内，主动地、积极地完成公社分配的各项任务，并且与其他社员享有同等权利。

三、城市人民公社的规模、组织形式和管理体制

城市人民公社的组织规模，必须贯彻“一大二公”和工农商学兵相结合及政社合一的原则。为了调动一切积极因素建设社会主义，根据广州市的具体情况，公社的规模以大一些为好，过小了不利于充分发挥公社的优越性。在建社过程中，应该采取从小到大、由简到繁、从低到高、逐步扩展的原则。目前，公社的规模，可以有大有小，在市区内可以采取一区一社，至于以工矿、企业、机关、学校为主成立的人民公社，按实际情况，规模可有所不同，人数可以有多

有少,管辖的地区可以有大有小。总之,要根据各自的特点进行规划,不要强求一致。

为了促进生产,更好地改造旧城市和建设新城市,以及适应我市厂矿、企业、机关、学校干部和职工以及街道居民在生产和生活上的具体情况,公社的组织形式应该是多种多样,有以大型国营厂矿、企业为中心,吸收附近地区的工厂、商店、学校和职工家属、街道居民组成的工矿人民公社;有以机关、学校为主的人民公社;有以街道居民为主的人民公社;有以农业生产为主的农村人民公社等等,同样,在分社或管理区,也应有各自的特点。

根据便于发展生产、有利于壮大公社经济、有利于发挥社员的积极性和管理的原则,我市人民公社的管理体制实行统一领导、分级管理的制度,目前实行三级管理、三级核算,即公社、分社(相当于合并后的街道,约一万五千户,五、六万人口左右)和管理区(或称居民委员会,下同,相当于现在二个和三个居委),管理区下设居民小组,但不作为一级。在公社兴办初期,以分社为基本核算单位,待公社进一步巩固提高后,将过渡到三级管理、二级核算,并以公社为基本核算单位。

在公社中实行民主集中制,公社最高权力机关是社员代表大会,任期一年,由选举产生。社员代表大会闭会期间,由选举的公社管理委员会负责管理全社事务。公社设主任一人,副主任及委员若干人。下设办公室和若干个部委,如工业、农业、财贸、交通基建、生活福利、文教卫生、计划统计、劳动工资、政法、武装等。分社和管理区也应建立管理委员会,设主任一人,副主任和委员若干人,分社管委会下设股、委、室,管理区管委会下只设三个左右的委员会(如生产、生活福利、文教卫生委员会等)及办公室。为了加强党的领导,公社、分社成立党委会,设立组织部、宣传部、工业交通部、财贸部、监委会和办公室;管理区建立总支或支部,由委员分管各项工作。以国营厂矿、企业、机关、学校为中心成立的人民公社、分社,一般由大厂矿、企业和机关大专学校的党委书记兼任公社的党委书记,另设专职的副书记若干人,但国营厂矿、企业、机关、学校的党委受市委和公社党委的双重领导。在公社、分社和管理区、工会、共青团、妇联也要分别设立相应的组织机构。

城市人民公社必须建立财政管理制度,以保证正确使用资金,必须本着勤俭办社、勤俭办一切事业的原则，精打细算，增加生产，厉行节约，杜绝贪污浪费现象的发生。

四、城市人民公社与国营企业的关系

公社是社会的基层组织单位，国营厂矿、企业参加人民公社后，将成为人民公社的重要组成部分，在公社党委的统一领导下，充分发挥其全民所有制的优越性和领导作用。

国营和地区国营厂矿、企业入社采取“入而不归”“体制不放”的原则，实行“两本帐〈账〉”的办法，即国营、地区国营厂矿、企业的核算要与公社分清，凡属全民所有制的厂矿、企业，其生产和财务计划，仍按国家下达的生产、财务等计划指标执行，保证全面完成各项计划，按期完成产品调拨和利润上缴计划；地区国营厂矿、企业，按照中央和各省、市规定的利润提成办法，将公社应得部分，交公社统一支配，公社则根据国营和地区厂矿、企业的生产需要，做出规划，有组织、有计划地开展生产大协作，如代替加工包装、制造附件、部件等，补充国营厂矿、企业劳动力的不足，使社办工业真正成为国营和地方国营工业、企业的有力助手，从各方面保证国营和地方国营厂矿、企业国家计划的完成，而不是单独搞一套，但国营和地方国营厂矿、企业则应从资金、设备、材料、技术等方面帮助公社，以扶持公社工业的发展。

至于国营和地方国营厂矿、企业的生活福利事业（如食堂、幼儿园、所等），可以由原单位继续管理，也可委托公社代办，或交公社统一举办，同时，要积极帮助公社办好集体生活福利事业，公社则认真办好集体生活福利事业和文化科学事业，为国营和地方国营厂矿、企业职工和全体社员服务。

公社和机关、学校的关系，也应参照上述精神处理。

五、坚持以生产为中心的方针积极发展生产

发展生产是办好城市人民公社、改造旧城市建设社会主义新城市的中心

环节。因此,城市人民公社必须坚决贯彻执行以生产为中心,生产、生活一齐抓的方针,从建社起到公社的巩固和发展自始至终要抓紧生产,大力发展生产。在发展生产方面,以工业生产为中心,实行工业和农副业并举,挖掘一切潜力,积极办好服务性生产。

在工业方面,要在全市统一规划合理布局的前提下,坚决贯彻执行依靠群众、自力更生、因陋就简、因地制宜、就地取材、综合利用、大中小结合、中小为主、土洋并举和为国家建设服务、为农业生产服务、为人民生活服务、为出口服务的方针,积极发展社办工业,组织建筑、交通运输等专业队,搞好社办交通运输工作。

社办工业是我国工业战线上一支重要的新生力量,具有极其光辉灿烂的发展前途,国营厂矿、企业对社办工业须采取热情帮助、积极扶持的态度,把扶持社办工业作为自己光荣的职责。财贸部门除了帮助社办工业安排生产、收购产品、搞好经济核算、加强财务管理外,还应该在组织原材料和生产资料的供应方面给予必要的支援,特别是废品回收和综合利用更应大力支援。就地回收,就地利用,就地制造,就地生产。

在农业方面,要贯彻执行以菜肉为纲,积极发展蔬菜、养猪、养鸭、养鸡、养鱼、养奶牛、养奶羊等农副业生产,尽快地达到副食品自给或部分自给,同时要大搞植树造林,发展果园。市区居民、机关、学校、厂矿、企业也必须利用一切大小空地,种植蔬菜、饲料,发展家畜家禽。大搞群众运动,大搞技术革新和技术革命,大抓原材料综合利用,积极开展生产大协作,大厂带小厂,小厂辅大厂,邻里相助,先进带后进,后进赶先进,充分发扬敢想、敢说、敢干的共产主义风格,把技术革新和技术革命推向新的高潮,迅速实现机械化、半机械化和自动化、半自动化。充分利用城市的有利条件,加强对农业的技术改造,尽快地实现农业现代化。在生产过程中,要不断提高技术水平,扩大生产,增强品种,提高产品质量,开展经济核算,节约劳动力,降低成本,努力提高劳动生产率,保证持续跃进。

六、大力办好集体生活福利事业

全面组织人民经济生活,积极地发展集体生活福利事业,促使家务劳动社会化,改变一家一户旧有的生活方式,对促进生产的发展、提高群众的组织程度和培养人们的集体主义思想,有着极为重要的作用。认真办好公共食堂,是举办各种福利事业、安排人民生活的中心环节。因此,城市人民公社必须在发展生产的基础上,大力举办公共食堂。已经办起来的食堂,应加强领导,进行巩固、提高,保证社员吃得饱、吃得好、吃得省。尚未举办食堂的地方,或现在食堂尚未能满足群众要求的地方,应积极举办,如设中心食堂、分食堂、协作食堂等,和采取分组打饭,分厅吃饭等办法,使食堂成网,使之既有利于统一管理、炊具改革、提高技术、节约粮煤,又便利群众,有利于指导消费。

举办公共食堂,应贯彻积极办好、自愿参加、大集体小自由的原则。为了适应城市广大人民的各种不同要求,可以采取各种各样的形式,举办各种各样的食堂,尽量做到方便群众。公社的公共食堂应建立民主管理委员会,认真贯彻民主管理的原则,坚持勤俭办食堂的方针,在举办公共食堂工作中,应大搞炊具改革和副食品生产,以提高工作效率和改善社员的生活。

加强粮食管理,厉行节约,提高出饭率,食堂节约的粮食可采取不上缴、不分、不拿去喂猪、喂“三鸟”的原则,由食堂掌握调剂使用,同时要发扬共产主义风格,将部分节约的粮食支援那些粮食确实不够吃的食堂。

各公社应积极举办托儿所、幼儿园等集体福利事业,坚决贯彻因陋就简、自力更生的原则。敬老院、妇产院也应积极兴办。

普遍建立生活服务站,从简到繁,逐步扩大业务范围,群众需要什么办什么,需要多少办多少,服务项目力求多种多样,收费低廉,使公社的服务事业成网成套,从而使城市人民的经济生活得到进一步的妥善安排。

在公社的各种生产劳动组织中,应建立必要的劳动保护制度,贯彻安全生产的方针。注意改善劳动条件,尤其是对妇女的劳动保护工作,在生产前后、月经期、怀孕期、哺乳期间得到必要的休息。产假一般不少于三十天,产假期间工资照发,在初办时,由于家底薄,由公社或分社根据具体情况,酌情给予补助。各种福利事业的收费标准,可以有高有低,不必要求一致,并随着生产的发展和积累的增多,逐步降低收费标准,对生活确有困难的社员,在生活、医疗及儿童入托等方面应当给予适当照顾。

在食堂、幼儿园(所)、服务站等集体生活福利事业和服务事业单位的服务人员,必须选派政治可靠、作风正派、热心为群众服务的劳动人民及其家属进行工作,尤其是领导骨干,更要严格挑选。

七、关于财贸工作

商业部门担负着为生产服务、为人民生活服务的重要任务,进一步做好商业工作对支援公社的发展和巩固,对促进生产的发展和更好地为人民生活服务有极为重要的意义。在兴办人民公社工作中,商业部门必须协同各方面做好下列工作:1. 千方百计支援公社工业的发展,组织社员参加生产;2. 帮助群众兴办公共食堂和托儿所、幼儿园;3. 组织群众兴办各种生活服务事业,促进家务劳动社会化;4. 组织群众合理分配商品,按照"统筹兼顾,保证重点,照顾必须,安排一般"的原则,通过群众讨论,依靠代销店和服务站,对一部分副食品和生活日用品,进行合理分配,更好地满足社员的消费需要。

为了适应城市人民公社的新形势,从有利于生产和方便群众出发,相应调整商业网,彻底完成对小商贩的改造,并对财贸体制做适当的改变,使城市人民公社逐步建立一套新型的有利于支援公社生产和便于组织人民经济生活、更好地为人民生活服务的商业机构。

目前,各区商业局的组织机构与其他财贸机构合并,改为人民公社的财贸部,作为公社财贸工作的领导机构,受公社和上一级财贸部门的双重领导。在公社财贸部下,按分社设立经营副食品及小百货的综合商店,作为分社的行政管理和业务机构,受公社财贸部和分社双重领导,在综合商店统一管理下,根据现有商业网设置情况,从方便群众出发,设立若干代销店和服务站,撤销一批商业点,其中有些小饭馆(无特殊风味的)改为公共食堂,有些小商店改为管理区的中心商店,组成一个完整的商业网,下放交由公社管理,以便更好地组织生产和组织群众生活,合理分配商品和加强市场管理。国家设置的各级商业机构,除指定下放的综合商店外,其余均应根据"入而不归,体制不放"的原则,参加所在地的人民公社,但机构、人员、资金、经营管理、商品流通等权限仍由国家部门统一管理。

为了支持公社的生产事业的发展,进一步做好商业工作,对综合商店的利润按比例进行分成,留给分社的可占40%左右,上缴公社占20%左右,上缴国家占40%左右。在分社综合商店领导下的代销店和服务事业、福利事业的收入除40%上缴公社外,全部归分社所有。

人民公社财贸部门和分社综合商店在商品调拨收购、资金使用管理、市场物价管理、规章制度等方面,必须执行上级党委和政府以及商业部门的有关指示,并坚决贯彻执行。人民公社财贸部和分社综合商店的政治思想工作,由人民公社和分社负责,人员调配要取得国家商业部门同意。

银行应帮助公社建立信用部门,代国家银行吸收存款。为鼓励公社积极性,银行在贷款中,可规定一定比例作为公社工业的贷款。

邮电代办所,可以下放给公社经营,业务由邮电局领导。

财政工作目前由国家财政部门统一管理,但对公社办理的代销店、服务性企业以及新办的及有困难的社办工厂,应予以适当照顾,在一年时期内可免征所得税,但原来已征缴所得税的工业企业,仍继续征收。

八、发展文化教育、卫生和科学事业

文化教育事业是城市的一项重要工作,必须加强领导,认真办好。人民公社要贯彻执行"教育为政治服务""教育和劳动生产相结合"的方针,迅速普及小学教育,逐步普及中学教育,大办业余学校和红专学校,开办短期技术训练班,建立业余教育体系,加强对社员的政治思想教育和文化技术教育,大量培养又红又专的人才,适应国家建设的需要。开展群众性的文化娱乐和艺术活动,依靠群众,举办图书馆、俱乐部、少年宫等各种文化事业,丰富城市人民的文化生活。

组织开展以除"四害"、灭疾病为中心的爱国卫生运动和体育活动,大造声势,大搞群众运动,人人有责,人人动手,积极发展卫生医疗事业,保证人民的身体健康,同时要结合体育活动大搞民兵活动,加强国防。

密切结合以技术革新和技术革命为中心的增产节约运动,开展群众性的科学研究工作,普及和提高人民的科学知识。支持群众的发明创造,促进技术革命运动和文化革命运动的大发展。

为了更好地贯彻教育和劳动相结合的方针和促进公社文化教育卫生事业的发展,必须将小学和区属医院其他卫生机构下放到公社统一管理,初等中学除少数暂不下放外,其余也应逐步下放公社统一管理。人民公社必须贯彻执行上级党委和政府以及文化教育卫生部门的政策方针和有关规定,并负责政治思想工作。对下放的学校、医院和其他卫生机构的人员调配要取得国家文教部门同意。

九、正确处理积累和消费的比例关系

积累和消费的比例,应根据各公社的情况,收入多的多积累,收入少的少积累,随着生产的发展,积累部分应该逐步增长。公社的纯收入中一般用于扩大再生产的部分占百分之五十左右,用于集体福利事业部分占百分之四十左右,企业留用占百分之十左右(用于设备维修,举办集体福利事业和对职工的奖励等)。属分社管辖的企业,其纯收入中上缴公社占百分之二十左右(作为全社调剂发展生产用),上缴分社百分之六十左右(其中百分之三十五用于扩大再生产,百分之二十五用于集体福利事业),企业留用为百分之二十左右(其使用范围与公社一级企业同)。属管理区的企业利润,企业自留百分之十左右,其余上缴管理区。管理区则从所属企业上缴利润中,上缴公社百分之二十至百分之三十,其余百分之七十至百分之八十用于扩大再生产和集体福利事业。有些小型的、生产不稳定的街道民办企业,如果不由管理区统一核算、自负盈亏者,则可以自留百分之七十至百分之八十的利润,发展生产,上缴管理区百分之二十至百分之三十,作为管理费。

工资形式以计时为主,计件工资为辅。社办工业的工资水平,在办社初期,一般应略低于国营企业同行业、同工种、同等级工人的工资标准。社办工业必须从实际情况出发,根据量入为出、从低到高、逐步增加的原则,确定工资标准,这样有利于生产的发展,也有利于团结。

社办工业行政管理人员的工资应实行计时工资,其工资应控制在该行业工人平均工资水平上下。

农业生产队仍然实行工资制和供给制相结合的分配制度，同时随着生产的发展，应该多举行集体福利事业，不断地增加其共产主义因素。

十、继续对城市进行彻底的社会主义改造

城市的阶级关系比较复杂，经过社会主义“三大改造”以后，城市的阶级情况和经济情况发生了根本变化，但由于旧城市长期形成的政治经济的复杂性，社会主义改造还没有彻底完成，对资产阶级及其知识分子的改造任务还很艰巨。因此，城市人民公社在处理有关对资产阶级及其知识分子和其他方面民主人士、华侨的问题上，应继续贯彻中央有关的统战政策，继续加强对他们的政治思想教育工作，通过公社的组织力量，贯彻以政治思想教育为统帅、以企业、工作岗位为基地、以劳动实践为基础的改造方针。因此，公社党组织应把公社范围内的资产阶级分子的教育改造工作的责任担负起来，不断肃清资产阶级思想的影响。

关于房屋的调整和改造问题。为适应建立公社后发展集体生活福利事业，改善人民生活的需要，对改造起点以下的出租私房必须加强管理。在兴办城市人民公社中对职工与居民住房可采取有领导的发动群众、互相调换住房办法，机关内部、行业内部、这个机关与那个机关之间进行调换，使职工居住靠近生产（工作）地点，以利于生产，便于组织集体生活，方便职工休息，房管部门加以协助。

对五类分子，必须进行全面排队，根据他们的表现，进行审查，但应该统一安排在社办工业中进行监督劳动，采取多分散少集中的原则，以利于监督改造，防止其纠集破坏。

凡是五类分子，不论是否已经列入社会改造或需要调动回乡生产的，均应有计划地分散安插在社办工业中，对已列入社会改造的对象，必须采取“十红夹一黑”和“三包一保证”（包教育改造、包监督劳动生产、包防止破坏，五类分子自己保证限期改造好）的办法进行监督改造。

对现行破坏活动的五类分子应坚决给予打击，对一贯表现极坏而又难于控制的，可以组织群众斗争，仍不悔改的，经过批准后，可送劳动教养，改造一

定时间后,再交回原处,在群众监督下继续改造。对新发现的五类分子,视其罪恶大小,分别予以逮捕、管制、劳教处理,或列入社会改造,予以及时打击,以便分化瓦解敌人,保卫人民公社和生产的安全。

中共广州市委城市人民公社化运动领导小组

一九六〇年四月十九日

中共湖南省委城市人民公社办公室当前各阶层群众对建立城市人民公社的思想反映*

（一九六〇年四月十九日）

自从三月二十五日省委电话会议布置建立城市人民公社的工作后，各地、市委工作进展十分迅速。全省人民公社化运动高潮已经到来，虽然宣传工作进展不够平衡，宣传的深度、广度不一，但是就各地反映的情况，广大职工干部和职工家属、街道居民绝大多数对城市人民公社的认识是正确的，决心大、行动快，并积极申请入社，带头组织食堂和积极参加生产和服务工作。广大职工纷纷向党表示决心，要创造出色的成绩迎接人民公社的成立。如湘潭江南机器厂四车间冲压工段第四十组听了报告，经过讨论，全组申请入社，并在当晚经过苦干和巧干，实现了01—07产品的切口自动送料，还要以实现全部自动化来迎接人民公社成立。邵阳市居民群众听说大办工业生产，组织集体生活福利事业，欣喜备至，如东站办事处十一组居民自动腾出四间大铺面，并自动借给食堂桌子碗筷，不花钱办起了四个公共食堂。湘潭市河西人民公社联组长赵赞庭快八十岁了，参加社会工作已十年，曾多次被评为先进工作者，这次听到建立人民公社，更是意气风发，精神舒畅，高兴地说："我年老心未老，人民公社好得很，还想再活八十年。"不仅带头入社，而且逢人宣传，处处以身作则，办代销点没有房子，他就把自己的房子让出来，办食堂没有开办费，就把平日积攒下来的五十元拿出来借给食堂添置炊具，把九百斤煤柴折价送到食堂，群众在他的带动下，仅三天时间就办起了一个食堂、一个幼儿园、一个服务组，

---

* 原件现存于湖南省档案馆。

还扩大了一个醋厂。湘潭铁路公司职工侯邵武(单身汉),写了一首诗歌歌颂人民公社:“我是一个单身汉,干活缝衣又做饭,日日夜夜无空闲,白天满头冒大汗,自有食堂服务站,吃饭穿衣无负担,全身精力搞生产,一人顶得二人干。”

以上说明建立城市人民公社是广大人民的迫切需求,也说明广大人民在党的领导和不断教育下,政治觉悟不断提高。特别是自一九五八年以来,农村和城市人民公社已显示了无比的优越性,所以党一号召,就万众欢腾,热烈拥护和积极要求加入人民公社,这是主流。

但是,由于不同阶层的人,所站的立场不同,思想觉悟不同,对人民公社的态度也就不同。从湘潭江南机器厂职工调查:职工干部对建立人民公社积极拥护,并有行动的占百分之七十,认为一般或随大流的占百分之二十四,认识模糊或有误解的占百分之六;邵阳市立医院调查:行政干部十一人中,坚决拥护的七人,表现一般的四人,四十名工人中,坚决拥护的二十六人,一般的十三人,有思想抵触的一人;九十九名医务技术人员中,坚决拥护的十人,表现一般的八十一人,有顾虑和思想抵触的八人。对城市人民公社怀疑、顾虑和思想抵触表现在以下几个方面:

一、对城市人民公社的政策认识模糊、片面,对某些具体问题还不了解,特别是对生活集体化有顾虑,表示随大流,怀疑误解。江南机器厂有的青工对建立城市人民公社采取漠不关心的态度,管他入不入社,反正是吃饭干活;有的认为入社后什么问题都好办,什么问题都可以一下子解决。九车间工人易鹿云说:“公社成立后,就可以什么都不管了,粮食不够也不用担心了。”普遍反映对生活集体化有顾虑,怕生活不习惯,怕入食堂、小孩送托会增加负担、在食堂吃饭不自由等。长沙市先锋人民公社三分社搬运工人反映有“三怕”:怕排队不能按时上班;怕热水用不上(搬运工人每天要洗澡,不如在家方便);怕食堂菜少。搬运工人魏庆华说:“我们搬运工夫重,费气量大,食堂里五分钱一盘菜不够吃。”特别是老年人、小孩多的人害怕不方便,要求有点小自由,要求食堂要留一点油或者一个人的户口在家里,能买到食油白糖等物资,希望有煤供应取暖和煮东西吃,江南机器厂油印室王树生说:“我家有六个人,我拿三级工资,在家吃饭就够了,入社后到食堂吃饭就怕不够。”有的说:“成立公社后，要解放妇女劳动力，如果家属有三四个孩子，个个都进托儿所、幼儿园，全托十一元一月，家属参加工作最多也只有二十多元，反而会增加负担。”澧县城关镇居民张大井说：“公社化是否供给制，吃饭不要钱？”还有不少职工干部对城市人民公社的性质内容分不清，提出许多问题，如，(1)城市人民公社与农村人民公社有什么不同？城市人民公社是否也采取工资制与供给制相结合？(2)城市人民公社成立后，工农差别是否马上消失、工农生活是不是拉平？(3)城市人民公社成立后，既是社员又是工会会员，怎么处理？(4)城市成立人民公社要不要投资？入社怎样申请法？成立城市人民公社，除了吃饭、生产在一起，还有什么名堂？职工和家属吃饭是否分开？

二、对建立城市人民公社表示不满，思想不通，个别甚至诋毁拆台，这些人大多数是资产阶级、五类分子及其家属等。他们对人民公社存在“三怕”思想(怕劳动、怕生活集体化、怕共产投资)，如长沙市先锋人民公社沿江大队工商业者家属王××(原开过酒坊)，过去请人做事，现在有三个儿子在外工作，生活较富裕，动员她参加生产，提出“三不”：一不进食堂，不习惯；二不进工厂，手痛；三不带孩子，有病，带不得，冒带过人，带不好。邵阳市大祥坪完小教师黄义，听说人民公社了，把银行存款二百元取出，不到一个月就花光了。市立医院刘贵参两口子每月工资收入一百一十元，最近花十多元买只鸡吃了，并说：“吃到肚子里就保险。”长沙市先锋人民公社资本家、右派历史反革命×××家属周吉元说：“什么鬼羔子搞的，硬要去吃食堂就去吧。”听说成立幼儿园缺少家具，她就把家里多余的棉絮送到农村老兄那里去了，一部缝纫机借给服务站也提心吊胆，常提出要拿回去。邵阳市投机商人王之秀听说人民公社要借她的柜子，她深更半夜把柜子砍坏当柴烧。常德市伪军官×××说：“农村搞公社包吃、包住，要我参加城市人民公社，就要对我一家人实行‘三包’(包吃、包住、包穿)才行。”省参事室参事窦泽卿的母亲说：“公共食堂芋头汤五分钱一碗，贵一点没关系，就是怕脏。”问她买菜可方便时，她说：“就是没东西买，儿子吃得多难堪。”流露不满情绪。湘潭市反映：玻璃厂还发现反动分子涂改黑板报，把提高人民生活改为“人民牛活”。服装厂会计××是历史反革命，写反动标语，把“高举红旗向共产主义进军”写成“向共产主义进攻”。

以上思想反映说明：在当前建立城市人民公社的工作中，两个阶级、两条道路的斗争仍很尖锐，各级党委在建社工作中，必须加强领导，深入思想发动，向各阶层人民群众反复宣传城市人民公社的优越性，宣传党有关建立城市人民公社的方针政策，坚决贯彻党的阶级路线，对反动分子的造谣污蔑必须高度提高警惕，严防敌人破坏。

中共湖南省委城市人民公社办公室

一九六〇年四月十九日

中共株洲市委关于实现城市人民公社化的初步情况的报告*

（一九六〇年五月六日）

省委：

一

1958年，我市在组织和实现农村人民公社化的同时，在城市试办了中心、田心两个城市人民公社。中心人民公社于1958年9月20日建立，是以街道居民为主建成的，田心人民公社是在1958年9月2日建立，以国营工厂（田心机车车辆工厂）为主并吸收一个农业大队组成的。这两个公社建立的当时，共有入社人口110920人。约占城市总人口的45.95%，其中有国家职工48751人，占入社人口的44%，家属居民和学生有60111人，占54.2%，农业人口2058人，占1.85%，未入社和不准入社的五类分子共2000人左右，约占2%。

一年多来，两个公社通过整顿、巩固和发展，取得了巨大成绩。思想大提高，生产大发展，生活不断改善，充分显示了人民公社的优越性。两个公社建立以来，共新办了154个工厂，加上原有的22个已建176个，职工由原来的457人迅速增至2508人，产品由205种发展到1270种。工业产值1959年完成9434375元。农副业生产飞快地向前发展。中心人民公社1959年农副业总产值达到232384元，比58年增长了33%。蔬菜增长

* 原件现存于株洲市档案馆。

46%,牲猪由1312头发展到8346头,增加了6.3倍,在发展生产的同时,并大力地兴办了集体生活服务事业。两社共组织了公共食堂64个,就餐人数达到45500多人,幼儿园、托儿所85个,入托儿童3432人,服务站(组)345个,保健站8所,卫生小组32个,敬老院1个等等,其服务项目几乎是衣、食、住、行,无所不包无所不管,受到了广大人民群众的欢迎与赞扬。由于公社大力兴工业和集体生活福利事业,使广大家庭妇女和闲散劳动力被组织了起来。这两个公社从建立到今年3月,先后共有15169个家庭妇女从家务劳动中解放出来,参加各种生产和生活福利服务事业,其中有9666人参加了国营工厂生产,同时由于公社的建立,城市面貌,人们的物质文化生活都发生了深刻变化。

总之,所有这些,给我市广大人民以极大的吸引力,纷纷向往公社,而在全国城市人民公社运动高潮的推动下,从3、4月份特别是4月下旬期间,在贯彻郑州会议精神以后,掀起了城市人民公社化运动潮。至4月26日止,除中心、田心早于1958年9月建成以外,其他如荷塘铺、清水塘和董家段等人民公社,分别正式成立了人民公社,目前,全市已有23万人口(占城市总人口的88.6%)参加了公社,推动了城市人民公社化,从而使株洲城市在政治、经济和文化生活等方面,进入了一个崭新的时期。

二

在今年组织实现城市人民公社化运动中,由于加强党的领导,坚持政治挂帅,大搞群众运动,运动发展迅速。市委为了加强对城市人民公社化的领导,成立了城市人民公社领导小组,并组织了城市人民公社办公室。各个区部,进行公社筹备工作。4月中旬,传达贯彻了郑州会议精神以后,城市人民公社化运动立即出现了高潮,全市5个区相继成立了筹委会和办公室,一面大造声势,大作报告和具体摸底调查,一面组织入社、组织生产和兴办集体福利服务事业。

由于各级党委重视,亲自领导运动,因而运动发展极快。如湘江机器厂党委书记、厂长郭固邦同志,曾两次给全厂职工动员报告。荷塘铺区连夜传达市委精神,仅22日到24日三天时间,便有3万多人(占总人口的99.9%)申请加入了公社。广大职工听说成立人民公社的喜讯后,莫不欢欣鼓舞,奔走相告,都一致提出要以实际行动来迎接公社的诞生。冶建公司 301 工区的 531 名职工,19 日苦战一夜,至 20 日清晨,便创造了 6 个皮带轮,30 辆单轨滑车和 30 辆推土车,使现场运输提高了工效三倍以上。株洲车辆厂职工,苦战四天建成了四座大型煤气炉,使全厂基本实现了煤气化,辅助车间李万喜、郭兴国等同志,创造了锉光机、万能角度机和小插床等机具机床等,作为向人民公社的献礼。田心一位 72 岁的周老太太歌颂人民公社时说:"上有天来下有地,中国出了个毛主席,他为人民好,社会主义长到老。人民公社一朵花,六亿人民都爱它,老人有了幸福院,小孩入了幼儿园,幸福生活万万岁。"由于层层发动广泛动员,运用广播、标语、板报、幻灯、街头游行、街道演唱宣传等一切宣传形式和宣传工具,因而人民公社红旗已深入人心,连日来大街小巷,人流汇集,红旗招展,锣鼓喧天,呈现一片节日景象,在堤升街、建宁街申请入社的人流中间,还出现了一些七、八十岁的老太太,手持彩旗,穿起花装,戴上红花,喊着"城市人民公社万岁"的口号行进。从这里可以看出,城市人民公社已经深深地印入人们心中,成为广大人民群众的迫切要求。

现在,我市以一区一社,共建立了五个城市人民公社,12 个分社,9 个管理区。其中有四个公社是以国营工厂为主体建成的,一个是以机关、街道居民和工厂企业为主体建成的。五个公社即:董家段人民公社,是以湘江机器厂为主组成的,下无分社和管理区,实行公社一级核算;田心人民公社,是以田心机车车辆厂为主组成的,下亦无分社和管理区,实行公社一级核算;清水塘人民公社是以株洲冶炼厂、化工厂为主组成的,下设冶炼厂、化工厂、玻璃厂、钢铁厂、白马垅等五个分社,无管理区,实行公社、分社两级核算;荷塘铺人民公社是以长江冶炼厂、株洲车辆厂为主组成的,下设慈姑塘、晏家湾、宋家桥三个分社,无管理区,实行公社、分社两级核算;中心人民公社是以直属机关、铁路、街道居民和工厂为主组成的,下设直属机关、铁路、建宁(街道居民)、贺家土(工厂区)四个分社和 9 个管理区,实行三级核算,基本上以公社、分社两级为主。

各个公社、分社都已组成了领导机构。公社成立了党委会,由各大工厂第一书记兼任书记,原区委书记为公社党委专职副书记,共 13 — 17 个委员组成,下设办公室、组织部、宣传部、监委会,也有的还设了工交、财贸等部。公社同时还组成了社务管理委员会，由 15—19 人组成。设社长 1 人，由大工厂厂长兼任，副社长 4—5 人，由原区人委区长、副区长等担任专职副社长。公社下设办公室、工交、财贸计划、农副业、生活福利、人事劳动工资、文教卫生、政法、武装等部门。荷塘铺公社还设有城市建设部和计划、科学技术、体育等委员会。分社也都成立了党委会，由各位主单位党委书记兼任书记，设有办公室，分社还成立了管理委员会，由 5—7 个委员组成，设有办公室、生产委员会、生活福利委员会、文教卫生委员会、治安保卫委员会，但也有的分社还设立了劳动工效科等部门，管理区设正副主任各一人，有办公室。为了便于开展社务工作，在最基层组织了若干个社员小组，负责接洽和传达公社有关工作，但这不作为一级组织，由群众推选出正副组长，作群众工作。在公社一级机构中都设有团委、妇联等组织，分社未设。为便于公社工农商学兵、农林牧副渔全面发展，市委已在 3 日下旬将近郊的 11 个农业大队 30000 多人口划归城市人民公社，以原来生产组织统一改为农场和园艺场，受各公社直接领导。其中仅宋家桥农场下放给宋家桥分社领导，作为试点。

各个公社在筹建中间，认真地贯彻了发展生产为中心和大办集体生活福利服务事业的方针，取得了很大成绩。先后十天来连同原有共办起了 249 个工厂，有职工 10106 人。生产产值一跃再跃，技术革新万紫千红。如橡胶厂 24 日的产值较 23 日提高了一倍多，并创造了量布机，提高工效 15 倍。田心公社四月所办之化肥厂，已经生产了化肥 200 多吨，支援了当前农场的插秧需要。建宁分社五金厂翻砂车间最近利用热风回炉，节约了焦炭，提高了化铁量，由原来了 1 吨焦炭炼铁 5 吨提高到 25 吨。该厂最近还创造了土洋结合的制钉机，由原来每日生产铁钉 80 斤提高到 240 斤。田心人民公社机械厂，在最近为了迎接省委召开的城市人民公社现场会议和追赶刘孝安运动中，做出了成绩，实现了钳工流水作业线一条，单机自动化三台和剁、锉机械化，提高了工效 30 倍。中心人民公社四月工业总产值较上月提高了 77. 3%，整个四月分社办工业产值较上月提高了 22. 3%，年产值也由原来的 1410 万元增长到 1. 2 亿元，预计将会大大超值完成。与此同时，集体福利服务事业，如雨后春笋般蓬勃发展。据四月底统计，全市五个公社共办起了食堂 869 个，入伙已达 201326 人，占城市总人口的 75. 9%，托儿所、幼儿园 185 个，入所(园)儿童达到 12050 人，占应入托入园儿童的44%，服务站（组）835个，服务人员达到3280人。共解放了7837各家庭妇女劳动力，连同原有总共已解放了家庭妇女和闲散劳动力21490人，占96%，现已分别参加了社会生活福利工作。

各个公社成立以后，均已初步制订了公社生产和发展规划。中心人民公社计划今年发展小土群工厂159—200个，产值达到7000万至1亿元，生产蔬菜1600万—4400万斤，牲猪达到3.6万头。清水塘公社计划扩建和新建20个工厂，产值由1000万到2400万人。荷塘铺公社计划今年发展工厂50个，产值达到1000万元，1961年达到3000万—5000万元，1962年达到7000万元，力争1亿元。牲猪60年发展3万头，基本上平均每人一头，3年内达到6万头。并还准备在今年成立科学研究机构十所，3年内普及初等和高等教育，力争全部入托入园。田心和董家段等社，也有初步规划，市委初步考虑，今年城市人民公社工业的发展，办起200—300个工厂，实现街街队队有工业，产值达到2亿至3亿元（包括准备下放的工业在内）；农副业的发展，主要是大力发展牲猪、蔬菜，蔬菜力争亩产3万—4万斤，全年收获1.2亿—11.5亿斤，牲猪发展到10万—15万头，平均约每2人一头猪，并力争尽快地做到城市公社蔬菜、牲猪自给。大量兴办食堂、托儿所、幼儿园和服务站（组）等网点，进一步实现生活集体化。

三

我市五个城市人民公社已经建立，并初步取得了成绩。但由于筹建时间较短，有些工作做得尚还不够，在实现城市人民公社化运动中，除广大城市人民积极拥护热情参加人民公社外，也还出现了一些思想问题，如有的干部说：“要我入公社跟没入社还不是一个样，参不参加社照样当干部。”有的职工家属说：“要我入公社，除非没有油盐米煤等卖，我才入社。”还有的职工说：“我先不入公社，看看再说，你公社将来办好了，我再入社，假如公社办不好，我没有分。”五类分子也乘机造谣破坏……另还发现高价售猪，套购粮食，地下托儿所（高价托儿）等一些阴暗面。详细情况有专题材料。这些问题，必须在今后（特别是5月份）整顿、巩固、提高和发展过程中，深入一步地扎扎实实地做好工作,以利公社的巩固和发展。

第一,必须进一步开展宣传教育和深入细致的思想发动。通过作报告、展览、板报、参观、座谈等方式,使广大城市人民深刻地了解人民公社产生的必然性和优越性。同时突出地抓住思想动向和思想讨论和辩论,进行系统的思想教育。

第二,目前各社架子已搭起,有些工厂、食堂、托幼和服务组织已经建立,必须把干部配备工作紧紧跟上,力争5月份基本配齐,并注意质量,对一些政治条件不好的人,坚决不能放在领导职位上,已在领导岗位上的,可以通过选举或适当方法予以调换。

第三,在初步规划的基础上,进一步层层具体规划,与此同时,从远处着眼,近处着手,积极抓好当前生产与生活。

第四,公社生产,社办工业目前主要是根据迫切需要而容易办的,先上马一批,采取办一批巩固一批、再办一批再巩固一批的办法发展,强调以土为主,自力更生,并力争工厂支援。必须克服单纯依靠大工业和求洋求大的思想,大工业企业也应该主动积极支援和扶植,农副业生产,在划进公社农业大队的基础上,充分利用城市的有利条件,抓紧当前蔬菜、牲猪的发展。

第五,大办集体生活福利服务事业。首先,办好食堂。加强领导,杜绝贪污浪费,开展"五好"食堂竞赛运动,大插红旗,大树标兵,大搞炊具改革,同时继续积极发展食堂数量,扩大入伙人数。托儿所、幼儿园也应该采取办一批巩固一批。保教人员必须是年青的有一定文化知识,身体条件和政治条件好的人来担任。并责成教育局、卫生局等有关部门加强培训工作。在入所收费上,力求减少,并逐步做到再少或免收,全面规划,广泛建立服务站(组),使之成为一个广泛的生活服务网,并加强思想领导,改进服务质量。

第六,加强党对公社的领导,认真调查研究,不断总结和推广经验,不断巩固提高。

以上报告当否,请指示。

中共株洲市委

1960年5月6日

株洲市城市人民公社会计制度*

（一九六〇年五月十五日）

第一章　总　则

第一条　根据中共中央八届六中全会《关于人民公社若干问题的决议》精神，人民公社是我国社会主义社会结构的工农商学兵相结合和政社合一的社会组织，必须相应地建立人民公社（以下简称公社）一级财政，成为国家财政体制的基层财政，以便加强对公社财政和财务工作的具体指导，特制定《株洲市城市人民公社会计制度》（以下简称本制度），有关执行国家预算和公社集体资金的会计事务，均依本制度规定办理。

公社在执行本制度的时候，必须依靠党的领导，坚持政治挂帅，贯彻“勤俭办社，勤俭办一切事业”和“为政治、为生产、为群众服务”的方针，充分动员群众的积极性和创造性，大搞群众运动，不断总结经验。

第二条　各公社办理国家预算和公社本级集体资金会计的基本任务如下：

一、办理国家预算和公社本级集体资金的收入会计，积极主动地组织各项收入，保证国家核定的各项收入任务的全面完成并力争超额。

二、根据上级核定年度支出预算和社员代表大会讨论通过的公社本级的年度支出计划，保证节约地、合理地、有效地使用资金。

三、指导和监督公社所属的企业、事业、经济组织、管理区等改善经营管

---

* 原件现存于上海市档案馆。

理，加强经济核算，并对国家预算和公社本级集体资金的各项收入的及时交纳进行监督。

四、保证现金、材料和固定资产的安全。

五、及时办理各项往来款项的结算。

六、按照规定正确、及时、完整地处理会计事务，编送会计报表，并对预算、计划的执行情况，结合公社国民经济计划的执行情况进行分析，编制书面说明。

第三条 公社财政机关在业务上受公社党委、管委和上机财政机关的双重领导。公社首长和总会计对本机关和所属单位的会计工作负领导和监督的责任。

第四条 本制度以公历年度为有效期，年度终了，必须按照规定结束本年账务并办理年终决算。

第五条 公社有关工作人员对会计部门的各项凭证、账簿、报表等资料，必须妥善保管，注意保密制度。

会计凭证、账簿、报表的保管期限和销毁程序另行规定。

第六条 本制度采用复式记账法，以人民币元为记账单位，元以下记到角、分。

第二章 会计科目

第七条 各公社使用的会计科目如下：

科目编号	科目名称	说明
01	固定资产	本科目借方记购入、调入、建造等增加数，贷方记调出、变卖、报废等减少数。
02	材料	本科目借方记购入、调入、盘盈等增加数，贷方记调出、变卖、盘亏等减少数。
03	国家预算存款	本科目为核算国家预算款项的专用科目，借方记存入银行数，贷方记由银行支出数。
31	公社预算存款	本科目为核算公社本级集体资金存取的专用款科目，借方记存入银行数，贷方记由银行支出数。

续表

科目编号	科目名称	说　　明
32	现金	本科目借方记收入现金数，贷方记支出现金数。
04	拨出经费	本科目借方记拨出数，贷方记收回或单位交回数以及根据所属单位会计报表冲销的支出数。
05	暂付和应收款	本科目核算预付费用和应收款项及社内往来等款项。借方记预付款和应收款，贷方记收回数和报销转账数。
06	国家预算支出	本科目为核算国家预算内开支的专用科目，借方记实际支出数，贷方记支出收回数，年终应将借方余额转入“92 年终结余”科目冲销。
61	公社预算支出	本科目为核算公社本级以集体资金安排支出的专用科目，借方记实际支出数，贷方记支出回收数，年终应将借方余额转入“年终结余”科目冲销。
	负债	
07	固定资产基金	本科目为“01 固定资产”的平衡科目，贷方记增加数，借方记减少数，本科目贷方余额与固定资产科目的借方余额必须相等。
08	应付和暂存款	本科目核算应付未付，临时保管，代购物品等性质的款项，社内往来也使用本科目。贷方记应付未付和暂存款，借方记退还或偿付数。
81	借入款	本科目核算由上级财政机关、银行及其他单位借入的款项，贷方记借入数，借方记偿还或转入拨款数。
09	国家预算收入	本科目为核算国家下放给公社管理征收的各项预算收入的专用科目，贷方记收入数，借方记收入退还数，年终应将贷方余额转入“92 年终结余”科目冲销。
91	公社预算收入	本科目为核算公社本级集体资金收入的专用科目，贷方记收入数，借放记收入退还数，年终应将贷方余额转入“92 年终结余”科目冲销。
92	年终结余	本科目反映公社一级财政全年预算（包括国家预算和公社预算）执行结果，贷方记年终由国家预算收入，公社预算收入两科目转来的全年预算收入数，借方记年终由国家预算支出，公社预算支出两科目转来的全年预算支出数。本科目贷方余额即为本年结余数。

第八条　本制度规定的会计科目和核算内容，不得变更；如不需要的科目，可以不用。如确因工作需要，必须增设科目时，应报市财政局批准。

第三章　会计凭证和账簿

第九条　会计凭证包括原始凭证和记账凭单。

原始凭证必须具备下列内容：

一、凭证的名称，如发票、账单、收据、送款簿、汇款委托书、缴款书、工资单、预付款单据、基本建设拨款通知等。

二、填制凭证的日期。

三、数量、单位金额和总金额。

四、接受凭证的机关名称。

五、填发凭证的机关、企业或个人的名称、签章和地址。

第十条　在接受原始凭证时，必须审核是否正确完整，然后再按其发生顺序分类整理，凭以填制记账凭单。

一、记账凭单的格式：

记账凭单

附单据　张　　　　年　月　日　　　　　　顺序第　号

摘　要	借　　方		贷　　方		金　额
	科目编号	总账页号	科目编号	总账号页	

会计主管人员　　　　复核　　　　制单　　　　记账

二、记账凭单按填制先后、编制顺序号、顺序以每月的第一号编起，连续编制月末为止。

三、对同一原始凭证的会计事项，可在一张记账凭单上多借多贷，但必须分别反映科目的对照关系。

四、每月终了，记账凭单应连同原始凭证，按顺序号加以整理，装订成册，并在封面上注明所属年月和顺序号的起讫号数。以便于检查和保管。

五、年终结账事项填制的记账凭单,均计入当年账内。

第十一条　会计凭证如有错误,应按下列规定更正。

一、本机关填制的原始凭证发生错误时,应作废另填。

二、外来凭证,应由原填发机关更正,并签章证明。

三、已经入账的记账凭单,如果发现科目或金额有错误,当以红字冲正法,填制记账凭单,通过账簿更正。

第十二条　公社应当设置下列账簿:

一、总账(格式采用借贷余三栏式的)

二、收支明细账:(格式如下)

×××明细分类账

总页:

账户名称:　　　　分页:

年		记账凭单号数	摘要	借方金额	贷方金额	余额	明细科目		
月	日						××	××	××

说明:1. 使用本式账作为收入明细账时,可按预算科目的款设户,项设专栏。各项税收也可以按类设户,按款设专栏。

2. 收入科目的借方发生额和支出科目的贷方发生额,明细科目的各个专栏均以红字冲减。

三、财产明细账:(格式如下)

×××明细账

总页:

分页:

品名:　　规格:　　计量单位:　　类别:　　存放地点:

年		摘　要	收(借)入			付(贷)出			结　存		
月	日		数量	单价	金额	数量	单价	金额	数量	单价	金额

说明:固定资产、材料均用本账式,按财产类别设户。

四、往来明细账(格式采用借贷余三栏式的),明细户可视其需要按机关、企业、人名等设户。

第十三条 账簿必须保持整齐、清洁、字迹不许潦草,如果发生错误,不许刮擦、涂抹、挖补或使用化学药水,应当按照下列规定更正:

一、在月份结账前发现账簿上科目对照关系或金额错误,如果由于记账凭单引起的,用“红字冲正法”更正,如果记账凭单没有错,只是账上记错了,则用“划线订正法”更正。

二、月份结账后,发现账簿上科目对照关系或金额记错,不论记账凭单是否正确,都必须以“红字冲正法”在发生错误的当月份账内更正。

三、发现科目与金额意外的缮写错误时,如果记账凭单不错,不论已否结账,都可用“划线订正法”更正。

四、由于记账凭单的金额小于实际金额而造成的记账错误,既可以用“红字冲正法”更正,也可以用“补充记录法”再添置一个记账凭单,把少记的金额补足。

第十四条 记账的一般方法:

一、有年初余额者,根据上年决算最终资产负债表记入新年度账户的第一行,在摘要栏注明“上年结转”,并在数字的下方划一蓝线。

二、新年度开始,根据各项会计事项发生的先后和顺序号分别记入有关账户。

第十五条 结账的一般方法:

一、月份终了在月终最末一笔事项下划一条红线,结出不包括年初数的本月发生额,和截至本月底的累计发生额,并分别注明“×月份合计”和“×月份累计”。

二、计算结账发生额时,应以蓝字减掉红字求出其差额结算。

三、年终时,先结出各科目的“十二月份累计”发生额,然后再分别将有关科目的余额,相互冲销,最后结出“全年累计发生额”和“全年累计余额”。

第四章　会计事务处理

第十六条 公社建立一级财政后,应当在所在地人民银行、办事处、营业所或信用部开立“国家预算存款户”(即基层金库存款)和“公社预算存款户”,分别处理国家预算存款和公社集体资金存款,不得互相占用。每月终了,公社与银行应及时进行核对,如发现存款余额不符,应即查明原因,由发生错误的一方更正。

第十七条　为便于日常业务开展的需要,公社财政机关可以设立一定数额的库存现金,但库存现金的最高额度一般不得超过50元,并应按照人民银行有关现金管理的规定办理。

会计主管人员对于库存现金必须经常检查对账,如发现多余或短少,必须立即查明原因报告机关首长批准后处理。短少部分一般应责成经办人员负责赔偿,情节严重,应当给以纪律处分。对于多余部分,先作暂存款处理,在查明确无其他情节后,再分别交入国家预算或公社本级集体预算。

第十八条　公社办理预算支出时,必须按照规定的用途和开支标准办理,并应注意厉行节约,反对浪费,不准办理无预算、无计划或超出标准的支出。同时,国家预算和公社预算支出,必须严格划清,集体不得占挤国家,如果同一开支项目,涉及到国家与集体共同负担时,应正确划分比例,分别支报。

预算支出必须具有合法的原始凭证,才能办理。但公社购入的专用或大宗材料、应先以“02材料”科目记账,领用后,再转为支出。预算支出明细账,按规定的预算科目的“款”“项”或“目”设明细户,按“目”或“节”设专栏。

第十九条　支出收回按下列规定办理:

一、属于本年度的,记入发生收回的当月份账内,减少本年度支出。

二、扣收职工宿舍水电费、取暖费等,冲减本年度支出。

三、属于以前年度的应分别款项性质交入国家预算或公社预算,均以其他收入处理。

第二十条　公社购买的基建材料、事业专用材料,必须通过会计账簿核算,并指派专人负责收发、保管。所有材料应于每月或每季度检查一次,材料管理员调动时,也应进行检查,年终应进行全面清查,检查清理结果如发现实际库存多于或少于账面余额,应查明原因,按照实际价格冲减或列作支出,对于人为过失造成的损失,应报经机关首长分别情况作出决定,或责成过失人负责赔偿。

第二十一条 公社所有固定资产，都必须设有专人进行保管，并要按照规定分类编号，并进行登记，定期检查。构成固定资产的条件，规定为单位价值满 10 元，耐用时间满一年以上的，单价虽不满 10 元，但耐用时间满一年以上的大量同类财产，也列为固定资产。

第二十二条 固定资产分类如下：

一、房屋和建筑物；

二、土地改良设备和植物栽培设备；

三、仪器和机械设备；

四、医疗器械；

五、交通运输工具；

六、被服装具；

七、办公用设备和家具；

八、生产用牲畜；

九、其他。

第二十三条 公社对于固定资产的增加或减少的会计事务按下列规定办理：

一、购入或调入新增固定资产时，必须要有验收手续，减少或报废时，必须要有审查和批准。固定资产的价格，凡新购入的一律按原始凭证价格记账；调入的按被调单位的账面价格者重新估价入账，调出或报废的一律按本机关的账面价格冲账。

二、公社本级的固定资产一律不计折旧，一切维修费用，亦不作为固定资产增值处理。

三、固定资产的会计事务处理，采取交叉记录法，即根据原始凭证，先记入“01 固定资产”科目的借方和固定资产基金的贷方。固定资产调出或报废时，可直接记入固定资产基金科目的借方和固定资产科目的贷方，予以冲减。

第二十四条 各公社对于暂付和应收款及应付和暂存款等往来款项，应当及时清理进行结算，年度终了，如无特殊原因，往来科目应无余额。

第二十五条 公社财政机关除本身办理的直接支出外，对于分社所属单位的拨款,均先以“04 拨出经费”科目核算,每月终了以后,再根据各单位的会计报表,分别作为“06 国家预算支出”和“61 公社预算支出”。

第二十六条　公社财政机关在拨付所属单位资金时,按下列手续处理账务:

一、对于拨付资金,根据金库(或银行)退回的拨款凭证过入“04 拨出经费”的借方和“03 国家预算存款”或“31 公社预算存款”的贷方。

二、对于平时收回或交回的资金,根据人民银行收账通知记入有关存款户的借方和拨出经费的贷方。

第二十七条　关于国家预算收入的处理:

公社收到金库报来的总额分成计算表,应检查分成数额计算有无错误,科目填写是否正确,附件是否齐全,经检查相符合,填制记账凭单记入“国家预算收入”科目的贷方和“国家预算存款”科目的借方。如果金库总额分成计算表列有红字数额时,则分别以反方记录处理。

公社对于由上级财政机关借入的款项,转入补助收入时,应当根据上级有关文件办理转账。

公社自己直接主管的各项国家预算收入,亦应填制交款书交入金库,然后根据金库报来的总额分成计算表和附件,填制记账凭单,不得直接办理支出。

金库总额分成计算表,可以代替收入明细账,也可以另设明细账,以金库报表作为附件。

第二十八条　关于公社预算收入的处理:

公社预算收入,不通过金库,国家亦不参与分成,其会计事务的处理,可根据各种收入凭证,填制记账凭单。

第二十九条　关于借入款的处理:

公社财政机关在季度收入少、支出多,因而不能保持现金收支平衡时,向上级财政机关或银行办理的借款,记入“国家预算存款”或“31 公社预算存款”科目的借方和“81 借入款”科目的贷方,偿还时,作同上述相反的记录。

借入款项,要随时清理,按期偿还,年终前应当还清。

第五章　年终清理和结账

第三十条　公社财政机关应按下列规定办理年终清理结算工作：

一、督促所属机关、企业、农场等单位将应交的预算收入款项（包括国家和公社的收入）于年度终了前扫数交入金库或银行，督促金库在年终库款报解整理期内迅速报齐当年预算收入。

二、对于借入、暂付和应收、应付和暂存等往来款项要结算清楚，年终应无余额。

三、对于国家预算收入必须与金库办理对账工作。

第三十一条　年终结账的方法规定如下：

一、年度终了以后，对收到上年度的收支凭证，填制12月31日的记账凭单，记入旧账，对于增加或减少预算存款的收支事项，还要填制实际处理账务日期的记账凭单，记入新账。

二、到了编制12月份会计报表的时候，在各账簿内不作正式结账，仅将各账户余额试算正确后，即根据总账科目余额和预算收支明细资料编制12月份会计报表。

三、俟上年度收支全部记入账簿以后，先在总账内将各科目余额试算正确后，填制记账凭单，分别将"09国家预算收入"和"91公社预算收入"的全年累计余额转入"92年终结余"科目的贷方，再将"06国家预算支出"和"61公社预算支出"的全年累计余额转入"92年终结余"科目的借方，然后再在各账簿内做正式结算，并根据总账各科目的年初余额和年终余额编制最终资产负债表，同时将各账户余额在反方全部结平，并在摘要栏内注明"结转下年度"结束旧账。

新年度开始时，根据上年最终资产负债表各科目年终余额，不通过记账凭单，直接记入新年度总账有关账户的第一行，并在摘要栏内注明"上年结转"。

第三十二条　"92年终结余"应分别设置国家预算结余和公社预算结余两个明细科目，在转入下年度新账时，根据明细科目余额分别记入"09国家预算收入”和“91 公社预算收入”科目的贷方。

第六章　会计报表

第三十三条　公社财政机关编制的会计报表是反映国家和公社预算执行的重要工具，同时，也是设计下年度预算所必须参考的资料，必须正确、及时、完整地进行编报，其种类和内容规定如下：

一、预算收支月、季报表：月报表分别列报预算科目“款”“项”的年度累计执行数；季度列报预算科目“款”“项”“目”的年度累计执行数。

二、资产负债表：列报总账各科目截至报告期止的余额。

上述 2 种报表均采取国家预算和公社预算合并编报的办法，编制一套报表，但在编制收支月、季报时，应分别列明两个部分，即第一部分列国家预算收支，第二部分列公社预算收支、借贷部分自相平衡。

三、基本数字表。

四、年度决算（报表种类、格式及列报内容，年终前另行规定）。

第三十四条　会计报表一律以书面报表，其期限和份数规定如下：

一、月报规定在月末日当晚先以代号电话报告国家预算的收支部分，次月 2 日前再报送书面报告。

二、季度除按月报规定先以代号电话报告国家预算的收支部分外，书面报告规定在次月 3 日以前送达。

三、报送的份数，不论月、季报，一律规定为两份，年度决算报送的份数，另行规定。

第三十五条　公社财政机关应当按月对预算执行情况，结合国民经济主要指标的完成情况，进行分析，找出影响预算执行的有利因素，以及应当采取的措施，于每月终了 4 天内写出月份预算执行的文字报告报送市财政局。

第七章　会计交代

第三十六条　公社财政机关的会计人员在解除或调动职务的时候，必须办理交代，应交代的事项如下：

一、工作计划及其执行情况；

二、会计凭证、账簿、报表及预算资料；

三、公章；

四、经办未结案件；

五、其他应交代事项。

第三十七条 会计人员办理交代的时候，对于公章和支票簿，应在后任接替之日先行移交，并及时会同后任更换存款印鉴；对于其余应交代的事项，必须迅速办理，最迟应在解除或调动职务后的5日内移交清楚。

会计人员办理交代的时候，应造具移交清册三份，经交接双方逐项按册交接清楚后，双方会同签名盖章，并交监交人签证后，一份由后任归档保存，一份报公社首长备案，一份报市财政局。

第三十八条 移交人员依照规定将应交待事项全部移交清楚后，应即由后任出具交代证明，经监交人签证后，交移交人收存。

第八章 附 则

第三十九条 本制度适用于城市人民公社。

第四十条 本制度由株洲市财政局制订，执行中如有不妥之处，可以随时提出修改意见，但最后修改补充权属于株洲市财政局。

附件一：

资 产 负 债 表

公社名称： 年 月 日

资产				负债			
科目编号	科目名称	年初数	期末数	科目编号	科目名称	年初数	期末数
	总计				总计		

社长 财政科长 会计

附件二：

预算收支月、季报表

公社名称：　　　　　　　　　　　　　　　　年　季度　月份

科目编号			科目名称	年度预算数	本月执行数	累计执行数	累计执行为年度预算的（%）	备注
款	项	目						
			第一，国家预算部分：…… 第一部分合计 第二，公社预算部分：…… 第二部分合计 总　计					

社长　　　　　　　　财政科长　　　　　　　　会计

株洲市财政局拟

一九六〇年五月十五日

中共南宁市委关于城市人民公社几个问题的请示报告*

（一九六〇年五月十七日）

区党委并贺书记、地委并甘书记、孟书记：

13 日我们召开党委会，传达讨论了区党委财贸书记会议精神，大家一致认为这次会议关于城市人民公社的指示和规定的方针、政策、步骤是正确的，表示坚决贯彻执行。

我市大办城市人民公社的试点工作从 3 月初开始，先后搞了三个不同形式的试点，同时点面结合，在全市范围内也做了一些工作，看来进展是快的，特别是 4 月 25 日广播动员大会以后，迅速掀起了一个迎接全市公社化的高潮，全市各街道、工厂企业、机关、学校都大力组织"三化"（生产组织化、食堂公共化、幼儿入托入园化）、"四网"（生产协作网、商业网、生活服务网、文教卫生网）的工作。现在和平公社已基本实现了"三化""四网"，实现了公社化。参加公共食堂开饭的人数已占应参加食堂开饭人数的 88.21%，入托入园儿童也占应入托入园儿童的 71.95%，基本上做到了"家家闹生产，户户无闲人"。永新、古城两个公社试点虽然开展工作还不到一个月，但是进展也是相当快的，不少街道和单位也基本上实现了"三化""四网"，群众对公社的热情很高，两个月来，又兴办了一批社办工业和集体福利事业，到本月 12 日为止，据不完全统计，全市一共办起了社办工厂、生产小组及各种生产专业队 972 个，公共食堂 421 个，托儿所、幼儿园 370 所，生活服务站（组）389 个，共安排了 2.0479 万人参加社办生产和服务工作，参加公共食堂开饭的人数已达 15 万多人，入

* 原件现存于广西壮族自治区档案馆。

托入园儿童也达1.6093万人。经过这次试点工作，进一步发动了群众，发现和解决了不少问题，初步摸索了一些办社的经验，为全面铺开准备了必要的条件。

基于以上情况，市委打算在5月25日以前把试点工作继续搞深搞透，基本实现“三化”“四网”，系统总结试点工作经验。月底召开办社的三级干部会议，并请区直、地直各单位负责同志参加，传达区党委财贸书记会议精神，总结交流试点经验，组织现场参观，研究全面铺开的规划，同时积极做好各项全面铺开的准备工作。六月初即全面铺开，分三个阶段进行：第一阶段是大宣传动员，大组织，在全市再掀起一个新的办社高潮，大力组织生产和组织各种集体事业。第二阶段是进行深入细致的组织工作，主要是组织工厂生产，办好公共食堂，托儿所、幼儿园和生活服务站等集体福利事业。同时为了便于管理和领导，准备把为数相当大的生产小组、小型的工厂和小型的公共食堂、托儿所（组）、幼儿园和生活服务站（组）有条件合并的，都按地区、按性质尽可能合并为比较大的单位。第三阶段是调整建立机构，建立健全各种制度，召开社员代表大会，成立公社。六月底基本上实现城市公社化，实现“三化”“四网”，七月以后做整顿、巩固、提高工作。

在全面铺开的工作上，有几个问题请示如下。

一、规模问题

根据区党委的指示，结合我市的具体情况，为了充分发挥人民公社“一大二公”的优越性，有利于工农商学兵的全面发展，我们打算在原来3个区的基础上，扩大到整个近郊地区和远郊的老口公社和吴圩公社，划为6个不同形式、不同规模的城市公社：

（1）兴宁公社：以原兴宁区为基础，包括永宁区原辖的铁路地区及郊区中苏公社的虎邱、友爱生产大队，组织以商业为中心、以街道居民为主的公社，面积约10.7平方公里，人口约10.2万多人；

（2）江宁公社：以原江宁区为基础，包括区党委、区人委机关、园艺场、医学院、兴宁区原辖的民乐路、新民路下段（即区人委大楼、公安厅、民政厅一

带)及郊区长提公社、九曲湾、屯星等,组成以机关学校为中心的公社,面积约204平方公里,人口约9.9万多人;

(3)永宁公社:以原永宁区为基础,包括西郊工业区、郊区西乡塘公社的永和、雅里、尧头、中兴等生产大队,组成以工厂企业为中心的公社,面积约11.3平方公里,人口约9.9万多人;

(4)中苏公社:以河北工业区为基础,包括永宁区现辖的广西大学、农学院,及安吉农场、郊区中苏公社的大部分、心圩公社的大部分,组成以工厂为中心的工厂、农场、大学"三结合"的公社,面积约117.3平方公里,人口约3.9万多人;

(5)亭子公社:以河南工业区为基础,包括郊区亭子公社、吴圩公社和沙井公社的一部分,组织以工业和副食品生产基地为中心的公社,面积约421平方公里,人口约6.4万人;

(6)西乡塘公社:以西乡塘的民族学院、机械学校、农校等学校区为基础,包括罗文农场、石埠农场,及郊区沙井公社的大部分、老口公社,组成以学校和副食品生产基地为中心的公社,面积约439平方公里,人口约7.7万多人。

从上述6个公社的情况来看,总人口约48万,总面积约1200平方公里,人口最多的有10万人左右,最少的也有4万人左右,平均每社8万人左右;面积最大的达400多平方公里,最小的10多平方公里。我们在全面铺开的时候,打算就按6个公社的规模去搞,上半年就实现一区一社。市区3个区原来均设有区人委政权机构,实行一区一社、政社合一以后,仍予保留这些牌子,其他3个公社原无区一级政权机构,就不再设置了。

我们反复考虑到地委根据供应需要,分配我市7万亩蔬菜生产任务,如以一个劳动力一亩半计,就需要将近5万个劳动力,即使一人管到2亩,也需劳动力3.5万,但近郊现在能够投入蔬菜生产的劳动力仅有1万人左右,甚感劳动力不足,而老口公社副食品生产已有基础,石埠农场又在那里,老口、吴圩两公社现有总劳动力2.0501万人,蔬菜种植面积3795亩,如果拿出一部分劳动力搞蔬菜生产,再扩大一部分蔬菜种植面积,就比较容易地解决这个蔬菜生产劳动力不足的问题了。又考虑到我市的一部分工业原料可以从吴圩、老口两公社来解决,吴圩公社有铁、铜、铝、锰等矿,我们正在组织开采冶炼,最近就要陆续上马了。吴圩、老口两公社现又有1.6729万亩的甘蔗生产,如果搞得好,就可以解决南宁糖纸厂相当一部分原料;再考虑到吴圩公社是南宁飞机场的所在地,同时还考虑到城市的远期和近期规划,需要在2、3年不变的原则下,规划城市人民公社,等等。因此,我们以为把老口、吴圩公社作为我市副食品生产和一部分工业原料基地,既有利于组织城市的副食品特别是蔬菜的供应,解决一部分工业原料的来源;也有利于解决我市同新机场的关系。这样一来,城市人口(36.1420万人)与农业人口(11.9340万人)的比例也仅达3∶1。从目前情况看,还大体上适应城郊人口比例。除了老口、吴圩两公社,远郊的其余地区都是以农业(稻谷)为主的公社,我们的意见还是全部拨归邕宁县领导为好。

二、体制问题

鉴于目前兴办起来的社办工厂和生产小组数量很大,一般规模很小,生产水平也还很低,公共食堂、托儿所、幼儿园和生活服务站也数额大,基础也还不好,为了便于管理和领导,我们打算目前还是实行以公社管理、公社核算为主,三级管理、三级核算;生产小组、公共食堂、托儿所、幼儿园、生产服务站统一由管区管理核算。将来公社生产进一步发展了,群众觉悟进一步提高了,下半年再逐步过渡到三级管理、两级核算(即公社一级、分社一级),因为即使将来实行公社、分社两级核算,但分社下面单位很多,范围很大。同时,居民、职工家属为数也很多,分布也很广,如无管区一级,就必然难于管理。所以有一部分属分社核算的单位,还是分别还给管区管理更好一些。

至于分社、管区如何划分,我们的意见是:街道和农业生产队就以现有的小社为基础,分别成立10个街道分社和若干个农业分社。这样有的农业分社可能过小了,可作适当的调整,或者合并到附近的分社去。机关、厂企、学校、农场可以在同一公社范围内,按系统、按性质、以大单位带小单位的办法联合组成若干机关分社、工厂分社、企业分社、学校分社或农场分社等。人数很多的单位也可以单独成立分社。有些没有办法联合组织农场分社的小单位可以单独成立管区,划归街道分社领导。在初办时期,工厂、机关、学校等分社可能多一些,下半年可以再逐步合作。

原来郊区的农业生产队,现在还是按照中央的规定,仍然实行三级核算,生产大队是基本核算单位,将来条件成熟了,再逐步过渡。

为了适应公社发展的需要,充分发挥公社的积极性,更好地促进各项事业的继续跃进,我们打算将一部分市属的生产单位和事业单位下放给公社管理:在手工业和轻化工业方面,除大型厂企、试验性质的工厂和产品属中央、区、市掌握,主要原料又是市配给的工厂以外,其余的小厂、合营厂均下放公社管理;财贸商业除粮食、银行、批发机构、储运站、仓库、大型加工企业和为全市服务的大型商店、门市部、饭店、旅店以外,其余均下放公社管理;文教卫生事业只下放小学、联合诊所和文化站。此外,原属市房产局管理的私改房屋和公房,也全部下放公社管理和统一调配使用。这些机构准备分批分期逐步下放,下放以后实行双层领导。

三、编制问题

现在兴宁、永宁、江宁 3 个区(包括区委及区人委)共有干部 444 人(最多的是 171 人,最少的是 129 人),平均占原有总人口的 1.59‰。秀田区(近郊)现在干部 265 人,占原有总人口的 2.38‰,将来实现一区一社以后,地区扩大了,人口增多了,工农商学兵各业也大大增加了,每社 80 人的编制看来是不够的。我们意见是:根据增产节约、精简机构的精神,兴宁、江宁、永宁 3 个公社大体上保持原来的编制,并尽可能作适当的精简;其他的 3 个公社则按人口的 1.5‰的比例去配备干部。这样,6 个公社大约需要配备干部 700 人左右,约占总人口 48.07 万人的 1.45‰,平均每社配 110 多个干部。

参照上面这个原则,街道分社和农业分社的干部,大体上按原来小社的编制去配备,街道分社(原来的城市公社)的编制按实际需要和精简精神,以不超过 20 人为宜。机关、学校、厂企、农场等分社必须实行政社合一(行政管理和分社合一)，一律不再另设编制，统由行政管理干部和专职政治工作干部解决。

以上报告，是否可行，请批示。

中共南宁市委员会

一九六〇年五月十七日

中共湖南省委印发《中共湖南省委关于城市人民公社若干问题的规定（草案）》的通知*

（一九六〇年五月二十八日）

各地、市、县委，城市人民公社党委：

现将《中共湖南省委关于城市人民公社若干问题的规定（草案）》发给你们。此规定曾在省委城市人民公社现场会议上做过比较详细的讨论，但考虑到城市情况比较复杂，而我们在这方面的经验还不多，有些东西，需要在实践中不断丰富和提高，因此，仍以"草案"形式发给你们。规定中的有关问题，是符合我省当前情况的，各地可以据此进行工作。执行中的情况和问题，望及时报告省委。

中共湖南省委

一九六〇年五月二十八日

附：《中共湖南省委关于城市人民公社若干问题的规定（草案）》

（一九六〇年五月二十八日）

我省城市人民公社化运动高潮，已经迅速地席卷全省。这是继农村人民公社化运动以后，又一个具有伟大历史意义的革命运动。自一九五八年以来，

* 原件现存于湘潭市第二档案馆。

在农村人民公社化运动的鼓舞和推动下，我省广大工人群众和城市劳动人民，尤其是广大劳动人民的家庭妇女，迫切要求大办城市人民公社，大办街道工业、集体生活福利事业和服务事业。根据群众的这一要求，我们一方面积极进行组织城市人民公社的试点工作；一方面大办街道工业，大办集体生活福利事业和服务事业。经过一年多的时间，不仅取得了建立城市人民公社的经验，而且已经办起来的城市人民公社和各项生产、生活福利、服务事业，显示了巨大的优越性，从而更加鼓舞了群众要求参加公社的积极性，这就为全面展开城市人民公社化运动创造了十分有利的条件。事实证明：城市人民公社化运动的出现，绝不是偶然的，是我国社会主义革命取得决定性胜利后，社会主义建设飞跃发展和人民觉悟大提高的必然产物。

城市人民公社，虽然建立起来的时间不长，但是它对于发展生产、组织协作、提高群众觉悟、广泛深入地进行社会主义改造和移风易俗等方面，都显示了无比的优越性，从而使城市的经济面貌和精神面貌，发生了深刻的变化。广大妇女从繁重的、琐碎的家务劳动中解放出来，成为社会主义建设的劳动者。城市人民公社已经成为工人群众和广大劳动人民的大家庭，今后随着生产的持续跃进，集体生活福利事业日益不断增长，人们的思想觉悟不断提高，必将逐步达到彻底改变旧社会遗留给人们的私有观念，为彻底改造旧城市、建设新城市，为加速消灭城乡差别的进程和逐步过渡到共产主义找到了一条正确的道路。一年多来的实践证明：党中央《关于人民公社若干问题的决议》中所提出的"城市中的人民公社，将来也会以适合城市的特点和形式，成为改造旧城市和建设社会主义新城市的工具，成为生产、交换、分配和人民生活福利的统一组织者，也是工农商学兵相结合的政社合一的社会组织"的论断，是完全正确的。

目前，在全省范围内，各市和大部分县城已经实现人民公社化，尚未建立人民公社的县城和分布在农村的工矿区，也正在积极进行建社的准备工作。根据这一情况，我们必须继续采取加强领导、放手发动群众的方针，运用大鸣、大放、大辩论的方法，大搞群众运动，使尚未建立的人民公社迅速建立起来，使已经建立起来的人民公社迅速走上巩固和发展的道路。在城市人民公社化运动中，必须依靠工人阶级，团结其他劳动人民，加强对资产阶级及资产阶级知识分子的团结教育和改造,不断肃清资产阶级思想的影响。对地主分子、富农分子、反革命分子、坏分子、右派分子要严密监督,强制劳动,加强教育,进行改造。

根据中南协作区委员会关于城市人民公社若干问题的规定,结合我省的具体情况,对城市人民公社的若干问题,做出如下规定。

(一) 城市人民公社的性质

城市人民公社在现阶段是社会主义性质,但是已经具有若干共产主义因素。

当前,城市人民公社的组织形式,大体上可分为三种:一种是以国营厂矿、企业为中心建立的,一种是以街道居民为主建立的,一种是以机关、学校为中心建立的。这几种形式的人民公社,大多数是以国营经济为主体,全民所有制的成分比重很大,在一个公社内部,包括国有制、公社集体所有制、公社以下的集体所有制几种经济成分。

随着公社的发展扩大,工农业生产的增长,积累的增多,文化教育、福利事业的发展和社员群众觉悟程度的提高,公社内部全民所有制和集体所有制并存的情况,将会逐渐发生变化,逐步过渡到单一的社会主义全民所有制。而且,由于城市人民公社内部的全民所有制成分比重很大,现有的部分集体所有制(其中已具有若干全民所有制因素)向全民所有制的过渡,将会比农村快一些,我们必须看到这种发展前途;但是另一方面,我们又必须看到目前公社内部的全民所有制和集体所有制的差别,集体所有制内部也还存在大集体和小集体的差别,我们承认这种差别,承认社办工业目前还是集体所有制,对于发挥社办工业的积极性,促进生产的发展是有好处的。因此,在规定城市人民公社的方针、政策的时候,必须把人民公社目前的政策和将来的政策加以区别,对公社各级举办的生产事业,要实行分级管理、分级核算,以发挥各级、各方面的积极性,不要随便升级或调走;在全民所有制和集体所有制之间也要有个界限;人员、资金、物资、财务等也要分清,不能混在一起。在分配制度方面,目前要认真执行以按劳分配为主,随着生产的发展,逐步增加按需分配的因素。这就是说,要用毛主席教导我们的“不断革命论”和“革命发展阶段论”的马克思列宁主义的原则来领导城市人民公社。现在,公社已经具有的若干共产主义因素,我们应给予高度的重视和爱护,积极地扶植它,帮助它发展壮大,为将来过渡到共产主义社会创造条件。

(二) 城市人民公社是工农商学兵相结合的政社合一的社会基层组织

城市人民公社应该逐步形成工农商学兵五位一体的社会基层单位。以工业生产为中心,工农商学兵全面发展。每个公社必须联合郊区的公社或若干农业生产大队,并利用城市的一切空闲地,大力发展蔬菜、家畜、家禽、水产、果木等生产。公社有了工业又有了农业,就便于加强工业与农业、城市与乡村的协作,便于进一步巩固工农联盟,促进工农业全面发展,这对于逐步消灭工农差别、城乡差别具有重大的意义。国营商业(包括粮食企业、服务业)、财政金融和文教卫生等部门的管理体制也要作相应的调整,以便更好地承担组织公社生产、交换、分配和人民经济生活的任务。公社还必须积极地发展文化教育和卫生事业,逐步满足城市人民文化生活的需要。城市人民公社必须实行全民皆兵,加强民兵建设,要在公社的统一领导下,以厂矿、企业、机关、学校为单位建立民兵组织,开展民兵活动。

人民公社是社会主义政权组织的基层单位,随着城市人民公社的成立,在行政上实际建立政社合一的领导。但在目前,对外,要仍然保留原市、区、镇人民委员会的名义,牌子仍然挂着,经过一段时期的工作和经过必要的手续后,在适当时间可以只挂人民公社一块牌子。至于街道办事处和居民委员会,现在就可以由公社相应的基层组织代行其职权,不再保留原来的名义。

(三) 城市人民公社的规模、管理体制和组织原则

城市人民公社的规模,一般以大一些为好,这样更便于发挥人民公社"一大二公"的优越性。但是,在建社初期,为了便于领导,规模不宜过大。确定公社规模的大小,应该结合城市的特点制订城市的发展规划,考虑如何有利于发展生产、组织社员的集体生活福利事业和有利于改造旧城市、建设新城市。根据各地具体情况,可以一市数社或一市一社。县城是一县的政治、经济、文

化中心,一般都应以城关镇为主,联合近郊农村,建立城镇的人民公社。农村的矿山企业,包括职工及其家属和直接为矿山服务的单位,人口在五千以上的,可以联合附近一部分农村,单独组织矿区人民公社。分布在农村的集镇一般是农村人民公社领导机关的所在地,是农村人民公社政治、经济、文化中心,为了加快农村技术改造,更好地促进农业大跃进,一般仍应是农村人民公社的组成部分,某些集镇(如交通枢纽等),经地、县委研究,认为有必要时可按城市人民公社的办法组织人民公社。

目前城市人民公社,可以实行三级管理、三级核算,也可以实行两级管理、两级核算。三级:即公社、分社、管理区。两级:即公社、分社。在确定公社管理体制时,必须遵循有利于发展生产、有利于壮大公社经济、有利于发挥群众积极性和便于管理的原则。对于公社的农业分社或生产大队,在目前实行单独管理、单独核算,发挥它的集体所有制经济的作用,同时积极创造条件,逐步过渡为公社所有,采取社有农场或直属队的形式都可以。

城市人民公社的组织原则是民主集中制。无论生产管理、收入分配、生活福利以及其他的一切工作,都必须贯彻执行这一原则。公社的最高权力机关是社员代表大会,社员代表大会讨论和决定公社的重大问题,选举公社管理委员会。公社管理委员会设主任(或社长)一人,副主任(或副社长)和委员若干人,在公社管理委员会下,根据公社的规模大小、工作、业务的繁忙,分别设立工业、农副业、商业、交通运输业、粮食、文教卫生、公安、城市建设、财政、人事劳动等科(局),生活福利、计划、科学技术、体育等委员会及人民武装部和办公室,分别管理日常工作。其中某些工作部门也可以根据具体情况加以合并。一市(区)一社的地区原设有市(区)人民法院、人民检察院,改称公社人民法院、公社人民检察院。分社管理委员会设主任(或社长)一人,副主任(或副社长)和委员若干人,根据工作需要可设立生产、财务、文教卫生、治安保卫(公安派出所)等股(科)及生活福利委员会和办公室等工作机构。管理区委员会设主任一人,副主任和委员若干人,由委员分工吸收基层单位的干部参加组成生产建设、生活福利、文教卫生、治安保卫委员会和办公室。

公社要建立党委会,设立组织部、宣传部、工交部、财贸部、农村部、监委会和办公室及其他必要的工作部门。以国营厂矿、企业、学校为中心建立的人民公社，一般可由厂矿、企业和大专学校的党委书记兼任公社的党委书记，另设专职副书记；分社建立党委会（或总支），管理区建立总支或支部委员会；共青团、妇联会要分别建立相应的组织机构。

公社要积极培养训练和提拔干部，特别要注意在劳动妇女中培养干部。同时，上级党委也要抽调一批领导干部，加强公社领导。办社初期，各单位调来公社的干部，仍属原单位编制，供给关系也不变。至于公社干部的正式编制，由省编制委员会与有关部门提出意见，再研究确定。

公社的各级组织和所属的企业、事业单位、食堂、托儿所、幼儿园、服务站等部门的领导权，应当牢固地掌握在劳动人民的积极分子手里，对于一部分基层组织干部不纯的问题，应当通过运动求得解决。

（四）社员、社员的义务与权利

凡年满十六岁以上的居民，除被剥夺政治权利者以外，只要自愿参加、承认社章、执行公社的决议，均可以成为公社社员。国营厂矿、企业、机关、学校等单位的工人、干部、学生、教职人员等，凡是具备社员条件的，都可以在生产、工作、学习单位的所在地参加公社为社员。华侨、侨眷和港澳回来的人员，只要具备社员条件，而又积极要求参加的，就应该接收他们为社员。

对于资产阶级、资产阶级知识分子和他们的家属，不要急于让他们入社，个别真正要求入社者，可以批准为社员，但对资产阶级分子不摘掉帽子，不取消定息，一般不得担任公社领导职务和要害部位的工作；不要去动员他们拿出房屋、家具，即使自己送来也要加以劝阻；暂时不要动员他们进食堂吃饭，有些高级知识分子和知名的资产阶级代表人物要求加入食堂吃饭时，一般应当说服他们等到食堂办好了之后再来，不要动员他们对公社工业或其他方面投资。

对于地主分子、富农分子、反革命分子、坏分子、右派分子和其他被剥夺了政治权利的人，他们是否可以做社员，或者做非正式社员，或者仍然由公社监督劳动，都应当由群众根据他们的实际表现，分别加以讨论和做出决定。

社员义务：（一）要模范地执行党和国家的政策法令，遵守公社社章和决议;(二)服从公社的统一领导;(三)积极参加公社所组织的生产或工作,向一切危害公社的行为作坚决的斗争;(四)参加公社所组织的政治活动和各项运动。

社员权利:(一)在公社内有选举权和被选举权;(二)对公社各级干部和各项工作都有建议批评和监督的权力;(三)本人及其直系家属(五类分子除外)有权享受公社举办的集体福利事业的待遇。

国营厂矿、企业、机关、学校等单位的社员,他们的主要职责是担负党和国家交给的任务,因此,公社向他们分配任务的时候,不应该影响他们的主要职责,但是他们应该利用一部分业余时间,积极主动地完成公社分配的各项任务,并且与其他社员享有同等权利。

(五)采取既积极又慎重的态度,下放一部分企业、事业单位由公社管理

城市人民公社的建立,要求县、市的工业、商业、财政金融和文教卫生等部门,将自己管理的一部分企业、事业单位下放给公社管理,而且,随着人民公社的发展和扩大,人民公社管理的企业、事业也将会逐步增多,这对促进人民公社工农商学兵的全面发展,便于人民公社更好地组织公社内部的生产、交换、分配和人民生活福利事业,具有重大的意义。因此,县、市的工业、商业、财政金融、文教卫生等部门,应当积极地、热情地做好本部门管理的一部分企业、事业单位的下放工作。但是,建社初期,由于办社的经验一般还不足,下放中的许多问题也还有待于进一步地深入研究。因此,各类企业、事业单位的下放,必须采取既积极而又慎重的态度,有领导、有计划、有步骤地分期分批进行,做到放好、接好、管好。首先将那些为公社目前迫切需要的少数企业、事业单位下放给公社管理,以便取得经验后,逐步扩大下放范围。目前,人民公社各类企业、事业单位的下放,也不宜要求过多过急,以便集中精力办好公社已经办起来的和正在举办的生产、生活福利和服务事业。这对于公社经济的发展是有利的。在确定下放的步骤和范围时,必须遵循有利于发展生产、有利于繁荣市场、有利于公社的巩固和发展、有利于加强党的领导的原则。工业方面:属于集体所有制的手工业合作工厂(社)一般应转为人民公社工厂,其私人所有

的生产资料,应当清查处理;凡属手工业和独立劳动者的生产资料,可以折价归社,分期付款。县、市工业主管部门还可以根据具体情况,适当地将一些地方国营工厂下放给公社管理。商业方面:除批发机构、大型加工企业、为全市服务的大型商店、饭店、服务店、直接为生产服务的专业商店、有独特风味的饮食店以及供应特殊需要和为少数民族服务的商店不下放或暂不下放外,其余各类零售店、饮食店和服务店都可下放给公社管理。财政金融部门的管理体制也应做适当的调整,财政部门还应根据县、市的具体情况,划分一部分收入和支出项目由公社管理。文教卫生部门应该逐步将小学、文化馆、街道俱乐部、联合诊所等下放给公社管理;中等学校,也应该根据情况逐步下放给公社。

各类企业、事业单位下放以后受各业务主管部门和公社党委的双重领导,原属全民所有制的企业、事业单位下放后其性质不变,还要单独进行核算,生产计划、财务计划、原材料和产品分配计划都按照国家规定执行,利润按照国家规定的制度上缴,企业利润留成和超额利润分成办法,按国家或省、市规定办理。

(六) 城市人民公社与国营企业的关系

城市人民公社是生产、交换、分配和人民生活福利的统一组织者,因此,凡公社所在地的一切国营厂矿、企业都要参加公社,成为公社的组成部分,在公社党委的统一领导下充分发挥全民所有制的优越性,和公社内的其他生产单位有组织、有计划地开展生产大协作。在行政业务上,可采取“入而不归”的办法,即生产和财务计划、利润、资金、设备、人员仍由上级规定和支配,受上级主管部门的领导,管理体制一般不变。

公社在组织发展生产中,要树立为国营厂矿服务的思想,根据可能做出规划,大力组织加工性的、辅助性以及服务性的生产,组织短途运输,统一安排劳力,首先保证完成国家劳动调配计划,多方面地为国营企业服务,千方百计地保证国营厂矿企业计划的完成和超额完成。同时,国营企业要根据大厂带小厂、全民带集体的原则,积极地帮助公社发展工业和办好集体福利事业,大力支援公社农业尽快实现水利化、机械化、电气化,促进农业生产持续跃进,教育本企业职工,自觉地、模范地遵守公社社章,热心地参加公社活动。

公社除组织国营厂矿企业生产协作外,还必须积极地办好集体福利事业和文化科学事业,为国营厂矿企业职工和全体社员服务。

公社和机关、学校的关系,也应参照上述精神正确处理。

(七) 以工业为中心,全面发展生产

发展生产是办好城市人民公社的中心环节,是改造旧城市、建设社会主义新城市的物质基础。因此,必须贯彻中央提出的“以生产为中心,生产、生活一齐抓”的方针,充分地利用城市发展生产的有利条件,以工业生产为中心,实行工业和农副业并举,积极办好服务性的生产,做到全面发展。

社办工业,应该在全市(镇)统一规划、合理布局的前提下,在全民所有制经济的扶植下,坚决贯彻执行依靠群众、自力更生、因陋就简、因地制宜、就地取材、综合利用、大中小结合、中小为主、土洋并举和“四服务”(为国家建设服务,为农业生产服务,为城乡人民生活服务,为出口服务)的方针。根据公社工业的特点,社办工业应密切与大厂配合,大搞加工修配,大搞综合利用,充分发挥生产潜力,不断扩大生产,同时,也要由小到大、由土到洋举办一些较大的骨干工厂,并向高、精、尖、缺进军,以弥补大厂生产之不足。在工业生产的具体安排上,各城市集镇还应根据地区特点和历史销售习惯来考虑。社与社以下各级组织,在举办工业方面,也要有大体分工,做到统筹兼顾、合理安排,发挥各级各类工业的积极性,以促进生产的发展。

在发展工业生产的同时,公社还要积极组织建筑、交通运输等工业队,搞好社内基建和交通运输工作。

在发展生产过程中,要充分发动群众,大力开展以“四化”为核心的技术革新和技术革命运动,不断地提高技术水平和管理水平,扩大生产,增加品种,提高产品质量,节约劳力,降低成本,提高劳动生产率,保证生产的持续跃进。

在农业方面,应以菜、肉为纲,充分利用城市的有利条件,积极发展蔬菜、养猪、养鸡、养鸭、养鱼、养奶牛、养果木等农副业生产,尽快地达到副食品基本自给或部分自给。

（八）全面组织人民经济生活，广泛地发展集体生活福利事业和服务事业，使家务劳动社会化，对促进生产大发展、改变旧有的生活方式、提高群众组织程度和集体主义思想，有着极为重要的作用

公共食堂是社会主义的一个阵地，是发展社会主义生活方式的重要方面，是搞好计划用粮和安排好社员生活的一个关键，必须把公共食堂坚决办好。对于已经办起来的公共食堂，要进一步加强领导，进行整顿提高，保证社员吃饱、吃好、吃省；尚未举办食堂的地方，应该积极举办，首先吸收迫切要求参加食堂的社员，并且坚决办好，树立榜样，以便逐步扩大就餐人数。公共食堂要计划用粮、节约粮食；要搞好副食品生产，逐步建立家底；要讲究卫生，注意安全；干部应该积极参加食堂，大力培养、训练炊事人员和管理人员；贯彻阶级路线，调派政治可靠、思想先进、联系群众、热心服务事业的人担任食堂管理工作，实行民主管理；在每一个公社都要组织食堂管理委员会，定期讨论食堂工作，依靠群众办好食堂；大闹技术革新、技术革命，千方百计地节约人力和物力，杜绝浪费。为了适应城市广大人民的各种不同要求，可以举办各种各样的食堂；食堂要供应开水、热水，有条件的还要举办简易澡堂。

要认真办好现有的托儿所、幼儿园，积极地培训保教、保育员，做到发展一批巩固一批，逐步增加入托人数；采取组织儿童乐园、少年之家、校外辅导小组等各种形式，加强对校外儿童的组织教育工作。公社还应根据具体情况，逐步地举办敬老院。对各种集体福利事业的收费标准，在同一公社内，目前必然有高有低，不必强求一致，并且要随着生产的发展和公共积累的增多，逐步做到由降低收费标准到全部免费。在目前，对生活确有困难的社员，在生活、医疗及儿童入托等方面，应当给予适当照顾。公社还应不断地改善劳动条件，加强劳动保护工作，特别是对妇女的劳动保护工作，一定要保证妇女在“四期”（产前产后、月经期、怀孕期、哺乳期）得到必要的照顾，产假期间工资照发。

积极地发展和办好生活服务站，逐步扩大业务范围，提高服务质量，使城市人民的整个经济生活，都得到妥善安排。

国营工业企业、机关、学校的福利事业，从长远来看，应该逐步交由公社统一管理，这样既有利于全面发展福利事业，又有利于厂矿、企业、机关、学校集

中全部力量完成自己的任务。但在目前除个别重点试验外,一般不要忙于去接收,应当先把一般群众的福利事业办好,在将来公社有了经验和力量的时候,再去考虑这个问题。在重点试验的地方,公社接管后,不得降低原来生活福利水平,并且要逐步提高。关于厂矿、企业、机关、学校的劳动保险、公费医疗等福利待遇,目前暂按原规定执行。

积极地、有计划地改善社员的居住条件,从有利于生产和休息的原则出发,有领导、有计划、有步骤地调整社员住宅,并随着公社生产的发展和积累的增加以及公社建立后的新情况和园林化的要求,统一规划,分期分批改造旧城区,建设新的居民点。

(九) 发展文化教育、卫生和科学事业

积极发展文化教育事业,是一项重要工作。必须加强领导,贯彻执行"教育为无产阶级政治服务,教育与劳动相结合"的方针,加速普及小学,逐步普及中学,大办红专学校,建立业余教育体系,加强对社员的政治教育、文化教育和技术教育,大量培养又红又专的建设人才;开展群众性的文化娱乐和艺术活动,依靠群众,举办图书馆、俱乐部和各种文化事业,以丰富城市人民文化生活。

广泛开展以除"四害"、灭疾病为中心的爱国卫生运动和体育活动,积极发展卫生医疗事业,保证人民的身体健康,密切结合以"四化"为核心的技术革新和技术革命运动,开展群众性的科学研究工作,普及和提高人民的科学知识,以促进技术革命运动的大发展。

(十) 正确处理积累和消费的比例关系

正确处理积累和消费的比例关系,做好分配工作,对发展生产、巩固公社有着极为重要的意义。积累的比例,应根据公社人数的多少情况来决定,并随着生产的发展,逐步增长积累部分。

公社所属企业,除了向国家上缴税收以外,在纯利润中,留用百分之十左右(用于设备维修、举办集体福利事业和对职工鼓励等),其余全部由公社统一支配。公社的纯收入中,一般用于扩大再生产部分可占百分之五十

五至百分之六十左右，用于集体事业的可占百分之四十至百分之四十五左右。分社和管理区一级企业的利润，除向国家交纳税收和企业本身留用百分之二十至百分之三十左右以外，其余由分社和管理区统一支配。分社和管理区一级的纯收入也可适当上交一部分，但在办社初期，上交的比例可以低一点。

职工的工资水平，在同一个公社范围内，同工种、同技术水平工人工资，应当逐步做到统一，但在建社初期，不宜急于强求一致。社办工业的工资水平，应当随着生产的发展，逐步有所提高，让其逐步接近当地国营企业同工种同等级的工人工资水平。工资形式应以计时工资为主，外加奖励，对某些生产收入不固定的行业，也可以采取计件工资的形式，待生产步入正轨后，再实行计时工资制。食堂、托儿所、幼儿园等集体福利事业的工作人员的工资水平，不应低于一般生产人员的工资水平，以鼓励他们从事服务业的积极性。划归公社的农业分社或生产大队，仍然实行工资制与供给制相结合的分配制度。

（十一）继续对城市进行彻底的社会主义改造

城市的阶级关系比较复杂，经过社会主义“三大改造”以后，我市的阶级关系和经济情况已经发生了根本变化，但是由于旧城市长期形成的政治经济的复杂性，社会主义改造任务还没有彻底完成，资本主义残余和小量的个体经济依然存在，对资产阶级及其知识分子的改造任务还很艰巨，地、富、反、坏、右五类分子所占的比重也比农村为大。因此，城市人民公社必须贯彻执行党的阶级路线，继续加强社会主义改造。

在广大人民群众中，要广泛深入地进行两条道路的阶级教育，提高政治觉悟，不断地与资产阶级思想影响作斗争，巩固地树立无产阶级的思想。

对资产阶级分子及其家属，要继续贯彻团结、教育、改造的方针。他们中已经参加公社劳动生产的，要继续进行教育改造，使其成为自食其力的劳动者；还未参加公社劳动生产的，随着公社的巩固发展，应动员他们参加，通过劳动加强对他们的改造。

随着人民公社的建立，正确处理各项经济关系，是一项非常复杂和细致的工作,因此,必须根据党的政策,分别处理。凡属小业主的生产资料,可以折价归社,按值定息;对私房出租者出租的房屋,应根据党的政策,采取适当步骤,对其资本主义所有制的残余进行彻底改造,但对于华侨和劳动人民所有的房屋和其他城市居民的住宅,仍归他们自有;对于小商小贩和独立劳动者,公社可通过各种方式,把他们组织起来,参加服务工作和其他劳动生产,使之逐步成为集体所有制中的成员;对于某些坚持个体经营的小商贩和独立劳动者,应加强政治教育,结合适当的经济措施,以堵塞资本主义自发道路;对地下工厂、黑市投机等活动,必须坚决予以取缔。

地主分子、富农分子、反革命分子、坏分子、右派分子和其他被剥夺政治权利的人,应根据其表现在政治上区别对待,经济上同工同酬,发动广大群众进行监督,强制他们劳动,加强改造。

(十二)做好全面规划,加强党的领导

城市人民公社的发展,必须和城市的政治、经济、文化的全面发展紧密地结合起来。因此,必须根据城市的发展规划,做好建立和发展城市人民公社的全面规划。

城市人民公社化运动,是社会主义革命的深入发展,必然会遭受一部分人的非议和抵抗。同时,公社化以后,两个阶级、两条道路的斗争仍然是相当复杂、曲折的。因此,必须加强党的领导,坚持政治挂帅,大张旗鼓地宣传城市人民公社“一大二公”的优越性以及党的有关政策,经常不断地加强社员的共产主义教育,及时揭发和批判各种资产阶级思想,加强公安保卫工作,严密监督五类分子,坚决打击一切破坏活动。为了做好上述工作,各市(镇)委要以最大的力量,加强对城市人民公社化运动的领导,成立专门机构,指定一位书记专管城市人民公社工作,各级党委应随时掌握运动的发展状态,及时研究与解决运动中的各项重大问题,切实加强对城市人民公社的政治思想领导和组织领导,使城市人民公社不断地巩固、提高。

在城市人民公社化运动中,各级党委还应当特别注意教育干部,发扬深入实际联系群众的优良工作作风,强调和群众同吃、同住、同劳动,时时刻刻关心群众疾苦,关心群众生活,及时解决群众的困难问题,坚持勤俭办社、勤

俭办一切事业的方针，努力增产，奉行节约，反对贪污浪费，克服官僚主义和命令主义作风，不断增强党和群众的联系，调动一切积极因素，坚决办好城市人民公社。

一九六〇年五月二十八日

中共株洲市委批转市计委、市财政局党组关于下放部分企业、事业单位给人民公社管理的报告*

（一九六〇年七月十九日）

市各人民公社党委，各区委，市直属各机关党组：

市委同意市计委、市财政局党组关于下放部分企业、事业单位给人民公社管理的报告，现转发给你们，请即遵照执行，并迅速办好交接手续，以确保生产任务的完成。

中共株洲市委

1960年7月19日

附：市计委党组、市财政局党组关于下放部分企业、事业单位给人民公社管理的报告

（一九六〇年六月二十九日）

市委：

根据省委关于下放部分企业、事业单位给人民公社管理的指示精神，结合我市具体情况，拟在市属地方国营企业、事业单位中下放一部分单位给市区各人民公社管理，以加强对企业单位的领导和适应城市人民公社化后的需要。现特将下放原则，具体下放意见以及下放中有关问题，分别报告如下：

---

* 原件现存于株洲市档案馆。

一、下放原则。根据省委，“采取积极慎重的态度，有计划、有步骤、有领导的分期分批下放一部分企业、事业单位”的指示精神，经研究确定，按以下具体原则进行下放：

在工业方面：1. 除一些已转为地方国营较大的工厂外，原属手工业合作工厂，一律下放。2. 关系面不广，原材料较容易解决的下放。3. 可以统一产供销矛盾的下放。4. 其他适合于公社经营的企业或产品下放。5. 有些企业、事业单位下放比不下放更有利于综合利用、多种经营的下放。在商业方面，除批发机构和大型加工企业、饮食店、服务商店、直接为生产服务的商店暂不下放以外，其余各类零售店、旅社（株洲饭店、株洲旅社除外）均下放给公社管理。

二、所有下放工厂、企业均以就地下放的原则，即工厂原址在何社就下放给何社管理。

三、有关几个问题的具体意见：1. 下放给公社代管之市属地方国营企业，所有制形式仍属地方国营（即全民所有制）性质，商业方面所下放之公私合营企业，仍属公私合营性质。

2. 有关计划管理方面的问题：下放之企业、事业单位交公社管理后，在业务上市各主管局仍需进行领导。一九六〇年的生产、基建、财务计划，由市各主管局根据原确定之年度计划（包括国家、市计划）按下放单位分别列出各种年度计划及上半年实际完成情况（包括产品、产量、产值，各种经济技术指标），经市计委、财政局分别审查，一并移交下放。为了方便各主管局按条条上报产值等指标，各下放企业在报送统计报表时，仍应抄送原属的主管局一份。物资供应及产品的购销仍按下放前的方法不变。

3. 财政方面：总的原则是实行“以社为主，收支下放，比例上解，超收分成，结余留用”或“收入上解，支出下拨，超收分成，结余留用”的方法，详细管理体制意见，由财政局另行提出。为了鼓励公社加强这方面工作的领导，根据省委指示，可以在市财政收入超额分成中拿出一部分钱给公社作为奖励。我们准备按照下放给各公社的全部收入超收总数提取20%给公社使用，这样比省委指示的比例要大一些，提成的绝对金额也要多一些，这对国家收入（中央和省的收入）是没有影响，只是减少了市财政的部分超收分成，就长远来看是有好处的。

4. 移交日期。从七月一日起,即可利用上半年的各种报表及会计决算作为移交依据,这样移交比较简单方便,因此,要求交接工作在七月底前全部完成。

5. 所有厂房、设备、职工、原料、债权、债务等都应按下放前的实际情况,造详细清册,全部移交,如有特殊情况,经主管局与人民公社双方协商,互相同意者可按协商同意之意见处理。在移交、接管中,均应充分发挥共产主义的协作精神,把方便让给别人,把困难留给自己。交接双方一定要保证做好交接工作,保证超额完成今年任务。

四、原各区所兴办之地方国营企业,除中心公社的自行车厂、钟表厂、东风旅社仍算全民所有制外,其他单位,都作为公社企业,同时移交公社管理。在财政上则采取征收所得税的办法,上缴所得税。

以上报告,如同意,请批转各级党组织贯彻执行。

附:下放单位名单如后:

服务局:铁路供应站,各区综合商店,蔬菜零售门市部,烟丝组,零贸处

轻工业局:钢笔组,刻字组(并在刻字组抽三分之一的人给荷塘铺区)

市计委党组

市财政局党组

1960 年 6 月 29 日

中共湖南省委批转省委城市人民公社领导小组关于召开全省城市人民公社工作会议的报告*

（一九六〇年七月二十三日）

各地、市、县委：

省委同意城市人民公社领导小组关于召开全省城市人民公社工作会议的报告，现批转各地，请参照执行。

我省城市人民公社化运动发展是极其迅速的，在很短的时间内实现了全省的城市人民公社化，这是一个很大的胜利。但要看到：城市人民公社还处在初办阶段，城市情况又比较复杂，前段思想教育工作还不深透，组织还不健全，大量新办的生产事业和集体生活福利事业亟待整顿提高，有些属于分配方面的问题有待研究处理，这些问题牵涉面广，工作量大，而我们的经验还不多，因此，各级党委必须切实加强对城市人民公社的领导，及时研究与解决运动中的各项重大问题，使其巩固地、健全地向前发展，更充分地发挥它巨大的优越性。

报告中强调当前城市人民公社工作的重点放在整顿和提高方面，以便在这个基础上更好地向前发展，这个指导思想是正确的。根据这个思想提出的整顿社办工业的内容和要求、大力加强农副业生产（以菜、肉为纲）的领导、关于集体生活福利事业的经费开支的规定和强调干部深入工作等，都是必要的和可行的，请各地认真贯彻执行。

中共湖南省委

一九六〇年七月二十三日

---

* 原件现存于湖南省档案馆。

附：关于召开全省城市人民公社工作会议的报告

（一九六〇年七月二十日）

省委：

为了促进我省人民公社更加巩固健全地向前发展，遵照省委指示，我们于七月六日至十二日，在湘潭市召开了全省人民公社工作会议。出席会议的有各地市委和省级有关部门的同志三十余人，会议由华国锋同志主持并作总结。

与会同志首先回顾了前段工作，一致认为从五月长沙现场会议以后，城市公社各方面的工作，都有了进一步的发展。据六月二十日统计，全省社办的比较定型的生产单位已有六千六百七十七个，生产人员二十一万余人。各项集体生活福利和服务事业，也有了相应的发展，全省食堂化程度已达百分之七十八，托儿化程度已达百分之四十二点八。生活服务站已办四千四百四十六个。与此同时，各地还突出地抓了一下纯洁基层干部队伍的工作，加强了党对公社的绝对领导。大家在肯定成绩的基础上，还检查了大发展带来的新问题，认识到现在城市公社还是处于初办阶段，由于运动发展很快，已办的大量的生产事业和生活福利事业，迫切需要加以整顿，使之巩固提高。因此，当前城市人民公社的主要任务应当是：以生产为中心，生产、生活、思想一齐抓，进一步整顿、提高公社已经办起来的生产事业和集体生活福利事业，使之更加巩固、健全地向前发展，更加充分地显示人民公社的巨大优越性。在这个总的精神下面，对于整顿、巩固、提高社办工业问题、加强对农副业生产的领导和支援农业问题、集体生活福利问题、领导问题等进行了研究，并提出了今后打算，现分述如下：

一、关于整顿、巩固、提高社办工业问题。其内容和要求是：统一规划，合理布局，贯彻社办工业的方针，充分发挥各级、各方面的积极性，充分发挥生产单位的潜力，增加产品品种和产量，提高产品质量，降低成本，增加收入，逐步实现社办工业的“五定”（定生产、定领导、定人员、定工资、定制度），使社办工业逐步成长壮大。为了实现这个要求，必须抓好如下几项工作：

（一）坚决贯彻社办工业“四服务”的方针。一般来说，以厂矿为中心的公社，社办工业主要应为大厂矿的生产建设服务，但也要根据市场需要，生产城乡人民生活所需要的产品。县镇的人民公社，主要应为农业生产和市场需要服务。会上反映，目前有的地方忽视生产建设和市场的迫切需要，追求产值大、利润高的生产，因而出现小商品品种减少的情况。常德市去年十二月生产小商品一千三百一十六种，今年五月份减少到六百一十二种，市场上有一百多种商品脱销。这种情况应引起各地注意。凡是“四服务”需要的产品，哪怕是利润少一点，也要安排生产，市场需要的产品不能比去年减少，只能增加。

（二）统一规划，合理布局，采取“并、转、增、扩”的办法，对现有一部分生产单位，进行适当的调整。前段大办工业，有的来不及统一规划，一方面某些同类型的生产办得多了些，都“吃不饱”，另一方面有些为社会上迫切需要的生产没有办；有些生产单位的原材料短期内无法解决，生产不正常；有些生产单位规模太小，过于分散，不便于领导和管理，不便于对外协作挂钩，不便于搞技术革新和提高劳动生产率。因此，有必要在市委和公社党委的统一规划下做适当调整，该合并的就合并（也可以采取集中生产和分散生产相结合的办法）；原材料短期内无法解决需要转向其他生产的，可以转厂；某些生产社会上十分需要又有原材料来源的，可以扩大和增办一些厂子。

调整社办工业，是一个复杂而细致的工作，切忌草率从事，必须从实际情况出发，经过充分调查研究，提出切实可行的调整方案，然后有领导、有步骤地进行。在调整中，对于与人民生活密切相关的修配等服务性生产，不要强调集中；对于季节性生产要适当安排，还要切实注意发挥各级、各方面的积极性。国营工厂、机关、学校帮助举办的工厂，一般不要上调；公社有些工厂可以下放给分社和管理区领导；分社、管理区有些工厂确实需要上调的，要经过充分酝酿协商，取得同意，并且要照顾到下级的经济利益。

（三）切实加强对社办工业的领导，解决社办工业发展中的具体问题，提高经营管理水平，提高劳动生产率。市、县委和公社党委要加强社办工业的领导，公社、分社都要有专管工业的书记。市、县委要统一规划社办工业所需的干部，有计划地从国营企业（主要是地方国营企业）抽调一批干部和老工人去充实社办工业的骨干力量；国营工业要积极地从技术、设备等各方面支援社办工业,有计划地抽派一定数量的技术工人到社办工厂或者接受社办工业派来学习的工人,采取“根生干,干生枝,枝生叶”的办法,为社办工业培训技术力量。公社党委要广泛组织公社范围内大、中、小厂矿之间的协作。社办工业的原材料来源,主要是多方面承接国营工业、商业和其他有关部门的材料加工,大搞原材料的综合利用和废品、废料、下脚料的充分利用,国营工业也可根据需要和可能,有计划有步骤地将一部分老产品或某些零件、部件下放给公社工业生产。社办工业要根据生产需要,建立和健全必要的规章制度,加强计划、财务和劳动管理,提高经营管理水平。社办工业的工资形式,一般实行计时工资加奖励,有些生产收入还不固定的行业,也可暂时保留计件工资形式,待条件成熟时再行改变。市、县委和公社党委在布置工业生产任务和检查工作时,主要看产品的产量、品种、质量、成本,产值也可作为一个指标,但应根据国家统计局规定的办法计算。

总之,要求通过上述一系列的整顿工作,使社办工业布局更加合理,经营管理逐步走上轨道,劳动生产率大大提高,并且在这个基础上,大搞以“四化”为核心的技术革新和技术革命运动,使社办工业逐步成长壮大。

二、关于大力加强对农副业生产的领导和支援农业的问题。城市人民公社都划进了一部分农业人口和土地,有的公社划进的数量还不少,必须切实加强领导,搞好农副业生产。公社党委要有一个书记分管农村工作,党委要经常讨论研究这方面的问题;要充分利用城市的有利条件,大力促进郊区农、副业生产的发展,尽早实现郊区农业的水利化、机械化、电气化。

城市人民公社的农业,必须以菜、肉为纲,全面跃进。首先,要按照每人每天吃一斤到一斤半菜的需要,保证足够的菜土面积,其余土地再种粮食、饲料和其他经济作物。有荒可开者要开荒,要充分利用空坪隙地。因扩种蔬菜减少的粮食统购任务,由地、市、县委调剂解决,解决不了的报告省委。其次,郊区劳动力要适当集中一下,保证有足够的劳动力常年种菜,根据不同的生产条件,确定适当的比例(比如占郊区劳力总数的百分之七十至百分之八十)。此外,其他各项农副业生产也要抓紧,要重视提高粮食单位面积产量,力争粮食总产量一般情况下有增加而不减产,牲猪、家禽、水产、果木、奶牛等生产也要有相应的、较快的增长。

城市公社在抓好郊区农业生产的同时，还要积极支援农村人民公社的生产，要教育广大职工和城市人民树立以农业为基础的思想，把支援农业看成是自己的一项光荣任务。支援农业的办法，首先是积极搞好本身的生产，以更多、更好的生产资料和生活资料支援农村；其次是在农事特别紧张的时候，尽可能地组织一部分劳力到农村去进行短期支援。在组织劳力支援时，主要是抽调由国家供给的干部、职工，如果要抽调公社的生产人员和服务人员，农村公社要根据等价交换的原则，按照农村的水平付给相当的报酬，其差额则由县财政和城市公社补贴，保证工资能照常发给。县、市委确定支援任务时，也要适当地考虑到城市公社人力、物力等具体条件，尽可能地不要影响城市公社应该完成的主要生产任务和人民正常的经济生活。

三、关于整顿、巩固、提高集体生活福利和服务事业的问题。

目前城市人民公社举办的集体生活福利事业，除少数地区还要适当办一些以满足群众的迫切要求外，当前主要的任务是要把现有的集体生活福利事业切实加以整顿、提高，接受夏季考验，把人民经济生活组织得更好，以显示城市人民公社的优越性。为此，要认真解决以下问题：

1. 经费开支问题。省委《关于城市人民公社若干问题的规定（草案）》中，已明确规定从公社的纯收入中拿出百分之四十至百分之四十五用在集体生活福利方面。据这次会议反映，有些同志对举办集体生活福利事业的意义领会不够，不愿把钱用在这个上面，于是就提出“以堂养堂，以园养园”，不适当地提高饭菜价格和托幼收费标准，或者降低炊事员、保教人员的工资水平，有的甚至几个月不发给工资，影响到食堂和托幼组织的巩固，这种做法是不符合省委规定精神的。城市人民公社举办集体生活福利事业，对于挖掘社会劳动潜力，促进生产的发展，提高人们的集体主义思想，增加共产主义因素都有重大的意义。因此，公社、分社、管理区都要从各级的纯收入中拿出百分之四十至百分之四十五的钱，作为办集体生活福利的经费。这笔钱，公社各级财务部门要按月专款列支，由各级生活福利委员会掌握，专款专用，节余留用，如果确实节余很多，需要移作生产投资时，应经上一级党委批准。这笔钱要首先用在群众最迫切要求的生活福利方面，即用在食堂、托儿所、幼儿园等方面。这笔钱，又要首先用于食堂、托幼工作人员的工资支出，根据可靠的收支预算，能够全部负担的就免收管理费，不能全部负担的就收一部分管理费。公社各级生活福利经费支出项目，也要根据各级经济比重的大小有个大体分工，在保证了这些方面的开支以后，还有余力，再逐步举办其他集体生活福利事业。公社收支这样安排以后，市、县委在布置公社的基建生产任务时，要考虑公社的财力。在目前市政建设投资应由国家财政开支，城市社会救济费还应按照原来的规定下拨。

2. 加强对炊事员和保教人员的思想教育和培训工作，不断提高他们的政治思想和业务技术水平。在加强思想教育的同时，应注意适当提高他们的社会地位和规定合理的工资收入。他们的工资水平应相当于从事公社生产的同等劳动力的工资水平。市、县委和公社党委还要通过举办幼师学校、厨师学校和短期培训班、现场实习等形式，培训保教人员和炊事人员，满足目前和进一步发展集体生活福利事业的需要。

3. 为了办好集体生活福利事业，公社、分社、管理区都要有一位书记或负责干部专管生活，要建立健全各级生活福利委员会，干部要深入下去，及时发现和解决问题，并发动和依靠群众，开展评比竞赛运动。公共食堂要求做到“五好”：计划用粮、节约用粮、人人吃得饱、吃得省、吃得好；勤俭办食堂，积极发展食堂家底生产，饭菜便宜质量好；炊具革新、节省人力、物力好；清洁卫生，防止疾病，社员身体好；民主管理，制度健全，方便社员，团结友爱好。目前要特别努力做好开水、热水的供应，解决洗澡场地问题，消灭买饭买菜排队现象。托儿所、幼儿园也要求做到“五好”：认真学习政治、业务，工作态度好；儿童教养好；防疫卫生好；勤俭办园好；收费标准适宜。当前要特别注意小孩的防疫卫生和防暑降温。要求商业、卫生、文教、妇联等部门对托儿所、幼儿园积极予以支持，帮助解决各方面的问题。

服务站要做到便民利民，提高服务质量，收费标准要从低，不要服务站上缴利润，公社有力量还要适当给予经费补贴。某些修配、服务行业收费偏高的要适当降低。

4. 生产和生活福利事业单位都要注意劳逸结合。在公社化运动中挖掘出来的劳动力绝大多数是家庭妇女，她们体力一般不强，家务劳动还没有完全社会化，因此，要合理安排生产、学习和休息时间，做到有劳有逸，劳逸结合。目前生产单位实际生产时间每天一般不要超过八小时，晚上开会、学习的时间也要加以控制，星期天休息时间也要适当加以安排。对于妇女的劳动保护要特别注意，保证她们产前、产后、月经、哺乳期间得到必要的休息和照顾。

四、关于领导方面的几个问题。

加强党的领导，是整顿、巩固、提高城市人民公社的根本关键。首先要加强政治思想工作，要在思想认识上武装公社各级干部，组织他们认真学习省委《关于城市人民公社若干问题的规定（草案）》等文件，联系当前整社中的实际问题，运用边工作、边学习、边总结、边提高的办法，不断提高公社干部的政治、业务水平。地、市、县委还要有计划地培训公社干部，对于社员的政治思想教育，重点应放在参加社办工业和生活福利事业的人员当中，结合整社工作深入细致地进行思想教育工作。对于国营厂矿、机关学校的干部、职工，主要由企业、机关的党组织结合生产和工作去进行教育。

公社干部要积极改进工作作风，深入基层，进行扎扎实实的工作。城市人民公社也可以仿照农村的办法，实行“二五制”，即一个星期有两天开会、学习，五天深入工厂、田间、商店、食堂、幼儿园、托儿所、服务站了解情况，发现和解决问题，参加劳动，和群众实行“三同”（同吃、同劳动、同商量）。

此外，这次会议还研究了市场工作问题，要求城市人民公社党委加强对市场工作的领导，充分运用商业部门的力量促进生产的发展和组织好人民经济生活。

以上报告，如认为可行，请批转各地参考执行。

中共湖南省委城市人民公社领导小组

一九六〇年七月二十日

湘潭市妇女联合会关于结合城市人民公社整社运动，建立健全基层妇联组织的意见向市委的报告*

（一九六〇年八月三十日）

市委：

我市城市人民公社成立以来，有些公社已相应地建立了妇联组织，对建社和发展生产起了很大的作用。但亦有不少公社和分社还没有相应的建立起基层妇联组织，有的虽已成立，也不够健全。现在看来，随着公社的生产发展需要和广大妇女群众的迫切要求，基层妇联组织有必要迅速建立健全起来。当前我市城市人民公社整社工作正先后进入整改阶段，根据上级妇联指示精神，结合我市具体情况，我们的意见，在党委统一的领导下，结合当前整社工作，进一步健全、建立基层妇联组织，有计划的分期分批培养训练基层妇女骨干，迅速配齐妇女干部。充分发挥基层妇联组织的作用，动员广大妇女群众积极参加生产，办好以食堂为中心的集体福利事业，促进公社生产的迅速发展。为使这一工作顺利进行，现将我们的意见报告如后：

一、机构和人员配备是

总的是遵照市委组织部和市编委关于城市人民公社干部编制的意见去执

---

* 原件现存于湘潭市第二档案馆。

行。但根据各公社不同情况,我们意见:公社一级,成立公社妇女联合会。河东、河西两公社可由17—21人组成委员会,其他三个公社由13—17人组成。委员会应包括公社妇联正副主任,公社有关部门,公社妇联专干和部分管区妇代会主任。分社成立妇女联合分会,可由7—11人组成委员会。委员会包括:分社妇联专干,分社有关部门和部分管区妇代主任。管区成立妇代会,由7—9人组织委员会,设正副主任各一人。委员应包括各个方面,便于开展工作和发挥各个方面妇女的作用。

各级委员会的成立,必须召开妇女代表大会。代表名额规定,应根据各地区具体情况和人数多少而定。一般应按管区内成年妇女人数每50人中选出代表一人,名额在25人左右。分会代表大会代表名额应在100人左右,公社代表大会代表名额在150人左右。管区所属工厂,以工厂为单位成立妇代小组选出代表(厂子不成立妇代会),均属管区妇代会领导。

二、时间和要求

总的应结合生产和公社分批分期于九月中旬前全部建立健全起来。为此,我们要求:

1. 要求各级党委将此工作列入到当前工作日程上来,做到五统一,统一领导、统一布置、统一检查、统一会报、统一总结推广。并要求迅速配齐妇女专干,具体负责抓这一工作。当前若马上配不上的话,要求党委指定专人管这一工作。

2. 紧紧结合当前生产和整社,要求利用各种机会,广泛深入地向妇女进行建立健全组织机构的宣传教育工作。使成立基层妇联组织,变成广大妇女的自觉要求,而且积极行动起来。与此同时,对现有妇女骨干进行一次严肃认真的审查工作,对不纯分子坚决清洗出去。并以劳动妇女为基础,挑选一批政治可靠,思想觉悟较高,运动表现积极,立场坚定,有一定能力的三部分人中的妇女为骨干,领导权一定掌握在劳动妇女手中。

3. 公社妇联干部,应迅速深入重点,在做好中心工作的同时,做好建立健全妇代会的重点,市妇联和河西公社妇联配合,以雨湖分会五管区为重点先行一步，总结经验，及时推广。

上述报告，是否妥当，请指示。

市妇联

1960年8月30日

中共湘潭市委城市人民公社办公室关于贯彻省委、市委城市人民公社工作会议情况及今后意见向市委的报告*

（一九六〇年八月三十日）

市委：

自省委城市人民公社工作会议及市委城市人民公社工作会议以后，各公社党委对“以生产为中心，思想、生产、生活一齐抓”的指示进行了认真的贯彻，全面地开展了整顿、提高人民公社工作，取得了很大成绩，也积累了一些经验。主要有以下几方面：

首先，澄清了干部队伍，加强了骨干力量。通过层层摸底，思想教育，发动群众，揭发批判，对政治历史不纯和违法乱纪分子进行了撤换和处理。把新生的积极分子选拔到领导岗位上来。据河西公社雨湖、湘江两分社调查，原有基层干部（包括管理区、工厂、食堂、幼托组织干部）574 人。其中不纯的有 56 人，占 9.7%，分别进行了撤换和处理，并选拔了 80 个党、团骨干和积极分子担任领导工作。各管理区都建立党的总支（或支部）委员会，进一步加强了党的领导。

其次，整顿、巩固了社办工业。全市在大发展阶段共办起工厂 483 个。经过统一规划，合理布局，采取“并、转、增、扩、迁”等方法，初步调整为 455 个，并实行了“五定”（定生产、定领导、定人员、定工资、定制度）。经过初步调整，生产有了进一步的发展，产销关系、原材料供应都逐步趋于正常。如日用工业

---

* 原件现存于湘潭市第二档案馆。

品生产，花色品种已由年初 504 种增加到 1600 种，市场上的供应情况逐步好转。

再次，集体生活福利事业得到了进一步的巩固和发展，食堂化程度已达到 90%，比整社前增加 15%；幼托组织化程度达到 52%，服务站达到 97 个。在整顿、巩固的同时，还狠抓了食堂家底生产，增加收入，改善生活，根据七月底统计，全市 2151 个食堂中种有蔬菜 5490 亩，每人每天平均吃菜都在一斤以上，河西、涓江、楠竹山等公社都平均在两斤以上，生猪已发展到 68241 头，各项事业工作人员的工资问题也正在进行解决。贯彻了省委的指示，从生产纯收入中抽 40%—45%的钱，来办集体福利事业。

总之，前段工作的成绩很大，必须进一步巩固、发展。但回顾检查起来也还存在一些问题，主要是工作不够落实，社办工业还没有全面调整好，积累和消费的比例关系还没有完全定好，集体福利事业的经费开支问题仅有一个打算或初步方案，没有具体贯彻执行，生产和生活各项事业的管理制度也没有全面定下来，这一切都需要在今后工作中扎扎实实有计划的有步骤地去进行。因此，根据省、地、市委指示精神，对今后工作提出以下意见：

一、关于整顿、巩固、提高社办工业问题。根据省委指示的整顿社办工业的内容和要求，以及社办工业的方针政策，应解决如下几个问题：

第一，贯彻社办工业“四服务”方针。进一步统一规划，合理布局，掌握产、供、销相结合，有利发展生产，便利群众，生产基本稳定，发展方向明确的原则，对社办工厂进行调整摆布，仍然采取“并、转、增、扩、迁”的方法，经过充分的调查研究，上下结合，做出规划，层层讨论，做好思想工作，有领导、有计划、有步骤的进行，避免草率从事和防止抽走或分散资金财产。对于管区与管区、管区与分社同类型的工厂，需要合并的，必须充分思想发动，照顾到各自的经济利益，能合则合，不能合的采取统一领导，成立联合管理委员会经营，不可硬性决定去留，以免挫伤群众生产积极性。在调整过程中，根据社会需要，适当增办一些厂子，如化工原料、农业机械、农具修配厂等，并结合做好“五定”工作。

第二，千方百计解决原材料问题。社办工业的原材料来源，主要是承接国营工业、商业和其他有关部门的来料加工。贯彻就地取材，自力更生，勤俭办企业的精神，大搞综合利用和废品、废料、下脚料的利用。具体解决办法是：1. 开辟原材料生产基地，根据投资少，容易办，群众固有习惯，有条件有力量的原则，开辟原材料生产基地。目前楠竹山公社已开办了一个小煤窑（现有 6 人，秋后计划增加到 32 人）；河西公社可以增办一些化学原料工业，如烧碱、纯碱、硫酸等，以及城郊培植席草。各公社均应加强对金属提炼厂的领导，扩大生产，建立废品、废料再生基地。2. 承接国营和地方国营工业的部分老产品和某些部件、配件生产，进行来料加工。3. 大搞综合利用，尽量节约、利废，做到一物多用、一材数用。4. 加强废品收购工作，由市计委统一管理平衡使用。5. 在市委和公社党委的统一领导下，积极开展厂际协作，想到协作支援。6. 积极加强省专分配的原材料指标的调运工作，及时下放生产单位，不积压不浪费。

第三，正确处理积累与消费的比例关系，做好分配工作，对发展生产巩固公社有着极为重要的意义。积累的比例，应根据公社收入的多少情况来决定，并随着生产的发展逐步增长积累部分。根据各公社的不同特点，积累与消费的比例各有不同。根据不同地区，积累与消费的比例初步确定为各级所属企业，除了向国家上交税收外，在纯利润中提存积累，公社所属企业留用 6% 至 10%（用于设备维修、举办集体福利事业和对职工奖励等）；分社企业留用 12% 至 15%；管区办的企业除河东公社以一个大厂为一个管区的留用 10% 至 15%，其余管区所属企业均留用 20% 至 30%，其余部分均逐级上交。其留用和上交比例是大厂矿管理区（主要是河东公社）留用 50% 至 60%，上交分社 40% 至 50%，分社在管区上交利润和分社生产的利润总和中留用 30%，上交公社 70%。以居民为中心的管区留用 20% 至 30%，上交分社 70% 至 80%；分社留用 50% 至 60%，上交公社 40% 至 50%。公社、分社、管区各级的纯收入中一般用于扩大再生产应占 55% 至 60%，用于集体生活福利事业占 40% 至 45%，用于集体福利事业的费用，主要是开支工作人员的工资和举办其他集体福利事业，这笔款项首先由公社开支，不足部分由分社、管区补足，必须专款专用，节余留用。至于锰矿等公社生产收入不多，食堂和托幼组织工作人员的工资暂时由所在地区的国营厂矿在职工福利费中解决。但主要应从发展生产入手，力争在最短期间内公社自己解决。

第四,社办工业应积极支援农业,必须教育广大干部和社员树立以农业为基础的思想,积极支援农业技术改造。目前支援农业的中心任务应当是积极组织"三秋"(秋收、秋种、秋耕)工具的生产和修配,应作出规划,采取"五定"到厂、到人;其次各公司应加强对农业机械厂的领导,没有农业机械厂的可积极筹建。

第五,领导和企业管理工作。公社、分社要有专管工业的书记,管理区要有一个总支副书记或委员专管。社办工厂一般不设车间(个别规模较大的老厂例外)。工厂应成立管理委员会,吸收部分班组长参加,建立健全必要的规章制度。加强计划、财务和劳动管理,提高经营管理水平,财会干部请市委财贸部分批轮训,以分社为单位建立辅导网,不断提高财会人员的政治业务水平和管理能力。对于工人的技术力量可采取请进来、派出去、老手带新手、熟手带生手、师傅带徒弟的办法,不断培养壮大。工资问题一般实行计时工资加奖励,确定工时定额,评定工资等级,等级不宜过多,级差不宜过大,一般以四五级,级差1—2元为宜。有些生产收入不稳定的行业可暂时保留计件工资,待条件成熟后逐步改变。要积极开展以"四化"为中心的技术革新、技术革命和"一顶儿"红旗竞赛运动。不断提高劳动生产率,提高产品、产量和质量。试制新产品,降低成本,增加收入,使社办工业逐步成长壮大。

二、关于整顿、巩固、提高集体生活福利和服务事业问题。

办好公共食堂是办好一切福利事业的中心。目前整顿、提高公共食堂,首先要妥善解决食堂工作人员的工资问题,其工资标准,不高于社办工厂同等劳动力的工资水平,一般控制在20元以内。其次,大搞家底生产,大种蔬菜,发展生猪、鸡、鸭、鱼等副食品生产。第三,加强食堂民主管理制度。要选派政治可靠、思想进步、联系群众、有当家经验的人担任管理工作。各公社、分社和管区都要培养重点,树立榜样,通过现场会、评比会,交流经验扩大影响。

托儿所、幼儿园是培养幼儿身心健康的园地,是关系到祖国后一代幼苗的成长和职工安心生产的重要工作,必须坚决办好,要认真挑选优秀的保育人员,关心幼儿的生活和卫生工作。

服务站也要加以整顿提高,扩大服务范围,提高服务质量。更多更好地满足城市人民的各项生活需要。

注意劳逸结合，合理安排生产、学习和休息时间。各生产单位的生产时间一般都应实行八小时制，积极推行以七超八的制度。即以七小时完成八小时工作量，以一小时学习政治业务，对于妇女的特殊问题应给予适当照顾。

整顿、巩固、提高人民公社工作，必须坚持党的领导，放手发动群众。提高群众的社会主义觉悟。从始至终贯彻“以生产为中心，思想、生产、生活一齐抓”的精神，防止单打一、走过场的现象，要求通过整顿，使人民公社进一步巩固壮大和发展，充分发挥人民公社的强大生命力和无比巨大的优越性。

以上报告当否，请指示。

中共湘潭市委城市人民公社办公室

1960年8月30日

关于认真贯彻省市委整社会议精神继续深入开展整社运动的几个意见（株洲市）*

（一九六〇年八月三十一日）

各公社党委、分社党委、管理区：

我市五个城市人民公社在省市委的正确领导下，从八月份以来都认真地传达贯彻了省市委关于整社的指示精神，开展了整社运动，并初步地取得了一些成绩，为进一步深入开展整社运动打下了有利基础。

当前整社运动总的情况是：

1. 各社都较认真地传达贯彻了省市委整社会议指示精神，初步地制定了整规划方案，开始了整社的第一步工作。如中心人民公社在市委 8 月 5 日整社会议后，接连召开了公社党委和中层干部会议，传达贯彻了省市委开展整社会议精神，并认真地学习和讨论了省委华书记的报告指示，之后并结合公社具体情况，总结了前段工作，制定了整社方案各个分社也都认真地贯彻了整社精神，积极地开展了整社运动。如建宁分社曾多次地传达和学习了省市委指示文件，结合总结前段工作进行了务虚，同时并在市委城市人民公社办公室工作组配合下，对分社的全面情况进行了全面摸底调查，然后订出整顿方案，召开了分社职工大会贯彻执行。其他各社情况类同。

2. 在整社运动中，并非是关门整顿，而是紧密地结合了当前以保粮、保钢运动为中心的工作，促进了生产飞跃发展和人民经济生活在提高。各社在整社运动中都突出地抓住了以保粮、保钢为中心的工作环节，广泛地开展了宣传

---

* 原件现存于株洲市档案馆。

教育工作，从而使广大职工、社员思想觉悟有很大提高。各社不仅如期如质地完成了市委抽调的661名保钢人员分别送入前线外，同时还以此做为动力，推动了生产和生活福利工作。广大职工一致提出要与参加保钢前线人员展开竞赛，虽然人少了，但要做到一顶儿。在这样的思想基础指导下，八月份生产任务完成得好，较七月份有很大增长，八月份共完成了568.61万元。例如中心人民公社建宁分社八月份共完成了产值112.37万元，比七月实际完成产值50万元增长2倍以上，他们采取了一个月一个开门红，六个高产日（每旬三、七日）和三个决战日（每旬末的一天）的方法和经常不断地政治教育以及开展一顶儿红旗竞赛等方法促进了工业飞跃发展。田心人民公社在大抓工农副业生产的同时，还在生活福利部门展开了大鸣大放的整风整社运动，通过整风整社，生活福利工作有很大起色。清水塘人民公社在保粮、保钢运动中突出地狠抓一下蔬菜的生产工作，由于书记等领导人员深入菜地田间具体解决问题，从而使蔬菜上市量有了大幅提高。由六月份的日上市量一万多斤、七月份的二万多斤上升到现在的平均日上市量5万多斤，并还储存了蔬菜25万多斤，直接间接地支援了保粮、保钢运动。

3. 一个月来虽然在整社运动中初步地取得了一些成绩，但是还存在着不少问题。这些问题主要的表现在：（1）整社运动的声势不大，进度不快，不平衡；（2）一般的都作了传达贯彻，但不深透，传达贯彻的面较窄，深度广度不够；（3）有的公社、分社制定了整社方案，但不细致，具体方法步骤不明确，究竟如何整顿，先整哪个后整哪个不清楚；（4）生产成绩上升不快，生活福利工作成绩不突出；（5）进行整社的领导力量软弱，有的公社领导没有认真来抓，同时也没有认真地固定些力量专管整社工作，而单靠公社办公室几个同志管一管。

为了及时地扭转这种进展迟缓、声势不大的局面，立即掀起整社运动高潮，特根据省市委指示文件和最近市委的指示，提出如下几点工作意见，供各社同志参考。

第一，关于传达贯彻整社精神问题。目前，各社一般地都进行了传达贯彻，学了文件，订了整社方案，但贯彻的面较窄，也不深透。因此，必须继续深入地把省、市委整社指示文件在全体干部或职工中迅速传达贯彻，展开鸣放讨论,结合总结前段工作,进行务虚,然后订出整社计划(或修订),迅速贯彻执行。为了立刻掀起整社高潮,必须紧密结合当前保粮、保钢中心,大造声势大作宣传,把整社的意义和目的以及前段工作成绩,今后整社打算等向职工群众进行教育和交代,以便上下部明了,通过群众路线方法进行整社。各个社办工业和生活福利部门应该就当前政治中心,结合整风进行广泛深入地社会主义再教育,使他们明确个人与集体、劳动光荣、爱社如家的意义,充分调动劳动积极性,提高政治觉悟。

第二,关于整社的领导问题。整社工作是我们城市人民公社化运动发展过程中的必经阶段。整社的好坏,将会直接关系到今后公社的巩固提高和发展的极为重要的一环。因此,各级党委、领导都必须深刻地认清这一重要意义,积极地领导整社工作。为做到有组织、有计划地领导整社工作,要求各社都必须指定一名书记专抓整社工作,同时还必须配备一定力量专抓整社工作,建立定期的上下会议汇报制度,这个问题在当前整社中看来是极为重要的,应引起各公社、分社高度重视。

第三,关于整社与整风结合问题。整社和整风是可以结合起来进行。因为整风的目的也是为了整社,在整社的工作中也包含着整风,所以完全可以结合起来。例如工作中存在着官僚主义,那么必然是不了解下情,工作做不好,生产上不去,这就应该很好地研究一下,究竟是什么原因,是领导问题呢?是干劲问题,还是材料、技术问题?要找出其中的关键,问题便好解决了。再如食堂、托儿所、服务站以及社办工厂在内,凡是有贪污问题时,必然会搞不好工作,甚至亏本,使事业的发展受到限制。干部不安心,是当前存在的主要问题之一,也必须通过整风整社求得解决,使其端正态度,提高认识。总之,整社整风可以密切结合进行,但在领导上应该心中有数,比如干部有问题,假若先整风就无人抓工作抓生产,这就必须妥善安排,找到二把手,要求根据具体情况进行,但不能单纯进行整风而忽视整社和正常工作和生产。

第四,关于保粮、保钢的问题。在保粮问题上,要求各社在当前必须狠抓一步农副业生产,机不可失,时不再来。在稻谷方面,必须抓紧进行中耕、追肥、车水、除虫害等田间管理,使晚稻产量超过早稻,平均亩产水平不低于郊区亩产量,同时还必须大抓秋杂作物,做到广种多收,充分利用一切可以利用的土地，尚未下种的要赶紧筹措种子下种，保证大面积丰收。由于我们是城市公社，因此就必须正确贯彻以菜、猪为纲和粮食全面跃进的指导方针，既要保证城市的蔬菜供应，又要使稻谷大面积丰收。为此要求各公社党委应加强对农村副业的领导，经常深入农场和作业组发现问题，解决问题，同时必须把骨干和主要劳动力摆到第一线，即做到领导深入基层的占70%，党员骨干在基层的占70%，主要劳动力在基层生产的占70%。具体要求农业副大队长、生产队长等可兼做生产组长，在下面劳动生产，除必要的会议回来参加之外，不能上来下去的，或指手画脚地不参加劳动。在城市里应该通过宣传教育和解决一些实际问题之后，再挖出一批劳动力，用到社办工业和生活福利部门中去，把没有户口、粮食关系的农业人口送回农村去参加农业生产，但必须注意一点，就是要求送回农村的人员必须是各有关公社、大队来人接领，回去以后不准斗争。在保钢的问题上，除已支援钢铁战线劳力外，还必须很好地安排留下的职工劳动调配和安排好生产任务，同时并应立刻安排好钢铁的生产任务，固定专人负责抽派强劳力迅速组织和投入生产，同时还必须安排好职工的生活，使其在前线无后顾之忧，为使钢铁生产任务早日上马和定型，必须大力开展宣传工作，切实做到家喻户晓，全党全民行动起来，保粮、保钢，并可根据实际情况，组织短途运输支援钢铁任务。

第五，关于社办工业的整顿问题。在社办工业整顿方面，必须认真地贯彻省、市委提出的“并、扩、增、转、迁”和“帮、让、放”的原则，通过全面调查摸底，按照“四服务”的方针进行编班子整顿，该并的并，该转的转，能集中领导集中生产的更好，不然就集中领导分散生产。在进行编班子之后，必须很快地把领导定下来，把任务定下来，特别是应该把各项制度定下来，其中尤以财务制度、工资制度最为重要。要求通过整顿，很好地清理一下账目，算算账，加强今后的经济核算，对财会人员不合适者必须调换，要求会计和出纳应该分开，管账的不能管钱；关于工资制度问题，将另有专题材料下达。在工业整顿中应该注意的是，社办工业不能和国营工业企业争原料，同理又不能单纯地存有依赖大厂的思想，必须有发奋图强、自力更生的革命精神，在布置生产任务中，既要有冲天干劲又要有科学分析，把计划建立在切实可靠的基础上，不能悬殊过大，单纯追求产值，而应全面地完成产品产量和产值计划。

第六,关于生活福利事业的整顿问题。

在食堂、托儿所、幼儿园和服务站等生活福利部门的整顿问题,有的问题是明确服务方向问题。生活福利部门的工作是如何更好地为职工、社员群众服务的问题,而不是当作企业赚钱的那样来搞,虽然可能有些积累而应该是设法添置些设备,改善劳动条件和扩大服务范围、项目的问题。在整顿中应先从食堂开始,调整食堂领导力量和工作人员,本着便民利民原则,加强民主管理,特别是应该发动群众反对贪污浪费,建立健全食堂账目、经济手段以及采购物资的验收制度,严防贪污浪费,堵塞漏洞。在托儿组织方面也是加强领导问题,要定领导、定人员、定任务,并应在可能的情况下添置些设备和玩具等,做到逐步减收管理乃至免收。在服务站方面,主要是改进服务态度,扩大服务范围、内容问题。

第七,关于农村整风问题。当前农村整风尚未结束,正处于组织建设阶段。近据郊区反映出来的情况来看,有些问题是相当严重的。例如隐瞒稻谷面积,少报产量将次要劳力变成主要劳力多留口粮等等欺上瞒下现象,并还有的大队长、总支书记政治历史有问题,非法扣打农民等等。有鉴于此,要求各公社对农场的作业组长以上干部必须进行一次深入地摸底考察,是否有坏人当道,同时还须再次发动群众,把三反运动再深入一步,坚持领导向三部分人见面的做法,对严重的违法乱纪人员必须坚决处理和调离,以确保正气上升,促进农副业大发展。

第八,关于加强对整社的领导和工作方法问题。整社运动是一场复杂的细致的两条道路、两种思想方法的阶级斗争问题,整社的好与坏,将会直接影响到公社的巩固和今后的发展问题。因之各级领导必须加强对整社运动的领导,尤其是各社党委必须指定一个主要干部和抽调专职力量抓整社工作,经常地深入基层了解情况帮助工作,反对原则干部、原则领导,不能解决具体问题,当整社工作全面布置下去以后,各公社、分社党委必须深入管区一个工厂或食堂,具体掌握重点,摸索经验指导全面。同时还必须经常研究整社的情况,注意掌握进度、时间,及时采取有效的措施,把整社运动步步引入深入和指导运动健康地正常地向前发展。

为加强上下联系和及时向市委汇报起见,建设各公社党委能够经常地向市委公社办公室反映进展情况，特别是一些成功的工作法方法或工作经验，以便研究介绍推广。

以上几个意见，仅供各社在整社工作之参考。

中共株洲市委城市人民公社办公室

1960年8月31日

关于《全国城市人民公社财务工作会议》的汇报*

（一九六〇年九月十九日）

财政部在8月26日至9月6日召开了《全国城市人民公社财务工作会议》，参加这次会议的有全国各省、市、区的税务局长及15个省辖市的财政部长。会议内容是：①讨论研究城市人民公社财务工作（拟定了公社财务管理制度，安排了后半年的工作）；②汇报了1—8月份财政收入、分析特点、提出措施；③研究了当前税收政策上存在的几个主要问题。这三个问题以前两者为主。会议结束时，财政部副部长王学明作了总结发言。现在将会议主要内容，简要汇报如下：

第一，关于城市人民公社财务工作问题。

会议开始首先由各地汇报了前半年城市人民公社财务工作和公社的基本经验情况，在汇报后，全国挑选了8市、一省共9个单位，进行了大会经验交流，计有：上海市、齐齐哈尔市、重庆市、佛山市、天津市、长春市、青岛市、西安市、河南省。他们集中地介绍了建立与健全公社财务机构、设备和培训财务干部、建账、建制方面一些经验。

上海市：在市委的统一领导下，由财政、银行两部门，抽调了干部481人，帮助街道建立财务机构和财务管理制度，到7月底全市已配备了财务人员11457人，基本上满足了当前工作需要。在配备干部中就抓紧了培训工作。培训中分三阶段：第一阶段为了适应事业发展的迫切需要，进行突击培训。采取了政治为主、业务为辅的教学内容，请各级党政负责同志上政治课，讲城市

* 原件现存于山西省档案馆。

人民公社的意义，讲三大观点，讲三勤方针，讲财务工作意义，讲廉洁奉公，等等。第二阶段进行业务专业培训，边教学、边实习、互教、互学，把每个里弄的财务人员，编成一个互助组，定期开会研究，组织了大工厂财务人员2900余人，分工包干具体辅导，财政、银行干部上门辅导。第三阶段按街道成立财务红专学校，进行专门培训，有计划地提高财务人员的政治思想和业务水平。在工作中还抓紧宣传鼓动，上海人民广播电台作了专题广播，解放日报发表了社论，声势造得很大。现在各里弄各项事业单位，绝大部分建立了必要的账册和必要的财务管理制度。

齐齐哈尔市：帮助建华公社、社办企业开展群众性的经济核算。他们的具体作法是三清（清理物资、清理账目、清理资金）、二建（建立账目、建立制度）、四包（包建账建制、包培训人员、包会计核算、包财务管理），通过上述工作基本上达到了三清（财产资金、经济手续、成本核算）、三有（有物、有账、有人管）、三相符（账物相符、账款相符、账账相符）、三上墙（生产完成情况上墙、成本费用上墙、月末盈亏结算上墙），使领导与经办人员心中有数，群众心中有底，做到了三满意（领导满意、群众满意、上级满意）。

重庆市：积极帮助公社建立一级财政，他们采取了“收支下放、比例留解、超收分成、节余留用、预算内外、统一管理、国家集体界限分清”的办法，建立了公社一级财政。

天津市：帮助社办工业进行经济核算，归纳起来有4种类型：第一，对规模大、财会水平高、有一定核算基础的工厂，实行四级一条龙的核算办法（厂部进行综合核算分析，车间核算单项产品成本，小组核算产量、质量、耗料，社员核算产量、质量、副料）。第二，对规模较小、产品简单、核算基础薄弱、加工服务性的单位，实行账卡核算方法。第三，对产品不固定、生产不正常或工序不易划分的单位，实行分批、分次核算办法。第四，对一些规模小、大部分是家庭妇女组成的缝纫组、服务站，实行五员（生产管理员、材料保管员、产品检验员、安全卫生员、统计核算员）、五定（定原材料到组、定生产费用到组、定产量到人、定副料到人、定质量到人）、一上墙（各项指标用图表挂在墙上）的无字核算法，效果良好，一个厂的哑巴子也能用这种方法进行核算。

长春市：用三包（厂长分片包车间、车间主任包小组、小组包人）坚持两手抓(抓生产、抓核算)的方法,提高企业经营管理水平。

佛山市和青岛市介绍了帮助食堂以表代账进行经济核算的经验。西安市介绍了建账建制和培训财务人员的经验。

河南省:省委、财贸部成立有城市财务工作领导小组,4月份组织了20多个干部在许昌进行了建账建制的试点工作,在4—7月份四个县在市、省里召开过7次会议,抓城市公社财务工作,7月份组织了14个市进行观摩检查。财政、商业、银行大搞协作,培训财会人员,不少市成立了城市人民公社财务学校,开封市计委主任兼校长,培训中,市长亲自作了动员报告。该省并对当前公社财务中存在的混乱情况作了调查摸底,及时向领导上作了反映。

除上述地区的经验外,我们还感到黑龙江省也搞得不错。省委成立有城市人民公社办公室,在财政厅设有城市公社财务处(干部15人),对城市人民公社财务管理的主要问题由省委作了相关规定,省召开城市人民公社财务工作会议时,省委财贸部长亲自作总结报告,对工作推动很大。北京市培训财务人员也搞得突出,市局和各区局都亦有训练班。最近在党委统一领导下抽学校放暑假的时间,各有关部门共同协作,举办了集训工作,抽调公社各个类型干部1950人进行了训练,满足了工作需要。

现在将城市人民公社财务管理的几个制度汇报如下。

一、关于财务计划制度

1. 公社的收支必须划清国家财政收支与公社财务收支的界限。国家应当拨给公社的一切财政支出,要如数拨给;公社应当向国家交纳的收入,要如数上交。做到国家不挤公社,公社不挤国家。国家财政收支和公社财务收支,采取统一管理、分别记账的办法,国家财政收支记一本账,公社财务收支记一本账。

2. 公社的财务收支,应当实行计划管理。公社和分社在编制生产计划、基本建设计划和事业计划的同时,应当编制年度和季度的财务收支计划;独立核算的企业单位,也应当编制年度和季度财务收支计划,以保证人力、财力、物力的协调平衡。

编制财务收支计划,应当积极可靠,留有余地。编制的方法和内容,可以由粗到细，逐步提高。

3. 为了全面地安排国家财政收支和公社财务收支，合理使用资金，公社必须在分别编制财政预算和财政收支计划的基础上，编制综合财务收支计划。综合财务收支计划应该包括：①公社工业积累的收支；②公社各项服务、福利事业的收支；③国家预算下放给公社的收支；④国家预算外资金的收支等四个部分。计划经上级批准以后，必须认真执行。对计划外的支出，一般不得开支，如有特殊情况，确实需要支出时，必须办理追加手续，报上级批准。

二、关于收支管理制度

1. 公社所属的生产企业都应该按照经济核算制的原则进行管理，给他们必要的固定资产和流动资金，使其计算盈亏，以发挥企业管理的积极性和责任心，并可参照国营企业的管理办法，实行企业留成制度。企业的利润除了按规定留成以外，全部上交公社或分社，以便由公社或分社在扩大再生产和集体福利事业方面进行统筹安排；关于利润上交给公社多少，分社多少，企业留成多少，可以根据实际情况，由各地自行规定；规定上交的利润，公社必须严格监督所属单位按期足额上交，不得占用。

2. 公社和分社的积累，应当大部分用于扩大再生产，小部分用于集体生活福利，并且必须贯彻勤俭办社的原则，厉行节约，反对浪费。企业留成应当主要用于四项费用（技术组织、劳动保护、新产品试制和零星固定资产购置）和职工福利费的开支。

3. 公社对所属文教卫生事业单位的收支管理，可以分别不同情况，采取以下办法：①对于有收入的单位，可以采取核算收支，以收抵支，差额补助，节余留用的办法；②对于收入不稳定的单位，可以实行收入上交，支出包干，结余留用的办法；③对于没有收入的单位，可以采取核定开支总额，支出包干，结余留用的办法。

4. 公社的行政和事业经费，都应当有开支标准。开支标准的确定，应当从公社的实际情况出发，贯彻勤俭办社的原则。

企业的管理费用，也应当有开支标准。各项生产费用应该逐步实行定额管理。

5. 公社及其所属单位的各项支出，应当规定严格的审批手续，按照生产性开支与非生产性开支，计划范围内的开支与计划范围外的开支，制度有规定的开支与制度没有规定的开支以及金额的大小，分别规定批准权限。

三、关于会计制度

1. 公社、分社以及所属企业、事业单位，都要建立必要的账册。会计制度要通俗易懂，简单易行，逐步健全，逐步提高。为了便于管理，要求在市的范围内，按照公社与企业、事业单位的不同性质和不同要求，把会计科目、编制的格式和内容，逐步地统一起来。

2. 账务处理必须有完备的手续，做到收有凭、支有据、收支有账、不错不乱。账目要及时登记，往来账款要定期核对，债权债务要及时清理，切实做到日清月结，达到账款相符、账物相符、账证相符、账账相符、上下相符，并按月、按季、按年编报会计报表和决算。

3. 会计凭证、账簿和报表必须妥善保管，不得损毁或失落。各级财务会计人员调离工作时，必须办清交接手续，并且由上级主管单位派员监交。

4. 公社、分社以及所属企业、事业单位应逐步采取钱、账分管的办法，会计出纳要分开，会计管账不管钱，出纳管钱不管账。

四、关于资金管理制度

1. 公社、分社以及所属企业，应当严格划分各项资金的使用范围。生产资金不能用于福利支出。基本建设资金，应由公社统一管理，统筹安排。

2. 企业流动资金，应当逐步实行定额管理。公社、分社对所属独立核算的企业，每年应当根据企业的生产计划、商品流转计划和经营特点，分别核定流动资金定额。核定流动资金的原则是：既要保证企业生产经营的资金需要，又要能够促进企业加速资金周转，合理地节约使用资金。

流动资金核定后，某些企业临时发生合理的超定额资金的需要，公社或分社可以根据企业的生产情况，临时借调，限期归还，或从集中掌握的一部分资金中，借给企业使用，限期收回。

3. 公社及其所属单位，必须严格遵守国家对于现金管理的规定，外出采购不得携带大量现金。对银行支票应当严加管理，不得签发空白支票。库存现金不得任意出借或挪用，不能以白条子抵充库存现金。

4. 购买材料、销售产品，应当贯彻“钱货两清”的原则，不能赊购赊销。

五、关于财产物资管理制度

1. 公社的一切财产，是社员群众辛勤劳动的成果，是发展生产的物质基础，必须经常教育广大社员群众爱护公共财产，要在社员群众中提倡爱护公共财产的美德。公社以及所属单位，必须加强财产管理，规定必要的奖惩制度。

2. 公社及其所属单位的财产物资，要有专人管理，建立责任制度。一切财产的收进、领用、销售、调出、报销，要有手续，有凭证，有记录，并须定期清查盘点。还要建立保管制度，不使财产物资遭到霉烂、损坏，如果遇有毁损或遗失时，必须追查原因，按一定的手续处理，切实做到样样有人管、件件有着落、进出有手续、增减有记录。

3. 国营企业下放给公社和公社接受国营企业支援的机器、设备和其他物资，应当办理手续，登记入账，并按照国家的有关规定处理。

六、关于民主管理

1. 公社、分社、公共食堂等单位，都应当成立群众代表参加的民主管理机构（财务管理委员会、财务监督小组等），经常组织群众代表对财务工作进行审查监督，以不断提高财务管理水平。

2. 公社所属单位的财务收支计划，应当充分发动群众民主讨论，公社的年度财务收支计划，经公社管理委员会讨论后，要提交社员代表大会讨论审查。

3. 公社所属单位的财务收支情况，必须定期向社员代表大会报告，食堂的账目，必须按期公布，以便接受群众监督，听取群众意见，不断地改进工作。

4.公社所属企业都应当开展群众性的经济核算,发动工人参加管理,参加核算,充分挖掘潜力,降低成本,扩大积累,提高企业的管理水平,促进生产的发展。公共食堂和服务单位,要加强民主管理,推行经济核算。

关于下半年城市人民公社财务工作安排,提了五条任务:①抓紧建立公社财务机构,配备和培训财务干部;②建立健全财务制度,开展群众性的经济核算;③加强资金管理,合理使用资金;④正确处理国家和公社的关系;⑤继续参与组织生产,组织人民经济生活。

为了实现上述任务,还提了五条措施:①迅速贯彻全国城市人民公社财务工作会议的精神;②深入实际推动工作;③大力开展宣传教育工作;④在各级财政部门内,设立管理城市人民公社财务工作的专门机构;⑤继续大搞群众运动。

上述任务和措施的具体内容、主要精神,在会议总结中均已提到,因此不另谈了,和总结结合在一起进行汇报。

第二,关于组织收入问题。

各地汇报了1—7月份的税收完成情况。全国完成107亿元,占年度计划49.7%;各地按第二本账检查,在完成年度任务上大致有三种情况:一是能完成或超额完成任务的有:黑龙江、内蒙古、江苏、浙江、江西、福建、湖南、四川、云南、陕西、新疆、宁夏等13个省区。二是完成计划有困难的有:北京、河北、辽宁、安徽、山东、湖北、河南、贵州、甘肃等9个省区。三是完不成计划的有:上海、广东、山西、广西、吉林等5省。

完成计划不好的原因是多方面的,从全国检查,总的说有经济上的变化和财政工作中有缺点两个方面(具体内容在总结中汇报)。

各地税收按计划检查,完成得不算好,但全国比去年同期增长29.8%(山西增长42.2%),超过了以往任何一年的增长幅度,因此说收入总的是良好的。

对完成全年任务采取的措施,将在会议总结中汇报。

第三,关于研究税收政策中的几个问题。

会议中对大跃进中企业大搞资源综合利用、技术革新、发展联合企业等问题,在税收上如何征免,作了研究。研究的意见,汇报领导后,用文字下达各省、市征求意见，因此具体内容也不作汇报了。

现在将王学明副部长的会议总结发言摘要汇报如下：

这次会议开得很好，是全国城市人民公社财务工作的第一次会议。通过这次会议，摸了一些城市人民公社财务工作方面的基本情况，交流了工作经验。在此基础上，统一了认识，明确了今后的工作方向，研究了工作方法，安排了下半年的工作，提出了城市人民公社财务管理制度的几项原则意见。同时，在检查今年1—8月份税收计划执行的基础上，讨论了今后几个月的组织收入工作。此外，对当前工商税制存在的问题，也交换了意见。这次会议始终贯彻了中央增产节约的指示精神。可以肯定，只要把这次会议精神贯彻下去，将会有力地推动今后的组织收入工作和进一步加强城市人民公社财务工作。

现在我着重谈以下两个问题：一是大力组织收入问题；一是加强城市人民公社财务工作问题。

第一个问题：关于大抓组织收入问题。

最近，党中央号召全党全民，立即开展一个以保粮、保钢为中心的增产节约运动。我们财政部门应当积极地投入这个运动，贯彻中央指示的自力更生、独立自主、发奋图强、勤俭建国的精神，鼓起更大的革命干劲，更好地完成党交给我们的任务，认真贯彻中央增产节约运动的指示，全面完成国家预算任务，是当前财政部门的一项中心工作。关于这个问题，部党组研究了几条具体意见，其中首要的一条是大抓收入，只有收入抓好了，任务完成了，才能保证生产建设资金的需要，支持国民经济高速度地发展。参加这次会议的各省、市、自治区的税务局长，都是抓收入的，因此，我这里只谈组织收入问题，其他的问题，部里另有具体布置，我就不谈了。

今年1—8月份国家预算收入450亿元，为年度预算781亿元的56.5%，比去年同期增长38.7%。国家预算支出437亿元，为年度预算781亿元的56%，比去年同期增长48.1%。收支相抵，收大于支13亿元。国家预算收支完成情况，总的来说是良好的，工商税收情况也是好的，反映了国民经济持续大跃进的情况。但是，从分项来看，在国家预算收入中，企业利润从7月份起，出现了较大幅度降低的情况，8月份也不大好。工商税收从4月份起，逐月下降，7、8月份下降得更多。国家全部预算收入7月份比6月份减少11.08亿元,7月份收入最少,是历年7月比6月下降幅度最大的一个月。8月上、中旬比7月同期又减少2.8亿元。出现这种现象的原因,我同意大家的看法,有以下两个方面:

一是经济上的因素:①工业生产因受雨水多、天气热等自然条件的影响,以及原材料和采掘部门的产品质量不好,数量供应不足,品种规格不全,以致生产情况不够正常。②轻纺工业部门由于原料受到限制,成本利润等指标完成得不够好,增产较慢,有的还下降,就直接影响到最近几个月财政收入,特别是工商税收。就全国情况来看,卷烟、酒、糖、植物油、棉纱、棉布等6种主要产品的税收,占全部工商税收的比重,去年为28.3%,今年下降为19.8%。③灾情严重。今年以来,有些地区遭受了比较严重的水、旱、风灾,在一定程度上影响了税收收入。据广东省反映,仅汕头、佛山、江门、韶关等专区上半年因受台风、暴雨的连续袭击,农作物损失达1363万亩,占全省农作物耕地面积的30%左右,估计今年要减收工商税收2000万元。

二是我们在工作上也有缺点,这主要是我们领导上对组织收入抓得不够紧,督促检查也做得不够,有些干部在大力促进生产时,没有同时抓好组织收入工作,以致有些地方漏欠拖交税利的情况比较普遍。这次会议上,据河北、广东等8个省、区不完全的统计,今年1—7月查出漏欠税、利达6000万元以上,漏欠税、利的户数,一般占检查户数的40%左右,甚至有的地方出现了无人收税的现象。据山东反映,该省检查出泗水县苗庄税所因长期无人收税,税所的牌子被群众拿去烧了。有的地方在执行财政、税收政策上不够严肃,在执行工商税收减免政策时,有过宽的现象。有的市甚至擅自停征了城市公社工业的工商统一税。个别地区也出现了预征税款的情况。这里值得特别指出的是有少数部门和地区擅自规定,把一部分属于国家预算的收入,转到预算外去了。据山东省反映,济南市用预算内外的资金,合办了24个企业,有盈有亏,亏损的6个企业划归预算内,盈余的18个企业划归预算外。济南化工厂,把有利润的4种产品划为预算外,而把亏损的划为预算内。另据广东省检查,发现揭杨〈阳〉县将预算内的资金转到预算外的约有150万元。还有些地方自行提高企业留成比例,把一部分应交国家的收入转成为本地区、本企业的机动财力。这些集体挤国家、预算外挤预算内、地方挤中央的不正常现象,虽然是少数的，属于个别性质，但是，必须引起严重注意，并且采取适当措施，彻底加以纠正。

上述这种收入减少的情况，只是一种暂时的现象，整个形势是很好的，特别是中央发出开展以保粮、保钢为中心的增产节约运动的指示以后，在全国范围内，已经形成一个全党全民大办粮食、大办钢铁的群众运动的新高潮。增产节约是我国社会主义建设的一条重要经验。历次事实证明，只要党中央号召，全党动手，全民动手，生产建设必然突飞猛进，国民经济计划一定超额完成。我们应该看到这个基本的形势，国民经济各部门增产节约的成果，必然反映到财政上来。会议上，大部分地区的同志反映，今年财政税收任务可以完成或超额完成。也有部分同志表示实现今年的财政税收任务，还存在着一些困难。我看，应当充分认识有利形势，积极动员全体财、税干部，努力完成；在征收中一定要按政策办事，不要寅吃卯粮，无税源的不要强收。至于因为税源发生变化、工作上经过努力确实完不成的，在年终检查计划时，可以根据实际情况进行考核。各地同志回去以后，向财政厅（局）领导汇报，对组织收入不要松气，但支出应当按照实际可能完成数安排，并且要留有余地，这样做，工作可以更加主动一些。我们一定要在党的领导下，乘大好形势，鼓更大干劲，内外结合地大搞群众运动，把组织收入工作抓紧、抓狠、一抓到底。在全面完成国民经济计划的基础上，力争更多更好地完成和超额完成今年的国家预算收入任务。大抓收入，不是口头一说就行了，而是要扎扎实实、认真细致地进行工作。会议期间，大家研究的一些措施都很好，我认为应当着重做好以下六条。

1. 在全面完成计划的基础上，积极组织收入。我们财政、税收部门应当经常向党委请示汇报收入情况和存在的问题，争取党委的支持，把收入工作排上队。凡是排不上队的，我们财政部门要负责任，说明我们向党委反映情况不够。同时，财政收入计划要切实地层层落实，外部落实到企业单位，内部落实到基层财政、税务干部。一方面要在积极参与企业安排生产、销售计划的同时，把税收、利润和成本等指标一起站上队；另一方面，要迅速发动全体干部，通过学习中央增产节约的指示，检查1—8月份财政收入计划执行情况，并且制订出今后4个月为完成和超额完成的财政预算收入的每月、每旬以至每天的具体指标和完成这些指标的具体措施，把组织收入工作和企业单位的增产节约运动密切结合起来。目前，有些财税干部，对抓收入有“三怕”“三论”思想。他们怕影响中心工作，怕与企业搞坏关系，怕别人说本位主义；还有所谓收入自然增长论，迟交漏交总要交论，商业、地方税无足轻重论。他们把大抓组织收入工作与大力促进生产对立起来。应当明确：财政工作必须大搞群众运动，大力促进生产，才能把财政工作与广大群众的活动、与经济的迅速发展紧密地结合起来。只有在生产高速度发展的基础上，才能高速度地积累资金。生产发展了，企业积累增加了，国家该收的税收和利润及时收回来，才能及时支援国民经济高速度发展的资金需要，更好地为党的社会主义建设总路线服务。为此，大力促进生产发展和大力组织收入工作二者是不可分割的，是财政部门大搞群众运动的两个基本内容。在实际工作中，要帮助企业全面地完成增产节约的计划，千方百计地促进生产发展，进一步降低生产成本，增加国家收入；帮助工业企业加强原材料消耗定额管理工作，减少非生产性开支，改善劳动组织，提高劳动生产效率，帮助商业企业进一步降低商品流通费用，改善商品运输保管等工作；并且要加强成本管理工作，划清生产成本与基本建设事业费开支范围的界限，应该由基本建设投资和企业利润留成资金中开支的费用，不能挤入生产成本开支。同时还要加强资金管理工作，帮助企业清理仓库，凡属本单位长期积压多余的材料，应列出清单上报各级物资局统一管理，减少流动资金占用，促进生产发展。

税务干部在大抓税收收入的同时，也必须把利润抓起来，两者不可偏废。现在税务干部有7、8万人，占财政干部将近三分之二，他们是组织收入的主力军。在今后4个月，正是收入旺季，是完成全年收入任务的决定性时刻，基层税务干部应当多花一些力量抓组织收入工作。要依靠群众，深入企业，深入公社，认真督促企业、公社做好纳税交利的工作，及时、足额地完成国家税收和利润上交任务。财政税务部门的领导机关，要组织主要力量，深入基层，检查促进生产和组织收入工作，认真研究经济发展情况与各项收入的关系，找出薄弱环节，针对存在问题，采取有效措施，堵塞漏洞，更好地完成全年财政收入任务。

2. 加强基本建设财务管理，坚决缩短基本建设战线。凡是计委削减的计划，我们既要削减预算，减少季度拨款，同时对下马后的基建也要管起来，因为它们还有好多物质要使其妥善处理。

3. 加强企业和行政的财务管理，节约非生产性的开支，压缩社会集团购买力，这一点有经济意义，也有重大的政治意义。因此，不该花的钱，坚决不花，坚决反对铺张浪费的现象。

4. 加强公社财务工作，支援农业，应当迅速健全财务管理机构，加强财务管理工作。城市公社的财务管理工作，也要同时加强，以促进城市人民公社的巩固和发展。

5. 正确贯彻财政税收政策，严肃财政纪律。贯彻勤俭节约的原则，各地财政部门在组织收入中，应当按照国家财政、税收政策和财政、税收管理体制，该收的都收起来，不该收的坚决不收。从会议反映情况看来，目前有些地方减税免税有过宽的现象，必须加以控制。应当重申，该是国家收入，必须全部纳入国家预算。所有企业单位实现的利润（包括综合利用、多种经营、生产尖端产品的收入），除按规定提取的企业利润留成资金外，必须按时上交国库，不能自行留用。各企业部门、企业单位不能自行提高企业利润留成比例，各地区不能把原预算内的税收利润转为预算外收入，增加本地区的机动财力，减少国家收入。现在有些地区已经在当地党委的领导下，开展了纳税交利的大检查，我认为这样做是必要的。已经检查过的地区要很好地巩固成果；没有进行检查的地区应提出方案，请示党委，布置检查。通过检查，正确贯彻国家财政税收政策，更好地完成今年的财政收入任务。

6. 内外结合，大搞群众运动，在上半年的基础上，要进一步把群众运动搞得既轰轰烈烈又扎扎实实，同时要蹲好点和中心工作要紧密结合起来。

第二个问题：关于加强城市人民公社财务工作问题。

在今年城市人民公社化运动中，各级财政税务部门在党委领导下，在参与组织生产、组织人民经济生活方面，在贯彻勤俭办社的方针、开展公社财务工作方面（包括建立财务机构、建立财务制度、配备、培训干部），在研究公社的财政体制、积累分配问题等方面，都做了很多工作，取得了很大的成绩。目前，各地根据中央指示的城市人民公社应当稳步发展的精神，对城市公社正在进行整顿、巩固工作。在这个时候，认真贯彻勤俭办社的方针，加强城市公社财务工作，是一件十分重要的事情，它是巩固、提高城市公社的一个重要方面。

事实证明，凡是认真贯彻勤俭办社、勤俭办企业、勤俭办一切事业方针的公社，生产发展得快，生活安排得好，财务工作也搞得好。相反，凡是没有贯彻勤俭办社方针的，生产与生活就安排得不好，财务管理也比较混乱。会议上，不少地方反映，党委在抓整社的时候，都强调勤俭办社，整顿公社财务。因此，公社财务工作，不仅是一项重要的经济工作，也是一项重要的政治工作，它直接影响到人民公社的巩固与提高问题。我们应当满腔热情地把公社财务工作做好。会议上，有的同志要求明确国家财政部门与公社财务工作的关系。关于这个问题，今年4月中央财贸部在上海召开的城市公社财贸工作座谈会议上已经明确城市公社财务工作，由财政、银行部门负责。实际上，各地党委也将这项工作交由财政、银行部门来做。财政部门是责无旁贷的，应当协同银行，认真地把这项工作抓起来。还有的同志提出，城市公社财务工作，是否包括县镇的公社在内，我同意大家研究的意见，凡是党委城市公社办公室管到什么地方，我们城市公社财务工作就跟到什么地方。今年下半年城市人民公社财务工作的中心任务，应当是趁整社的大好时机，在党委统一领导下，进一步贯彻勤俭办社的方针，加强公社财务的组织建设和制度建设，正确处理国家与公社的关系，继续参与组织公社生产和组织人民生活，以促进公社不断巩固和提高。至于具体工作安排，我同意大家研究的意见，会议另发文件，我这里只讲大家讨论的几个具体问题。

1. 关于机构干部问题。各地汇报，目前公社财务机构还不够健全，有半数以上的公社还没有建立财务机构；有些公社虽然建立了财务机构，但是没有负责人。公社、分社以及社办企业、事业单位财政干部的缺额也比较大。据不完全统计，已经建立的公社需要25万余人，现在只配备了13万多人，占需要数的54.8%。而且在已经配备的财务干部当中，一般业务比较生疏，不能胜任工作的占30%左右，特别是财务干部队伍还不够纯洁，根据几个地区反映情况来看，政治不纯分子占10%左右，个别地区的典型调查达20%，这是一个特别应该引起注意的问题。

在今后几个月内，各地财政部门应该抓住精简机构、下放干部的机会，请示党委，把应该建立的机构，迅速建立起来，并根据加强生产第一线和精简精神，配备一定数量的财务干部。公社、分社一级的机构和干部，要首先抓紧解决。这一级不首先搞好,就会影响整个公社财务工作的进行。一市一社、一区一社的公社,已有财政机构,可以担负公社财务工作。现在的主要问题是,一区数社的公社和一区一社所属的分社。对于这类公社和分社,至少要有财务负责人,要有总会计,要有物资保管人员。社办企业、事业单位的财务,也要有专人管起来。财务干部的来源,要依靠党委统一调配,除了从财政部门和其他部门下放一部分干部,作为骨干力量以外,还应当从现有职工中选拔干部。上海市在配备干部方面做得很好,由于党委统一安排,财政、银行等部门积极主动地支持,现在已经配备了一万一千多人,达到需要数的90%以上。

在配备干部的时候,要贯彻阶级路线,纯洁干部队伍,决不能让五类分子或者资产阶级分子和小业主等混进来,掌握财权。该撤换的坚决撤换,决不姑息。这是关系到公社管理工作的领导权问题,是关系到两条道路斗争的问题。会议上,河南省开封市介绍依靠党委结合整社,整顿财务干部队伍,在870个财务干部中,撤换了政治上不纯分子217人。他们决心很大,原来队伍不纯,制度贯彻不下去,经过整顿以后,工作面貌焕然一新。这是一个很好的经验,各地也应当这样做。根据各地反映,现有的公社财务干部已经是一支不小的队伍。但是,在这些财务干部当中,有一部分干部对财务工作重要性认识不足,不安心工作,还有一部分干部业务不熟,工作上不够称职。这是一个培养教育问题。在培养教育的工作中,首先应当坚持政治挂帅,加强对干部的政治思想工作。同时也要采取各种方法,加以培训,力争在年底以前把公社财务干部普训一次,不少地区对培训干部采取政治与业务、教学与实践、专业培训与群众互教互学相结合的做法,都是好经验,各地都应当这样做。

至于财政部门内部的城市公社财务机构干部问题,部内已决定交给税务总局来办,在税务总局内设置城市公社财务办公室。至于各省、区最好也交税务局来办,以便上下对口。在省税务局内部,也要根据精简的精神设置专门机构;在市财政局内部可以单独设立机构,专管这项工作。

2. 关于财务制度问题。鉴于城市公社刚成立,摊子多、家底大、收支频繁,加上目前有些公社存在着财务混乱、账目不清的现象,不建立必要的制度是不行的。据各地调查,目前账簿和制度不全、财务管理混乱的约占25%。因此,首先应把一些常规的制度建立起来,坚持勤俭办社,推行经济核算,加强资金管理，反对铺张浪费。会议研究的《关于城市人民公社财务管理制度的几点意见》，只是一些大的杠子，由各地带回去向党委汇报，经党委同意后执行。在建立公社财务制度的时候，特别要帮助公社、分社编制综合财务计划，使得公社、分社能够统筹兼顾，全面安排收支。此外，收支管理制度、会计制度、资金管理制度、财产物资管理制度和民主管理制度，都是必不可少的。

制度订立了，关键在于认真贯彻执行。中央关于加强农村人民公社财务管理工作的指示中提出的先严肃、后灵活的精神，同样适用于城市人民公社。大家在会议上也交流了这方面的经验，我认为这些经验中重要一条是首先要在公社干部和群众当中，加强勤俭办社、勤俭办一切企业、事业的教育，使他们树立艰苦朴素、勤俭持家的良好风尚，财政部门也要总结推广勤俭办社的一些好经验；其次要依靠群众监督，实行民主管理，充分发挥财务制度促进生产和调动群众积极性的作用。只有如此，制度才能真正地坚持下来。

3. 关于资金管理问题。随着公社的发展，公社的资金越来越多，如果管理不好，就容易产生铺张浪费的现象。济南市有一个社办工厂流动资金管理不严，一个采购员，携带该厂 70% 的流动资金，周游了北京、天津、沈阳、佳木斯等城市，游山玩水，长期不归，最后从佳木斯找回来，已挥霍了公款 1900 多元。开封市新民关分社，盲目采购，一次购进一车皮油毛毡，积压了半年，最近清理仓库，发现损失严重，价值达 2 万元。这些问题，虽然是个别的，但是应该引起重视。各地要广泛发动群众，进行清产清资，摸清家底，并且在这个基础上，建立资金管理制度，加强资金管理，合理使用资金。对企业的现金要严加控制，除了按照规定保留一部分备作零星开支以外，都要存入银行，实行非现金结算。严禁盲目采购，以物易物。公社或分社应当核定企业的流动资金，留在企业的资金不要过多，公社应当贯彻勤俭办社、勤俭办一切事业的方针，把大部分资金用到有利于生产的方面去。在发展福利事业中，也应当分别轻重缓急有所控制，不应当办的事，坚决不办。

4. 关于国家与公社的关系问题。这次会议反映，城市公社成立以后，国家与公社的财务关系上出现了一些新问题。这主要是国家下放企业和国营企业支援公社的设备、材料的处理问题，社办企业的财税问题，以及公社应否建立一级财政问题。对这几个问题的处理原则，中央已有指示，这就是："国家财政要积极支持人民公社的发展,国家决定支援公社的钱要发到公社手里,决不允许超越政策界限加重公社的负担。同时,人民公社应当向国家交纳的税款也要如数交纳”。我们应当坚决贯彻执行中央指示的精神,国家不挤公社,公社不挤国家。也就是说,该是国家的归国家,该是公社的归公社,各记各的账,清清楚楚,不要混在一起。

关于国家下放给人民公社的国营企业,在财务上如何处理问题,现在各地做法不一。有的已明确采取国家与公社合营,企业利润比例分成的办法,有的国营企业或车间,虽然下放给公社,但是“产权”未变,实际上仍维持加工关系,这两种做法,我们认为,都是可以考虑的。至于国营企业支援公社的设备、材料,应当等价交换,不能无偿调拨。一次付款有困难的,可以分期付款。今后人民公社要动用国营企业的财产和物资,应当报经主管部门批准。这些问题正在起草文件。在规定未下达前,各地先后进行清理,认真记账。

关于税收问题,会议都同意国务院批转我部的对城市人民公社企业征税问题的意见,应当认真执行。工商统一税都应当征收,因为税款都已经包含在价格之内,有个别地方不征收是不对的。当然确实需要照顾的产品,可以根据税收管理体制规定办理。对公社企业的所得税,目前除了个别地区还未明确以外,大部分地区已按规定征收所得税了,希望还未明确规定的地区,回去请示党委决定。至于具体征税办法,可以由地方根据实际情况确定。

关于建立公社一级财政问题,我同意会议的意见,一市一社的公社原来已经是一级财政,没有问题。一区一社的,可以逐步建立一级财政。至于一区数社的公社和一区一社所属的分社,因为公社的体制还没有定下来,已经试行建立公社一级财政的地区,可以继续试点,总结经验,其他地区暂缓建立。

5. 关于促进公社的生产问题。各地汇报,公社工业大量兴办起来以后,在为大工业、为农业、为出口、为市场消费服务等方面,都发挥了它的积极作用,成为国民经济的主要组成部分。例如全部小商品生产当中,来自公社工业生产,上海已达70%,南京也达60%。目前各地根据中央指示精神,在整社的同时,正在整顿社办工业。大家汇报当中也反映,目前公社工业具体的生产方向,需要进一步明确。同时公社工业的原料来源与产品销售方式也需要加以解决。由于这些问题没有解决,有少数社办工业、企业与国营企业争原料,以物易物,套购物资,也有的不通过商业部门销售,自产自销,出现了一些随便提价压价的现象。对这些问题,中央有关部门正在研究。我们财政、税务部门,今后在促进生产的时候,应该根据公社工业的发展方针和当地党委的统一安排来进行工作。当地党委认为需要发展的,我们就积极促进。并且,要多从健全财务制度、加强经济核算、节约使用资金、改善经营管理等方面,促进公社生产的正常发展。

关于公社的积累分配问题,这次会议上,各地也汇报了这方面的情况,这是一个有关巩固和发展公社的重要问题,政策性很强,情况也比较复杂。各地财政部门要在党委统一领导下,积极参与研究,提供意见,做好党委助手。

关于当前工商税制存在的问题,这次会议也交换了意见。这些问题,都是一些重大问题。会后,经过部里研究,用正式文件下达。关于农村人民公社企业征收所得税问题,经过这次会议研究,大家都同意,不论新老企业一律征收所得税。大部分税款留归县,作为支援农业的专款,其余部分上交国家。这个问题,将提请全国农业书记会议研究决定。

财政、税务部门今后几个月的任务是很繁重的。在组织收入方面,必须把内部的群众运动与外部的群众运动结合起来,大力促进生产发展,认真开展评比竞赛,共同协作,互相促进,实现增产节约计划和财政预算任务。在城市公社财务工作方面,也必须大搞群众运动,组织群众性的互教互学,开展财务大检查,组织赛账会,依靠群众,做好公社财务工作。从会议反映情况来看,不论是组织收入工作,或者是公社财务工作,哪里的财政、税务部门,紧紧地依靠党的领导,坚持政治挂帅,放手发动群众,领导干部亲自下手,深入实际,抓思想,抓问题,抓措施,群众运动就开展得轰轰烈烈,工作就扎扎实实。反之,哪里放松领导,群众没有发动起来,工作就进展不快,效果也不显著。这是一条重要经验。会议期间,大家提出要在今年第四季度按大区组织一次观摩检查,互相促进,互相学习,以推动组织收入工作和城市公社财务工作。我认为这是推动群众运动的一个好办法,可以这样去做。在运动中,还必须强调各级财政、税务部门的领导干部都要改进工作作风,深入基层,去“蹲点”“当员”,与基层干部和广大群众同吃、同住、同劳动、同商量,解剖“麻雀”,抓新苗头、总结经验、以点带面、扎扎实实地做好工作。要求各地财政税务部门根据这次会议的精神，迅速制定今后4个月的工作规划，据以检查工作。同时，将规划报给我们，以便了解情况。

今年只有4个月了，时间很紧迫。各地同志回去以后，迅速向党委汇报，具体布置力量，安排工作，掀起一个大抓组织收入和大抓城市人民公社财务工作的群众运动新高潮。

山西省财政局

一九六〇年九月十九日

湖南省人民委员会关于对城市人民公社企业征收工商税收的暂行规定*

（一九六〇年九月）

各专署、湘西土家族苗族自治州、各市、县人民委员会：

为了促进城市人民公社的巩固和发展，根据国务院财贸办公室财贸念字第168号文批转财政部《关于对城市人民公社企业的征税问题的意见》，结合本省的具体情况，对城市人民公社企业征收工商税收问题，暂做如下规定：

一、工商统一税

公社、分社、管理区所属从事工业品生产、加工、农产品采购、商业零售、交通运输和服务性的企业，都应当按照现行税法规定交纳工商统一税。但对下列情况给予减税或免税的照顾：

1.原属民政部门领导的社会福利企业，下放给公社管理的，仍按原规定给予照顾。

2.管理区所办为社员服务的单位，如洗衣、缝补、理发、代办、护理等业务收入，暂免予纳税。

3.新办企业在生产初期，生产经营上有困难的，以及老企业按照税法规定纳税发生亏损的，可报经当地市（县）人民委员会批准，给予一定期限的减税或免税照顾。

二、所得税

公社、分社所办企业和市（县）下放的手工业合作工厂、合作商店交纳的

* 原件现存于湘潭市第二档案馆。

所得税,由原来累进税率改为按25%的固定比例税率,按月或按季由独立核算单位交纳,年终不再汇算清缴。对下列情况给予减税或免税的照顾:

1. 对于公社、分社新办的企业及生产需要特别奖励的产品的企业,因在生产经营上有困难而需要照顾者,可报经当地市(县)人民委员会批准,给予一定时期的减征或免征所得税的照顾。

2. 公社、分社办的老企业,如果按照新订的比例税率25%征收,超过其原税负时,可报经当地市(县)人民委员会批准,给予一定时期的减征所得税的照顾。

3. 减、免工商统一税的企业,在减、免工商统一税期间,免纳所得税。

4. 管理区的企业单位,暂免纳所得税。

对于没有下放的手工业合作工厂、合作商店,以及交纳所得税的其他企业单位,应交纳的所得税,也改按25%的固定比例税率交纳。

三、本规定自1960年10月份起执行。以前按原税法规定征收者,不再办理退、补;应征未征者,一律按本办法补征入库。

一九六〇年九月

湖南省人民委员会关于颁发《湖南省城市人民公社财务管理暂行办法(草案)》的通知*

(一九六〇年十月二十五日)

各专署、湘西土家族苗族自治州、各市、县人民委员会、各城市人民公社:

现将《湖南省城市人民公社财务管理暂行办法(草案)》颁发试行。试行中发现的问题和意见,希及时上报。

湖南省人民委员会

一九六〇年十月二十五日

附:《湖南省城市人民公社财务管理暂行办法(草案)》

(一九六〇年十月二十五日)

为了有利于组织城市人民公社的生产和组织人民经济生活,促进公社的巩固和发展,必须加强城市人民公社(以下简称公社)的财务管理。

公社财务承担着国家基层财政和公社财务的双重任务。它的基本任务是:贯彻执行国家的财政经济政策法令;保证完成国家的财政收入任务;管好公社范围内的国家预算支出;组织公社各项生产、收入和管好公社的各项

* 原件现存于湘潭市第二档案馆。

支出。

公社财务工作，必须贯彻执行勤俭办社、勤俭办企业、勤俭办一切事业的方针，厉行节约，反对铺张浪费，合理使用现有物力和财力，以促进生产和各项建设事业的高速度发展。

公社财务工作，必须贯彻执行民主管理的原则，实行财务公开，吸收社员群众对财务工作进行监督，以发挥广大社员群众管理财务的积极性，不断提高财务工作的水平。

（一）财务管理机构及其职责

1. 公社各级财务管理机构在各该级党政的统一领导和上级财务主管部门的领导下进行工作。

2. 公社一级应设立财政科，配备干部若干人，其职责为：

（1）保证完成国家财政收入任务，合理地使用国家行政、事业等拨款；

（2）积极组织公社收入，保证公社的生产和各项建设事业的资金需要；

（3）在国家计划指导下，编制本级财务收支计划，并组织所属企、事业单位的财务收支计划的实现；

（4）审核、汇编全社的财务收支计划和决算；

（5）领导公社各单位的财会工作，加强财务监督，并培训公社所属单位的财会人员。

3. 分社设立财政股，配备干部若干人，在分社管理委员会和公社财政科的领导下，负责分社的财务工作，按期编报全分社财务收支计划和决算，积极组织本分社收入，按期上交公社积累任务，做好公社财产的管理工作。

4. 管理区设财政委员和会计，负责办理本区财务收支，按期编报财务收支计划，统一办理所属生产单位的会计核算及福利、服务单位的财务工作，管理本区的公共财产。

（二）财务收支范围

根据“统一领导，分级管理”的原则，公社各级的收支主要项目如下：

1. 公社一级的收入主要为：

(1)公社直属企业上交的利润和折旧基金;

(2)公社直属事业单位上交的收入;

(3)分社、管理区上交的公共积累;

(4)国家财政拨款;

(5)国家下放给公社管理的企业按规定的利润分成;

(6)其他收入(如存款利息、服务性业务收入等)。

2. 分社一级的收入主要为:

(1)分社直属企业上交的利润和折旧基金;

(2)分社直属事业单位上交的收入;

(3)管理区上交的公共积累;

(4)公社的补助拨款;

(5)其他收入(如存款利息、服务性业务收入等)。

3. 管理区一级的收入主要为:

(1)管理区所属企业上交的利润的折旧基金;

(2)管理区所属事业单位上交的收入;

(3)分社的补助拨款;

(4)其他收入(如存款利息、服务性业务收入等)。

4. 公社一级的支出主要为:

(1)企业支出:系指扩建和增添固定资产等基本建设投资,和增拨的流动资金、大修理费用、弥补企业亏损等支出;

(2)文教卫生福利事业支出:系指不属于国家预算开支的文教卫生部分,社员困难补助,公共食堂、幼儿园和敬老院、居民点补助费等支出;

(3)行政管理费支出:系指不属于国家预算供给的干部工资、公务费等支出;

(4)其他支出(如利息支出等)。

5. 分社一级的支出主要为:

(1)上交公社的积累;

(2)对直属企业的投资(包括基建投资、流动资金及弥补亏损);

(3)行政管理费的支出;

(4)文教卫生福利事业支出；

(5)其他支出。

(六)管理区一级的支出主要为：

(1)上交分社的积累；

(2)对区属企业的投资；

(3)行政管理费支出；

(4)文教卫生福利事业支出；

(5)其他支出。

(三) 计划管理

1. 公社在年度开始前，应根据国家计划、公社生产计划和各项事业计划编制公社的年度财务收支计划，经公社党委和管理委员会审查，提交社员代表大会讨论通过后，报市(县)人民委员会审批。年度计划执行过程中，应在每季开始前，结合季节的具体情况，编造季度分月计划，经公社党委和管理委员会审查批准后，报市(县)人民委员会备查。

2. 分社应根据公社下达的生产和财务指标，编制年度财务收支计划，报公社批准执行。在执行过程中，应编造按季分月计划报公社备查(管理区比照办理)。

3. 公社、分社、管理区所属的独立核算的企业单位和事业单位，应根据公社、分社、管理区下达的生产、事业发展指标，编制年度和季度的财务收支计划，报公社、分社、管理区批准后执行。

4. 公社各级财务收支计划，经批准后，在执行过程中，一般不得调整；但如因情况发生较大变化，如生产任务变更等需要调整时，可以编制调整计划，按原来编报的程序经过审查批准后执行。凡遇到计划外开支，必须追加开支计划，由用钱单位按照计划编审程序办理审批手续。

5. 公社各级财务收支必须建立和健全账目，按月、按季编造会计报表，报上一级审查；年终编制年度决算。公社一级的年度决算经过社员代表大会讨论通过后，并上报市(县)人民委员会审查。分社的年度决算，经过社员代表大会通过后，报公社审查。管理区的年度决算，经过社员代表大会讨论后，报分社审查。

6. 公社财务计划和决算的编制,从1月1日起至12月31日止为一个年度。

(四) 财务管理

1. 公社、分社、管理区所属的生产企业,一般的应按照经济核算制的原则进行管理,给予必要的固定资产和流动资金,实行独立核算。

2. 文教卫生事业及公共食堂的财务,应实行独立核算,加强计划管理。

3. 幼儿园、托儿所、敬老院、服务站、代销点等单位,都应当建立简易账簿,实行收支管理。

4. 公社或分社所属的郊区农业生产大队,应全面核算本队的各项收入和支出,并独立计算盈亏,其财务会计制度、管理办法可比照农村人民公社有关规定办理。

5. 国家下放的各类企、事业单位,仍按照国家规定进行管理,单独进行核算。

(五) 开支审批权限

1. 公社各级单位的年度财务收支计划经批准后,在执行过程中如果需要在项目之间进行调整时,按下列规定办理。

(1)生产性支出调做非生产性支出,其每个项目不论金额大小均须报市(县)人民委员会批准。

(2)非生产性支出调做生产性支出,由公社党委和管委会批准。

(3)同属生产性或非生产性支出,仅在项目之间进行调整者,在不影响生产计划完成的情况下,由公社党委和管委会批准。

2. 公社发生计划外临时性开支时,应按以下规定办理:

(1)生产性支出,每个项目的金额,在2000元以下者(具体数额由市(县)根据实际情况确定),由公社党委和管委会批准;2000元以上者,应经市(县)人民委员会批准。

(2)非生产性支出,每个项目在100元以下者,由公社党委和管委会批准;100元以上者,应经市(县)人民委员会批准。

3. 分社发生计划外生产性开支时，每个项目在100元以下者，由分社党委和管委会批准；100—500元者，应报经公社批准；500元以上者，经公社审查，报市（县）人民委员会批准。非生产性开支，按公社非生产性支出的批准权限办理。

4. 管理区的计划外开支，必须报经公社批准。

5. 公社、分社、管理区（包括企、事业单位）一律不得购置小汽车、摩托车、留声机、收音机、电影机、照相机、计算机、录音器。如因需要，购置自行车、打字机、扩大器等，应一律报市（县）人民委员会批准后，方得购置。

6. 公社、分社、管理区（包括企、事业单位）的基本建设计划，一律报市（县）计委批准。在最近几年内不得盖礼堂、办公楼、招待所等非生产性的基建。

（六）资金管理

1. 公社、分社、管理区所属企业，应当严格划分各项资金的使用范围，流动资金与基建资金必须分别管理，专款专用，不得互相混淆。

2. 公社批准的企业年（季）度财务计划，根据所列流动资金需要额和生产实际需要，拨给一定的流动资金，交企业周转使用。对企业临时性的生产资金需要，应编报临时用款计划，报公社批准后临时增拨流动资金，定期收回。如公社资金遇有不足时，经签注意见后，由企业向当地人民银行临时借款，定期收回。

3. 公社各级独立核算的工业企业，凡生产正常、经营管理较好的，需逐步实行定额管理。

4. 公社各级单位所有现金，除按规定保留备用金外，其余应一律存入当地人民银行。

5. 公社各级企业之间及与国营企业之间的交易往来，达到结算起点的，应一律通过人民银行办理结算。

6. 公社各级企业派赴外地的采购人员，除差旅费外，一律不得携带现金，采购款项必须通过银行汇至用款地银行开户存储，付款银行应根据现金管理及当地市场管理的规定，按照采购用途，监督支付。

一九六〇年十月二十五日

湖南省关于城市人民公社工业的工资情况和今后的意见*

（一九六〇年十一月十二日）

我省城市人民公社化运动，在中央和省委以及各级党委的正确领导下，取得了很大的成绩。随着城市人民公社的建立，兴办了大量的工业和其他生产事业，促进了生产力的高速度发展。据初步统计，目前全省社办工业已初步定型的生产单位 5100 多个，生产人员 18 万多人。这是城市社会主义建设的一支新的劳动大军，在发展生产和为人民生活服务等方面，都做出了很大的贡献。

当前公社工业工作中，认真地研究解决好工资问题，是一件十分重要的事情，也是深入开展整顿巩固、提高社办工业的重要工作内容之一。为此，我们最近在长沙、益阳、衡阳、岳阳等地对社办工业工资进行了初步调查了解，各地根据中央批转全总党组社办工业工资的报告精神和省委的指示，在整顿、巩固、提高社办工业的同时，对社办工业工资工作，一般都认真贯彻执行了党的工资政策，坚持了政治思想教育和物质鼓励相结合而以政治思想教育为主的原则，发扬了穷干、苦干、不计报酬的共产主义风格，采取了低工资政策，注意了从社办工业实际情况出发，对工资进行了整顿。有的正在进行试点与调查摸底准备工作，如常德专区，全区 19 个公社，目前已进行工资调整的就有 15 个公社；衡阳市对公社直属工厂的工资进行了调整；株洲、长沙市和郴州地委都对社办工业调整工作做出了方案，目前都在进行试点工作。通过初步整顿，建立和健全了一些合理的工资制度，所有这些都对社办工业的发展起了积极

* 原件现存于湘潭市第二档案馆。

促进的作用。例如衡阳市福星公社的搬运队，在工资调整以前，因实行提成工资制度，工人工资收入过高，又因搬运任务大，搬运工人提出“十不干”（即重活不干、路远不干、钱少不干、活脏不干、下雨天不干、上大坡不干、路不平不干、危险物品不干、天热不干、天冷不干）。在工资整顿后，实行了计时工资加奖励，加强了领导，实行了“四统”，即统一管理、统一计划、保证重点，统一调配、统一价格，使搬运工人工资做到趋于合理，运输效率大大提高。总的情况是良好的，但是由于社办工业发展较快，情况又较复杂，加之缺乏管理经验，控制不严，所以在部分行业和部分工人的工资有些偏高和分配不合理的现象，因此，在社办工业工资方面，存在一些需要解决的问题，主要是：

首先，从工资水平来看，益阳市社办工业职工 8154 人，9 月份总平均工资为 21. 93 元，其中公社直属工业平均工资为 26. 9 元，分社工业平均工资为 21. 73 元，管理区工业平均工资为 13. 66 元；长沙市先锋人民公社平均工资为 32 元，清水塘公社红色分社平均为 24. 8 元，岳阳市北区分社平均工资为 26. 7 元，管理区平均工资为 11. 08 元；株洲中心人民公社社办工业工资平均为 25. 12 元；衡阳市 3 个公社平均工资为 28 元。以上情况说明，社办工业工资水平一般是合理的，基本上贯彻执行了社办工业合理的低工资政策，但进一步分析还存在以下几个问题：

一、在社办工业中，工资形式是复杂的，特别是分社以下的工业，大多数是实行计件工资和提成工资制度，而没有贯彻中央和省委对社办工业工资采取以计时工资为主、计件工资为辅的指示精神。例如，长沙市清水塘公社红色分社职工 1160 人中，采取计时工资的只有 305 人，占职工总人数的 26. 29%，而采取计件和提成工资的就有 855 人，占职工总人数的 79. 71%（原数据有误）。益阳市公社全部社办工业职工 8561 人（原数据有误）中，采取计时工资的职工只有 4113 人，占职工总人数的 47%（原数据有误），而采取计件和提成的有 4428 人，占职工总人数的 53%（原数据有误）。从工资形式、水平上比较来看，一般计件和提成工资高于计时工资水平。如长沙市先锋人民公社社办工业 2257 名职工中，2069 名计时工人的平均工资为 31. 30 元，而 188 人的计件平均工资为 45. 45 元，计件工资高于计时工资的 64. 4%，实行提成工资的，问题更为突出。如衡阳市福星人民公社玉环街管理区的掏砂冶炼厂 11 名职工 9

月份平均工资高达115.89元。长沙市红色分社四管区五金修配厂烘炉车间锻工胡明初,8月份实际工作日只有20天,工资就得129.56元,平均工资每天合6.5元。

二、社办工业工人的工资水平,在一个公社内部,行业与行业之间工资高低相当悬殊,不合理的现象也是相当普遍的,一般是五金机械、修理、服装、印刷等行业工资是偏高的。红色分社工业中,服装裁片工种、竹品、装配、机刀等工种工资水平高达110元;五金修配厂、靴鞋修理、电气安装、修理行业和承包性质生产单位,有的工资高达158元。株洲市中心人民公社建宁管理区五金机械厂11名职工今年1—5月份平均工资为123.11元,其中最高的为263元,最低也有40.96元。郴州市五金公社制被厂29名正式工人,在今年1季度旺季,季度工资最高达654元,最低工资290元。

首先,从行业之间情况看,有的轻工业高于重工业,甚至手工业高于重工业。从先锋公社几个行业看,有色金属工业工人平均工资为34.30元,金属加工工业工人平均工资为26.70元,机械制造工人平均工资为31.90元,针织行业工人平均工资为36.11元,木材加工工人平均工资为42.30元,缝纫业工人平均工资为40.70元,食品工业工人平均工资为43.20元。

其次,各地公社在贯彻男女同工同酬上也存在着一些问题。在一个公社内部,做同样的活、同等技术水平,男工高于女工。如先锋公社五金加工厂拉丝车间,同样的劳力和同样的技术水平,做同样的活,男工每月工资平均标准为37.88元,女工工资平均标准为20.10元。益阳市上游化工厂,在规定男女工工资标准时,男工规定由28元至32元,而女工只规定由16元至18元。由于工资标准基数不同,男女工之间收入就有很大差别,同工不同酬,影响了女工的生产积极性。

以上工资偏高不合理的情况,虽是部分行业和部分工人的问题,这与我们公社底子薄、劳动生产率不高的情况相矛盾,影响了公社的积累,也直接影响生产和集体生活福利事业的发展,特别是影响了工人之间的内部团结,而且也影响了国营企业觉悟不高的工人跳厂。如红色分社五金修配厂机械车间共有6名生产工人,其中4名就是国营企业跳厂的工人。又如该分社三管区五金厂工人谭××原是东区某机械厂的钳工,每月工资44.5元,到该厂后,工资就增加到60元,由于某些生产工人工资过高,腐蚀工人的思想,对巩固劳动纪律和提高产品质量都是有害的。如汉寿公社农具机械厂职工刘××由于工资过高,学习和生产总是迟到早退,坐茶馆,扯乱谈,溜大街,进戏院,群众很有意见。此外,由于计件和提成工资制度也助长了职工资本主义思想的滋长,不愿意参加政治活动,为了多拿钱,不顾产品质量,不干产值低、利润小的活,只挑产值高、利润大的干,愿意做成批产品和大型产品,不愿意搞零星产品和翻旧缝补等。以上所有这些,对提高工人思想觉悟和发展生产都是不利的。

三、对社办工业的工资管理和工资等级制度,也存在一些问题。首先,由于社办工业发展很快,情况又较复杂,加之部分生产单位是公社化以前办起来的,在工资问题上,当时有的套用了地方国营企业或手工业的工资标准,有的不从社办工业实际情况出发,工资标准定得偏高;在工资管理工作上,各地公社一般的都没有建立成套的适合于当前社办工业工资的管理制度,也没有专管工资的机构或人员。因此,在组织闲散劳力、吸收试用工人、评定工资等级方面,没有统一的规定,有的公社虽有一些工资管理制度,但由于经验不够,或者执行中缺乏检查,往往流于形式。在工资等级上有的虽做出了一些规定,但分的等级过多,如先锋公社工资等级就有116种之多。又如该社五金加工厂324名工人中工资等级就分为33级。

其次,在产品不定型、生产任务不正常的分社和管理区工业实行计件工资的,缺乏合理的定额,控制不严,形成了某些工业工资过高,特别是由于技术革新、劳动效率的提高,定额管理工作跟不上来,更形成了计件和提成工资偏高。如红色分社装订厂的机刀工由原来手摇切纸到机器切纸,工效提高了2倍多,但机刀工的工资定额只按原来手摇切纸机时降低30%,这样每月工资就由原来的40多元骤增到110—140元;又如株洲市中心人民公社服装厂今年2月份进行了技术革新,过去裁片每次只能裁到10—20层,革新后提高到每次裁160—180层。缝纫工过去每天做1.5—2套衣,革新电动操作,现在每天可做5—6套,但定额没有及时调整,也影响了某些工人工资过高。

根据以上情况,鉴于全国两年来的农业生产遭受自然灾害,粮食和农副业减产，农户收入降低，城市公社化后，城市人口就业面扩大，职工收入有了不少增加，这就在一定程度上扩大了城乡之间、工农业之间的差别，也增长了城市的社会购买力，同时社办工业劳动生产率不高，公社生产底子薄，影响了公社的积累和扩大再生产。为此，必须向广大群众进行宣传教育，发扬艰苦奋斗、勤俭建国的精神，这不仅有利于加强工农联盟，而且对于压缩社会购买力，都是有好处的。因此，必须坚决贯彻执行社办工业合理的低工资政策，严格控制社办工业工资水平。我们认为在深入整顿社办工业的同时，必须采取积极又慎重、有领导、有计划、有步骤地充分发动群众的办法，对工资进行一次全面整顿，以促进社办工业的巩固和发展。在整顿时，必须根据中央和省委的指示，切实贯彻执行社办工业合理的低工资政策，切实贯彻执行政治思想教育和物质鼓励相结合而又以政治思想教育为主的原则、增加集体福利和增加个人收入相结合而逐步提高集体生活福利比重的原则，从实际情况出发，建立一些适合于社办工业情况的工资制度，我们的具体意见：

1. 社办工业工资应当坚决贯彻执行合理的低工资政策。根据目前社办工业一般劳力不强、技术不高、劳动生产率低的情况，社办工业生产人员的工资原则上一般应低于地方国营企业同行业、同工种工人的工资水平，平均工资应控制在 25 元左右的水平，以保证社办工业有适当的积累和扩大再生产，举办集体福利事业和控制社会购买力；对目前工资偏高的单位、工种、人员，应当降低；在 1 个公社内，行业之间工资水平，也应做到逐步趋于平衡。

2. 实行计时工资加综合奖励的制度，改革计件，尽量争取取消或减少提成制度，逐步地使社办工业的工资达到合理。通过社办工业的整顿、巩固、提高工作，社办工业都进行了定点、定型，已基本上走向正规。因此，目前公社和分社的工业，对于有一定生产基础和一套合理制度、收入比较稳定的都应尽量实行计时工资，即月工资加综合奖励，对于新办的小厂子，目前还缺乏一套完整的管理办法、收入不稳定的情况下，暂时实行计件工资（必须加强定额管理，严格控制水平），但必须积极创造条件，逐步地改行计时工资加综合奖励。在管理区的工业中，凡是定型的工厂也应尽量实行计时工资加综合奖励。对生产不定型、任务不足、产供销不正常的单位，可实行计日工资或计件工资，凡领料到家生产或“两天打鱼三天晒网”的不定型的生产小组，根据生产对象可以采取按件计资的办法，但单价要定得合理，以免工资过高过低。提成工资必须采取有效措施，逐步取消；至于游街串巷的，如修理、补锅、磨刀人员，应加强思想教育，提高觉悟，采取一些必要的措施，以堵塞其资本主义自发活动，积极采取措施加以解决，在没有具体措施之前可缓取消。食堂、托儿所、幼儿园的工作人员工资水平，应相当于从事生产同等劳动的工资水平，以鼓励他们安心做好本职工作。

3. 在进行调整时，必须做好调整摸底工作，充分发动群众，贯彻群众路线，防止简单草率从事，同时必须从实际情况出发，分别情况，区别对待。对于那些公社化以前原由小业主或坏分子操纵造成偏高工资必须降低；对于机关、企业、事业单位清洗或跳厂的工人的工资，应按社办工业工资标准重新评定，但对于从机关、企业、学校调来的支援社办工业的工人，不要降低原来工资水平；对于手工业和独立劳动者组成的生产单位工人，应当重新评定技术等级，原来收入较多而有一定的技术水平，在评定工资时，除某些突出不合理的应予以调整外，一般可予适当照顾。在评定工资标准时，应当根据工人的政治思想、技术水平、劳动态度、平时工作成绩、工作时间长短，进行评定工资等级。

4. 各地必须加强对社办工业工资的管理工作，要求省、市、县劳动部门应加强社办工业工资工作的领导，公社也应有专职或兼职干部负责管理劳动工资工作，并建立一些必要的工资管理制度。计时工资制度，应当根据社办工业生产性质、技术水平和劳动强度的不同，适当划分若干等级，级差不宜过大；综合奖励可以结合竞赛评比，按月评比，按季奖励，奖励面可以稍大些，奖金不宜过高，一般的应在月工资总额的5%左右。

5. 整顿社办工业人员的工资，是一项很复杂而又很细致的工作，同时也是一项很重要的政策问题，又牵涉到正确处理全民、集体、个人之间的关系，这不仅关系到公社的巩固和社办工业的进一步提高，而且也关系到工人生活的改善。因此，应在各级党委的统一领导下，采取积极而又慎重的方针，在调查研究工作的基础上，有计划、有准备地进行。应坚持政治挂帅，深入进行党的工资政策教育，细致地做好思想工作，认真贯彻执行阶级路线。通过社办工业工资的整顿和调整，使社办工业的工资制度逐步趋于合理，大大提高工人的政治觉悟和劳动积极性，促进生产和公社整个工作更加巩固健全地向前发展。

湖南省委城市人民公社办公室

一九六〇年十一月十二日

益阳市人民公社整顿、巩固、提高社办工业的基本经验*

（一九六〇年十一月十三日）

益阳市是一个13万多人口的一市一社的小城市。下设上游、前进、桃花仑、谢林港、水上五个分社。解放前，工业生产可说是一张白纸，解放后，全市人民在党的领导下，发奋图强，揭开了工业发展史的第一页，特别是从1958年大跃进以来，在总路线的光辉照耀下，不仅地方国营工业获得了飞跃发展，而且街道生产事业也如雨后春笋般地发展起来，今年四月，公社成立以后，广大居民在党的领导下，本着社办工业的一整套方针，在国营企业的积极扶植下，掀起了一个比1958年声势更大的大办工业的新高潮，仅一个多月的时间，就新办工厂511个，新增加职工4639人，到七月底止，社办工厂已发展到567个，生产人员达9621人，拥有五金机械、化工、农具等20多个行业，主要产品达1052种，元至八月，共完成产值3721万余元，比去年同期增长5.6倍，在全市工业总产值中所占比重，由元月份的28.3%上升到八月份49.4%；社办工业已经成为工业战线上的一支重要的新生力量。

社办工业的发展成绩是十分巨大的。但随之出现的问题也不少，当时比较突出的是职工思想情况复杂，干部队伍不纯，单位多、规模小，过于分散，不便于管理。因此，在省委城市人民公社长沙现场会议以后，我们即采取边整顿、边发展的方法，大力强加了对职工群众的政治思想教育，对干部队伍，集中地进行了一次带整顿，并调配了一批干部充实基层领导力量，在管理区普遍成立了联合工厂，实行统一领导，统一管理。这些作法对于社办工业的巩固发展

---

* 原件现存于湖南省档案馆。

是起到了积极作用的。可是随着客观形势的变化和生产的不断发展,社办工业中的矛盾仍然很多。新办的许多工厂,由于没有来得及统一规划,合理布局,同类型的和需要使用国家统配物资的厂矿多了一些,有些为农业、市场需要而又可能组织的生产则办得少了一点;原来办的一些老厂,产、供、销也出现了一些新的问题,以致部分单位生产不够正常,特别是原材料供应困难,如全市社办的朵□、斗笠厂就有 31 个,生产人员 1051 人,每月共需楠竹 3 万 3000 多根,杂竹 58 万斤,生产草酸、盐酸、纯碱等产品的化工厂有 44 个,每月需要柴煤 400 多吨,土碱 300 多吨,硫酸 70 多吨而这些原材料在短时期内难以满足需要的。原材料供不应求,生产就停停打打,并出现了采购人员满天飞,以物易物、套购、抢购国家物资和互相争购原材料等不良现象。在企业管理方面,不少单位家底不清,账务混乱,出勤率低,质量不高,人力、物力、财力的浪费不小,上游分社草织品厂在上半年损坏稻草达 12 万多斤;桃花仑分社三里桥管理区综合厂 60 多个生产人员,经常出勤的只有 20 多人,职工群众经过前段教育,思想觉悟有了很大提高。但是由于人员复杂,思想问题还很多,特别是支援粮、钢的思想不明确;干部队伍中一些隐蔽的不纯分子也没有得到彻底清除,在"三反"运动中,揭发出来的不纯分子、贪污分子和违法乱纪分子就有 103 人。

这些情况说明,对社办工业进行一次统一规划、合理布局、适当调整,进一步加以整顿、巩固、提高,使之更好地适应以粮、钢为中心的增产节约运动的要求,并得到健康地发展,是十分必要的。因此,我们根据省委湘潭会议和地委在我市召开公社现场会议的精神,从九月份开始,在市委统一领导下,由市委书记挂帅,成立公社工业整顿工作领导小组,设立办公室,组织一批干部力量,充分发动群众,对社办工业又进行了一次全面的系统的整顿、巩固、提高工作。这次整顿工作是围绕以保粮、保钢为中心的增产节约运动和"三反"运动,大体分成四步进行的。第一步,广泛深入地进行以保粮、保钢为中心的增产节约的宣传教育;第二步,统一规划,合理布局,适当调整,实行"五定";第三步,改进企业管理,其中着重是加强财务管理和班级工作,整顿工资制度;第四步,在以上工作的基础上,广泛深入地开展红、勤、巧、俭的劳动竞赛。现在已进入调查工资制度的阶段。整顿工作还没有全部结束,但是可以明显地看出,社办工业已经出现了一个新的面貌。首先是每个工厂都有了一定的规模，原有的567个工厂，通过调整，编成了96个，其中公社20个，分社43个，管理区33个。每厂平均人数达90多人。其次是更好地贯彻了因地制宜。自力更生和"四服务"的方针。在现有的工厂总数中，为农业服务的占40%，为大工业服务的占31%，为市场服务的占20%，为出口服务的占9%。不仅更好地适应了保粮、保钢的需要，而且产、供、销基本上纳入了正轨；桃花仑分社斗笠厂原来杂篾供应很紧张，通过合理布局，适当调整，克服了过去供过于求和互相争购的现象，原料来源大为增加，不仅保证了当前需要，而且还储存了两个多月的用料。第三，企业管理有了显著的改善，所有的工厂都加强了班组工作，建立和健全了计划、财务、人事考勤等必要的制度，其中特别是财务管理，通过清产、核资和建制工作，基本上做到了三清（账清、钱清、财产清）、三有（有财会人员、有账、有制度），出现了新的气象。第四，职工群众的思想觉悟有了很大的提高，他们在整顿工作中，看到工厂有了一定规模，生产比较正常，建立了各种制度，"真的象个工厂了"，因此心头亮了，奔头足了，干劲大了。据5748个职工的调查，思想进步、生产积极、任务完成好的，由整顿前的45.6%上升到64.6%，表现一般的由41.8%减少到29.3%，表现不好的由12.8%下降到6.1%。第五，进一步健全了组织领导，充实了领导骨干力量。现在公社和工社办的63个工厂，有22个建立了党支部；所有的工厂都配备了厂长、会计、出纳和采购员，领导骨干中的党团员由整顿前总数的15%上升到19%，保证了党的绝对领导。以上几个方面总括起来，是有力地调动了一切积极因素，大大挖掘了生产潜力，促进了生产的迅速发展。九月份，分社和管区工业除调去1200多个精壮劳力支援粮、钢和国家重点建设外，与八月份比较，产品品种增加了107种，麻袋、水竹席等主要产品产量分别提高了4.9%到14%，实现了既减人，又增产。

在整顿、巩固、提高社办工业的工作中，我们有如下的几点体会。

第一，必须加强党的领导，坚持政治挂帅。

社办工业特别是分社和管理区工业的生产人员，来自四面八方，情况复杂。据上游分社2618个（原数据有误）职工的调查，男的579人，妇女2076人，其中出身于工人、农民、学生的606人，占22.82%；劳动人民的家属1658

人,占 62.55%(原数据有误),资产阶级及其家属 278 人,占 10.47%,五类分子 104 人,占 4.27%(原数据有误)。职工家属和其他劳动人民,大多数爱厂如家,积极劳动,但是也有一部分人狭隘自私,自由散漫,不习惯于集体劳动,不安心工作;小商小贩、小手工业者,过去较贫困,感到“参加社办工厂。收入稳定,生活有了依靠”;过去比较富裕的,嫌工资少,留恋单干,搞资本主义自发的劲头很足,千方百计赚取高额工资;资产阶级及其家属,在党的教育和客观形势的逼迫下,其中一部分人有比较正确的态度和认识,多数存在着抵触情绪和好逸恶劳的腐朽思想;五类分子表现接受改造,重新做人,多数人内心不服改造。如草织品厂何××(地主出身)说:“织早袋累死人,每月十多元,我死也不在这个厂里搞,要辩论就辩论。”以上情况说明,社办工业中,两种思想、两条道路的斗争是尖锐的、复杂的。我们一开始就认识到这是巩固、提高社办工业的主要障碍,所以从建社以来,我们紧密结合各个时期的中心任务和职工的思想实际,采取正面教育、对比教育、自我教育方法,不断地深入细致地向职工群众进行了人民公社优越性、社办工业的前途、劳动光荣、爱厂如家等教育;最近,又结合以保粮、保钢为中心的增产节约运动,深入进行了保粮保钢、勤俭建国、勤俭办社、艰苦奋斗等教育,有力地打击了资本主义思想,树立了共产主义思想的绝对优势,从而大大地发挥了广大职工的积极性和创造性,促进了社办工业巩固健全地向前发展。

在加强政治思想教育的同时,进一步加强了组织领导。社办工业在大发展时候,少数隐蔽的五类分子、资产阶级分子和其他不纯分子,混进社办工业,并利用劳动人民文化低、缺乏管理经验等弱点,窃取了少数社办工业的领导权,有的当了厂长,有的当了会计、采购员,他们在窃取这个职务之后,就违法乱纪,贪污盗窃,为非作歹,使社办工业不是按照社会主义原则,而是朝着资本主义方向发展。以上情况,使我们深深体会到,把社办工业的领导权切实掌握在忠实于社会主义的劳动人民的积极分子手中,保证党的绝对领导,是社办工业巩固发展的根本关键,因此,我们在整社的过程中,集中力量,对干部队伍进行了一次整顿,对五类分子和其他不纯分子进行了清洗、撤换和调离。同时,有计划地抽调了一批管理区主任一级的干部,充当企业的支书或厂长,并采取组织学习、参观、召开现场会等方法,帮助他们不断地提高了政治思想水平和业务能力。与此同时,还积极慎重地开展了建党建团工作,壮大了党、团队伍,加强了党的力量,保证了党的绝对领导。这对社办工业的巩固、提高,是起了决定性的作用的。

第二,必须以公社为单位,统一规划,合理布局,适当调整,实行"五定"。

社办工业、特别是分社和管理区的工业,大都是在党的领导下,由广大群众自力更生办起来的。自力更生,促进了社办工业的遍地开花,迅速上马。但是刚上马以后,不仅规模小,过于分散,不便于领导、管理和组织生产;而且也具有一定的盲目性,有些生产搞多了,原料有问题,有些需要而有可能搞的生产搞少了一些。这种情况在当时是很难避免的。为了使社办工业更好地贯彻因地制宜、就地取材和"四服务"的方针,使产、供、销逐步纳入正轨,并有利于加强领导和企业管理,调动各方面的积极因素,促进生产的发展,对已经办起来的工厂,进行一次统一规划,合理布局,适当调整,是完全必要的,为了做好这一工作,我们采取了以下的步骤。

(1)组织全体干部和职工群众认真学习了关于立即开展以保粮、保钢为中心的增产节约的指示,全面地检查了社办工业前一段贯彻"四服务"方针的情况和问题,在此基础上,根据保粮保钢需要和我市接近农村、历来竹器和日用小商品生产比较发达特点,经过深入讨论,确定全市社办工业发展的方针是:把为农业服务提到首要地位,其次是为人民生活和大工业与出口服务。在这一方针指导下,规定:谢林港分社(郊区)主要是为农业服务,桃花仑分社(工业区)主要是为大工业服务,上游、前进两个分社是市区,主要是为人民生活服务。

(2)结合"三反"运动,发动群众对各单位的生产和管理工作进行了一次大鸣大放大辩论,并组织力量,从下而上对社办工业进行了一次全面的调查摸底,调查的主要内容是:各级工业的数量、规模、技术设备和分布情况、原材料的供应情况;领导骨干、管理人员和劳动力的情况以及企业管理情况。通过调查摸底,使各级领导对社办工业的现状以及生产的发展,进一步做到了心中有数。

(3)在明确服务方向和调查摸底的基础上,根据有利于生产,方便群众和便利于管理的原则,采取公社与分社、管理区相结合,领导与群众相结合的方法,运用"并、转、放、扩、增、综"六个字,即对地区相近、性质相同的生产,加以合并；原材料短缺时期确无法解决的生产予以转业，某些适宜于下级经营管理的生产，逐级下放，为社会需要而又可能发展的生产，加以扩大或增建新厂；在管理区，为了便于加强领导和减少管理人员，统一安排生产和调配劳力，采取以一业为主、灵活多样的经营方式，成立综合工厂。根据这些原则，先以分社为单位，召开所属工厂和管理区的负责人，充分研究讨论，制订出调整、布局的初步方案；然后以公社为单位，召集分社和有关部门的负责人，从全局出发，反复研究协商，提出全市性的切实可行的以“五定”（定点、定生产、定领导、定劳力、定任务）为中心内容的调整方案。

（4）为了在调整过程中不致影响生产，我们按照“小动不大动”和先易后难的原则，采取了分期分批进行的步骤；同时，凡是需要并、转、放的单位，都预先充分做好财产清理、生产和劳力安排，房屋设置等准备工作以及思想动员工作，然后有计划、有步骤地进行合并，转厂和下放、需要扩大和新建的工厂，也都尽早地进行筹备。从而做到调整、生产两不误。

第三，千方百计，大破原料、材料关。

原料是工业的“粮食”，是发展生产的前提。目前社办工业的原材料还没未完全纳入国家计划，主要靠自力更生解决；随着生产的迅速发展，需要的原材料不仅为数惊人，而且种类繁多，所以正确地积极地解决原材料问题，是巩固、提高社办工业的一个重要问题之一，为此，我们根据加强计划性和主动性相结合的原则，充分发动群众，创造了许多解决原材料的有效办法。

1. 面向农村，广开门路、农村资源丰富，可以利用东西很多，据最近在郊区和邻县的调查，可综合利用的野生植物有杂竹班麻、灰皮子树、麦干草等 200 多种，可制成各种竹器、高级纤维、芳香油、合性染料、化肥等 400 多种产品。都是一经利用，身价百倍的好原料。

2. 紧密与国营工业、商业部门挂钩协作，一方面充分利用大厂的边角、废料；一方面广泛承接来料加工，为大工业和市场服务。这是当前社办工业，特别是分社和管理区工业原材料的一个主要来源。

3. 建立原材料基地，大搞原材料生产。比如随着化工生产的蓬勃发展，需要的三酸两碱大量增加，我们就千方百计组织生产。目前，硫酸、盐酸、烧碱关已基本突破，初步缓和了供应紧张的局面。

4. 争取纳入国家或者地方计划。目前,有 30 种左右为农业、市场和出口服务的产品分别纳入了专区和省的计划,原材料已有了一定的保证,看来这是今后进一步努力的方向。

5. 综合利用,大举向“废弃物资”进攻。据不完全统计,目前已有 25 个工厂开展了对硫黄矿渣、木屑、铁屑、煤泥等综合利用,产品有 60 多种。事实证明,综合利用是一个最合理、最节约利用资源的一个好办法。木制农具厂用土办法将一吨木屑经过炭化,蒸煮,可取出草酸 1430 公斤,从废渣中可取出硫酸 100 公斤,从废水中还可回收 10%的烧碱。这样利用之后,其经济价值由 6 元提高到 3685 元,身价提高 641 倍(原数据有误)。可见综合利用,潜力无穷,大有可为。

6. 节约用料,即一物多用,小材大用,劣料好用,散材整用,寸材必用。

前一段的经验证明,只要方向明确,充分发动群众,敢于向困难宣战,认真运用。上述办法,社办工业原材料不足的困难,是可以解决的。

第四,改善经营管理,不断提高企业管理水平。

加强企业管理是办好工厂、促进生产发展的重要工作,在整顿、巩固、提高社力工业的工作中,我们注意抓住了这个环节。

(1)加强班级工作。班组工作是企业最基层的组织。抓好班组是管好企业、搞好生产的基础。我们在加强班组工作中,首先根据生产的要求,建立和健全了生产班组。其次建立了班组核心领导,配备了强有力的班组长,同时选拔积极分子充当生产记录、核算、考勤、收发保管、技术指导、宣传保卫、生活卫生等六员,在班组长领导下,积极开展各项活动。再次根据要什么、建什么的原则,建立健全了生产学习、核算,收发保管、卫生、请假、安全保卫等各项制度,有的企业并把这些制度编成快板、诗歌、顺口溜,给群众读唱,使之在群众中落脚生根。

(2)加强财务管理。针对社办工业、特别是分社和管理区财务管理比较紊乱的情况,集中力量,发动和依靠群众,进行一次“清、核、处、建”四个字的工作:即清理财产、核定资金、处理财务具体问题、建立和健全必要的制度。在此以前,还采取由简到繁、由浅入深的方法,培训了一批财会人员。从而基本上做到了三清(账清、钱清、财产清)、三有(有财会人员、有账、有制度)。使财务工作出现了新的面貌。

在加强财务管理的同时，我们还普遍推行了班组经济核算，改变了过去少数人理财的现象，使广大职工进一步树立了勤俭办企业的思想，大大降低了产品成本。

(3)加强计划管理。在每月下旬发动群众讨论制订下个月的生产计划和定额，分旬分日作出安排；同时，还坚持了"交、查、报"的制度(早上交任务、中午查进度、晚上报战果)。这样，加强了群众的计划观念，发挥了计划指导生产的作用，使生产任务的完成有了可靠的保证。

(4)加强劳动管理。除广泛深入地进行了遵守劳动纪律的教育以外，还进行了车间定员、劳动定额、机台定产；调整了劳动组合；建立和健全了人事考勤制度。克服了过去人员流动、劳动纪律松弛的现象，提高了出勤率和劳动生产率。

第五，大闹技术革新和技术革命，广泛开展劳动竞赛。

社办工业的一大特点，是手工操作面广，新职工多，生产水平低。因此，如果不通过技术革新和技术革命，努力提高劳动效率，提高操作技术，就不能更好地巩固、提高和迅速发展。今年二季度以来，我们根据上级党委指示精神，在全市范围内掀起了一个"学重庆、赶上海"的以"四化"为中心的技术革新和技术革命运动。社办工业抓住生产中劳力耗用多、劳动潜力大、劳动效率低、生产潜力大等薄弱环节和关键问题，充分发动群众，坚持自力更生、土法上马、土洋结合的原则，组织战役，分段突出，重点围歼和召开现场会、组织检查评比等方法，在一个多月的时间内，就实现了单机自动化 22 台，流水作业线 10 条，创造革新 491 项，机械化和半机械化程度由年初的 28. 3%迅速提高到 70%以上(不包括管理区工业)。为了巩固技术革新和技术革命的成果，从七、八月份以来，又大抓了巩固、推广、提高的工作。并且为断地进行了技术大练兵，帮助从家务劳动中解放出来的妇女，尽快掌握生产技术知识，从而使社办工业出现了生产高迅速，面貌大刷新的局面。

为了更好地调动广大群众的积极性，保证全面完成生产任务，我们还广泛开展了红、勤、巧、俭的增产节约劳动竞赛，大大激发了干部和群众的生产热情，有力地推动了生产。

1960 年 11 月 13 日

关于大种蔬菜、大养生猪、大搞代食品、节约粮煤、搞好生活、促进生产的情况和意见*

——中共湖南省总工会党组

（一九六〇年十一月十三日）

一

自7月份湘潭城市公社会议以来，我们在省委领导下，根据以保粮、保钢为中心、全面安排生活的方针，紧密结合城市人民公社工作，配合有关部门，大抓种菜、养猪、办好食堂、节约粮煤和巩固提高托儿所、服务站等工作。

首先，根据中央、省委关于大种蔬菜的指示，各公社党委都坚决贯彻了城市农副业生产以菜、肉为纲、全面跃进的方针，在扩大了商品蔬菜基地、加强商品蔬菜的生产和供应工作的同时，大搞群众运动，发动各厂矿、机关、学校、街道居民自己种菜。广大职工群众通过以农业为基础、保粮保钢、过好苦日子、争取大丰收的教育后，进一步发扬了克勤克俭、艰苦奋斗的革命优良传统，掀起了人人动手、大种蔬菜、大养生猪、大办农场的生产高潮。据湘潭、郴州两专区，长沙、株洲、冷水滩3市等地区9、10月份不完全统计，城市共种商品菜和自给菜204597亩，平均每人每天吃菜达到1斤以上。其中4个地区（不包括冷水滩）城市养猪436650头，与7月份相比有了飞跃的发展。如株洲市已种蔬菜32978亩，其中机关、工厂企业种菜11348亩，比7月份的2102.5亩增加4.4倍。蔬菜上市量已从7月份的每天60000斤，增至300000斤。长沙市截止到10月底止，已利用空坪隙地和下乡开荒扩大菜土29700亩，开辟菜土

* 原件现存于湖南省档案馆。

24300亩，比7月份增加3、4倍。目前已有353个单位基本实现了蔬菜自给。全市机关、企业养猪已发展到119588头，有239个单位基本上实现了肉食自给，103个单位做到半自给。又据21个钢铁企业9月底统计，自种蔬菜4275亩，养猪7091头，比7月份有了很大的发展。如湘潭钢铁公司7月以前只种菜100多亩，现已发展到了2198亩，并正在继续发展。过去一贯蔬菜生产搞得比较差的矿山也有很大的转变，如资兴矿务局今年上半年吃菜情况很困难，通过大搞群众运动，已种蔬菜3100亩，比7月份的460亩增加了6倍，平均每人每天已达到1斤半蔬菜，根本扭转了7月以前依靠汽车到外地运菜的现象。

在大抓副业生产的同时，各城市公社还抓紧了对食堂、托幼组织的整顿、巩固、提高工作。一般都贯彻了省委关于从社办工业纯收入中拿出40%—45%用于集体生活福利事业的规定，免收了食堂管理经费和托儿保育费，并加强了领导，改进了服务态度，提高了工作质量，从而进一步显示了城市人民公社的优越性，鼓舞了群众的生产热情。据134个城市公社9月底统计，共有公共食堂22488个，就餐人数3324500人。其中社办食堂13371个，就餐人数1786000人，食堂化程度达到78%，城关镇一般达到90%以上，几个大市和矿区公社达到60%左右，与7月相比略有发展，而且工作质量大大提高，并较普遍地建立了热水站，进一步方便了群众，支援了生产，涌现了大批“五好”食堂。全省城市共有托儿所、幼儿园14843个，入托入园儿童341200人，其中公社办的10173个，入托儿童214000人，托幼化程度达到50%左右。托幼质量也大大提高，一般都经受了夏、秋考验，并出现了不少无病幼儿园。

总之，在生产持续跃进的前提下，生活工作也出现了一片大好形势。

二

各地在种菜、养猪、办好食堂、节约粮、煤等方面都积累了不少经验。

（一）种菜、养猪方面

1. 加强党的领导，深入思想发动。在种菜、养猪中也有两种思想、两条道路的斗争，必须加强党的领导，解决干部和群众思想问题。一般的做法是组织学习，开展辩论，召开现场会议，树立先进榜样，广泛深入地进行以农业为基础、保粮、保钢的教育，使之认识到种菜、养猪不仅是当前搞好群众生活的重要措施，而且是节约粮食支援农业保粮、保钢的政治任务；同时，许多单位还向群众进行艰苦奋斗、革命传统教育，请老干部、老工人向群众讲“南泥湾”故事，讲过去和现在的生活对比，教育群众发扬无产阶级的革命气魄和艰苦奋斗的革命精神，克服依赖思想，自力更生，自己种菜、养猪，过好苦日子。经过一系列的教育，提高了广大群众的认识，掀起了大规模的种菜、养猪的群众运动。

在解放思想、提高认识的基础上，必须加强党的组织领导，凡是做得好的单位，一般地都把生活工作列入党委议事日程，由管生活的书记挂帅，成立专门领导机构，并且领导亲自带头开荒种菜，如长沙、株洲从市委、公社党委到基层党委都成立了蔬菜生产领导小组；株洲轴承厂党支部提出像抓生产一样抓副业，成立了副业生产领导小组，设立了副食品生产总调度员，各车间、股室也相应成立了组织，并规定车间副主任、生产小组副组长，利用业余时间大抓副业，加强了对副业生产的领导。长沙市水口山一厂行政在每日生产调度会上检查生产的同时检查副业。

与此同时，许多地区还注意了全面规划、统一安排。根据需要和可能对土地、劳力、品种、产量等等方面进行全面规划，合理安排，做到长计划、短安排，任务落实到组。这些做法对推动运动的发展起了十分重要的作用。

2. 大搞群众运动，贯彻“商品性生产和自给生产结合”“专业队与业余队劳动相结合”等等一整套“两条腿走路”的方针。凡是这样做的地区和单位，行动迅速，效果显著。如冷水滩市一方面扩大商品蔬菜面积，加强商品蔬菜生产的领导，市委书记亲自深入生产队种试验田，带动群众积极提高单位面积产量，使商品蔬菜面积从 5 月份的 330 亩扩大到 1300 亩，亩产由去年的 3000 斤提高到 20000 斤；另一方面是发动各单位大搞群众运动，利用业余时间开荒种菜，全市 123 个单位共种菜 1100 多亩，平均每人每天能吃到 1 斤半菜，扭转了过去蔬菜紧张的局面，实现了蔬菜自给。又如杨梅山煤矿除将年老体弱的职工和职工家属组成只有 1 个 30 多人的副业队外，主要是发动职工家属业余种菜，现已共种菜土 400 亩，养猪 550 头，最近又召开了 700 多名家属的种菜誓师大会，会后成百上千的家属、小学生上山开荒，人人找缝插针，连 45 度的陡坡、山顶、硖石平地也填土种上了菜，现在平均每人每天能吃到2斤蔬菜，每月能吃到半斤至1斤肉。

在种菜、养猪的群众运动中，许多地方还注意了发动群众开展社会主义竞赛，加强检查、评比，做好奖励工作，及时总结推广先进经验，对促使运动广泛、深入的发展，起了极为重要的作用。

3. 在大种蔬菜中还必须注意抓住种、管、收、用“四个环节”和突破土地、劳力、工具、肥料、种子“五大关键”，这是郴州专区在资兴矿务局现场会上总结的，也是我省各单位共同的经验。在“四个环节”中，“种”就是要大种、多种而且要种好；“管”就是加强田间管理，提高培育技术，建立和健全必要制度；“收”就是要做到包种包收，多种多收；“用”就是要计划用、合理用、节约用。在“五大关键”中，“土地”主要是依靠群众见缝插针，开荒种菜，城市与工矿区要划足每人1分的蔬菜基地；“劳力”要大搞群众运动，发动群众业余种菜和将不适合厂矿工作的职工和家属、居民组成蔬菜大队，固定劳力；“工具”要提倡自选自用，厂社互助合作；“肥料”要合理分配，还要大力积肥和制造化肥；“种子”要采取留、献、购、代用同时并举。

4. 在养猪方面，应贯彻自繁自养的方针，大力繁殖，扩大存栏，同时，要认真解决饲料问题。办法主要是依靠群众自种自找，如杨家山铜矿充分利用野生植物67种，还利用“神农尝百草”的办法，利用每种野生植物喂一头猪进行观察，结果得出土茯苓最长膘，寡木叶、苦斋公最发架子，甜梨叶、水麻菜能使猪杀虫，猪婆藤适宜喂大猪，瓜子草、糯米草适宜喂小猪，并根据这些野生植物生长季节进行栽种培植和储藏，从而基本解决了饲料问题。

（二） 办好公共食堂方面

1. 坚持政治挂帅，做到“政治进食堂，书记下伙房”。凡是这样做的，食堂就办得好，如株洲长江冶炼厂，党委管生活的副书记搬到食堂办公，并抽调1名有营养学知识的护士和4名干部到食堂和炊事员搞“三同”，加强食堂工作。由于领导重视，因而该厂食堂办得很好，被评为红旗食堂。

2. 坚持计划用粮，节约粮食。长沙电厂办好食堂节约粮食的经验是：教育群众过好苦日子，形成节约风气；加强管理，堵塞漏洞；以餐订量，凭票开餐，不许提前，只可移后，细水长流，保证节余，开荒种菜，粮菜混吃，干稀搭配，饭菜多样。同时由小组评定，抽出机动（粮），分级掌握，留有余地，节约备用，做到平日少吃点，工作紧张时多吃点。10 月份每人节约粮食 2.5 斤，发电量增长 17%以上，取得了粮食节约、生产提高的双胜利。为了节约细粮，还必须大搞代食品。株洲市的经验是，除了大搞蔬菜的全民运动外，还要广泛深入开展代食品生产的全民运动，该市 5 个公社统计：出动 7000 人挖野生植物 120000 斤，计划再出动 20000 人再挖 1000 万斤。此外，还发动群众，用谷子磨粉、老糠磨粉，制成了各种各样的食物，这样，就保证了在口粮低标准的前提下，仍能使群众吃饱、吃好、吃省。

3. 大搞技术革新，提高烹调技术，增加饭菜花样，改进炉灶节约用煤。如益阳市公共食堂通过推广“一字灶”、蒸汽化和自造人工煤球等办法，使每人每天耗煤降低到 9 钱至 2 两，为国家节约了大批煤炭，同时降低了伙食标准，改善了群众生活。

4. 开展社会主义竞赛，插红旗，树标兵，以先进带动后进，并发动食堂和车间，炊事员和职工，开展挑战应战，互相鼓励，互相支援，同心协力，办好食堂，搞好生产。

三

总的来说，各地以种菜养猪、办好食堂为中心的集体生活福利事业，成绩很大，也积累了一些很好的经验。但是，发展不平衡，还存在一些问题，少数单位对以农业为基础大办农业、大办粮食的方针还认识不足，在群众中宣传不透，部分群众对粮、菜、肉等物质供应的意见较多，缺乏自力更生、艰苦奋斗、发奋图强、过好苦日子的思想准备；对大种蔬菜、大养生猪、大搞代食品、节约用粮、办好食堂的行动迟缓，有的甚至尚未行动起来，仍然是消极等待外地支援。如洪山殿煤矿由于单纯依靠外援，没有自己动手的决心和采取有力的措施，致使职工群众吃菜问题仍然十分困难，最近还吃盐开水下饭；牛马司煤矿职工吃菜也很困难。同时，由于副食品生产的迅速发展，缺乏经验，菜的品种不多，产量不高，季节衔接不好，供、销配合也有问题，生猪的病疫和死亡率高，同时部分食堂的管理工作没有跟上来，亏损浪费粮食的现象仍然存在；售饭菜时排队拥挤的问题也没有解决。这些虽然是少数单位的问题，但必须引起我们足够的注意。

根据当前工农业生产持续跃进的大好形势和农业连续两年遭受灾害的困难情况，我们生活、工作的中心任务是：教育群众发扬艰苦奋斗的革命传统，自力更生，发奋图强，大种蔬菜，大养生猪，大挖野菜植物代食品，认真办好食堂，节约粮、煤，过好苦日子。为此，必须抓好以下几件工作：

第一，进一步加强以农业为基础的教育，教育职工群众正确认识当前粮、布、菜、肉、副食品的困难情况，克勤克俭过好苦日子。

第二，大搞种菜、养猪、挖野生植物的群众运动，大种、多种、种好、管好蔬菜，达到每人1—2分地，每天吃2斤以上的菜，并做好蔬菜的储存加工工作，以弥补淡季不足，实现蔬菜自给，并根据饲料、猪源等实际情况，积极地、大力发展生猪生产，争取肉食食品自给。各城市人民公社应将整顿社办工业节余的劳力和进一步挖掘劳动潜力相结合，在支援农业的同时发展种菜、养猪和副食品生产，特别是以厂矿为中心的公社和分社应该大力组织职工家属群众集体种菜、养猪。

第三，要进一步强调“政治进食堂，书记下伙房”，并认真改善食堂的民主管理，以保证办好食堂，节约粮煤，实现“粮食低标准，瓜菜代”，保证群众吃饱、吃好、吃省。

第四，开展“五好”托儿所、幼儿园及“五好”保育员的工作竞赛，做好冬季防寒、防冻、防火、防止煤气中毒等工作，进一步巩固和办好托儿所和幼儿园。

第五，根据勤俭办社的原则，进一步办好服务站，搞好拆、洗、缝、补，尽量方便群众。同时，各公社、管理区不要从服务站中抽取利润，进一步降低收费标准，更好地为生产服务，为群众服务。

为了搞好以上工作，关键在于加强领导，各级党委必须进一步加强对生活工作的领导，应将生活工作列入党委议事日程，要有1名党委副书记和行政负责人专管，并建立健全领导机构，挑选党性强、群众观点好、作风正派的干部具体负责此项工作。

一九六〇年十一月十三日

关于进一步整顿、巩固、提高城市人民公社的几点意见*

——王庆山同志在（湖南）省委城市粮食和公社工作会议上的发言

（一九六〇年十一月）

同志们：

自湘潭会议到现在，已经4个月了，在这期间，各地、市委根据湘潭会议精神，先后开展了整社工作，少数地方已经初步告一段落，大部分地区还在进行。从各地情况来看，湘潭会议所确定的整社方针，是完全正确的，城市公社通过这段时间的整顿、巩固、提高，成绩是十分显著的。

7月份以来，城市公社特别是城关镇公社，从人力、物力上大力支援了农村的"双抢"、抗旱，据常德、衡阳等6个区的统计，支援"双抢"的劳力即达70000多人，占城市劳力总数的30%左右，劳动时间达20多天。同时，各地又组织大批劳力，掀起了一个大种蔬菜的群众运动。比如岳阳市在9、10月份投入突击种菜的人数即达11000多人。另外，为了支援钢铁，全省社办工业还输送了劳力23000多人；社办工业的生产人员由7月份的20多万人减到18万人。在这种情况下，社办工业通过整顿、巩固、提高，不但没有减产，而且产品品种、产量、质量、产值都有很大的发展和提高。比如全省社办工业的产值，在逐月落实的情况下，8月比7月增长1.4%，9月又比8月增长10.13%。又如零陵城关公社生产的小商品，5月份只有1380种，8月份即上升到1901种，增长了37.7%。

---

* 原件现存于湖南省档案馆。

全省社办的12965个食堂和10044个托儿所、幼儿园,通过前段整顿,现在基本上得到了巩固、提高,胜利地接受了夏季的考验,并且各地还出现了一批“五好”单位。据湘潭专区调查,全区三类食堂由7月份占总数的25%减少到10%,“五好”食堂上升到38%,“五好”托儿所、幼儿园也占到了总数的28%以上。

在整社过程中,广大社员群众也受到了深刻的社会主义教育,他们看到社办工厂具有了一定的规模,生活福利事业一天天办得更好,并在集体生产和生活中受到了锻炼,因而思想觉悟大大提高,精神面貌正在发生深刻的变化。据益阳市在分社和管理区的5748名职工中调查,思想进步、生产积极、完成任务好的职工由整顿前的45.6%上升到64.6%,表现一般的由41.6%减少到29.3%,表现不好的由12.8%下降到6.1%。

以上情况说明,前段整社工作的成绩是十分巨大的,不仅使公社各项事业得到了巩固健全的发展,提高了群众思想觉悟,而且有力地支援了以保粮、保钢为中心的增产节约运动。以上成绩的取得,主要是由于在省委的正确领导下,各地认真做好了以下工作:

第一,加强党的领导,坚持政治挂帅。整社以来,各地、市、县委都采取各种措施,进一步加强了对城市公社的领导。首先,是有计划地调配了一批干部和党、团员充实公社各级组织和各项事业的领导骨干力量,并注意了整顿和纯洁干部队伍。常德地区现有的1533名公社干部中,有党员663人,团员285人,党团员占了干部总数的61.8%;衡阳地区700多个社办工厂,配备了厂长的占98%;岳阳市的社办工厂都成立了党支部,配备了党支书。其次,各地党委都把公社工作提到了重要的议事日程,及时研究解决工作中刚出现的问题,指示有关部门、厂矿企业、机关、学校,大力指导和支援公社开展各项工作。最后,大力加强了对社员群众的政治思想教育,并经常教育公社干部提高政治思想水平,改进工作作风,深入基层,做到和群众同吃、同劳动、同商量,及时发现和解决问题,总结经验,推动全面。所有这些做法,对于公社的巩固、提高起了决定性的作用。

第二,大搞群众运动。在整社过程中,各地都认真贯彻了群众路线。许多地方从整社一开始,就开展了大宣传、大动员,吸收广大群众投入运动。有的地区将整顿各项事业的方案，组织群众讨论，发动群众出主意、想办法；方案定好后，发动组织群众动手，并开展以技术革新和技术革命、“五好”食堂、“五好”托儿所、幼儿园为中心内容的评比竞赛活动。这样，不仅使整社工作做得又快又好，而且有力地推动了生产积累和各项事业的迅速发展。

第三，紧密结合中心，并切实为中心服务。各地一般都紧密结合了以保粮、保钢为中心的增产节约运动和“三反”运动，一方面深入发动群众，保证党的中心任务的胜利完成，一方面又以党的中心任务为动力，推动整社工作的向前发展；同时，从指导思想到干部力量的分工，一般也都注意了一手抓生产，一手抓整顿，使两者相辅相成，相互促进。

第四，不断地整顿、巩固、提高公社的各项事业。公社化运动以来，各地根据发展一批、巩固一批的原则，对公社各项事业都不断地进行了整顿、巩固、提高工作。比如衡阳地区的社办工业，从 6 月初到 10 月已整顿了三次，他们准备在年前还整顿一次，这样做是完全必要的。社办工业一个主要特点是灵活性大，必须根据各个时期和各方面的需要与可能不断地加以调整和提高；企业管理的各项制度是为生产服务的，随着生产的发展，不可能一成不变，也必须不断破旧立新。因此，社办工业的“五定”只能是相对的，而不是绝对的，社办工业的巩固提高不可能一劳永逸，而必须不断地进行。我们必须充分认识这个道理，才能使工作处于主动。

总之，在前段整社运动中，各地都取得了不少成绩和经验。但是，也必须看到，整社工作的进展是不够平衡的；我们已经做了的工作，就整社的整个要求而言，还只能说是初步的，加上当前的形势对城市人民公社又提出了许多新的要求，因此，摆在我们面前的任务还是十分艰巨的，需要我们根据不断革命的精神继续努力工作。根据省委关于大办农业、大办粮食和保钢的指示，城市公社应大力发动群众，广泛深入地开展以保粮、保钢为中心的增产节约运动，继续贯彻执行“以生产为中心，生产、生活、思想一齐抓”的方针，进一步整顿、巩固、提高公社各项生产事业和集体生活福利事业，并切实处理好公社各级和各方面的经济关系问题，以更好地调动广大群众的积极性，促进公社的进一步巩固与发展。为此，就下面几个问题，提出一些意见，这些意见，省总工会党组曾经进行了研究。但是，由于问题很复杂，不一定正确，请大家讨论指正。

一、围绕保粮、保钢，进一步整顿、巩固、提高各项生产事业

城市公社的生产事业，有了很大的发展和提高，但是，也还存在不少问题。就社办工业来看，首先是生产潜力很大。不少生产单位由于原材料困难、劳动管理不善、生产效率不高等原因，形成劳动力的很大浪费。据长沙、株洲、岳阳等市和醴陵城关镇几个公社的调查，劳动潜力一般在30%左右。估计全省社办工业的多余劳动力，大约在60000人左右（包括近来抽调保粮、保钢的23000多人在内）。其次是有些公社工业的生产方向不明确，对于农具农械的修配制造、小商品生产以及修理、服务等行业安排得不够。第三是企业管理赶不上生产的需要，特别是财务管理、劳动管理、班组工作薄弱。在农副业生产方面，经过前段的努力，不少城市和工矿区吃菜情况已有所好转，但是也还有一些单位吃菜很困难。据省煤矿工会的同志汇报，洪山殿煤矿近来还没菜吃，喝盐水。所有上述问题，都迫切需要解决。

目前，以保粮、保钢为中心的增产节约运动，正在广泛深入地展开。大家知道，农业是国民经济的基础，粮食是基础的基础，钢铁是工业的粮食，只有粮、钢生产发展了，才能促进整个国民经济的全面跃进。特别是在农业2年连续受灾的情况下，更需大办农业、大办粮食。城市公社应该反复深入地向广大社员群众做好宣传教育工作，使之从思想上明确保粮、保钢的重大意义；同时，必须对各项生产事业进一步进行统一规划，合理布局，适当调整，以调动一切积极因素，大力压缩劳力，从各方面来支援粮、钢（全省社办工业除已调出20000多人外，估计还可调出30000多人）；还应根据需要积极发展小商品生产和修理、服务行业，并在此基础上，实现社办工业的“五定”（定生产、定人员、定资金、定制度、定供销关系），做到既减人又增产。

（一）调动一切积极因素，大力保粮、保钢。城市公社要怎样来保粮、保钢呢？必须明确，我们的一切工作，都必须紧密围绕保粮、保钢这个中心任务来进行。当前，应着重抓好如下几方面的工作：

（1）积极动员劳动力回乡生产。目前，钢铁战线不再需要上人了，因而城市公社保粮、保钢的任务，主要是保粮。当然，有些为钢铁服务的生产，还要积极地去干。现在广大农村即将掀起冬耕冬种和积肥高潮，为争取明年的丰收做准备，我们要抓紧目前时机，积极动员劳力还乡生产。城市公社，需通过对各项生产事业的调整，把应当压下来的劳力，坚决压下来，其中，大部分应动员下农村，如果回本地有困难，也可动员他们在附近的农业大队安家落户。在压缩劳动力的过程中，还应采取以女代男、以弱代强等办法动员一部分较强的劳力回乡。此外，城市公社还应配合有关部门，大力做好机关、厂矿人员、社会闲散劳力和盲目流入城市劳力回乡的工作，以保证把大批的劳力集中到农业生产战线上去，夺取农业大丰收。

（2）要大力发展城市公社的农副业生产和代食品生产。搞好城市公社的农副业和代食品生产，实际上就是保粮、保钢。这是因为今年粮食减产，粮食供应指标降低，城市公社只有大力种菜养猪和积极发展代食品生产，才能实现“瓜代菜”，把日子过好。这个问题在矿山里面意义更大，矿山吃菜问题不解决，就会影响到职工的身体健康和生产积极性，影响到煤焦、矿石生产上不去，当然会影响到钢铁生产。因此，一切城市公社的吃菜和某些其他副食品问题，一定要下决心自己动手解决，尽快地肃清消极等待外部支援的思想。应该把社办工业多余劳力的一部分充实到农副业生产上来，特别是以矿山为中心的公社更应如此。城市公社的农副业生产，必须坚决贯彻以菜、肉为纲的方针，采取群众运动与专业队相结合的办法，大力发展。要进一步调动广大群众的积极性，发动机关、厂矿、学校职工和城市居民，消灭一切空坪隙地，做到寸土不闲，见缝插针。同时要充分采取合理密植、间种、套种、轮种等办法，并且要利用一部分冬闲稻田，大种冬菜和明年的春菜，充分提高土地利用率。专业队可以仿照农村办法实行“三包一奖”，包产到队，落实到组（但包产应该有品种、质量要求，奖励最好是综合奖），以调动他们的积极性。为了大搞水利自动化，努力提高工作效率，加强培育管理，力争四季常青，高产丰收，公社农业大队中的粮食生产，也必须大力抓好，力争明年丰收。此外，城市公社还应组织一部分劳力，大搞代食品生产。代食品生产门路很多，大有可为。例如现在有些地方用稻草制成了淀粉，和上30%的米粉和麦粉，可以制成馒头、卷子等食物，味道很好，营养丰富。各地都应该发动和依靠群众，多找门路，多想办法，积极生产大量的代食品，以弥补粮食供应之不足。

(3)积极发展农具农械的修理制造行业。现在，农具农械的修理制造，主要是由县属以上的农具农械厂担负。但是，社办工业也应该采取积极主动的态度，与农业主管部门联系，承接一部分修理加工任务，充分发挥企业潜力，努力完成。有些干部认为支农产品利润小、不想干，必须加强教育，迅速改变。同时，城市公社要注意帮助这些单位解决一些可能遇到的困难，如果劳力不够，可以从其他行业的多余劳力中调配一些；如果技术上有困难，就应帮助企业领导发动群众想办法，并与国营或地方国营企业挂好钩，采取派出去、请进来等办法，帮助社办工业的职工掌握技术。

(4)加强短途运输。现在运输任务很紧张，城市公社应从社办工业多余劳力中，拿出一部分人来充实短途运输，帮助运输部门完成以粮钢为主的调运任务。同时，以钢铁厂或煤矿为中心的公社或分社，还可以与国营企业挂好钩，组织一部分劳力搞一些辅助性生产，如土法炼焦、洗煤和选硖石煤等。

(二)积极发展小商品生产。小商品同人们生活的关系十分密切，东西虽小，但牵涉的面广，它在社会商品零售额中占有相当的比重(约占40%)，人们缺了它就很不方便，议论起来，就是个带政治性的问题，就可能影响到党和群众的关系，特别是现在吃的和穿的主要商品都是凭证、凭票供应，指标有的降低了，有的短时期还不能增加，在这个情况下，小商品在货币回笼、繁荣市场和积累建设资金等方面，有着更为重要的作用。今年以来，小商品生产虽然有较大的发展，但必须指出，问题仍然不少。据三季度我省118种主要小商品检查，没有完成计划的有78种，占66%。部分产品如洋锁、洋钉、剪刀、黄草纸、铝锅等，又出现了供应不足甚至脱销的现象。分析起来，原因是多方面的，有的是计划确实大了一点，有的是原材料有困难，但主要一条还是部分干部经营作风和思想认识有问题，愿干产值大、利润高的生产，不愿干产值小、利润低的生产；愿干成批货，不愿干零星活。为了促进小商品生产的进一步发展，必须在提高思想认识的基础上，加强调查研究，做好定点布局工作，把这些企业的生产切实定下来，某些安排不够的地方还要多安排些。今后，无论从产量、品种、质量各方面，只许提高，不许降低，如果有停产、减产、破产的，必须报经市、县委批准。对于原材料问题，也应切实加以解决。解决的原则是：在不影响全国一盘棋的前提下，发挥主动性和加强计划性相结合。社办工业应强调自力更生，就地取材，与国营工业、商业部门搞好挂钩协作，充分利用社会上的废旧物资和有计划地利用厂矿的边角废料；有关主管部门，应考虑将某些人民生活所必须的小商品生产分期分批地纳入计划，并尽可能地将国家和地方分配的原材料及时落实到公社，保证专材专用。

（三）适当发展修理服务行业。修理服务行业，与人民生活同样具有十分密切的关系，特别是在目前的情况下，大搞缝补拆洗和改旧翻新更加具有重要的意义。这个工作做好了，就可以节省大量的社会物资，缓和供应紧张的情况。现在有些地方对此注意不够，因而也存在不少问题。例如有的服装厂只做新衣，不接受缝补翻新业务；有的虽然接了，但时间拖得很长，有的拖上2、3个月，群众深感不便；有的修理服务行业收费标准过高，据说长沙市钉一双鞋前后掌要1.8元，和买一双新的差不多，过重地增加群众负担，有的群众宁肯买新的，不愿补旧的，这样势必造成社会物资的巨大浪费。因此，必须加强对这方面工作的领导和管理，使之得到适当的发展。城市公社的服务站要更好地贯彻便民利民的原则，积极扩大服务项目，注意增设多种缝补拆洗和改旧翻新的业务；各生产单位也要尽可能地增设修理业务，要彻底改变那种只顾搞制造、不愿搞修理的错误倾向；某些修理业务行业安排不够的地方，要适当地安排足；修理价格过高的，应适当降下来。在这方面，长沙市提出恢复到1957年的收费水平，我们认为很好。

（四）广泛深入发动群众，大搞各种形式的社会主义竞赛，大搞技术革新和技术革命，确保减人增产的实现。

开展社会主义竞赛和“双革”“四化”运动，是提高劳动生产率、实现减人增产的重要方法，公社党委和企业党组织应切实加强对这方面工作的领导。前段有些地方在抽调劳力保粮、保钢时，提出了开展“一顶几”运动，对保证减人增产起了很大的作用。这是一种很好的竞赛形式，可以大力提倡，但必须注意把广大群众的革命干劲，及时引导到技术革新方面来，不能单纯拼体力和延长劳动时间。在技术革新方面，要注意从实际出发，坚持土法上马、土洋结合的方针，不要盲目地贪大求洋，要注意一手抓革新创造，一手抓推广使用。现在有些地方对推广注意不够,“革命”的东西不能开花结果,这种情况应加以改变。

(五)大力加强社办工业的管理工作。企业管理各方面的工作都要加强,当前要突出地抓好三件事:一个是财务管理,一个是劳动管理;一个是班组工作。首先,在财务方面,要进行一次清产核资,建立和健全财务管理制度。社办工业除一部分是由手工业系统转来的老厂外,都是在党的领导下,由广大群众自力更生办起来的。工厂办起来以后,为了武装自己,扩大再生产,一般都把生产的纯收入用作了添置设备和流动资金,这样做是适合当时社办工业发展需要的。但是,随着生产的发展,固定资产和流动资金日益增多,收支不断扩大,往来账目也更加繁多,而社办工业,由于缺乏管理经验,制度不够健全,不少工厂出现了家底不清、账目紊乱、大手大脚、贪污浪费的现象。这种情况在分社和管理区的工业中更为突出。岳阳市北区分社社办工厂的资产共达476000多元,其中流动资金达240000多元,还动用了国家贷款180000多元,资金周转期长达70天左右。这种情况不仅不符合增产节约的精神,而且对于社办工业的巩固、提高和进一步发展也是很不利的。因此,发动群众进行一次清产核资的工作是十分必要的。必须通过清产核资,摸清家底,将固定资产和流动资金分别加以核定,并认真处理好财务上的各项具体问题;再在此基础上,根据上级的有关规定,建立和健全必要的财务制度,并进一步加强对财会人员的培训,使社办工业的财务管理逐步纳入正轨。为了做好这个工作,各级财政部门都必须组织一定力量,加强具体领导和检查督促。其次,要加强劳动管理,现在,部分社办工厂的劳动管理也很薄弱,劳动组织不合理,劳动纪律松弛,出勤率低,劳动效率不高的情况比较普遍。如长沙市先锋公社的分社以上工厂,出勤率只有85%,有些管理区的工厂,则经常只有一半人出工。因此,必须通过对社办工业的调整,把劳力情况查清楚,在精减劳力的基础上,把人员切实定下来,并且要建立和健全人事考勤制度,加强对群众的劳动纪律教育,认真地改进劳动组织,以促进劳动生产率的提高。再次,要大力加强班组工作。加强班组工作的关键在于加强班组领导,必须配备成分好、思想好、有一定能力的干部去担任组长,同时要吸收组内的积极分子建立班组核心小组,全面管好班组的生产、生活、思想教育等工作,并要发动群众,认真订好生产、学习、请假等必要制度,坚决执行。

二、进一步办好集体生活福利事业

我省城市人民公社的集体生活福利事业,现在已基本上得到了巩固提高,在服务生产、服务群众等方面起了很大作用。但是,根据各地反映,也还存在一些问题,需要我们积极加以解决,特别是在目前口粮低标准的情况下,又给公社提出了许多新任务。我们必须加强对群众的思想教育,特别是粮食问题的教育,使之认识当前的大好形势和暂时的困难,树立艰苦奋斗、战胜困难、度过灾荒的坚强意志。同时,还要认真地帮助群众解决一些生活上的实际问题,进一步办好食堂、托儿所、幼儿园等各项集体生活福利事业。

第一,要进一步加强党的领导,根据有利于生产、便利群众、便于管理的原则,对食堂和托幼组织进行统一规划,合理布局,适当调整。现在,有些公社的部分食堂和托幼组织,离生产单位很远,社员吃饭和给小孩喂奶很不方便;有些食堂和托幼组织由于人数过多,房屋设备不够,也不利于巩固、提高。为了改变这种状况,我们认为,除管理区应把已办的食堂、托儿所、幼儿园积极办好外,公社和分社已经基本定型的工厂,可以自己举办食堂和托幼组织,如果厂子规模不大,可以以一个厂子为主,和地区相近的几个厂子联合举办。公社和分社也可以重点地举办若干个较大的食堂、托儿所、幼儿园。这些食堂和托幼组织都要尽可能地设在生产事业和群众居住较集中的地方。这样做,不仅可以减轻管理区的负担,而且能便利群众、有利生产、便于管理,并依靠群众把事业办好。这项工作,应在公社和分社党委的统一规划下,有领导有步骤地去做,不要盲目地去大搬家、大调动。在适当调整的基础上,要有计划地配备一批领导骨干力量,以加强党对这些事业的领导。

第二,认真改善食堂和托幼组织的管理工作。首先必须加强食堂的民主管理。在目前口粮低标准的情况下,这就显得更为重要,因为只有在党的领导下,发动和依靠群众,群策群力,并在广大群众的监督之下,才能切实贯彻计划用粮、节约用粮,想出各种办法,保证吃饱、吃好、吃得干净卫生。因此,所有的公共食堂,都要建立和健全民主管理委员会,并要运用座谈会等形式,经常听取群众意见,改进工作。为了办好食堂,还应根据“积极办好,自愿参加”的原则,提倡全家入伙,定点吃饭。托幼组织,也应建立健全各项必要的管理制度,并且经常加强与家长的联系,吸收家长意见,改进工作,把小孩养好、教好。某些幼儿园缺乏青年教养员,应该由公社从社办工业的多余劳力中挑选,加以配备。

第三,做好劳逸结合、过冬准备、文娱体育、安全生产等方面的工作。做好这些工作,对保证职工身心健康、搞好生产,都有很大的作用。因此,都必须加紧。根据社办工业家庭妇女多的特点,一般都应实行 8 小时工作制,工时超过 8 小时的应该缩短;实行计件工资的单位,有些职工为了多拿工资,自动延长工时,也要加以说服和控制。星期天一般应该放假,如果生产需要,也可以采取轮休的办法,以保证群众有适当的休息和安排家务的时间。现在寒冬将到,应及早做好过冬准备工作。今年煤炭供应可能不足,要依靠和发动群众多想办法,例如搞些人造煤、松枝、干柴、树叶或综合利用工厂、食堂的煤气、蒸气,解决群众的取暖问题;对于生产工作积极、生活确实有困难的职工及其小孩,还要适当地帮助他们解决棉衣、棉被问题。

第四,加强对集体生活福利经费的管理。现在各城市人民公社一般都按照省委的规定,从社办工业利润中拿出 40%—45%的钱用于生活福利。但是,在使用这笔钱的时候,必须既要根据群众的实际需要,切实用好,又要根据勤俭节约的原则,杜绝铺张浪费,注意压缩市场购买力,不要收一个,花一个,把节省下来的钱存入银行,以便今后有计划地、合理地使用。城市公社在今后 2、3 年内不要盖剧场、大礼堂和办公大楼,不得组织脱产的文工团和体育队,不要购买高级消费品。

三、加强社办工业和集体福利事业的工资管理工作

我省各地在处理社办工业和集体福利事业人员的工资问题上,一般都认真贯彻执行了党的工资政策。湘潭会议以后,有些地方对某些不合理的工资进行了适当调整。目前总的情况是好的,但是也还存在一些问题。首先是有

些地方社办工业工人的工资水平有所偏高。郴州专区410个实行计件工资的工厂,平均工资为30元;衡阳市雁峰公社40个加工修理厂,在调整以前,平均工资高达55元。其次是有些地方社办工业各行业的工资水平差距很大,长沙市先锋人民公社金属制造业平均工资为24.3元,修理业为47.7元,比金属制造业高出将近1倍。产生这些问题的原因,一是有些由手工业系统转来的老厂,其工资水平原来就比较高。二是工资形式复杂。目前社办工业大多数是实行计时工资,分社和管理区计件工资比较普遍,还有基本工资加奖罚和分成制度。实行计件和基本工资加奖罚制度的单位,由于定额不够合理,工人收入不易控制,据一些公社调查,计件的工资水平一般高于计时的30%左右,实行分成制度的,问题更大。衡阳市福星街公社玉皇街淘沙冶炼厂9月份工人平均收入115.8元,最高的达166元。三是由于缺乏健全的工资管理制度,互相抬高或者盲目地提高也是原因之一。这些不利于社办工业的巩固发展,而且影响到国营企业中少数后进工人不安心本岗位工作。因此,我们认为,对社办工业的工资有计划、有准备地进行一次整顿,是十分必要的。在整顿时,应当根据中央和省委的指示,切实贯彻执行政治思想教育和物质鼓励相结合而以政治思想教育为主的原则、增加集体福利和增加个人收入相结合而逐步提高集体福利比重的原则,从实际出发,建立一些新的制度。

第一,社办工业应该坚决贯彻执行合理的低工资政策。目前,社办工业的劳动生产率一般较低,同时随着生产的发展,公社的共产主义因素不断增加,实际等于增加了社员的收入。因此,为了增加公社积累和适当控制社会购买力,必须对社办工业和事业人员的工资水平认真加以控制,使之低于当地国营企业工人的工资水平。目前,工资水平偏高的,应当在提高职工觉悟的基础上,适当加以调整。就全省来说,在今后2、3年内,社办工业、事业人员的月基本工资水平,一般应控制在25元左右。在一个地区内,各行业之间的工资水平,也应当保持适当平衡。某些偏高的,应适当降低。在社办工业内部,对于参加工作时间长短不一、技术水平高低不同的工人,在工资水平上要有适当的区别。

第二,社办工业应当实行计时工资加综合奖励的制度。逐步改革计件工资和基本工资加奖罚的制度,尽量争取取消和减少分成制度。某些生产不定型、收入很不固定的单位，在实行计时工资确有困难时，目前可以保留计件工资形式，但必须在工资水平上严格加以控制。基本工资加奖罚，不仅其基本工资难以控制，而且手续十分繁琐，应当去罚留奖（指综合奖），加强政治工作和定额管理工作，逐步改为计时工资加综合奖励的制度。

计时工资制度应根据社办工业的具体情况、技术条件和劳动强度的不同，适当划分若干等级，级差不宜过大。综合奖励可以结合竞赛进行评比，按季节或每半年发奖都可，奖励面可以稍大一些，奖金率不要太高。

第三，在调整工资时，要注意贯彻男女同工同酬的原则；食堂、托幼工作人员的工资水平，应当相当于社办工业同等劳动力的工资水平；对于从机关、学校和国营工厂调来的人员，如果他们原来的工资比社办工业人员高，不应加以变动；有些从手工业转来的具有一定规模的老厂，原来工资水平较高的，除某些过高的以外，一般不要降低。

四、认真处理好公社各级、集体和个人、全民与集体之间的经济关系问题

在城市公社化运动刚开始的时候，省委就制定了关于城市人民公社若干问题的规定。公社化以来，各级党委都坚决贯彻执行了这个规定，因而运动的发展，总的说来是健康的。这是事物的主要方面。但是，由于一部分干部对党所规定的政策钻研不够，也出现了一些问题。主要表现在三个方面：

第一，在全面发展整个公社经济中，有些公社和分社只顾自己经济的发展，无偿地抽调分社和管理区的物力、财力、人力；在处理积累与分配的关系上，有些地方规定分社和管理区上交纯收入的比例大到40%—60%，而按规定应该下拨的福利费又不如数下拨，影响了分社和管理区经济和各项事业的发展。另外，公社各级所属厂矿有的自留的比例大到40%—60%，影响了资金的合理使用。

第二，在公社和社员之间的经济关系上也有不少问题。比如社员入社的生产资料、股金、投资的偿还问题；举办集体生活福利事业所借用的家具、炊具、被帐、房屋等的清理问题；有些地方还出现了无偿抽调社员的牲畜、家禽，

强迫社员献出家具和没收社员存款等不良现象,引起了部分社员不满。

第三,在国家、国营企业和公社之间,总的是国家、国营企业大力扶植了公社经济和各项事业的发展,但是,也存在一些问题。比如有些地方把市政建设任务过多地下放到公社;有的不继续下拨社会救济费,有些国营企业付给社办工业的加工费、运输费等,比规定的价格过低,影响了公社的收入。

这些问题,有些是我们还没有来得及研究解决的,有些是应当及时纠正的。但是,不管怎样,对于公社各项事业的发展都是不利的,因此,当这些问题即使还很小或者刚刚露头的时候,就应当严肃地加以处理和纠正。

第一,要从上到下,组织全体干部和职工群众,深入学习省委关于城市人民公社若干问题的规定和大办农业、大办粮食的"十大政策",联系实际,认真地加以讨论,不断提高政治思想水平。

第二,对于公社各方面存在的经济关系问题,怎么办呢?我们总的意见是要积极地清理,但是必须慎重,要有领导有步骤地进行;要兼顾各级、各方面的利益,有利于调动发展生产和办好各项事业的一切积极因素。现在根据省委关于城市人民公社若干问题的规定和大办农业、大办粮食的"十大政策"的精神,就如何处理公社各项经济关系问题,提出以下意见:

(1)从建社以来,凡是公社向分社、管理区和分社向管理区所抽调的生猪、家禽、农副产品、用具、设备、资金等,都要折价退还现金或实物;关于管理区、分社以及分社各级所属厂矿纯收入上交比例问题,根据多数公社的经验,管区和分社上交15%左右为宜。公社一级的福利经费也应当按照省委的规定及时下拨,以前没有下拨的要根据实际需要拨一笔下去。

(2)建社以来,公社各级平调社员的家畜、家禽、农副产品和其它实物,以及屋前屋后的小块菜土和少数果木,都要折价偿还或退还实物。食堂、托幼组织所借用社员的家具、炊具、被帐等,一是登记作价,变为集体所有;二是开具借条,长期借用,坏了负责修理,社员离开时,可以带走或折价归公。社员的股金和投资(包括现在已转为公社所有的、公社化以前的股资和投资)应当偿还。社员入社的生产资料(包括现在已转为公社所有的、公社化前的生产资料),属于手工业工人和独立劳动者的,应当折价归社,分期付款;属于小业主的,应当折价归社,按值定息。对举办公社各项事业所占用的民房,属于房屋出租者的,应根据党的政策,对其资本主义所有制的残余进行改造,属于华侨和劳动人民的,仍应归他们所有,如需继续使用,要在取得其本人同意后,办好租借手续,付给合理的房租。

(3)关于国家、国营企业和公社之间的经济关系,也要适当地加以处理。省委规定在目前市政建设投资应由国家财政开支,城市社会救济费还应按照原来的规定下拨,建立公社以来,没有贯彻执行这个规定的,应当清理拨款。公社为国营企业组织的加工性、辅助性和服务性的生产以及短途运输等,其价格可稍低于市价,但也不宜过低。

此外,城市人民公社在组织劳力支援农村人民公社时,应当贯彻等价交换的原则,要按照农村水平付给适当的报酬。

第三,清理经济关系问题,要充分发动群众,与各级、各方面认真进行协商,偿还债务的来源,主要是公社的积累。在还账时,要根据公社现有的经济力量,采取一次或分期偿还的办法,但至迟在1961年底以前,要全部还清。

第四,通过这次清理,公社各级都要建立和健全财务制度。今后,都必须贯彻执行省委关于城市人民公社体制问题的规定,不许再犯"一平二调"的错误。在这方面,城市公社的农业大队更应当严加遵守。

五、加速扫除社会中的文盲

今年来,我省城市人民公社的扫盲工作,在省委和各级党委的正确领导下,取得了很大成绩。但是,有些单位文盲占的比例还很大,扫盲任务还很艰巨。贵阳城关人民公社1295名青壮年社员中,文盲就占了44%。现在农村和城市扫盲进入了高潮,要求力争在今年年底前基本上扫除文盲,明春或明年上半年扫尾。为此:

第一,城市公社必须加强对这一工作的领导,立即采取措施,趁热打铁,一鼓作气,用高速度的办法,保证按时、按质和力争提前完成扫盲任务。

第二,要认真进行摸底查漏。城市人民公社,凡是没有对文盲进行摸底查漏或摸底不够彻底的,都要组织力量,发动群众,进行一次摸底查漏工作,切实弄清文盲人数和分布情况。在摸底的基础上,制定切实可行的扫盲规划,采取有效方法，开展扫盲工作。

第三，深入地进行思想发动和解决具体困难相结合。为了使文盲参加并坚持学习，除大力抓好思想发动工作外，还必须帮助解决一些具体困难。目前社员中的文盲，一般年纪较大、有家务拖累的妇女较多，参加学习有些实际困难。许多地方为使他们坚持学习，增办了托儿所，或举办晚上临时托儿间。这些做法都很好。

第四，大力推行注音扫盲。注音扫盲是我国文化革命的一项创举，是多快好省地扫除文盲的一种有效方法。各地各单位都必须以坚决的态度，积极地、认真地加以推行。为此，必须大力培训注音扫盲师资，过去没有培训师资的要立即培训，师资不够的要增训，师资不合要求的要补上。

第五，做好脱盲后的巩固提高工作。为了巩固和扩大扫盲成果，不断提高社员的文化水平，对于已经脱盲的社员，必须及时组织升入高小班学习，做到扫除一批、升学一批、巩固一批。在大扫盲的同时，还要大办各级各类业余学校，使公社教育逐步成网成系。

高举城市人民公社的红旗，乘胜前进*

湘潭市第四届人民代表大会第一次会议上的发言

高　峰

（一九六〇年十二月十三日）

主席，各位代表：

我完全同意于殿武同志的工作报告。现在，我就城市人民公社问题，作如下发言。

今年，我国人民政治生活和经济生活中的一件大事，就是：实现了城市人民公社化。

城市人民公社化运动是继农村公社化运动以后，又一个具有伟大历史意义的革命的群众运动，它和农村人民公社一样，是我国社会主义革命取得了决定性胜利以后，社会主义建设事业飞跃发展和人民群众觉悟大提高的必然产物。城市人民公社化运动的胜利，是我国"三面红旗"的新胜利，是我国广大人民群众创造性的劳动的胜利，是中国共产党和人民政府的正确领导和毛泽东思想的伟大胜利。

一

我市和全国各地一样，在今年3、4月间，掀起了大办城市人民公社的高潮，先后在河西、河东、涓江、锰矿和楠竹山等地区成立了5个城市人民公社。城市人民公社的建立，使城市工作增添了鲜艳的色彩，出现了崭新的面貌。城

* 原件现存于湘潭市第二档案馆。

市公社建立以后,立即掀起了“三大高潮”,即:以大办工厂为中心的生产高潮,以大办食堂为中心的生活福利高潮和社会主义、共产主义教育高潮。“三大高潮”的直接结果是:实现了具有深远意义的“两化、三大转变和三大支援”。即:从生产上实现了工厂化,从生活上实现了集体化;实现了从消费到生产、从个体到集体、从家庭到社会的伟大转变;并在支援农业、支援钢铁、支援国家建设等方面,发挥了巨大的动员、组织和保证作用。“两化、三大转变和三大支援”的实质是:社会主义建设事业的不断增长和资本主义残余势力的进一步消亡。它表明:我们的城市工作从此跃进到了一个新的历史阶段。

建社以后,经过几次整顿和调整,到现在为止,我们共办了各类工厂203个,从5—10月的6个月中,工业总产值达3656.11万元,并且坚持贯彻了“四服务”的方针,特别是在为农业、为市场服务方面做出了重大贡献。在生活福利方面,举办了食堂269个,托儿所、幼儿园171个,有87.5%的人在食堂开餐,有43%的小孩入了托。与此同时,还举办了一批敬老院、红色少年之家和服务站,建立了城市服务网。在运动过程中,先后有12800名妇女劳动力和社会闲散劳动力被解放出来,参加了各项生产和工作。建社以来,我们还组织了将近7000个劳动力参加了湘钢、一铁厂和凤凰山工区的建设,组织了874个劳动力参加了大桥引桥工程的建设,在支援农村“双抢”、抗旱和秋收等方面,无论是人力和物力,都比往年要多得多。农民群众反映说:“今年搭帮建立了城市人民公社,给了我们以无私的援助,解决了我们很多的困难。”在人民公社化运动的强力冲击下,资本主义残余势力及其政治经济基础进一步受到了打击和限制,其影响和活动范围都大大地缩小了。广大人民群众在这场伟大的社会变革中,又一次受到了一场深刻的、革命的洗礼,眼界扩大了,思想进一步解放了,人人意气风发,个个干劲冲天,精神面貌和社会风尚都焕然一新。特别值得提出来的是:这是开展“以粮、钢为中心的增产节约运动和生产自救、节约度荒、过好苦日子”的群众运动以来的新成就。经过我们反复动员、反复宣传、反复贯彻和连续行动,各个方面都已经发生了深刻的变化,集中表现在以下六个方面:

(一)从“四点”到“四风”。在未开展运动之先,不少的人在思想上有所谓“四点”打算:吃一点,穿一点,多一点,好一点,现在呢,变化了,“四点”变成了“四风”：到处是一片节约粮食之风，大种蔬菜、小麦之风，生产劳动之风和克服困难、过好苦日子之风。

（二）从吃“自来食”到自力更生，从靠别人到靠自己。过去，城里人有句老话叫做：“麻石上面插不得禾，自古吃穿靠农村”，并且认为这是古往今来天经地义的事。现在呢？这个观点也破了。大家自己种菜，自己种粮，自己翻土，自己上肥，“自力更生，不赖农村”，并且认为这也是理所当然、天经地义的事。

（三）满城一片青，到处是蔬菜。寸土不闲，见缝插针，马路边上种菜，花园里种菜，球场里种菜，要实现蔬菜自给、半自给。这个情况，是过去根本不可想象的。

（四）高涨的劳动热情和对待劳动的高度自觉性。亦城亦乡，亦工亦农，亦体亦脑，有时间就搞生产劳动，虽然忙得不亦乐乎，仍然是自觉主动，热情洋溢。

（五）从“三风、一化”到“四同、一通”。经过伟大的“三反”整风和整社运动，正气大大上升，邪气大大下降，深入第一线、深入群众、踏踏实实、跟班劳动、同甘共苦和群众一个样的干部越来越多了，风气也越来越浓厚了。在办社初期（特别是农村），在少数干部中存在的所谓“三风、一化”，现在已得到了基本消除，并代之以“四同、一通”了。这标志着干部作风的大革命、大转变。

（六）生产指标扶摇直上，生产面貌日新月异。农村的“一收、两种”进度很快，抓得很好，小麦、蔬菜和其它秋冬作物的播种量，都大大地超过了以往任何一年。工业生产河西公社已提前 66 天完成了年计划。从 10 月下旬以来开展的以高产旬为中心的超产运动，已经取得了新的效果。最近，城乡又普遍铺开了整社运动。毫无疑问，通过整社，必将进一步促进城市人民公社的巩固提高和发展。

我们的时代是英雄辈出的时代。在城市人民公社化运动的伟大变革中，涌现了很多的新人新事。如河西公社五管区的螺丝厂，就是以勤俭办厂而闻名全市的。他们起家时只有 3 个妇女，现在已经拥有 5 个车间，能为湘钢等大厂矿加工各种部件了；又如楠竹山公社劳动村食堂，群众称呼它是“社员之家”，并且热烈地为它作了颂歌：“劳动食堂真不差，吃好吃饱人人夸，饭热菜香随时有,花样新鲜味道佳,炊事同志干劲足,以身作则为大家,食堂胜过自家火,幸福生活乐哈哈”;再如湘江分社四管区服务站,他们的风格是:能修都修,能补都补,是有利于广大群众的事都干。因此,被群众誉为“万能服务站”。像这样的事例是不胜枚举的。

总之,城市公社诞生虽只半年,但城市面貌却发生了翻天覆地的巨大变化,成就之大,影响之深,亘古未有。它以无可辩驳的事实证明,城市人民公社和农村人民公社一样,具有无比的优越性和强大的生命力,它是组织生产、组织生活、改造旧城市、建设新城市的最好的组织形式,也是将来城市实现“两个过渡”的最好的组织形式。城市人民公社已经在群众中落脚生根。“蜜蜂爱红花,孩子爱亲妈,我们爱公社,胜过爱自家”,广大人民群众就是这样满腔热情地歌颂这轮初升旭日的。

二

如上所述,人民公社化运动是一场十分深刻的、革命的群众运动,其势如暴风骤雨,迅猛异常。它的建立,是从无到有、从分散到集体的革命转变,它涉及了社会生产力和生产关系、经济基础和上层建筑的各个方面,它涉及了每一个人。因此,在它的发生、发展过程中,不可避免地会存在着这样或那样的问题,需要我们不断解决、不断调整和不断完善。例如,我们当时就存在有这样几个问题:

(一)组织和队伍还不够纯洁,少数坏人乘机钻了进来,部分基层领导权还没有百分之百地掌握在我们手里,特别是阶级敌人由于不满意人民公社化以来的巨大成就和不甘心自己的失败和死亡,必然要进行抵抗、攻击和破坏,挑起阶级斗争。

(二)在人民内部,资本主义自发势力、因循守旧的习惯势力,在本质上与这一新的组织形式也是矛盾的、不相容的、有斗争的;同时,公社化以后,打碎了旧有的生产关系和生活方式,部分群众开始很不习惯,这些,都要求我们大力加强教育,但是思想教育工作我们一直做得不够系统、扎实,也不够细致深入。

(三)工厂虽然办了很多,但由于当时时间短,发展快,经验不足,还存在着小(规模小)、乱(管理制度不健全)、多(个别行业重复,超过实际需要)、缺(成龙配套的少)等问题,以致影响到原材料和市场的分配,影响到成龙配套,并使劳动潜力和设备能力得不到充分发挥。这实质上是对贯彻"四服务"方针的不够明确。

(四)办了很多生活福利事业,但如何以食堂为中心把群众的生活管好,还缺少经验和办法,特别是有的食堂办得不好,排队拥挤,不能按时吃到热饭热菜、用到热茶热水,群众意见很多。

(五)尤其是在办社之初,各公社都不同程度地刮了一下"一平二调"的"共产风",调了群众的房子和部分家具用品,有的工厂也上调了。这样,就在一定程度上和一定范围内影响了部分群众的生产积极性。

总之,广大人民群众从生产和生活上组织起来以后,就需要加强管理,就需要有一套完整的组织机构、一套班子、一套制度和一套办法。但是,这些一时还跟不上来,不相适应。因此,当人民公社建立起来以后,紧接着就必然有一个整顿、巩固和提高的阶段。

三

现在,一场大规模的整社运动正在逐步地铺开,并且取得了初战胜利。摆在我们面前的任务就是:要根据党中央"紧急指示信"的规定精神,把以保粮、保钢为中心的增产节约运动进行到底,把整社运动进行到底。为此,必须紧紧抓住以下三个方面:

第一,要从政治上、思想上、组织上深入开展两条道路的斗争,贯彻阶级路线,整顿组织,纯洁队伍,打击阶级敌人的破坏活动。同时,反对资本主义自发势力,进行深入细致的思想发动工作,不断地提高广大群众的觉悟程度和认识水平,切实把人民公社的根基打好,以确立劳动人民的绝对优势和无产阶级的领导权。

人民公社化运动以后的阶级斗争形势有三个方面的问题:一方面是阶级敌人的破坏活动,其中还有一小撮趁着建社初期发展快、审查不严的机会,混进了公社的基层组织，有的甚至窃取了基层领导权，在那里散布流言蜚语，为非作歹；另一方面是社会上资本主义自发势力的投机倒把活动，其中又包括了一部分资本主义分子的破坏活动；再一方面是在少数群众中，由于因循守旧的习惯势力作怪，对新制度也有怀疑和抵触，在个别干部中，也存在有某些坏思想和坏作风。这样在公社化过程中，就存在着十分复杂的矛盾和斗争，而其中与“第一种人”（包括“第二种人”中的一部分）的矛盾和斗争，实际上是同阶级敌人争夺领导权的斗争，是民主革命的补课和社会主义革命的继续，也是两条道路的斗争、限制和反限制性的斗争在新的形势下的继续和发展。很显然，不取得这场斗争的胜利，就没有城市人民公社的巩固和发展，而且也将后患无穷。因此，我们不能回避这场斗争，一定要把这场斗争进行到底。要坚定地贯彻执行党的阶级路线，把所有的坏人从基层组织内部清除出去，并且要大胆放手发动群众，大张旗鼓地开展两条道路的斗争，彻底揭发一切阶级敌对分子的丑恶嘴脸和罪恶事实。通过斗争，有力地打击他们的破坏活动，纯洁组织，纯洁队伍。对于资本主义自发势力，也要通过群众性的揭发和检举，分别进行教育批判和斗争，扫除这股歪风邪气。同时，还要结合这场斗争，在广大群众中系统地进行社会主义、共产主义教育，以提高他们的觉悟程度和认识水平。对少数干部的坏思想、坏作风也要进行教育，并切实克服。在当前，这种思想教育运动的内容，主要是大力宣传贯彻中央的紧急指示信“12 条”和省委的“十大政策”。必须通过反复宣传，反复学习，反复检查，反复贯彻，做到家喻户晓，深入人心，字字落实，条条兑现。要在所有的干群思想上巩固地树立“两个基础，两个第一”的思想。对于“一平二调”的“共产风”，一定要本着“彻底清，坚决退”的精神，切实清、退好、还好，并且要保证在今后不再发生类似事情。要使所有的干部、群众，都明确共产主义和“共产风”、共产主义和平均主义的原则区别，平均主义绝不是共产主义，“共产风”也绝不是共产主义，相反，它是破坏共产主义威信的，我们一定要堵死这股西风、逆风，不让它搅乱我们的视线，不让它破坏我们崇高的共产主义的美丽理想。这样，就可以大大地提高基层干部和广大群众的生产和经营积极性，也就可以从政治上、思想上、组织上确立劳动人民的绝对优势和无产阶级的领导权，从而保证公社各项事业能够在党的绝对领导下，沿着正确的道路向前发展。

第二，要切实加强管理，建立起一套完整的组织机构、一套班子、一套制度和一套办法，切实克服办社初期的某些紊乱现象和游击作风，尽快地把公社的各项事业拉入正常化和计划化的轨道。

人民公社的管理工作主要包括两个方面：一个是生产方面，一个是生活福利方面。生产方面主要是办好工厂，整顿各级工业和各级生产组织，打下人民公社巩固的经济基础。当前，整顿工业的中心环节必须按照整顿、巩固、充实、提高的要求，切实加强企业管理，实行班组核算，同时，要突出地抓住小商品生产和做好支援农业的后勤工作，切切实实地坚持贯彻"四服务"的方针。对于市场所需要的各种小商品和农业生产所需要的动力设备、排灌设备、粉碎设备、加工设备以及各种农具的制造和修理等都必须优先保证。在管理方法上，以管区为单位成立联合总厂，实行"三统、一分"（统一领导、统一管理、统一供销，分厂核算）和"五定"（定规模、定领导、定任务、定工资、定制度）等办法都是好办法。大"辫子"好抓，这样就可以把一些基本项目肯定下来，就可以有效地克服初办时期存在着的小、乱、多、缺等问题，就可以加强领导和管理，节约人力和物力，实现产品的成龙配套，从而也就可以进一步推动"双革"、"四化"、全面协作和大评、大比、大赛，保证各项生产任务的完成和超额完成，使社办工业迅速地走上正常化和按计划组织均衡生产的轨道。

生活福利事业方面，中心是要管好、办好公共食堂。因为食堂是人民生活的中心场所，是人民接触最多、感觉最深、反映最快也最为关心的场所，它对显示人民公社的巨大优越性有着十分直接的关系。因此，公共食堂一定要办好，尤其是在当前，既要保证节约粮食，又要保证把苦日子过好，更必须把食堂办好。

办好食堂已经引起了普遍的重视，想了很多办法，积累了不少的经验。最主要、最基本的一条叫作"政治到食堂，干部下伙房"。具体归纳有以下八点：

（1）改进管理方法，加强管理。现在，各管区大都建立了以中心食堂为核心的"食堂工作一条鞭"的管理制度，实行"三统、一分"（统一领导、统一管理、统一供销，分堂核算）和"民主管理、经济核算、账务公开"等办法，具体可行，可以推广。

（2）发展小家务生产，建立食堂家底。大力发展蔬菜、生猪、鲜鱼、家禽生产，逐步实现自给，这是保证吃饱、吃好、吃省的根本条件。

(3)坚决贯彻中央提出的低标准、瓜菜代、计划用粮、节约用粮、干稀搭配、粮菜混吃,以人按日逐餐定量,不吃过头粮,不吃跨月粮。

(4)不断地提高服务质量,改善服务态度,保证做到"四热"(热饭、热菜、热茶、热水)和"六照顾"(照顾病人、老人、小孩、客人、产孕妇、婚丧喜庆等),并做到饭等人,不要人等饭,消灭排队现象,随到随买。

(5)不断改进烹调技术,做到"一菜多品种",粗菜细作,定量用油,咸淡适口,多锅炒菜。

(6)大闹"双革、四化",革新炊具,节约人力、物力、财力,节约开支,降低成本。

(7)搞好环境卫生,消灭"四害"。

(8)配好一套班子,有 1 名好事务长(经理),个个以堂为家,善于精打细算,会过日子。

可以肯定,做到了以上 8 条,食堂就办好了,食堂办好了,就是抓住了生活福利事业中的主要矛盾,其它如托幼事业、服务站、敬老院等方面也就主动了。

第三,加强党的领导,搞好公社风气。加强党的领导是我们取得一切事业胜利的根本保证。加强党的领导,应当特别注意加强基层、加强第一线。建社以来,管区工作一直是一个薄弱环节。管区的工作范围宽,责任重,包括了工、农、商、学、兵的各个方面,从政治到经济,从生产到生活都要抓。这种情况应当通过这次整社运动迅速改变。所有的管区都应当积极创造条件,建立起党的基层组织——支部。对原有的管区一级的行政组织如管委会、团、妇、治安、文卫等组织,也要在整社的同时作出规划,全面安排,使之健全完善起来。这样,就能使管区的组织机构和干部工作能够迅速地赶上形势发展的要求,勇敢地担负并实际上完成公社化以后的各项繁重的任务。

要把人民公社办好、巩固好,并且得到顺利的发展,就必须从建社的那天起就把公社的风气搞好。因此,就必须在全社范围内,结合"三反"整风和整社运动,深入开展反贪污、反浪费、反官僚、反"五风"的斗争,切实克服一切脱离群众的歪风邪气。必须自始至终坚持党的群众路线传统和勤俭办社的方针,一切因陋就简,自己动手,自力更生。在干部中,要深入开展和群众"五个一样"(吃、住、劳动、俭朴、家属待遇)的评比竞赛运动,号召全体干部树立优良的工作作风，处处以身作则，和群众同甘共苦。这样，对于加强党的领导，正确地贯彻执行党的方针政策，发动并带动广大群众，调动一切积极因素，办好人民公社，无疑是具有重大的促进和保证作用的。

各位代表：城市人民公社是一个伟大的创举，也是一个伟大的革命变革，它的生命力是不可估量的。但同时它又是一株嫩芽，是一项新的工作，需要我们满腔热情地，全力以赴地扶持培植，并且从它的发展过程中，不断地摸索经验，不断地丰富我们自己。

最后祝大会胜利，并祝全体代表身体健康。

一九六〇年十二月十三日

（南宁市）认清当前的大好形势，充分发挥城市人民公社优越性，为实现61年的各项计划而奋斗！*

雷同生代表发言

（一九六一年二月三日）

各位代表、各位同志：

我们亭子人民公社从去年7月成立将近一年了，这一年来在党中央和毛主席的正确英明领导下，在总路线、大跃进、人民公社的光辉照耀下，在区党委、地委、市委和市人民委员会的具体领导和关怀下，在取得1958年、1959年连续两年大跃进胜利的基础上又实现了1960年全面继续"大跃进"，特别是城市人民公社成立后，实现了"三化""四强"，发挥了人民公社"一大二公"的优越性和无穷无尽的伟大力量，在城镇和工厂企业中解放了420人的家庭劳动力，占应解放劳动力76.1%。组织了各种生产队伍153个，各种幼儿园托儿所84间，入托入院儿童占应入儿童的54%，组织各种服务站26处。使广大人民精神面貌起了根本的变化，在农业生产战线上，坚决贯彻了郊区为城市服务，以蔬菜为纲，以养猪为中心的畜牧业，大力发展水产以及其他副食品和油料作物的生产方针，精简机构，压缩劳动力，下放干部，集中优势劳动力，投到农业生产第一线。贯彻三包、四固定、实行评工记分、按劳分配、多劳多分、多劳多奖、多劳多吃的社会主义分配原则，因而使得1960年虽然受到几十年来未有过的水、旱、虫的灾害，但是商品蔬菜生产播种面积和总产量仍分别从1959年的18924亩增加到29216亩，增加54.8%（原数据有误），1754万斤增

* 原件现存于南宁市档案馆。

加到2210.5万斤,增加26%,副业生产的生猪存栏数也比1959年同期增加37.6%。其他工业、交通、财贸等方面,也完成和超额完成了原订计划,取得了巨大成就。

今年以来,我们根据市委和市人委的指示和广大社员群众的迫切要求,在农业生产战线上贯彻了党的各项政策,开展整风整社运动,通过整风整社以后,使广大干部提高了觉悟程度,提高了政策水平,克服了过去作风不深入,不调查研究,乱指挥生产,不与群众同甘共苦,特殊化等不良作风,从而迅速地调动了广大干部的生产积极性,掀起了春耕生产高潮。社员们都说,整风整社以后,给他们带来了十大变化:①干部带头执行政策;②群众相信了政策;③社员关心集体利益;④确定了农村人民公社三级所有制;⑤懒人变勤人;⑥荒田变良田;⑦各种生产精耕细作;⑧减产队变为增产队;⑨落后队变为先进队;⑩不安心在农村变为安心在农村。全公社计划播种三瓜任务3800亩,原定在三月中旬完成任务,经过整社在二月底完成了,播种面积达4400亩,提前了半个月超18%完成了任务,如新屋大队今年1—3月份蔬菜上市量221297斤,比1958年全年上市量171625斤,多49672斤,产值23024元,比1958年全年收入22011元,多1013元,扩大种播面积,去年该队同期蔬菜面积150亩,现在有314亩,早稻去年13亩,今年种150亩,玉米去年15亩,今年已种18亩,另种经济作物22亩,养兔去年同期全大队只有3户,养12只兔,现在全队13户有12户养有430多只,因此,社员收入有较大的增加,该大队第三小队几年来是个减产减收的落后队,而今年第一季度每个劳动力平均每月19.3元,社员杜月娥一个人在三月份纯收入就分得56元,1—3月份杜一个人除吃饭外,纯收入得151.48元,用不完还买了一辆单车给他爱人。□□大队社员把大队原有140多亩荒田,已经三年多没有种了,现在已全部种完,平阳大队□八小队原包产播种面积10亩,而现在实际已种115.3亩,金鸡大队第四小队过去有8台□□长期丢在路边无人管,被日晒雨淋,现在社员自动捡回来修理使用了。这个小队为了解决缺乏种子问题远到□□县去购买。

因此,当时农村是一派大好形势,是我们夺取今年继续大跃进的基础,是继续前进的有利条件,只要我们充分认识这大好形势和运用这些有利条件,今年的丰收是完全有把握的。但在我们取得胜利前进的同时,也存在缺点,这些缺点主要是去年全国受灾粮食收成受到了严重影响,副食品和蔬菜供应上的紧张状态还没有过去,而这些缺点我们认为是暂时性的是局部的,是前进中的缺点,只要我们正确贯彻中央各项政策,认真依靠群众是完全可以克服的。

为了更好地贯彻公社农业生产为城市服务,从速地提高郊区农业生产力,以满足城市人民生产、生活的需要,区党委和市委已经提出郊区农业生产要实现“四化”的指示,现在区党委、市委派来的拖拉机及各种工种技术人员,已大批运到了我们公社,这是我们公社每个社员也是全市人民的大喜事。在“四化”的鼓舞和推动下我们根据区党委、市委的指示精神,根据广大社员群众的要求以及我公社的具体情况,我们根据“四化”的这个有利条件,1961 年的蔬菜生产播种面积要扩大到 8000 亩,总产达到 4000 万斤,分别比 1960 年增加 181%,副业生产方面,生猪计划全年发展数为 6593 头,比 1960 年底存栏数增加 354. 6%,鸡、鸭、鹅、兔要发展 289529 只,比 1960 年增加 778. 6%,其它奶牛数比 1960 年增加 150%,以及其他副业生产也都大量的发展,尽最大力量来完成我们的生产计划。

最后祝大会成功,代表们身体健康。

一九六一年二月三日

中共湖南省委批转省轻化工厅党组《关于巩固提高城乡人民公社工业的意见》的报告*

（一九六一年三月二日）

各地（市）委、县（市）委、公社党委：

省委原则上同意轻化工厅党组关于巩固提高城乡人民公社工业的意见的报告，现转发给你们，请研究贯彻执行。因为我们对社办工业情况了解不深不透，经验还不成熟，其中一些意见不一定适合情况，望在执行中提出意见，以便进一步修改补充。

城乡人民公社工业是整个工业生产中一个重要的组成部分。巩固提高城乡人民公社工业必须切实贯彻以农业为基础的方针，在劳动力的安排上必须节约用人，农村公社工业常年生产人员，要控制在农业总劳力的百分之二左右。要把公社工业中常年生产、季节性生产和广大农村副业很好地结合起来。只有这样，才能达到支援农业生产和满足广大人民生活需要的目的。

城市人民公社工业主要是为人民生活服务，当前应当特别强调解决市场日用小商品的供应。有些原来从事小商品生产的技术工人，尤其是特种技术工人，现在转到其他行业的，应当有计划地组织归队，以适应当前生产需要。

巩固提高公社工业是一项艰巨的政治工作，也是一项细致复杂的组织工作，必须认真加强党的领导，放手发动群众。各级党委都要把整顿公社工业列入议事日程。在做法上，可根据今年元月份党委召集的工业书记会议上所讨论的精神进行安排，做好规划，以"五定"的办法，首先搞好生产安排，然后集

---

* 原件现存于湘潭市第二档案馆。

中力量开展以节约劳动力为中心的整顿工作，在这个基础上再进行企业生产管理的整顿。具体步骤，可由县（市）委安排确定。

为了加强对公社工业的领导，各县、市均应设立公社工业局，并配备一定数量的干部，专管城乡手工业和公社工业工作。

中共湖南省委

一九六一年三月二日

附：关于巩固提高城乡人民公社工业的意见向省委的报告

（一九六一年二月二十四日）

省委：

几年来，随着城乡人民公社的发展和壮大，我省公社工业无论在组织建设、思想建设和生产建设等方面都取得了很大的成绩。据统计，到目前为止，职工人数已达四十四万四千余人（其中农村社办工业二十九万二千人，城市社办工业十五万二千人）。一九六〇年工业总产值（不包括队办工业）达到十四亿元。同时，为国家积累了资金约一亿二千万元，并且增加了一千多个花色品种。这对进一步巩固人民公社，促进国民经济的全面发展，起了重要作用。

但是，在高速发展工业的同时，也还存在一些缺点和问题。诸如：部分企业占用劳力过多，服务方向不够明确，在发展生产上存在某些盲目性，在管理上一般比较混乱，缺乏必要的规章制度，部分企业还存在着成分严重不纯的现象，“一平二调”的共产风也还没有认真地加以处理。为此，根据中央“集中力量、保证重点、亦工亦农、工农结合、既减人又增产”的方针，对全省城乡人民公社工业进行一次全面的彻底的整顿巩固和提高是非常必要的。

（一）明确服务方向

发展社办工业必须坚决贯彻为农业、为生活、为工业、为出口服务的方针。鉴于农村与城市的情况各异，农村与城市社办工业的发展方向，应当各有不同的重点。农村公社工业（包括县城和镇），应当以为农业生产和农业技术改造服务为中心；城市公社工业应当以为城乡人民生活和市场修理服务为中心。在整顿城乡社办工业中，各地应当按照上述原则对各行各业进行分类排队，分别处理。从目前我省城乡社办工业的情况来看，一般可区别为必办的、看条件办的、暂时坚决不办的三类。现就农村社办工业作如下排队：

必办的行业：（1）直接为农业生产服务的农具、农肥、农药、农副产品加工与小农具的修理等；（2）社员日常生活所必需的食油料加工、缝纫、制鞋、雨具等；（3）传统性的手工业品和出口商品以及某些野生植物的初步加工和综合利用等。所谓必办，并不一定是要常年办，该季节办的应当季节办，该减人的应当减人。

看条件办的行业：（1）采掘工业，如小煤窑、矿石开采等；（2）冶炼工业，如炼铁、炼钢等；（3）建筑工业，如砖瓦、石灰等。这些行业是否办？办多少？要看具体条件而定。所谓具体条件是指：国家需要，本地有资源，劳力有可能，交通运输又较方便。这些行业除了特殊情况外，一般应当实行季节性生产。

暂时坚决不办的行业：（1）同大工业争原料的，如棉织、纺织、肥皂、皮革、玻璃等；（2）同农业生产和社员生活关系不大的、目前占用劳力较多、影响农业生产的；（3）资源完全依赖外地供给而交通运输又不方便的。

所谓同大工业争原料是指在各种农副产品方面同大工业发生矛盾的；所谓资源完全依赖外地供给是指在一个社、一个县的范围内自己不能解决的原料和材料；有些原材料即使能够解决，而交通运输又不方便，或者同粮、钢运输发生矛盾的行业，一律不办。

根据上述原则，目前农村公社工业应该办足办好以下三个行业：第一，农具修造，必须满足本社需要，机械化农具修造以及农业机械的小修，根据条件，尽可能满足需要；第二，小商品生产应恢复到一九五九年年底的水平；第三，修理服务行业，应积极扩大服务网点和组织服务上门。凡是修理服务人员过少的，应适当增加，价格偏高的，应适当降低。经过调整提高以后，对于这三个行业的企业、人数、原材料、产品等应力求稳定下来，不要轻易减少或转做其他产品。如果有停产、减产、转产的，必须报上一级主管部门批准。

公社工业应当切实贯彻三级所有制，哪些归社办？哪些归队办？应有明确分工。凡是技术性较高、商品性较大、需要的设备和资金较多、原材料不是一个大队可以解决的，由社办，如农业机械的修理、改良农具的修造、矿产开采、大宗农副产品加工以及某些外调产品、省内平衡产品和特种工艺美术产品等；凡是技术性较低、生产季节性较大、直接为本队农业生产和社员生活服务的，由队办，如小农具的制造和修理、小宗农副产品加工、土化肥、土农药、土纸、纸浆、缝纫等。

（二）合理安排劳力

公社工业必须在首先保证农业生产第一线劳力的前提下，本着节约使用劳动力的精神，对现有企业的劳力，根据需要，适当调整，合理安排。

农村社办工业的主要任务是为农业生产服务，在劳动力的安排上，应当优先满足直接为农业生产服务行业的需要，然后安排为社员生活服务和从事其他工业生产行业的需要。根据重点地区调查，农村社办工业一般应有百分之六十左右的工人从事农具、农械的制造与修理以及农肥、农药、农副产品加工；有百分之三十左右的工人从事缝纫、雨具、陶器、日用小五金、土纸和粮油加工；有百分之十左右的工人从事传统性的手工艺品和某些手工业、公社工业的原材料生产。具体到一个公社来说，有的可以多一点，有的可以少一点，但常年生产的人员一般应当控制在农业总劳力的百分之二左右，不足部分应采取亦工亦农、农闲做工、农忙务农、专业与副业、常年生产与季节生产相结合的办法求得解决。

城市社办工业的中心任务是为城乡人民生活和市场服务，在劳动力安排上，应本着先生活后生产的原则，给以适当调整。根据统计框〈匡〉算，在全省现有城市社办工业职工中，为人民生活和从事修理服务的职工一般应占百分之五十左右，为工农业生产服务的职工一般占百分之四十左右，为其他服务的（如出口、原材料生产等）占百分之十左右。鉴于城市的大小、人口的多少和承担的任务不同,对于劳动力的安排,应该因地制宜,比如:长沙、株洲、衡阳、湘潭等较大城市,为人民生活服务和从事修理服务的劳动力,可适当多一点,为农业服务的劳动力,可适当少一点。县辖市和县属城镇,为农业服务的劳动力还可适当增加。

为了迅速恢复和发展日用小商品的生产,当前还要进行技术归队工作,切实安排好劳动力:第一,凡是由生产小商品企业中抽调转业去搞其他行业的专业技术较高的一部分工人,特别是担负制造名牌产品的特种技术工人,应尽可能地抽调归队。由主管单位采取清行业、清牌号、清品种、清产量、清劳动力的"五清"办法,分类排队,根据需要,提出方案,报请党委批准,今后必须稳定下来,避免工人调来调去影响情绪并有利于提高技术水平。第二,凡是原来从事小商品生产的企业,在转厂升级合并以后,不适当地由修理服务改为专业制造,或由生产生活资料变为生产生产资料的企业,而目前市场又迫切需要,并且无适当单位接替其原有产品任务的,应当继续生产原有的产品。只有在保证原有产品或原有修理服务业务有增不减的情况下,再增产其他产品。第三,有些行业如果现有生产人员的生产能力确实不能满足社会需要(是就全省来说而不是每个县市都满足),而且原料来源又不十分困难的,所需生产人员可在本系统内进行适当调整,以进一步扩大生产。

(三)纳入计划生产

为了更好地促进社办工业的发展,在整顿社办工业的同时,对于小五金、百货、日杂等生产,应当实行产品定点。社办工业企业的供产销应当逐步纳入国家计划的轨道。纳入国家计划的关键首先在于"供"。目前社办工业所需原材料多种多样,细小碎杂。大部分企业所需原材料都应当依靠就地取材,自力更生,依靠逐步建立和发展自己的原材料基地;同时也有一小部分一、二类统配物资,要靠国家计划供应。在国家计划和地方计划中,公社工业应当有个户头,有个位子。国家分配给公社工业的原材料,应当保证落实到社、到厂。当前某些地方存在的国营挤社营、大的挤小的、制造挤修理的现象,必须予以改变。

公社工业所需的原材料中,有相当大一部分是大企业的边角废料。为了切实解决小厂利用大厂的边角废料问题，各地应根据统筹兼顾、全面安排的原则，对大企业上交国家部分、自己综合利用部分和拨给公社工业部分这三个方面适当分配，画个框子，保证供应。

公社工业的动力和机械设备，应通过公社自己造和国家供应两个方面解决。国家供应的部分和厂社挂钩支援的部分，应当坚持等价交换的原则，由公社按价付款，一次不能付清的，可以分期付款；城市公社工业中由国营企业下放的车间和同大工业关系十分密切的企业，机械设备可以作为国家投资实行国、社合营，企业利润由国社分成。

公社工业具有分散、灵活、多样的特点，供产销纳入计划，应当实行分级管理，地方为主，条块结合，块块为主。公社工业除少数产品（如煤、铁、糖、纸等）和省定点产品分别纳入中央计划和省计划外，绝大部分产品，如小五金、百货、日杂等产品，在保证修理和搞好小商品的基础上增加产量逐步定点，纳入专（市）计划，上报省备案。

（四）做好收益分配

公社工业必须实行“单独核算，各计盈亏，纯利上交，利润留成”的办法。城乡公社直属企业所获利润，除按照国家规定交纳所得税外，其余应采取利润留成的办法进行分配。企业可自留百分之十至百分之十五作为各项基金（其中可以百分之九十作为基本基金），百分之五作为奖励基金，其余百分之八十五至百分之九十应按季清账、全年结算的办法上交公社。公社要把工业上缴利润留一部分作为扩大再生产的资金积累，一部分作为调整社办工业盈亏。大队工业也应大体采取这种办法。公社和大队不应把企业利润全部收走，以免企业发生亏损时却无法解决。在布置工厂和“五匠”（小组或个人）利润任务时，必须实事求是，防止用抬高价格及其他不正当办法获得利润。城市公社、分社兴办的工业企业，除按照国家规定交纳所得税外，利润留成多少由各地参照百分之十至百分之十五的比例确定。分社所得的企业上缴款，应在年终结算时提取百分之十上交公社，作为发展公社工业的基金。农村人民公社大队所兴办的工业企业，原则上采取“核定任务，收入上交，支出报销，定期结算”（例如一月一次）的办法，对某些规模较大、生产正常、管理有基础的，也可以实行单独核算,采取"核定任务,纯利上交"的办法。

社办工业企业职工工资应当坚决贯彻执行"按劳付酬、多劳多得"的原则,并参照企业的生产水平和社会工资水平合理确定。在农村,可稍低于国营工业和稍高于农村,平均工资一般可控制在二十三元左右;在城市,应低于当地同行业、同工种、同技术条件的地方国营工厂的工资水平,一般可控制在二十七元左右。社办工业的工资形式可以多种多样,但应以固定工资加奖励为主要形式,奖励面可适当放宽,等级不应过多,差额不宜过大,并且做到月月发工资。大队所办工业的工资制度和工资水平,原则上应与社办工业相同。在经营上实行单独计算盈亏,工资实行基本工资加奖励的制度,技术高的工人还可适当进行技术工具补贴。农闲季节农民到公社或大队企业进行短期生产的,其工资支付应照公社工业工资支付办法计算,但工资交由大队统一支付,个人所得部分与大队留成比例由大队决定,以激发集体和个人的生产积极性。

(五)加强企业管理

加强企业管理是整顿、巩固和提高公社工业的一个重要内容。在目前主要是加强生产管理和财务管理。在生产管理中应特别注意加强产品检验,保证产品质量,对不合规格的产品应严加控制。同时,要发动群众,积极制定各项工艺操作规程,加强定额管理,主要是工时定额和原材料的消耗定额。通过定额管理,达到增加产量、提高质量、节省劳力、降低成本的目的。

财务管理是企业管理的核心。做好财务管理对于减少费用开支、降低生产成本、防止贪污舞弊以及合理使用资金等方面都有着非常重要的意义。在目前建立和健全财会制度,严格执行财务审批手续,是加强财务管理的中心内容。社办工业企业必须本着"因陋就简、勤俭办企业"的方针,压缩一切非生产性开支,提倡采取不脱产和半脱产的办法,尽量减少脱产干部,企业脱产干部一般不得超过职工总数的百分之三。对于因公耽误生产的职工,可采取补贴的办法,弥补其应得的收入。

在加强企业管理的同时,应当切实抓好职工生活,目前抓生活的中心环节是办好职工食堂,充分发动群众,大种蔬菜,大搞代食品生产。根据具体情况喂猪、养鸡、养鸭,并且在不影响集体生活的前提下,允许职工利用业余时间在自己居住的屋前屋后种蔬菜;食堂一定要由在食堂入伙的人员民主管理,食堂的账目必须按月公布;社办工业企业的党组织,要定期讨论职工生活,并应指定专人抓好生活。与此同时,还必须切实作好劳逸结合,原来有休假制度的,应继续坚持下来,没有的,应尽快建立起来,要保证职工每天睡足八小时,吃饭、休息、学习八小时;对于妇女和有疾病的职工,应适当给以照顾,使全体职工能经常保持充沛的精力和旺盛的劳动热情。

(六)加强政治工作

整顿公社工业必须坚持政治挂帅。应当看到:目前在社办工业企业中有百分之九十以上的人是拥护党的总路线和各项方针政策的,但是也有百分之几的人是没有改造好的地主阶级分子、资产阶级分子和其他坏分子,他们总是利用基层工作中的某些弱点和缺点,进行破坏活动。就是在百分之九十以上的好人中,也有少数人由于觉悟不高、在坏人的直接和间接影响下,做了一些不利于党和人民的事情。为此,各级党委必须把组织整顿和思想整顿作为整顿社办工业的一个十分重要的部分,从始至终地贯彻反对资本主义经营思想和作风的精神,要求通过整顿达到提高觉悟、明确是非、纯洁组织、健全队伍、加强团结、发展生产的目的。社办工业企业凡是有党团支部的必须进一步健全,没有党团支部的要积极培养和吸收一批成分好、觉悟高的优秀分子加入党和团的组织,把企业内的党和团的组织建立健全起来,充分发挥党团支部的战斗堡垒作用。坚决把坏分子、阶级异己分子、反革命分子从领导机关和要害部门中清洗出去。为了做好这个工作,各级党委,特别是公社党委要定期研究社办工业工作,帮助他们总结工作经验,及时帮助解决工作中存在的具体问题;同时,要组织干部深入基层,深入生产第一线,认真执行干部参加生产劳动的制度,进一步密切干部与群众的关系、党与群众的关系,使所有职工的生产积极性得到进一步的发挥。

整顿公社工业是千百万人的群众运动,是一项端正经营作风、改善经营管理的细致复杂的组织工作。做好这个工作的关键在于加强党的领导,充分发动群众,采取有计划、有步骤地进行。在具体做法上,我们意见大体可分为三步:第一步,根据省委在元月份召集的工业书记会议精神,首先做出规划,分别不同情况，进行定厂、定产品、定产量、定质量、定供销关系，用“五定”的办法明确方向，端正经营思想和经营作风，搞好生产安排，这一步不少地方正在进行。第二步，集中力量，加强领导，开展以节约劳动力为中心的整顿工作，发动职工广泛揭发生产中浪费劳动力的现象，在这个基础上进行整改，把人员定下来。这一步大体上应该在三月底至四月半结束。第三步，用一个半月到二个月的时间进行企业生产管理上的整顿，主要是围绕提高质量、节约原材料、降低成本等方面，发动群众查浪费、提建议、采取措施、堵塞漏洞，建立和健全一些必要的制度，进行思想建设和组织整顿，健全机构，纯洁队伍。全部整顿工作在六月底以前结束。

为了加强对公社工业的领导，要求各市、县委均成立公社工业局，并配备一定数量的干部，专管城乡手工业和公社工业，使城乡手工业和公社工业在现有基础上提高一步。

省轻化工厅党组

一九六一年二月二十四日

中共湖南省委批转城市人民公社办公室“关于当前城市人民公社工作的意见”的报告*

（一九六一年三月二十九日）

各地、市、县委：

省委同意城市人民公社办公室“关于当前城市人民公社工作的意见向省委的报告”。现转发给你们，望研究贯彻执行。

中共湖南省委

一九六一年三月二十九日

附：关于当前城市人民公社工作的意见向省委的报告

（一九六一年三月十六日）

省委：

各地、市委管城市公社工作的同志，参加了省委最近召开的财贸工作会议。在会上认真研究了当前城市公社的工作问题，一致认为当前城市公社的主要任务是：认真抓好当前生产、生活，并积极做好整风整社的准备工作。现将各项工作意见报告如下：

第一，认真抓好城市人民公社当前的生产。

---

* 原件现存于湘潭市第二档案馆。

城市公社各项生产事业，必须根据中央“调整、巩固、充实、提高”的方针，与各地的具体情况，切实抓好如下几方面的工作：

（1）大力抓好蔬菜、副食品的生产和代食品、营养品的生产。搞好蔬菜、副食品的生产，是安排好城市人民生活很重要的物质基础。我省城市的蔬菜生产虽然取得了很大成绩，但目前仍有相当一部分城市蔬菜供应较紧，同时，四月和五月上半月是蔬菜生产的淡季，现在如果不大力抓紧，供应紧张的情况将会更严重。因此，各城市公社当前都应把蔬菜和副食品的生产当作自己一项重要的任务，切实加强领导，采取一系列措施，力争多产蔬菜、副食品，使供应情况逐步好转。

为了搞好蔬菜、副食品生产，城市郊区必须贯彻“以菜肉为纲”的方针，首先，要大力抓好郊区整风整社，纯洁队伍，彻底纠正“五风”，普遍实行“三包一奖”“三权”“四固定”“评工记分”等管理制度，切实改善经营管理，通过生产关系的调整和一系列政策的深入贯彻，充分调动菜农的积极性。除个别城市工矿区常年菜地较少适当扩种一点外，一般菜地面积是够用的，应该努力提高单位面积的产量和质量，增加品种。专业队的劳力必须安排好，并使之固定下来，某些劳力太少的，应适当地从社办工业中调剂一部分。在调剂当中，应注意将那些老菜农实行归队。其次，要继续充分发动机关、厂矿企业、学校的职工、职工家属和街道居民，抓紧目前的大好时机，大种春菜，特别是春季早熟菜，做到见缝插针，并努力提高培育技术，加强培育管理，力争高产丰收。

在大抓蔬菜生产的同时，还必须利用天气转暖的大好时机，大搞小球藻、叶蛋白、人造肉精等代食品营养品的生产。

（2）大抓农具农械的修理制造，千方百计支援农业。春耕生产大忙季节已经到来，各城市公社，特别是城关镇的公社，都应采取积极主动的态度，突出地抓紧农具农械的修理制造。各城市公社都有一名书记或主任负责这项工作，把已经承担的修理制造任务，如质、如量、如时地完成，并主动与农业部门联系，接受新的任务。各个公社还可以组织一批技术力量，下乡就地修理制造。

（3）大力恢复和发展小商品生产。在目前市场供需关系比较紧张的情况下，城市社办工业应该特别注意为城乡人民生活服务，千方百计地发展小商品生产。为了做好这件工作，首先要教育全体公社干部，深刻认识小商品生产的重要意义，克服“重大轻小”和单纯追求产值、利润的错误思想；其次，公社党委必须在市、县委的统一规划下，对小商品生产实行“五定”，即定厂、定设备工具、定劳力、定任务、定供销关系。过去转业、停办不当的要恢复，技术力量要归队，劳力不足的要充实；再次应帮助这些单位妥善地解决产、供、销关系问题，组织这些单位与有关工商部门订好产、供、销合同，切实解决原材料供应问题。凡是国家供应的原材料，必须尽快地落实到厂，保证专材专用；同时，要充分发动群众，在保证产品质量的前提下，充分利用废旧物资和边角下料，广泛开展节约、代用运动，以克服原材料困难，保证按计划正常生产。

(4)积极发展修理服务行业。目前日用工业品供应不足，积极发展缝、洗、拆、补等修理服务行业和其他用具、炊具的修理工作，有十分重要的意义。各城市公社，都必须切实抓好这项工作，要依靠和发动群众，合理地调整和充实服务网点，增设服务项目，改善服务态度，提高服务质量，适当降低价格，做到便民利民。修理服务行业的原材料，除国家分配的要保证专材专用外，还需大力提倡以旧补旧，改旧翻新，尽可能节约社会物资。

(5)加强短途运输。现在，城市的短途运输相当紧张，特别是生活资料的运输常常被挤掉，使人们深感不便。各城市公社都应通过劳动力的调整，组织一支短途运输队伍。已经组织的应根据情况适当充实，并按照生产、生活资料的运输适当进行分工，迅速解决城市短途运输方面的困难。

第二，进一步抓好群众生活，必须尽一切力量把食堂办好。

首先，要切实贯彻执行“积极办好，自愿参加”的原则。在目前条件下，由于城市居民的职业、工作条件和生活水平不尽相同，不要勉强要求不愿参加食堂的人参加食堂，当前重点是应把现有的食堂办好。入伙范围仍应限制在参加公社、分社或管理区各项劳动迫切要求参加食堂的人员。资产阶级分子及其家属，目前一般不要吸收他们加入食堂；已经加入食堂现在要求退出的，应该准其退出。对未加入食堂和退出食堂的人应按标准供应粮食、燃料和其他副食品，不允许歧视。

为了办好食堂，必须继续坚持“政治到食堂，干部下伙房”的成功经验。坚决清除食堂工作人员中的五类分子，亦不要让资产阶级分子、小业主掌握食堂领导权，要把食堂大权掌握在可靠的劳动人民手里；教育食堂工作人员牢固地树立为生产服务、为群众生活服务的正确态度，认真执行党的粮食政策，做好计划用粮和节约用粮工作，建立和健全民主管理制度，严格核算，杜绝贪污浪费。

对托儿所、幼儿园、哺乳站等儿童保育事业，要进一步办好。对那些房屋设备不够或者过于集中的单位，应根据便利群众、有利生产、便于管理的原则，经过与群众商量，适当进行调整充实。对所有保育人员要加强教育，不断提高他们的觉悟程度和业务水平，必须杜绝那种克扣、侵占儿童口粮和副食品的恶劣行为。

加强领导整顿，改进地区综合商店零售网点及服务站的工作，杜绝徇私舞弊、走后门等恶劣行为，提高服务质量，改进服务态度，做好商品分配和生活服务工作。

第三，做好整风整社的准备工作。

我省城市公社化运动的成绩是巨大的，总的发展是健康的，这是基本的、主流的方面。但是，据最近我们的调查了解，城市公社在领导权方面，在“五风”方面，在社办企业、事业的经营管理方面，都存在不少问题。这些问题说明在城市公社中开展一次全民性的整风整社运动，十分必要。但鉴于目前农村整风整社和春耕生产都进入紧张阶段，城市生产、生活也亟待安排，领导精力和干部力量不可能同时兼顾的情况，城市公社要在积极抓好当前生产、安排好群众生活的前提下做好整风整社的准备工作：

（1）抓紧城市郊区的整风整社工作。我省郊区整风整社的任务相当大，建议各地市委抓紧目前时机，争取在插秧前后，基本完成郊区的整风整社任务。只有这样，才能争取主动，以便在农村整风整社工作基本结束的时候，把领导精力和干部力量适当集中到城区整风整社方面来。郊区的整风整社工作，基本上可按农村的办法进行。但是要注意城市郊区的特点。

（2）认真做好整风整社的试点工作，以便摸清情况，积累经验，训练队伍，从思想上、政策上、组织上给全面开展整风整社运动做好准备。长沙市先锋公社一分社、衡阳市福星公社福星分社、岳阳市北区分社三个单位的试点工作，要切实抓好，目前主要应大力调查研究、摸清情况、研究政策和有准备地进入处理内部问题、纠正“五风”阶段，至于处理敌我矛盾的群众斗争会，可以暂缓进行。其他各市和城关镇、矿山公社，暂时一般都不搞试点，但是也应抽调必要的力量进行调查研究，摸清情况，认真研究政策，为城市公社全面开展整风整社做必要的准备。

第四，建议各地、市委要注意加强对城市公社工作的领导。

根据省委指示，各地市委应有一名书记专管或兼管城市人民公社的工作，并设立专门的办公机构，配备适当数量和质量的干部，负责掌握情况，研究政策，总结经验，及时向党委汇报等。

以上报告如省委认为可行，请批转各地市县委和各城市公社党委。

省委城市人民公社办公室

一九六一年三月十六日

（湖南省）进一步贯彻“四服务”方针，切实办好社办工业*

（一九六一年五月）

发展生产是办好城市人民公社的物质基础，是改造旧城市和建设社会主义新城市的中心环节，而社办工业，又是城市公社生产事业的重要组成部分。因此，公社各级组织，都应该积极加强领导，切实把已经办起来的工业生产搞好。

社办工业，应该在全市（县）统一规划、合理布局的前提下，进一步地贯彻执行“四服务”（为农业生产、人民生活、大工业、出口服务）的方针。当前应根据中央关于“调整、巩固、充实、提高”的原则进行适当调整，合理安排。应着重把农具农械的修理制造、小商品生产和修理服务等三个重点行业办足办好，并应把为城乡人民生活服务，即发展小商品和修理服务行业当作自己的中心任务。在一般的情况下，为人民生活服务的单位，从业人员均应占到百分之六十以上。但是，各地社办工业的经营方向，还应从当地生产建设和人民生活的实际需要出发，因地制宜地来确定。以居民为主的公社或分社，主要应该为人民生活服务；以厂矿为中心的公社或分社，主要应该为大厂矿的生产建设和职工生活服务；县城公社，主要应为农业生产和城乡人民生活服务。

为了保证社办工业“四服务”方针的贯彻实现，必须教育所有社办干部和社办工业的职工，正确认识社办工业的地位和作用，彻底批判那种“重大”“轻小”“重制”“轻修”和单纯追求产值、利润的错误倾向，从而下定决心，把符合当地生产建设和人民生活需要的生产认真办好，对于这方面的生产，哪怕是利

---

* 原件现存于湖南省档案馆。

润小一些、产值低一些、产品复杂零碎一些，也要积极地去干。必须在提高认识的基础上，对社办工业实行“五定”，即定点（厂、车间）、定任务（产量、质量、品种）、定劳力、定设备、定供销关系。在“五定”中，对于三个重点行业，过去停业不当的要恢复，技术力量要归队，劳力不足要充实。今后在劳力、技术、设备等方面，要力求稳定下来，未经市（县）委批准，不得任意变动。

在“五定”中，一方面要固定一批工厂，使之成为公社、分社的重点企业；另一方面又要照顾到社办工业灵活、多样的特点，正确处理固定与灵活的关系，不要把所有的生产都定得太死，要安排一批生产单位从事季节性的、不定型的生产，以便更好地满足市场需要。在修理服务网点的摆布上，既要有固定的修理服务点，又要有流动的修理服务队伍，以更好地便民利民。

为了保证社办工业能够有计划地、正确地进行生产，要切实解决它的产供销关系问题，特别是原材料供应问题。由于目前国家还不可能把所有社办工业都包下来，因此，解决这方面的问题，只能采取加强计划性和发挥主动性相结合的办法，即一方面应将社办工业的产供销关系逐步地纳入国家计划或各级地方计划，纳入计划可以采取如下几种形式：（1）少数产品（如煤、铁、糖、纸等）和省定重点产品应分别纳入中央计划和省计划；（2）大部分产品（如小五金、百货、日杂等）应分别纳入专、市、县计划，并上报省备案；（3）为大厂矿服务的加工性生产，可以采取由双方签订合同的形式，间接地纳入国家计划；（4）对于某些季节性的、不定型的生产，可以与商业部门订好供销合同，间接地纳入各级地方计划。社办工业纳入计划后，凡是中央或各级地方分配的原材料，要保证“专材专用”，不得挪用。另一方面，社办工业还必须充分发挥主动性，坚持自力更生、就地取材的方针，在不影响国家统购物资的收购、不和国营企业争原料的前提下，逐步建立和发展原材料基地，尽可能地利用大厂的边角废料和社会上的废旧物资，并大搞原材料的综合利用和节约代用，在条件许可的地方，还可以适当地搞一些原材料生产。

城市公社在抓好工业生产的同时，还要积极组织城市的短途运输。各个城市公社都应根据需要成立一个或若干个适当规模的短途运输队伍，并按照生产、生活资料的运输适当进行分工，切实解决城市短途运输方面的困难。

为了促进社办工业的巩固、提高和发展，还必须充分发动群众，大闹技术革新和技术革命，大搞各种形式的社会主义竞赛，努力提高劳动生产率，尽可能地节约劳动力，实现减人增产，并不断地提高产品质量，增加品种，降低成本，以保证生产的持续跃进。

湖南省委城市公社办公室

一九六一年五月

（湖南省）认真处理“一平二调”和经济关系问题*

（一九六一年五月）

认真处理好城市公社“一平二调”和经济关系问题，是有关确立公社各级所有制、调动各级、各方面和广大社员群众积极性的重大问题。城市公社，也应像农村那样，严肃认真地对待这项工作。在处理平调问题时，首先要划清劳动人民和剥削阶级的界线，同时，要承认社会主义“等价交换、按劳分配”的原则，必须在这样的前提下，认真分析，彻底弄清哪些是“共产风”，哪些不是“共产风”。这是正确地处理好平调问题的关键。

城市公社的“一平二调”和经济关系问题，主要表现在如下几个方面，应分别不同情况，坚决地、实事求是地进行处理：

第一，房屋问题。凡是公社各级因举办各项企、事业所借用的劳动人民的房屋，应订立合同付给租金，过去未付者应补付。如果房屋自己确实需用，应把房屋归还原主。如果占用的房屋属于私改范围，应按私改政策通过法定手续予以改造。

因进行城市建设而拆毁劳动人民的房屋，未付给拆迁费者应适当补付，居民未加安置者应适当安置。

第二，劳动力问题。在1958年大办工业时（当时各地一般尚未建立城市公社）有些单位调用了城市劳力，其工资调用单位已偿还一部分，另一部分尚未清理，需要继续清理偿还，凡是无固定工资收入者应发给本人，凡是有固定工资收入者应发给其所在单位。1960年城市公社普遍建立时，在大办工业中

* 原件现存于湖南省档案馆。

也调用了一批劳力，未发工资者也应由调用单位补发。

国家机关、企业、事业调用公社劳动力，应分别两种情况处理：一种是在国家计划内需要调用的，公社应积极支援，所调劳力从调去之日起，即成为调用单位的人员，由其发给工资；另一种是在国家计划以外需要临时性的劳力，公社也应支援，工资由调用单位发给，但劳力还算公社的，不用时仍应退还公社。

城市公社抽调劳力下农村，属于短期的、突击性的支援，其工资可由原单位补贴，属于较长期的支援，则应由农村公社按照等价交换的原则，付给相当于农村水平的工资，其不足部分可由县、市财政或城市公社补足，如果被调用者不是公社各级组织和各项企、事业的人员，则应全部由县、市财政补足。

公社、公社内部，为了集中力量发展某些重点企业，经过党委讨论决定，从其他单位抽调一部分劳力，不算平调，其工资应由调入单位发给。各种义务劳动（如居住区附近的绿化、小街小巷的修理、爱国卫生、修公园等等）不算平调，不需清理。

第三，工厂和设备、资金、原材料等生产资料的问题。在大办工业当中，应分别如下几种情况进行清理：（1）1958 年大办地方工业时，劳动人民集资办厂，其现金和实物，各地一般已作银行储蓄分期归还，但也还有一部分尚无着落，应清查退还；（2）1958 年劳动人民集资把工厂办成后，有的转为地方国营，有的转为公社经营，属于劳动人民集资部分，均应分别加以清理（设备、工具、材料等也可适当作价）分期、分批偿还；（3）1960 年公社化运动中，也有一些劳动人民集资办厂，处理办法与前同；（4）手工业社（组）有的转为地方国营，有的转为公社经营，其固定资产和积累，应随着转为全民或公社所有，但劳动人民的股金，应由转入单位分期、分批退还本人。以上几种情况里面：凡属于资本家采取献财、献宝等形式投入的现金或实物，不必清理；凡属资本家和小业主的股金，仍按定息处理。

国营企业支援社办工业的机器、设备、原材料、现金等资金，应该按照等价交换的原则，实行“三分清”，并通过双方协定，根据社办企业的经济能力，分期偿还现金或实物；如系破旧报废而支援单位又愿意赠与者，可不必清理。由国营企业下放的、与其关系十分密切的工厂、车间，为了使之更好地为国营企业服务，可实行国、社合营，其利润由国、社分成。

城市公社为了更好地促进生产的发展，根据有利生产、便利领导的原则，采取“并、转、增、扩”的办法，上调或下放的工厂、车间，或者从部分单位集中的一些设备、劳力、资金、材料，一般不必物归原主，但如果在上调、下放时，未适当照顾对方经济利益，应将所调的东西清理作价，分期偿还，或分配给一定比例的利润，或适当下放一些可以下放的工厂、车间。如果某些工厂、车间没有必要调上来，也可退回原单位。

第四，家具、炊具等生活资料问题。公社化以来，由于举办各项集体生活福利事业而占用劳动人民的家具、炊具等实物，应该记账、认账，付给租金，过去未付者应补付，并应在坚持把事业办好的前提下，通过社员讨论，能退的就退，暂时不能退的，可以取得物主同意，继续租用。

第五，家畜、家禽等问题。凡是无偿平调了集体或居民的家畜、家禽、农副产品或屋前屋后的小块菜土、少数果木的，都应该退还实物，无法退实物的，应折价赔偿。

第六，有关公社积累与分配的问题。公社各级和社办工业上交的利润和下拨的经费，应按省委《关于城市人民公社若干问题的规定》办理。上交比例过大的，应按这个规定和分级管理、分级核算的原则做适当调整；下拨经费不足的，也应根据实际需要适当补足。

凡是国家机关、企业、事业单位上调了公社的积累，应该退还。公社化以来，某些机关将一部分应拨给公社的经费（如社会救济费、修缮费、文教卫生费等）不继续下拨，转由公社负担，应该加以清理，酌情偿还。

湖南省委城市公社办公室

一九六一年五月

(湖南省)坚持政治挂帅和物质鼓励相结合的原则,整顿、改进工资奖励制度*

(一九六一年五月)

在城市人民公社中,在现阶段,工资问题是一个极为复杂的生产和分配的问题。它体现着集体内部各类人员之间的关系,也体现着积累和消费之间、集体利益和个人利益之间、眼前利益和长远利益之间的关系。这些方面的关系,需要做合理的安排。在目前的条件下,工资奖励制度还应该作为一种提高人们政治思想和物质鼓励因素的重要手段,以推动生产的发展和劳动生产率的提高。这就要求一方面坚持以思想政治工作为主;另一方面,切实克服目前实际存在的某些平均主义倾向。

根据各尽所能、按劳分配、多劳多得的原则,在城市公社中,在工资奖励制度方面,要按照各种不同的生产特点和劳动组织形式,参照当地同行业地方国营工厂的办法,采用与之相适应的形式和制度。一般来说,城市公社所属企、事业单位,可以采取下列几种制度:以计时工资制为主,建立一定数目的工资等级制度;适当建立各种鼓励职工政治进步和发展生产的奖励制度;少部分工人实行计件工资或抽成、分红的制度;实行必要的津贴制度等。鉴于目前公社工业的生产水平还比较低,公社职工无论采用哪一种工资形式和制度,其工资水平,均应当适当低于当地地方国营工厂同行业、同工种的职工的工资水平,而且在最近几年,整个工资还应该稳定在这个水平上,不能做过多的提高。

工资等级制度是实行计时工资制、贯彻按劳分配的基础。在城市公社各

* 原件现存于湖南省档案馆。

项企、事业中，对工人，可以比照地方国营工厂实行八级工资或再加半级的十六级工资制度，级差固然不宜过小，但也不宜过大。在评定工人等级时，应有一定的技术标准或技术条件作依据，并应适当结合考虑劳动态度好坏等因素。对少数已经符合升级条件而生产上又迫切需要的工人，应该经过一定的手续，提升一部分人的等级。对干部，可以参照国家机关的干部工资情况，结合考虑其在各项企、事业中所担任的职责范围、工作繁简和个人的德、才条件，规定适当的工资。在目前的条件下，公社各项企、事业中干部的工资，大体上应和国家各级机关同等质量的干部相近，不宜悬殊过大。

计时工资制加奖励制度，是目前适宜于在公社职工中大量实行的对提高生产行之有效的制度。现在普遍实行的有综合奖和超额奖两种形式。综合奖是一种概括较为全面的制度，对于商店、学校、食堂、托幼组织、医院、银行、国家机关以及生产企业实行计时工资制的工作人员来说，都可以适用。超额奖对于生产单位大量实行计时工资但又可以计算产品数量、鉴定产品质量的工人来说，是一种鼓励力求完成和超额完成生产定额的制度。实际经验证明，某些部门、企业实行的效果也是好的，可以把它和一定的政治条件（如劳动态度、政治风格、劳动纪律等）结合起来，把它和节约使用原材料、燃料、动力、提高产品、工程质量、加强安全运转等条件结合起来，并应以对生产的要求为主，使之真正成为一种既有利于提高思想，又能够鼓励生产发展的制度。

计件工资制是一种对发展生产既有好处但又有一定缺陷的制度。在社办工业中，对于生产高度集中、“四化”程度较高、生产正常稳定的企业，如冶炼、机械等行业，原来已经停止计件的，可以不必恢复；对于生产过于分散、工作流动性很大且多系手工和重体力劳动的工作，取消计件后生产显著下降，对企业经营严重不利的，如某些运输行业、轻手工业，可以考虑适当恢复一部分计件工资。在服务性行业中，也可以保留原有一部分计件性质的抽成、分红形式。无论哪一种计件形式，都要进一步加强管理，提高定额工作的质量。定额水平问题，是计件工资实行好坏的中心问题，必须坚持积极可靠的原则，也就是不可过低、不可过高、绝大多数人好好劳动可以到达、少数人还可以超过的平均先进定额。定额水平一般应该每半年修订一次。凡定额水平过于陈旧，以致工人不用努力就可以大大超额的现象，无论对集体、对个人和对国家都是不利的，应该加强定额管理工作，根据具体情况，采取定期修改和个别修改的办法，予以防止。

在社办工业中，可以根据生产迫切需要和客观条件的实际可能，实行一定的、必要的津贴制度。例如在目前某些副食品供应暂时紧张、生活水平较高的情况下，学徒工津贴很少，甚至连吃饭和少量的必要的生活费也不够的，可以适当给以一定的、临时性的津贴；又如某些劳动条件特别恶劣、对工作人员身体健康有严重损害的，如高温、井下和有害健康的气体等条件下工作，可以实行一定的保健津贴制度等。

在上述各种工资形式和制度当中，一方面应该坚决贯彻执行按劳分配的原则，克服平均主义倾向，反对在工资奖励问题上"吃大锅饭"；另一方面，除个别技术特别突出的人员可以规定特殊的工资外，还必须防止发生高低过分悬殊的现象，避免由于社办工业工资过高影响国营企业职工外流，避免对企业成本核算所产生的不利，避免对职工内部发生不团结现象等一系列影响集体利益和国家利益的问题。

湖南省委城市公社办公室

一九六一年五月

（湖南省）全面组织人民经济生活，办好各种集体福利事业*

（一九六一年五月）

组织人民经济生活，兴办各种集体福利事业，必须从节约劳动力、便利群众、便利生产、便利生活出发，要坚持"大集体，小自由"、统一性和多样性相结合的原则，还应当承认差别，既要积极办好，又要坚持自愿参加。

一、积极办好公共食堂，真正实现自愿参加的原则

在城市人民公社中，兴办公共食堂的根本目的，就是为生产服务，为解放社会劳动力服务，为群众生活服务。城市公共食堂的基本对象，应当是参加了各项社会生产劳动的职工和其他劳动者以及他们的子女，首先吸收他们之中那些迫切要求入伙的人参加，并照顾那些自己缺乏做饭条件的孤老病残人员。因此，在坚持"积极办好，自愿参加"的原则下，对于那些不愿入伙的人，不要勉强他们入伙，更不应该用扣留粮油证、限制群众退灶等做法，限制群众在生活方面的自主权利。对已经加入食堂而要求退出者，也应当允许他们退出，并给他们以方便，帮助他们安排生活。

城市公共食堂，应当坚持贯彻执行"大集体，小自由"、统一性和多样性相结合的原则。由于城市各阶层人们的职业、工作条件不尽相同，他们在生活水平和生活习惯方面，也不完全相近。因此，在吃饭问题上，应当允许在"大集

* 原件现存于湖南省档案馆。

体”的原则下有一定的“小自由”,在规定的制度范围内,有一定的灵活性。

从便利生产、便利群众生活的原则出发,城市公共食堂可以因时、因地制宜,采取多种多样的形式。例如,可以以一个生产单位为主举办工厂食堂,或几个工厂联合举办一个食堂;也可以举办综合食堂,以方便群众。食堂规模一般不宜过大,在目前条件下以数十人、百人、百多点人的中、小型为好。

城市公共食堂,要积极创造条件,自力更生,大建家底,发展种菜、养猪和副食品、代食品生产。公共食堂有了自己的家底,才能更好地显示出集体生活方式胜过小锅小灶的个体生活方式的优越性。

办好公共食堂,关键在于加强领导,贯彻阶级路线,坚持民主管理。公社各级都应有一名书记或主任专管群众生活,经常研究食堂工作,做到“政治进食堂,干部下伙房”。食堂的领导权,必须切实掌握在可靠的劳动群众的手里。要建立和健全由主管干部、入伙人员代表、炊管人员代表参加的伙委会(食堂民主管理委员会),随时听取群众意见,研究改进食堂工作。还应当加强经营管理,健全制度,严格核算,堵塞一切大小漏洞,杜绝贪污浪费。

二、积极办好托幼保育事业

要集中力量把现有的托儿所、幼儿园和哺乳站办好,并要根据需要与可能逐步发展一些以帮助那些参加公社各项生产、服务事业的职工解决小孩拖累问题,逐步做到满足这部分人对儿童入托入园的要求。在布点方面,要从有利于生产、有利于群众出发,加以合理部署。对于那些房屋设备不够和布点过于集中的情况,要很好地和群众商量,适当进行调整充实。

托幼组织的形式,应该适应群众的不同要求,不必强求一致。可以根据各种不同条件,采取多种多样的形式,但规模都不宜过大。

三、大力办好生活服务站

生活服务站的业务,应该继续扩大,但不要单纯追求数字,要把注意力放在与群众日常生活密切相关、群众迫切要求解决的几个主要项目方面。比如,要基本上把社会上一般的拆洗、缝补业务担负起来，发展代销网点；在商品分配上给群众方便，减少以至消灭排队挤购现象，包人包户继续发展，重点是产妇、病人、单身汉和男女双方都参加工作的职工等无人照料的家户；把迫切需要包的家务劳动包下来；把给缺劳动力的居民运煤、送米等任务担负起来；把一般的修理业务如修理胶鞋、钉鞋掌等基本上担负起来。

要在经过调查研究、切实掌握情况的基础上，根据办足办好的要求，适当发展和调整，在调整时要瞻前顾后，一切从方便群众出发，合理调整服务网点，改进服务制度。

服务站的服务费用，应根据少赚不赔的原则确定，一般均应低于市场的价格。

为了加强对服务站的领导，管理小组组长（社员组长）可以兼任服务站站长，集中主要精力把服务站办好。

四、积极地、有计划地改善社员居住条件

改善社员的居住条件，要从有利于生产和休息出发。在当前的条件下，应采取以下措施：（1）根据实际情况，在社员自愿的原则下，调整社员宿舍，尽力提高现有房屋的利用率；（2）改进不适用的房屋和腾出一些可以腾出的房屋，作社员宿舍；（3）在有条件的地方，可以发动群众自建一部分简易住宅。随着公社生产事业的发展和积累的增加，公社应该有计划地、分期分批地改造旧城区，建设新的居民点。

五、加强妇女的劳动保护

由于公社各级企、事业工作人员，大多数是妇女，因此，加强妇女的劳动保护，保护妇女们和下一代的健康，才能充分发挥妇女在生产建设事业中的作用。要根据妇女的生理特点，分配她们力所能及的工作，不要分配过于笨重的体力劳动和严重危害妇女生理机能的操作，已经分配了的，要适当调整。妇女在经期、孕期、哺乳期除了不让她们干重活和需要经常攀高、弯腰、受剧烈震动

的劳动外，还应适当地增加工休时间，不做或少做夜班。

对于已经发现的闭经、子宫脱垂等妇女病，应采取治疗、营养、休息等措施，迅速把病治好。

在全面组织人民经济生活和发展集体福利事业中，必须坚决贯彻阶级路线，认真挑选和培养服务工作人员，把领导权切实掌握在基本群众手里，保证党的绝对领导。由于城市阶级关系复杂，底子不清，因此，过去有各种不纯分子先后钻进了公社各项企事业内部，有些坏分子乘机窃取了领导权，进行各种破坏活动。必须在整风整社运动中，开展一个打击坏人、树立基本群众优势、掌握领导权的运动，坚决将那些政治不纯、思想作风不好的炊管人员、保教人员从食堂、从托幼组织清理出去，选派政治可靠、热情高、干劲大、作风正派、群众拥护的党、团员和骨干分子担任炊管保教工作，并经常对他们加强政治思想教育，提高其政治思想水平，牢固地树立为生产服务、为群众生活服务的正确态度和做好服务工作的光荣感。

各项集体生活福利事业，都必须贯彻勤俭办一切事业的方针，千方百计节约开支，降低成本，降低收费标准。托幼事业的必要的开支和设备费用，仍应由公社福利费用中开支。对于食堂，在单独核算的基础上，也应给以适当补助，以体现共产主义因素，减轻群众负担，使之办好。

湖南省委城市公社办公室

一九六一年五月

(湖南省)大力改善企业管理工作*

(一九六一年五月)

社办工业同国营工业一样,都是社会主义企业,应当实行党委领导下的职工代表大会制和厂长负责制,建立和健全必要的规章制度,实行严格的经济核算。但是,社办工业是集体所有制的企业,一般具有规模较小、设备较简陋、生产灵活多样、生产人员较少而且大部分是家庭妇女等特点。社办工业的企业管理,必须适应这些特点来大力加强。

第一,推行党委领导下的职工代表大会制。党委领导下的职工代表大会,是企业的权力机关,企业的各项重大事情,都应通过大会讨论决定。这种制度,是吸引广大职工群众参加企业民主管理的最好形式。由于社办工业企业集体所有的性质,为了促使职工高度关心自己的企业,更加有必要认真加以推行。

这种代表大会的参加者,应是从事本企业生产、工作的社员,每个代表都应由他们民主选举产生。因此,它实质上是社办工业企业里面的社员代表大会。大会的代表,不但要注意有广泛性,即老工人和新工人、女职工和男职工、生产人员和管理人员,都要有适当数量的代表参加,而且还要特别注意保证工人阶级和劳动人民的积极分子占优势,即无论是代表人数和大会主席团人数中间,都要占到三分之二以上。在人员较少的企业(例如只有几十人的企业)里面,可以不采取代表大会的形式,而直接采取职工大会的形式。这种职工大会,与日常的全体职工大会不同,仍然行使代表大会的职权。因此,参加者也

---

* 原件现存于湖南省档案馆。

必须是社员,大会的主席团,也应保证工人阶级和劳动人民的积极分子占优势。代表大会(或职工大会)的代表和主席团,应该成为常任制,每年改选一次。大会每月至少召开一次,会上要充分发扬民主。会议的开法是:由厂长作关于上月生产任务、福利设施执行情况和下月计划以及其他重大问题的报告,经过全体代表(或社员)民主讨论、修改、通过。

第二,实行单位领导下的厂长负责制。在社办工业中,虽没有实行过“一长制”,但由于企业一般还兴办不久,经验不足,在许多问题上,往往形成个人决定,没有贯彻集体领导和分工负责的原则。随着生产的发展,必须认真贯彻这个原则,切实推行党委领导下的厂长负责制。

社办工业企业党组织的首要任务是加强对于企业生产行政工作的领导和监督,对于其中的重大问题(如拟定企业计划草案和执行计划中的重大措施及其经验总结、有关广大社员群众的切身利益问题等等)必须根据上级党委、行政的政策、指示、规定,认真讨论研究,作出决定,交行政执行;同时,要大力加强政治思想工作,充分发动群众来保证各项任务的实现,并且,还要及时指出行政工作上的缺点和错误,反对资本主义经营思想和官僚主义、命令主义作风,切实帮助他们纠正。对于日常行政业务和一般技术性的问题,党组织应放手让行政领导者独立负责解决,不必包揽。

企业行政领导者的职责是,在上级工业管理部门的直接领导下,依靠企业党组织的集体领导和广大职工群众的支持,负责管理和指挥整个企业的生产行政工作。其任务是:不断改善企业管理,正确地组织职工的生产活动,不断挖掘企业潜力,提高劳动生产率,增加产量,提高质量,增加品种,降低成本,做到多、快、好、省地完成生产计划。

社办工业企业一般是人数不多,党员人数很少,不可能设置许多脱产干部,不可能建立党的委员会甚至支部,相当一部分单位还不可能设专职书记。但是,即使在这样的情况下,也应贯彻党委领导下的厂长负责制。够条件建立党委、总支或支部的,应该根据党章建立和健全起来,暂时不可能单独建立支部的可联合附近几个性质相近的企业建立支部,要充分发挥不脱产党员干部、党员工人的作用,以保证这项制度的贯彻执行。

第三,加强各项管理工作,建立健全必要的规章制度。社办工业企业的管理工作，既要学习大厂矿的经验，又不能生搬硬套大厂矿的做法，必须根据社办工业的特点，并从现有管理基础的实际出发来考虑。各个社办工业企业，一般应着重加强计划、财务、劳动三大管理，其次要适当地加强技术管理，并围绕这几个方面，运用领导与群众相结合的办法，建立健全必要的规章制度，坚决贯彻执行。

在计划管理方面，应该建立和健全计划的编制、下达、讨论、贯彻执行、检查总结评比的制度。企业每月接到上级下达任务后，应根据其要求，制定企业的月生产计划草案，于上月二十五日前下达群众讨论，月底前正式定案，发动群众围绕计划订好保证条件，开展社会主义竞赛。在执行过程中最少应发动群众检查一次，发现薄弱环节及时采取措施加以解决，切实保证计划的实现（有条件的企业还应根据月生产计划，按旬订好作业计划，按旬进行检查），月末要发动群众进行总结评比，公布成绩，表扬先进。

在财务管理方面，应该实行严格的经济核算。一切费用开支，必须本着勤俭办企业的精神，造出开支计划，严格审批手续，用钱后必须弄清票据，审查核实，做到日清月结，按月向群众公布，接受群众监督。会计和出纳必须严格分工，会计管账不管钱，出纳管钱不管账。通过这些办法，杜绝一切贪污浪费现象。有条件的企业，应大力推行班组经济核算和企业经济活动分析，吸引群众人人当家理财。再则，还应大力加强原材料的管理工作，围绕采购、验收、保管、领发、使用等环节，建立健全必要的制度，做到合理、节约用料，切实防止乱购乱买和积压浪费等现象的发生。

在劳动管理方面，要建立健全劳动调配、考勤、请假等制度，并且要根据生产需要，及时地、合理地调整劳动组合，杜绝窝工浪费，充分发挥劳动、设备潜力。

在技术管理方面，要严格质量检验、设备维修等制度，并且要积极总结推广先进经验、先进技术，在这个基础上，逐步地制定和贯彻操作规程、工艺规程、安全技术规程。

湖南省委城市公社办公室
一九六一年五月

（湖南省）支援农业*

（一九六一年五月）

农业是国民经济的基础，粮食是基础的基础。目前农业生产特别是粮食生产还没有过关，还不能适应整个国民经济高速度发展的需要。今后必须集中力量加强农业战线，贯彻执行全党全民大办农业、大办粮食的方针，加强各行各业对农业的支援，争取农业获得丰收。

支援农业的目的，不仅仅在于促进当前的农业生产，而且，在于加强农业技术改造和巩固以工人阶级领导的工农联盟，逐步消灭工农差别、城乡差别、脑力和体力劳动的差别，逐步实现由集体所有制过渡到全民所有制、由社会主义过渡到共产主义。

支援农业不是临时突击性的任务，必须注意使经常与突击相结合，做到逐步减少突击。对广大人民群众，要不断加强支农的思想教育工作，做到支援农业成为广大群众自觉的、积极的、主动的行动，使所有干部都能把支援农业作为一个中心指导思想来安排自己的工作。

为了加强城市人民公社对农业的支援，在工业方面，必须根据“农、轻、重”的方针，充分发挥城市工业的技术力量和设备能力，注意农具、农械、农肥、农药的生产；在劳动力方面，城市应尽量节约，合理安排，以满足农业上的需要。农忙季节大力组织劳动力下乡支援，同时，工厂企业今后不论招收正式工人、临时工人或学徒，都应列入上级所批准的劳动计划，以免影响农村劳动力的安排。

实现农业技术改造，是我党和工人阶级的一项重大任务，符合于全体农民

---

* 原件现存于湖南省档案馆。

的切身利益与要求，也是我国人民长期以来的理想。在这方面，必须正确地贯彻有计划有步骤的原则与“两条腿走路”的方针，一切措施要有调查研究，经过试验，因地制宜，注意以土为主、由土到洋、土洋结合的原则，在现时条件下，在搞好小、旧农具的同时，要积极推广改良农具和半机械化农具，在造洋化肥的同时，要造出更多的土化肥；有了洋农药还不能完全不用土农药；在农业技术改造中要帮助群众克服不相信科学和保守思想，也要防止过急或专门求大求洋的倾向。

为了更好地发挥城市技术力量，必须经常组织城市科学工作者，利用业余时间，定期向农民进行科学普及教育，开展普及农村科学的活动，以促进早日实现农业的技术改造。

湖南省委城市公社办公室

一九六一年五月

（湖南省）大力发展城市公社的农副业生产*

（一九六一年五月）

认真解决好工矿区的副食品供应问题，对于改善城市人民生活、促进工业生产发展，有着十分重要的意义。各个城市公社，都必须大力加强对农副业生产的领导。城市公社的农副业，必须坚持以菜、肉为纲的方针，积极发展蔬菜、生猪、鸡、鸭、鹅、鱼、羊、果木等生产，同时，要大搞小球藻、人造肉、叶蛋白、野生淀等代食品生产，尽快实现“瓜菜代”，并达到副食品基本自给或部分自给。

为了促进副食品、代食品生产的发展，必须继续贯彻实行专业队与群众运动相结合、公种公养和私种私养相结合的方针。城市公社一方面要切实加强对郊区农业生产的指导，使之成为城市和工矿区副食品供应的重要基地；另一方面要充分发动机关、厂矿、学校、居民，利用一切空坪隙地，开展大种大养。

在郊区生产方面，要切实贯彻执行党对农业生产的一系列政策，充分调动菜农的积极性，这是发展生产的决定关键。一切城市郊区，都应该通过整风整社，彻底纠正“五风”，普遍实行“三包一奖”“三权”“四固定”“评工计分”等制度，真正实现“按劳分配，多劳多得，少劳少得”的原则。目前有些郊区农业大队在分配问题上，供给制部分大大超过了工资制部分，平均主义现象严重，影响了菜农的积极性。这种情况必须改变，应该使工资部分提高到百分之七十至百分之八十，供给部分降低至百分之三十至百分之二十，尽可能地提高工资分值，使广大菜农更加关心自己的劳动成果。与此同时，城市公社还应配合有关部门，做好对他们的生活资料和生产资料的供应工作，正确地解决产品价格

---

* 原件现存于湖南省档案馆。

等问题,从而充分调动他们的积极性,把生产搞好。

为了搞好郊区农副业生产,还必须充分利用城市的有利条件,大搞工具改革,尽快地实现农业"四化",并切实改进管理工作,从而充分挖掘劳动潜力,努力提高劳动生产率,不断提高教育技术,使蔬菜生产做到产量高、质量好、品种多、成本低,并促进农副业生产的全面发展,更好地满足城市人民对各项副食品的需要。

在群众运动方面,也必须注意贯彻党的有关政策,保证"谁种谁收""多种多吃",以调动广大职工、居民的积极性。对于屋前屋后的小块土地,应该允许他们充分利用,给予使用权,任何单位不得侵占,如果因为城市建设确需征用,也应给予适当补偿。集体和私人利用城郊地面开荒,应该鼓励,但必须经所在地的农业分社或大队同意,并经市委或城市公社党委批准,避免任意占地开荒、侵犯农民利益、妨碍城市建设等混乱现象的发生;私人开荒的面积不能过大,一般每人应控制在二分左右为宜,过去开荒过多者,应向其讲清道理,给予适当报酬,把多余部分征收过来。

城市公社在大力发展副食品生产的同时,必须大搞代食品生产。这不仅是目前有关实现"瓜菜代"的一个重要任务,而且是一个长远任务。城市公社除应发动群众大力发展以外,还可以考虑以公社或分社为单位,建立专门的代食品生产基地,并且在一部分社办工厂中建立专门的代食品加工车间。

湖南省委城市公社办公室

一九六一年五月

西安市城市人民公社办公室关于城市人民公社体制问题的调查情况*

（一九六一年六月六日）

我市城市公社建立1年来，经过实践和最近的调查证明，由于规模大、层次多，致使基层领导力量薄弱，工作指挥不灵，运转迟缓，浪费干部。现将我们对这个问题的调查结果报告如下：

一、组织形式问题

我市城市人民公社都是以大工厂、大学校、大机关为中心组织起来的，现在的15个城市公社（不包括4个县的城市公社），以大工厂为中心的8个，以大学校为中心的2个，以大机关为中心的4个，以国营农场为中心的1个。以公共单位为中心组织公社所起的作用，主要表现在公社化初期，以这些单位为主负责筹建公社，由这些单位的负责同志分别担任公社党政的"第一把手"，并抽出一定数量的干部到公社工作或者担任实际领导，这对公社的建立和发展起了一定的促进作用。公社建立后，兼任公社领导职务的负责同志，虽然对公社工作很重视，但由于他们本身工作繁忙，要经常过问公社工作有一定的困难。

公社在公共单位的帮助支援下建立后，除公共单位本身的家属组织的一些生产、生活事业为他们服务外，从整个公社的工作来看，为这些单位的服务不够显著。如三桥公社是以三桥车辆厂为中心组织起来的，工厂的党委书记

---

* 原件现存于陕西省档案馆。

兼任公社党委第一书记，工厂调给公社39名干部，并抽出一些机器工具、生活用具和房产，举办了企、事业，但为大工厂服务较为显著的仅有本厂家属举办的企、事业，而公社主要力量抓了农业。这在我市包括农业部分的城市公社中，是带有普遍现象的。在公社化运动中，我们以大工厂、大学校、大机关为中心组织公社的目的，是为了依靠这些单位的力量，加强对公社的领导，体现以工业带农业，以全民带集体的精神，并便于为这些单位服务。从1年的实践来看，在公社化初期，依靠这些单位的力量，筹建公社是必要的，但在公社建立后，就很难实现我们原来的设想，主要原因是：

1. 根据我市工业和学校的特点，公社在一个较长时期内，组织大工厂、大学校广泛进行大协作是有困难的；

2. 由于当前原材料供应等问题，公社在组织地方工厂企业之间进行大协作，也存在一定困难；

3. 从大机关、大学校的工作看来，它和街道居民没有什么联系，它办的生活福利事业是属全民性质的，也还不可避免地和街道社办生活福利事业存在着一些差别，公社目前还不可能把他们组织在一起合办。另外，公社办的生产、生活事业，主要是在大工厂、大学校支持下办起来的，并且是为他们服务的。因此，在大工厂、大学校的社办事、企业必须在厂、校党委和公社的共同领导下才能办好。

根据以上情况，这次调整公社规模时，必须从有利于促进生产发展和组织人民经济生活出发，以地区为主，并适当考虑条件，参照人口分布、经济状况、自然条件和历史沿革等特点，因地制宜地进行调整。其形式大体上有以下几种：

1.在城区内以街道居民为主组织公社，对所在地区的机关、学校等可作为公共单位看待；

2.在郊区的工业集中地区（如韩森寨、纺织城、电工城等）可由数家厂联合组织1个公社，并把附近一些公共单位和居民包括进去；

3.分散在郊区的大工厂（如庆华电器制造厂、红旗机械厂等）可以它为主包括该地区公共单位和服务部门单独成立1个城市公社；

4.对分散在农村和城市中的较小工厂、企业和大、专学校，可按地区划归农村公社或城市公社，不另单独成立。

二、规模问题

我市的城市人民公社，是在区以下，由原来的 2—5 个街道办事处（郊区公社还包括了一部分农业）组织起来的。人口最多的是长乐公社，有 25.9 万人，最少的是渭滨公社，有 3.8 万人，平均每个公社人口是 10.44 万。分社人口最多的是雁塔路分社，有 11 万人，最少的是西安纺织厂分社，有 1.2 万人，平均人口是 3.7 万人。

在去年公社化中，我市将原来的 7 个区合并为 4 个区，在区以下建立了公社，公社以下建立了分社（街道办事处）作为公社的派出机构，但由于公社建立在区和街道办事处之间，对区上下达的任务主要是转给分社去执行，有些工作本身又无权决定，对基层提出的一些问题，多数要请示区解决。因此，区上有些工作就直接抓了分社。如整风整社工作是以分社为单位进行的，各区布置、汇报都是直接抓分社，公社实际上只起了区的派出机构作用。具体表现是：

1. 减少了区的一些领导头绪；

2. 对分社和基层工作进行督促检查；

3. 直接领导了一些事企业单位，减轻了分社的负担，而属公社派出机构的分社，却真正起了一级组织的作用。

城市公社的范围是大一点好呢？还是小一点好呢？从调查情况来看，小一些比较好。如果扩大范围，以现在的区为单位建立公社，等于换了个名称，其作用和现在的区相同，而且还会出现一些新问题，如对民主人士的安排，社员代表大会和人民代表大会是否合一召开的问题等，不好解决。如果撤销现在的区，由市直接领导公社，或者按原来 7 个区范围建立公社，其作用和现在的区改名称也是相同的，同时，这样改变后，有些公社纯属城市性的，还不如现在的区便于组织工农业协作，再考虑将现在的区不动，撤销现在的分社，由公社直接领导社办事企业和居委会，虽然可以给区减少头绪，但公社领导头绪却大大增加，更不便利群众。以大明宫公社为例，把它所属的 4 个分社撤销后，它就要直接领导大小事企业单位 279 个，居委会 51 个，并领导小学、银行办事处等 70 个单位的党的关系，撤销分社后，群众办事找公社往返要跑 10 多里路,很不方便。显然,如果这样作调整,公社要做好工作是很困难的。因此,撤销现在的公社,基本上以现在分社为基础建立公社是比较合适的。对于范围过小的分社,也可以适当扩大,但一般不要打乱分社和居委会的范围。这样全市约可调整为30个公社,人口最多11万人,最少2.1万人,平均4万人左右,所领导的事企业单位,平均有66个,居委会有13个。

三、层次问题

我市的行政组织在公社化前是区、街道办事处、居民委员会3个层次,公社化后,变成了区、公社、分社(街道办事处)居民委员会4个层次。由于增加了1个层次,就出现了以下缺点或问题:

第一,浪费干部,分散力量。现在区以下的行政干部比公社化前增加了620名,有些公社还在编外设了事业人员,全市公社共有干部1368名,其中公社982名,分社386名,平均每个公社有干部65名,分社有干部11名。公社、分社均感力量不足。如南院公社共有干部58名,行政设有综合、财贸、文教、政法、工交5个办公室;党委设有组织部、宣传部、监委、团委、妇联和办公室6个部门,除勤杂、下放劳动、有病和抽调去抓中心运动的干部外,每个部门实际搞工作仅有1、2人,多则也不过4、5人。

第二,分社力量薄弱,任务繁重,忙于应付。分社是接近群众、接近实际的基层单位,公社化后,任务增多,但干部却有所减少。如南院公社南院门分社,在劳动建设、文教卫生、政法、工业和财贸生活等5大任务的40项工作中,公社化后基本上没有变化的有20项,工作量增加较多的有8项,工作量稍有增加或稍有减少的有12项。虽然增多了工作,但干部却由原来的22人减少为16人。土门公社安定门分社,所管辖的人口,由过去的1.5万人增加为6万人,企、事业单位由过去的20个增加到88个,但分社实有干部还减少了1人。由于分社的任务增多,干部减少,工作就应接不暇。如南院公社南院门分社,在今年5月15日就接到了公社下达的17项任务,要求在半月内完成的就有9项,这样分社的干部就只好整天忙于应付,来什么,搞什么。安定门分社社长袁茂生同志说:“上边对哪件工作抓得紧,哪件工作就做得快,做得好,哪件工作抓得松,哪件工作就做得慢,做得差了”。

第三,环节多,工作运转迟缓。市上下达的任务,经过逐级下达,到与群众见面,最快需要 4—5 天。据长乐公社韩森寨分社第三生产队反映,去年 8 月分社传达省委书记会议精神,比工厂党委传达迟了 10 天。有些工作由于层层研究安排,布置到基层后,进行实际工作的时间就很短,这就增加了基层工作中的忙乱现象。如土门公社今年 4 月 22 日,接到阿房区通知,要求在 25 日评选出出席区修理服务业“十大匠”会议的代表,公社于 23 日向分社布置,要求分社于 24 日将代表名单报送公社,因时间短促,分社来不及评选和审查,就由分社提了个名单报送公社。

根据以上缺点和问题来看,需要把现在的层次减少 1 个,减少哪个合适呢?从居民委员会来看,它是居民群众的自治性组织,直接管理群众的生产、生活、治安、调解等工作,实际上是公社组织的基层细胞,要求撤销它不可能。如果撤销区或分社又有许多问题。看来,减掉现在的公社,以分社为基础,建立公社是较为合适的,这样公社就变成了一个名副其实的基层组织单位,能够集中使用干部力量,加强对社办事企业单位和居委会的领导。这样调整后的公社(即现在的分社)任务必然增多(如要管理现在公社管理的一些企业,要进行经济核算等),因之,干部也相应地增加,一般可由现在的 10 人左右增加为 20—30 人。这些干部的来源,主要是将现在公社干部下放,总的不增加编制名额。

四、要不要包括农业问题

我市的 15 个城市人民公社,包括部分农业的有长乐、大明宫、土门、纺织城、曲江等 5 个公社;主要属于农业的有三桥、鱼化、草滩、渭滨、小寨、洪庆等 6 个公社;纯属城市的有碑林、南院、新城、莲湖等 4 个公社。在全市(不包括 4 县)的 162 万人口中,有农业人口 39 万,占人口总数的 24. 74%(原数据有误)。从 1 年来的实践看,包括农业的城市公社,在组织社办事业、公共单位和居民群众、生产农械、农药、化肥、帮助农民收割、播种、积肥等方面都取得了一定成绩。如大明宫公社在去年抗旱期间,组织社内单位支援给农业抗旱的物资价值达7万余元。但公社在领导城市和农村工作中，以主要力量抓了农业，如曲江公社共有人口16万，其中农业人口只有2.5万，占总人口的15.6%，但公社经常有70%以上的干部搞农业；长乐公社的农业人口仅占总人口的10.4%，但公社党委从成立以来召开了40多次常委会议，多是讨论农业问题。在这些城市公社中，由于用主要力量抓了农业，就放松了城市工作，使城市工作中的一些重大问题，不能及时研究解决。

原来在城市公社中包括农业的目的，是为了便于组织工农业之间的互相支援，但1年来，公社组织工、农业互相支援的优越性并未显示出来。其原因是：

(1)公社对蔬菜、副食品等只管生产，不管分配，分配是按区进行的。

(2)大工厂、大学校分布较为集中，这些单位的吃菜问题不可能在本公社范围内全部解决。

(3)划部分农业给远郊区的大工厂、大学校，也必然要增加这些单位的负担。

我们认为，城市人民公社应该包括农业，但公社的规模就需要比现在更大一些，领导机构要比较健全，干部力量也要较强，能够按城市和农村两条战线进行领导。看来把现在的区变成公社是可以包括农业的。但如前二、三所述，这次调整公社的规模是要缩小范围而不是扩大范围。因此，目前城市公社暂不包括农业是较为合适的。在调整城市公社规模时，对花插在城市公社中的少数农业，也应划归农村公社领导，这样在农村和城市居民交错的地区，实际上是按工业、农业的条条组织公社，这样就可避免公社在领导城市和农村工作中的顾此失彼现象。

五、政社合一问题

现在的城市人民公社既管生产、生活事业，又管政法、文教工作；既是经济组织，也是政权组织。因此，城市人民公社是政社合一。至于分社它虽属公社的派出机构，但其工作任务和公社大体上是相同的。城市公社化后，大多数分社和街道办事处又是“一套人马、二个名义”，挂着2块牌子，原来派出所和居民委员会也基本上没有变动，对外虽然不提政社合一，但实质上是政社合一。如果公社规模缩小，以现在的分社建立公社，公社仍是政社合一组织，但为了主动起见，仍可以保留街道办事处的名义，对外也不正式宣布是政社合一。这是因为提出政社合一，目前有些问题不好解决，如公社一级政权组织要不要吸收民主人士和资产阶级分子参加等等。

六、管理和核算问题

我市城市人民公社是“三级管理”（公社、分社、居民委员会）、“二级核算”（公社、生产单位）。公社和分社领导的都是生产固定的成型工厂，居民委员会主要是领导生产不固定的、分散的综合工厂。这种管理和核算的好处是：能发挥公社各级组织管理生产的积极性，分担管理任务，把企业管好。但也有以下问题：

（1）分社只管生产，不参加核算，有些经济问题自己不能作主，影响了事业的发展。如新城公社中山门分社所领导的10个企业单位，按季向公社提成约8000元，但分社却没有周转金，一些应该办的事业不能及时去办，如“母子康福乐园”的房屋非常简陋，只需要200元的修缮费，分社解决不了。

（2）公社对1960年以前所办企业的提成比例比较混乱。

为了更好地发挥分社管理经济的积极性，如果现在管理体制不变，在公社的提成中，应该留给分社一部分。如果以分社建立公社，就可以实行“二级管理”（公社、居民委员会）、“二级核算”（公社、生产单位）。在企业的提成方面，为了发挥生产单位的积极性，有利于扩大再生产，1960年以后建立的企业，仍可以维持“二八”提成较为合适（即公社上提20%，企业留80%）：个别生产情况不好的，可以少提或不提，1960年以前的企业提成比例，一般可控制在20%—50%以内。

西安市城市公社办公室

一九六一年六月六日

广州市城市公社书记、主任、派出所所长、人委、民政科长等干部讨论街道工作情况综合（摘抄）*

（一九六一年六月二十九日）

一、关于恢复街办事处工作与原有公社关系和组织机构如何设置等问题，经过讨论有如下意见：

一致同意的意见：

（一）今后街道工作应以街办事处为主，加强街道的专政机构，更好地发挥人民民主专政的作用，但考虑到公社是过渡到共产主义的最好形式，因此，公社牌子须一律保留。

（二）为了加强基层领导，公社属下的管理区一律撤销，加强原来的居民委员会工作。

（三）原有区属 4 个城市人民公社除广钢与协同和公社合并为 1 个公社外，其余花地公社、山村公社等照旧不动。

……

（五）对广钢与协同和 2 个公社合并后，考虑到地区分散，为方便群众起见，须设立街办事处和派出所各 2 个较为适宜。

……

三、食堂根据需要与可能，贯彻自愿为主、积极办好和收支平衡的方针，以及根据市人委指示不准对外经营情况，估计大部分食堂均要停办。……经过讨论，一致认为必须根据需要与可能，贯彻自愿为主、积极办好和收支平衡的

* 原件现存于广州市档案馆。

方针,以及根据市人委指示食堂对外经营的业务须在本月20日前停止的情况,如要收管理费或毛利,在100人左右的食堂,顶多每月只能收到50元左右,很难维持2—3个炊事员的开支,而且工具还要添置和折旧。除花地公社第六居委和镇东2间食堂能继续办下去外,其余均要停办其中广钢和协同和公社有些食堂则就地移转工厂继续办,在停办食堂中有部分可考虑由商业部门接管办企业化的食堂,食堂停办前还要注意抓好如下几件工作:

1. 食堂工作人员要安排好,有些还要返回街道继续工作。

2. 撤销食堂与否主要以搭食人员安排好坏为标准(主要是居民,职工不算)。

3. 继续办的食堂由7月份起做到收支平衡,如有亏钱亏粮,公家不再拿钱补贴。

4. 7月1日起不能再搞对外经营业务。

5. 财产要作适当处理。

6. 粮油节余在一、两餐以内的,由现在搭食人吃掉就算,如节余多又要停办的食堂,如公社属下所有食堂都要停办,可移交粮食部门代管。亏了粮的食堂须分别算清贪污盗窃、私分、管理不善、原因不明等情况,将数字上报,以便根据不同情况予以处理。……

一九六一年六月二十九日

南昌市城市人民公社财务管理暂行办法(草案)*

(一九六二年二月十二日)

一、总　则

(一)为了加强城市人民公社(以下简称"公社")的财务管理,认真贯彻执行勤俭办社、厉行节约的方针,促进生产的发展,不断提高社员物质文化生活水平,特根据中央和省、市委关于城市公社管理体制的有关规定,制定本办法。

(二)公社财务部门既是国家财政的基层组织,又是公社财务管理的内部机构,因此,它必须在同级党政组织的领导下进行工作,在业务上又受上级财政部门的指导。公社财务工作的基本任务是:贯彻执行国家的财政经济政策;保证完成国家财政税收任务;加强经济核算,正确处理积累和消费的关系,积累组织公社收入,合理安排使用资金,保证生产建设资金的供应,促进公社经济的全面发展;严格厉行节约,反对铺张浪费,逐步提高社员的物质文化生活水平。

(三)必须贯彻民主管理原则。在各级党委的统一领导下,坚持政治挂帅,广泛地发动和依靠社员管理和监督财务工作,不断提高财务管理水平。

二、财务管理体制

(一)公社的财务管理,应贯彻"统一领导,分级管理"的原则,实行公社与分社两级管理。即公社一级:领导管理分社一级的财务和社属企业事业单位

* 原件现存于南昌市档案馆。

的财务;分社一级:办理分社本级财务管理(包括所属企业、事业单位),指导和监督公共食堂、妇托组织等单位的财务管理工作。

(二)根据公社与分社两级管理的规定,实行两级核算、各计盈亏,以充分发挥各核算单位的生产经营积极性。其财务核算办法是:

(1)公社本级的财务采取收支分别核算、量入为出的办法,做到收支平衡并留有后备。

(2)社办企业实行单独核算、自负盈亏、比例上缴的办法。

(3)分社对所属企业、事业单位,实行统一核算、统一盈亏,或分别核算、各计盈亏。

(4)社办卫生、文教、妇托组织等福利事业单位,采取核定收支、以收抵支、差亏补助、节余留用的办法。

(5)公共食堂的财务,实行单独核算、盈亏自负的办法。

(6)社属农业生产大队,按农村公社规定,实行三级核算、队为基本核算单位的办法。

三、积累与分配

(一)积累比例问题:在保证公社生产事业的高速度发展和不断提高社员的物质文化生活水平的前提下,对于公社及所属单位的积累的分配比例,应随着生产的发展,多收入的多积累,少收入的少积累。

(1)社会福利事业下放给公社的工厂企业,其利润分成比例为“三、三、三、一”,即按照企业在本期所发生的利润(扣除所得税后),上缴市30%、区30%、公社30%、自留10%。

(2)社办企业的利润分成是:工厂企业自留10%—15%,其余利润全部上缴公社。

(3)分社所属的工厂企业、服务站等单位,其利润分成是:单独核算、单独处理盈亏的单位自留10%—20%,其余全部上交分社。未实行单独核算的单位,盈亏统一由分社处理。

(4)对分散流动经营的单位或个人,应根据本单位(人)每月平均工资额计算,提取10%—30%的积累,如其工资收入特高者,可以适当提高比例,以不超过国营企业同工种工人的工资水平为原则,其工资收入特低者,也可不提积累。

(5)分社应从纯收益金额中上缴公社积累20%—30%,其余全部留作分社积累。

公社或分社所属的工厂企业、服务性单位的留成积累,应主要用于"四项费用"(技术组织、劳动保护、新产品试制和零星固定资产备置),部分用于职工福利和奖励费的开支。

公社和分社的积累,应进行统筹安排,大部分用于扩大再生产,小部分用于集体生活福利。使用比例一般以70%—80%用于扩大再生产,20%—30%用于集体福利事业。

(二)分配问题:根据公社所属生产和福利事业单位的劳动强度,创造价值和生产的产品品种不同,社与社及社员与社员之间的分配水平,不能强求一律,但也不能相差太悬殊,应掌握的原则:生产部门的工资水平高于非生产部门的工资水平;社员的工资水平不应高于国营或地方国营同性质、同工种的工资水平。分配形式可根据具体情况采取如下办法:

(1)基本工资加奖励:适合于生产正常、收入固定的单位。

(2)按件计资:适合于生产尚未定型、收入不够稳定的加工单位(尽可能少采用)。

(3)包工包产:适合于分散经营、收入不易精确计算的单位,如走街串巷的、磨剪刀、补鞋的等。

(4)固定工资:适合于各种非直接参加生产人员,如各单位的行政人员。

(5)供给制和定额津贴相结合:适合于公共食堂、敬老院等单位的工作人员,即供给人员的伙食,并按劳动力和技术水平发给一定津贴补助。

(三)参加公社的国营企业、机关、学校等单位,根据省、市委规定精神,应按照"入而不并,体制不变"的原则,其财政体制和分配制度一律暂照原不变。

(四)农业生产大队(或农场)按农村人民公社的积累分配规定办理。

(五)公积金的提成和分配比例:

(1)按单位的工资总额提取附加工资7%—12%为公益金。

(2)畜牧(农)场按其销售总额提2%为公益金。

(3)公益金的分配比例为:医药医生补助金40%—45%,文教基金25%—30%,福利补助金25%—35%。

规定中的具体比例由公社拟定报区、县批准后执行。

四、财务管理机构和职责

(一)公社各级及其所属核算单位,应根据本单位的规模大小、业务的繁简,分别设置相应的财务和配备适当数量的财务干部,负责办理财务工作。

(二)公社各级财务部门的职责范围:

(1)公社:领导所属单位的财务工作,根据上级有关规定制订具体的执行办法;组织与监督所属单位及时完成国家税收任务和其他各项应上交的任务;审查整编所属单位的财务计划和决算报表,编制全社的综合财务计划,按时报送上级领导单位,合理安排各项支出,管理全社性的公共财产。

(2)分社:认真执行各项财务管理制度,管理本分社的一切财务收支,合理使用资金,及时编制财务收支计划和决算报表,领导所属单位的财务工作,完成国家税收任务和上交公社的收入任务,按时向公社报送有关报表,管理本公社的公共财产。

(3)公社、分社直属单位:认真执行上级有关规定和财会制度,加强经济核算,合理使用资金,加速资金周转,努力降低成本,不断提高经营管理水平,及时缴纳国家税收和上交公社、分社的各项款项,制订材料、费用等各种定额,及时编报各种财务报表,按时发放工资,管理本单位的财务收支和公共财产。

(4)农业生产大队按农村人民公社财务管理制度规定办理。

五、财务计划和预算、决算

(一)公社的财务收支,应实行计划管理。公社和分社在安排生产计划基本建设计划和事业计划的同时,应编制收支预算和年度、季度财务收支计划。

公社或分社所属独立核算的生产和服务等单位,也应编制年度和季度财务收支计划,以保证人力和物力的协调平衡。

编制财务计划应本着积极可靠、量入为出、留有余地的原则,采取自上而下、上下结合、由粗到细、逐步提高的办法进行。

(二)为了全面安排国家财政收支和公社财务收支,合理使用资金,公社必须在编制预算和财务收支计划的基础上,编制综合财务收支计划。综合财务收支计划的内容包括:(1)国家预算发款及其支出;(2)公社工业积累的收支;(3)公社各项服务福利事业的收支;(4)其他收支。

(三)财务计划报经上级批准后,必须认真贯彻执行,如遇情况变化,原计划需要修改时,应编制调整计划,逐级上报,待批准后执行。

(四)公社及其所属单位计划内的开支,必须经本单位主管人员或其委托人员批准后始得支付。如确因生产亟须或紧急开支超出原计划而且来不及办理调整计划报批时,可由单位主管人员批准(社属单位由单位提出意见报公社批准)先行支付,同时还应按规定补办追加计划手续,并详加说明情况。

(五)公社及其所属单位应于月份、季度、年度终了时,编造月份、季度报表和年度决算,按时报送区财政部门审查转报区、县人民委员会批准。

六、财务管理和核算

(一)公社的收支,必须划清国家财务收支与公社财务收支的界限。国家财政收支和公社财务收支,采取统一管理、分别记账的办法,即国家财政收支一本账,公社财务收支一本账。

为了严格划清国家财政与公社财务的界限,国家应发给公社的一切财政支出要如数发给,公社应当向国家交纳的收入,要如数上交。做到国家不挤公社,公社不挤国家。

(二)公社对所属生产、服务单位,必须根据经济核算的原则,进行管理,发给他们必要的固定资金和流动资金,各单位之间物资劳动调发应等价交换,使其单独核算盈余,以发挥企业管理的积极性和责任心。有条件的企业应实行利润留成制。

(三)公社的行政事务经费的开支管理。对有收入的单位,可采取核定计划、以收抵支、差额补助、节余留用的办法;对收支来源不稳定的单位,可采取核定全年收支、收入上交、支出包干、节余留用的办法;对没有收入来源的单位,可采取核定开支总额、支出包干、节余留用的办法。

(四)公社所属企业、事业单位,应认真贯彻勤俭办社、勤俭办一切事业的方针,开展群众性的经济核算和加强经济核算,以促进生产,降低成本,增加积累。

七、财产管理

(一)公社及其所属单位的一切财产,应指定专人管理,建立责任制度。一切财产的收进、领用、销售、调出、报发等都要有手续、有验证、有记录,并须定期(一个月或一个季度)清查盘点一次。遇有毁坏或遗失时,应追查原因,报经公社或分社核批处理,并应经常教育广大社员,爱护一切公共财产。

(二)公社及其所属单位的固定资产和低值易耗品的划分标准:凡价值在50元以上、使用年限在1年以上,作为低值易耗品处理;凡属使用中的固定资产,应按月提取折旧基金,以保证固定资产的重置。折旧方法,一律采取折旧基金,即(原价-残价)÷折旧年限。折旧年限可参照1950年财政部颁发的工商业暂行条例关于固定资产有关规定进行处理。

(三)国营企业下放给公社和公社接受国营企业支持的机器、设备和其他物资,应当办理手续登记入账,并按国家的有关规定办理。

八、资金管理

(一)公社及其所属单位,必须严格遵守国家现金管理规定,建立资金管理制度,加强资金管理,合理使用资金。

(二)严格划分各项资金的使用范围,生产资金不能挪作非生产性开支。基本建设资金,应由公社统一管理,统筹安排。

(三)企业的流动资金,应逐步实行定额管理。公社、分社对其所属独立核算的企业,应根据企业的生产计划和经营的特点,发给企业一定的流动资金

（不独立核算的企业，可发给一定的流转金），以保证企业生产经营的资金需要，促使企业加速资金流转，合理地节约使用资金。流动资金核定后，企业如因急需，资金暂感不足时，公社、分社可根据企业具体情况，临时清调，限期归还。

（四）公社及其所属单位，必须认真执行人民银行现金管理的规定，除按规定留存一部分备用金（金额可协同人民银行确定）外，都要存入银行。库存现金不得任意借用或挪用，严禁白纸条抵库。除发工资及零星用款外，一般都应采取非现金结算，并尽量做到钱、账分管。

（五）购买原材料、销售产品，应贯彻“钱货两清”的原则，不得赊购、赊销，外出采购时，应尽量办理计收，必须当即付款的，应通过银行汇款并在采购地区开立专户，存入当地银行，不得在邮局汇款或携带现金，也不得以私人名义作储蓄存款或存放旅社或身边。

（六）为了解决职工临时性的经济困难，各单位应建立互助储金会。其他各项资金不得用于职工借支。

九、审批权限

（一）公社的资金安排与使用，必须贯彻“勤俭办社、厉行节约”的精神掌握使用，严格审批手续。

（二）关于生产费用，应本着降低成本的要求，可交由各企业自行掌握；属于非生产性费用，各企业应在月（或季）初编造费用计划，报上级批准后掌握使用；属于计划外的、临时性的购置费等开支，在30元及以下由单位负责人批准，30元以上报公社批准。

（三）公社所属单位，如需进行基本建设、购置机器设备及固定资产大修理，应事先编造计划，报经公社批准后，才能施工和进行购置。

十、会计制度

（一）公社、分社及其所属单位，都应建立必要的账册，一切款项和实物的收付，都要有必要的手续凭证，做到收有凭、支有据，收支有账，不错不乱。

(二)公社、分社及其所属单位的财务收支,都要及时记账,往来账款要定期核对,债权债务要及时处理。切实做到日清月结、账款相符、账据相符、账账相符,并按月、按季、按年编造会计报表和决算。

(三)所有会计凭证、账簿报表等,必须妥善保管,不得毁损或失落。各级财会人员调动工作时,必须办理交接手续,并由上级主管单位派员监交。

(四)公社、分社及其所属企业、事业单位,应采取钱、账分管的办法,即会计与出纳要分开,管账的不管钱,管钱的不批钱,批钱的不用钱,一切经济手续清楚。

(五)公社各级财会人员,必须以身作则,严格执行各项财务会计制度,并进行监督,对违反财务会计制度的,应随时向党委报告情况。

十一、民主管理

(一)公社、分社的财务收支,应贯彻民主管理的原则。公社、分社的年度财务计划,经社务委员会讨论后,要提交社员代表大会审查。公社的年度财务收支情况,必须向社员代表大会报告,听取社员的意见。

(二)公社所属企业的财务收支计划,应当充分发动群众讨论,广泛地听取群众的意见,发动职工参加企业管理,并开展群众性的经济核算,降低成本,扩大积累,提高企业的经营管理水平,促进生产的发展。

(三)公共食堂实行单独核算,正确核算伙食成本,合理规定饭菜价格,账目每月向社员公布一次,接受群众监督,共同搞好食堂伙食。

十二、附　则

(一)本办法暂以草案发给各公社试行。如有未尽事宜,请随时向市财政税务局反映,以便及时研究修改。

(二)公社、分社及其所属单位,可根据本办法的规定,结合具体情况,制订除具体的财务管理办法,报经上级批准后执行。

一九六二年二月十二日

中共石家庄市委关于城市人民公社社办工业问题的报告*

（一九六二年九月二十七日）

一

石家庄市是全国试办城市人民公社的重点之一。随着城市人民公社的试办和发展，公社工业也迅速建立和发展起来。截止到一九六一年底，全市共有二百四十四个公社所属的工业企业，职工两万九千多人。其中：公社直属企业一百零二个，职工一万八千多人；分社工业一百四十二个，职工一万一千多人。这些公社工业是在“几个大办”和一些生活、生产资料供应渠道被切断的形势下发展起来的。在当时为了挖掘劳动潜力，先后开展了几次大办卫星工厂、大办公社工业的群众运动，把社会上闲散劳力组织起来生产。同时，又将七十一个手工业生产合作社用“转厂升级”的形式过渡为公社工业。这样就形成了大办公社工业的高潮。这些公社工业的构成是：（一）一些小型的全民企业下放给公社，并由公社扩大投资者占百分之四点一；（二）手工业合作社转厂的企业占百分之二十五点四（其中有十七个企业在去年贯彻手工业“三十五条”政策后，又转回手工业社）；（三）公社自己新办的企业占百分之十二点三；（四）在国营企业扶植下办的企业占百分之五十八点二。

在两三年内，公社办起了这么多的企业，反映了当时广大干部和群众大办工业的热情。通过社办工业，把社会闲散劳动力和家庭妇女组织起来参加了社会劳动，使他们在劳动中受到了教育，学会了一些生产技术，政治觉悟、社会

---

* 原件现存于湖南省档案馆。

地位都有所提高。精神面貌和劳动观点也大有改变。由于社办工业的发展，在某种意义上讲曾增加了社会产品。这在几年来各地工业原料和商品供应渠道被割断的情况下，为国营工业服务、支援农业和供应市场曾起了一定积极作用。也有一些企业改进了管理，提高了技术水平，生产了一些质量较好的产品。总之，城市公社工业的建立和发展在当时的历史阶段上是有相当成绩的。

但是，由于城市公社办工业是一种“试验”，没有或缺乏经验，又是在国民经济的发展不大正常的情况下建立和发展起来的，若干政策的划分不明确，各项制度极不完备，市委在思想方法上的片面性，从而就发生了许多并且是严重的问题和弊病。主要是：盲目性很大，办的太多太滥；企业为公社集体所有，利润为公社财务收入，由公社掌握使用，这就一方面易于形成乱办企业，冲击和损害生产的计划性；另一方面助长了某些干部只视局部不顾整体的分散主义，甚至单纯追求利润的资本主义倾向。公社工业的发展，事实上形成分散国家资金，浪费国家物资，给国家和人民造成了损失。因此，我们完全拥护中央对“城市人民公社原则上不办工业”的决定。

二

我们认为，公社办不办工业总的出发点应该是符合社会主义经济原则，遵循和促进社会主义计划经济的发展。从这个原则出发，我们感觉到公社办工业有以下几个根本性的问题：

（一）公社工业由于只能看到“局部”不能远视“全局”，就必然产生盲目性。它不能或极不易纳入国家计划。不少单位与自由市场结合，进行投机倒把，冲击计划经济。

公社工业发展盲目性的一个突出表现是：在没有必要的技术、设备和原材料来源的情况下，大量办工业，甚至办了一些产品精密、技术条件要求较高的工厂，技术又没有过关，就势必粗制滥造大量产品。又由于公社工业既不是全民所有制的国营企业，又不是集体所有制的手工业合作组织，这样的企业没有一个全国的组织系统，供、产、销都处于国家计划之外，无法合理安排。但是，公社企业既然建立起来，为了维持生产，就不得不派出采购人员和业务人员四处奔跑，不顾政策，不择手段，用乱拉业务，以物易物等方法千方百计地与国营企业争夺、抢购原料、材料和燃料。加以技术低，消耗大，成本高，不能执行国家规定的统一价格，遂与自由市场结合起来，高价出售产品，扩大了市场管理的混乱局面。比如永安街分社制钉厂生产的秋皮钉，原料是国家供给的，产品成本太高，不愿按国家牌价售给国家，却以每公斤五元（一般国营牌价二元多）的高价向自由市场出售。再如桥东公社民生街分社铁工厂以私人关系从井陉采购焦炭五百三十余吨，除本厂烧用外，换取桥东玻璃厂碱面十二包，国营棉织厂废包布二千七百多公斤，纱头三千三百多公斤等进行倒卖，从中获利四万多元。这个分社的综合加工厂为了换取山西太原的盘条，派人从武汉购进价值一万元的、本厂根本不用的油毡。桥西永安街分社的五个厂子中，据了解的三个厂子，投机倒把都很严重。其中熔炼厂一九六一年加工铸件三十多吨，而倒卖的有色金属达六十六吨之多，一九六一年取得四十多万元的利润。这些现象在分社相当一部分企业中均有不同程度的存在。公社直属企业虽然较之分社企业好些，但是有些企业也程度不同地进行投机倒把活动。

（二）化“大公”为“小公”，分散、浪费国家财力和物力。

如前所述，公社工业是由四个方面的来源形成的。但不论那一种，在开始投资时，国家的资金都占主要比重。大办工业时，公社企业的资金共一千零七十多万元，其中建设银行贷款三百一十二万多元，占百分之二十九点一，国营企业支援的工具、设备、物资折价一百一十五万九千多元，占百分之十点八，机关筹措资金三十六万多元，占百分之三点四二。以上三项共计四百六十四万六千多元，占原投资总额的百分之四十三点三二；手工业社转厂时带来的（包括社员股金、市联社投资）四百七十八万多元，占百分之四十四点五六；其它（包括职工自带工具折价、大炼钢铁时所得炼焦利润等等）一百二十九万多元，占百分之十二点一。这些资金交给公社后，企业就成为公社所有，利润分配除第一种形式的企业按投资比例和国家实行分成外，其余收入均归公社所有。这实际上是化“大公”为“小公”，分散了国家的建设资金。

另一方面又在自力更生、自己建立商品和原材料供应基地的思想支配下，就必然从考虑本地区需要出发，当地需要什么，就安排生产什么，助长了分散主义，分散和浪费了国家的财力、物力。几年来的利润纳入公社财务收入的有三千八百二十八万多元。这些所谓利润纳入，相当大的部分是由于粗制滥造产品、以工代商、非法经营，使国家遭受损失的情况下赚来的。例如桥西公社油毡厂一九五八年创办时，投资两万一千元，当年盈利十万零六千元。一九五九年扩大投资十一万三千元，盈利四十万零四千元。一九六〇年又投资十七万八千多元，盈利七十九万八千元。一九六一年盈利十二万五千多元。几年来总投资三十一万多元，利润合计达一百四十二万多元。但其产品，一九六〇年以前按建工部规定的十项质量标准来检查，一卷也不合格，可是他们却赚取了国家的高额利润。又如绝缘器材厂，几年来制造出不能用的绝缘布共达二百二十万多公尺，浪费的棉布一百五十多万公尺，丝绸六十五万多公尺，植物油、汽油六十多万公斤，煤炭数千吨，合计价值达三百多万元。产品除了销往他地的情况不明外，在本市商业部门长期积压绝缘布都以残次品改作油布、小孩尿布降价处理，损失达一百五十万元。但该厂却由于生产不能用的和无使用价值的绝缘器材盈利达二百五十万元。另一方面又由于高价盲目抢购云母等损失一百四十万元。上述例子虽然比较突出，但是，类似情况在公社工业中也不是个别现象。

公社企业除缴纳所得税外，利润积累全部由公社掌握使用，利润得来容易，使用方便，大手大脚，浪费惊人。几年来，全市公社工业的利润收入总额三千八百二十八万多元，支出三千四百八十一万多元。支出的这些资金，相当一部分是使用不当或滥用掉了。几年来支出的情况是：用于扩大工业生产的投资二千二百二十七万多元；畜牧业投资二百零五万多元；举办文教卫生、福利事业支出九十七万多元；农业基本建设投资二百七十四万多元；弥补钢、铁、煤炭亏损二百四十万元；非生产性基建投资一百八十四万多元；其他开支（包括行政管理费、利息等）二百五十二万多元。支出的这些资金中，仅桥西公社基本建设的无效或基本上无效或当前无效投资即达三百二十八万多元；非生产性基建、盲目修建小型水电站、中华饭庄、蔬菜烘干厂以及借给部队修建礼堂等计有一百四十六万多元。二百多万元的畜牧业投资实际上大部分已经损失浪费掉了。如桥东公社正定路分社畜牧场投资七万多元，一年多，基本赔光，只剩下一头骡子一辆大车。加以农业投资实际已经收不回来，以上合计九百五十四万多元，占利润收入的百分之二十四点九二。同时，由于瞎指挥生产，所造成的原料及产品报废损失也很大，几年来仅桥西公社就处理了各企业所报的损失三百二十多万元。另外，还盲目地搞了一些不是生产所必需的、求新求大的基建也造成了许多浪费。

（三）公社办工业必然形成有钱、有权，财多、权大以后，易于使某些意志不坚定的干部受到腐蚀，任意挥霍，滋长特殊化作风。

公社工业不像全民所有制企业那样把利润上交国库，它又不像手工业合作社那样受到社员劳动者的直接监督。公社工业大发展，财多、权大、使用方便，又缺乏社员的直接监督，它不仅在经济上易于冲击国家计划，在政治上也有着一定的腐蚀作用，易于使那些意志不坚定的干部得以任意挥霍社会财富，滋长特殊化作风，严重脱离群众。例如桥东公社和张北县乱搞“协作”，张北县两次给桥东公社六十七头牲畜，桥东公社给张北县电动机、发电机等六台和小锅炉一个以及二十多个铝桶、水暖零件一部。以后张北县和桥东公社在互相派人来往中，大肆招待，大吃大喝。据不完全统计，几次招待张北县客人饭、酒、菜、烟款达二百七十四元。另外，该公社一位书记还批准公社工业局出款一百四十三元做了弹簧椅八个，茶几两个送给张北县。又如桥东公社的玻璃厂长和工业局长，借与大同市口泉工业局搞“协作”，先后开支达一千二百六十八元，吃用职工生产粮四百七十余斤，喝酒一百五十四斤，七人在北京吃一顿饭开支一百三十三元，还动用库存生产用布二百八十五尺多，做成被褥专门招待口泉工业局的客人。桥东工业局的一位副局长还曾以公差为名，陪同口泉工业局长去北京旅行，由北京乘飞机到上海观光，历时二十天，开支旅差费二百六十三元多。

分社一级的干部生活特殊，甚至违法乱纪等行为更加严重。有若干分社领导干部，不顾党的政策，不管党的影响，对于生产、材料、技术不问不管或很少问管，只是按月向企业要上缴“利润”。有的随便乱拿企业的东西，有的乱行购置供自己享用。如中山路分社有一位社长，经常到各企业乱拿东西（如剪刀、抽屉、豆浆、豆腐等等）不给钱，甚至以改造资本家为名，将一户烈属出赁的一百多条被褥没收，私自分掉，这位社长本人就分到了五条。桥东分社解放路分社的一个印刷厂，支部书记（兼厂长）作主，不经任何报批手续，购置了他自己所喜爱的家具价值达五千四百多元。由于企业吸收的人员不纯，有的坏人参加生产后，窃取了企业的领导权，从中为非作歹，贪污盗窃。仅据整风整社中揭发出来的材料，被贪污的款项达三万三千余元，粮食、粮票一万余斤。

（四）盲目由社转厂，搬用国营工业大生产的一套管理办法去管理手工业，不利于手工业生产的发展。

社办工业发展的盲目性，还表现在对待手工业合作社的问题上，片面地强调转厂升级。为了大办公社工业，把全市七十多个手工业社一律升级为公社所有制的社办工厂。手工业生产的特点是产品繁杂、多样、零碎。一般说来，手工业生产合作社这一组织形式是符合当前手工业生产的特点的，群众需要什么，就生产什么，随着不同季节，群众的不同需要，那种货畅销，就多生产些，那种货滞销，就随时停止生产，改换为另一种产品，生产安排灵活，方便群众，生产资金周转快，成本低。手工业合作社实行社员集体所有制，生产的好坏，对社员有直接的利害关系，看得见，摸得着，社员关心集体生产，关心原材料的节约，劳动积极性较高。许多手工业社转为社办工厂后，打乱了原有的一套管理制度，又生搬硬套地实行大工厂的一套管理办法，实行了等级工资制，一天八小时，按时上下班，架子摆得大，生产管理却粗得多了。丢掉了手工业社时的“生产安排灵活，方便群众”的特点。为了完成产值任务，丢掉了一些群众需要的产值小的产品，花色品种也减少了。社办工厂架子大、非生产人员增多、管理费用增加，产品成本提高了。一些手工业社的老社员反映：“手工业社转厂以后，工人们关心产品质量，节约原材料，比过去差得远；浪费比过去大得多；成本高得多。”比如桥西公社纺织厂生产的铁丝筛子，转厂以前成本是三元五角，转厂后是五元一角。手工业社时一天一人编八个筛子，转厂后，每天只编四个（最近提高到五个半）。又如东风塑料厂由社转厂，再加上扩建、并厂、秩序大乱，非生产人员占到职工总数的百分之十八，管理费用相当于工资总额的百分之一百七十，他们甚至把食堂猪仔的死亡损失、托儿所开支也打入成本。加之高价抢购原料，使某些产品成本大大提高，这个厂生产的纽扣由过去每罗出厂价九角，增加到光成本就达一元九角。中山路分社圆珠笔厂只有职工五十八人，就有七个非生产人员。只有七个党员，竟设了两个专职书记。

去年七、八月份贯彻手工业“三十五条”政策后，我市曾恢复了十七个手工业社，一年来的实践证明，这些手工业社都比社办工厂时经营得好。有些手工业社在生产上有了较大的进展。比如：桥西的竹藤社由社办工厂转社以后，产品质量提高、成本降低、销路好、生产资金周转得快。刚转社时，欠银行贷款十五万元，一年的时间积极还清了贷款，现在还有了余款。

今年九月一日桥西公社的制刷厂转为手工业社后，十多天来，干部、社员劲头很大，出现了新气象：（1）非生产人员原有七个人减了二人，转社前有专职仓库管理员和一名专人管总务，现在都不要了，由一个车间的老师傅兼起来，利用业余时间做工作，照常参加生产；（2）由于竹子原料贵，生产时损耗又大，成本高，产品价格很高，一个鞋刷子售价五角（在一九五七年时售价两角多），销路差。转社以后，社员们关心产品销路。为了打开销路，干部和社员研究了几条有力措施，大大降低了成本，已使鞋刷子的出厂价格降低到一角八分五，市场售价两角三分；（3）库里积压两万多把牙刷（可以自销产品），星期天，干部和社员自愿义务劳动，分头推销，一天销出两千多把；（4）在工棚里堆了两年的一大堆废竹板子，过去没人关心，转社后，有两个社员自动从里面清理出一些可用的竹板。

这些事例，生动地说明了手工业生产合作社是符合当前手工业生产情况的，是手工业劳动者乐于接受的一种组织形式，可以促进手工业生产的发展；同时也反映出公社所有制的“社办工厂”继续办下去，是不利于手工业生产的发展的。

三

根据过去的经验教训，我们认为城市人民公社不宜继续办工业。现在我们正在按照中央和省、地委有关调整国民经济、缩短工业战线的指示精神，对公社工业进行全面的调整和整顿工作。

（一）我们考虑，调整公社工业的基本原则，应该是根据“全国一盘棋”和地方工业为农业、为人民生活、为国营大工业、为出口服务的方针，对于生产条件好（设备较好、企业管理较好、技术上没有多大问题），经济指标比较先进，产供销问题能够解决的企业，改变为地方国营，按产品归口，交由市主管工业局直接经营管理；原来是手工业合作社（组）转为公社工业或者是公社新办起来的企业，其产品为社会需要而以手工业生产为主的企业，均可转为手工业合作社或合作工厂；对于那些社会很需要，又是当前工作中的薄弱环节，然而又不需要国家供应原材料或需要很少，不需多少机械设备，技术不高，为社会简单加工、修配和社会服务事业（不是工业）可以保留下来，改变为实行事业企业单位集体所有制，独立核算，自负盈亏，仍试由公社组织领导，公社可以提取少量的管理费和公益金。除上述三种情况外，其他单位一律关闭，对于这些企业的一部分产品和人员，仍由公社负责组织个体劳动或分散生产。

根据这个原则，将原有公社工业分别转为市管的有十六个单位；转为手工业合作社（组）或合作社工厂的五十六个单位；已经转为手工业社继续保留的十七个；尚待研究的有两个单位；留在公社的实行企业（或事业）单位集体所有制的单位九十六个，关闭五十五个单位。此外还有两个单位下放给农业生产队。

（二）在调整公社工业中，有关财产的处理问题，我们认为应该是：“谁的财产归谁所有”，并结合调整公社工业进行彻底清算。在公社工业中原属手工业生产合作社转来的社员个人投资等均为集体所有和个人所有的财产，应该清理退还；停关的公社企业的财产，因我市新办的公社企业的投资，国家投资占主要部分，所以应由国家财政接管起来。

（三）在调整公社工业以后，城市人民公社仍应继续试办下去。今年城市公社的工作内容仍然很多并且很艰巨。它除做好基层政权工作以外，把那些为社会简单加工、修配及其他社会服务事业搞好，将对社会主义建设事业有很大贡献。

（四）在调整公社工业中，我们继续总结经验，教育广大党员和干部懂得什么事情应该办，什么事情不应该办，什么是正确的社会主义积极性，应该发扬什么，反对什么，通过公社工业的整顿，使广大干部和党员得到应有教益。同时对于那些混进干部队伍为非作歹的反革命分子、贪污分子、违法乱纪分子、蜕化变质分子给予必要的处理。

不妥之处，请予指正。

一九六二年九月二十七日

中共四平市委关于四平人民公社试办中若干问题的请示报告*

（一九六二年十一月十七日）

地委并报省委：

四平人民公社自一九五八年十月一日建立以来，迄今已有四年多的历史了。在党的正确领导和“三面红旗”的指引下，它在组织闲散劳动力、发展生产、组织人民生活、提高群众觉悟等方面作了不少工作，取得很大成绩，显示了一定的优越性。

根据党的调整、巩固、充实、提高的方针和在实践中所取得的经验教训，对城市人民公社在现阶段的性质、任务、组织体制、规模和出现的新问题，实事求是地认真研究逐步地加以解决，是具有重要的意义。

一、城市人民公社在现阶段的性质、任务

四平人民公社是政社合一的组织，公社和市人委是两个组织系统，两个牌子，一套人员；有些工作是结合进行的，有些工作是分别进行的。公社的组织对象主要是城市居民中的劳动人民和国营企业、机关、学校的职工，公社是这些人自愿结合起来的社会基层政权单位，又是社会主义的集体经济组织，实行各尽所能、按劳分配、多劳多得、不劳动不得食的原则。根据目前新的情况，城市人民公社今后的主要任务是，首先做好组织职工家属和街道居民中的劳动人民的工作，以组织和安排他们的生活为中心，开展生产自救性的家庭手工业

* 原件现存于吉林省档案馆。

和家庭副业，同时积极办好那些应该继续办下去的公社工业、生活福利、社会服务和文教卫生事业，有条件的可适当吸取那些社会闲散劳动力、青年学生参加生产工作。

二、公社组织形式和体制

四平人民公社的组织形式和体制，是根据城乡结合一市一社的特点，本着有利于加强党的领导，体现五位一体，有利于国家和公社的发展，为逐步完成两个过渡准备条件，有利于改造旧城市和建设社会主义新城市的原则而设置的。目前实行公社、管理区、基层单位的三级管理和公社与基层单位的两级核算的制度，并以公社一级为基础。

公社一级组织机构的建立没有打乱市一级的组织机构，市委就是公社党委，市人委就是公社管委，市委和市人委的各个职能部门也就是公社的职能部门，一套人员执行两项任务。公社成立后，撤销了街道办事处，保留了派出所，设置了管理区，作为公社和市人委的派出机关，实行一级管理，不算一级核算单位，在行政上行使街道办事处的职权范围。四年来的实践证明，像四平市一个二十几万人口而幅员又不大的中小型城市，采取城乡结合、一市一社的规模是可行的，也是很好的。我们感到它更便于加强党的集中统一领导，进而把各行各业组织在一个领导、一个规划、一个目标之下，一条心、一股劲完成党在各个时期的中心任务；便于体现五位一体，按着自愿互利、等价交换的原则组织各行各业之间协作，特别是有利于支持农村人民公社集体经济，发展农业生产；便于从全局出发，合理地全面地安排人民经济生活；更有利于加速旧城市改造和建设新城市的进程。

在试办过程中所出现的一些问题，应积极慎重地逐步研究解决，以积极的态度继续试办下去。

管理区的组织形式和体制设置是公社试办中的一个重要问题。四年多来，曾进行过几次调整。为了更好地发挥管理区的作用，把各项工作搞得更好、更细，在一九六一年九月间经过市委研究并报请地委批准，将城乡合一、厂区合一形式的管理区划分开来，在市区和市郊各设三个管理区，其工作内容各有侧重，市区主要抓好城市工作，郊区主要抓好农业工作，从而克服了分散领导精力、顾此失彼、互有影响的缺点。

实践证明，调整后现行管理区的体制形式是很好的，也是可行的，基本上适应了客观形势发展的需要，有利于贯彻执行党的各项方针政策、路线，基本上完成了公社与行政所交办的各项工作任务，减轻了市一级的行政事务工作，腾出手来多抓些有关方针政策的重大问题。当然在某些环节上也还存在一些问题，今后只要认真地总结经验教训，巩固和发展已取得的成绩，克服缺点，继续试下去。

联合企业公司问题。我市一九六〇年七月间先后组成了机电和油脂化学等两个联合企业公司，曾一度基本实现了运输工具、供销业务、财务、卫生、化验和福利的“六合一”，这对开展厂际之间的协作，提供了有利条件，并取得一定成绩。但是各厂的产品不同，隶属关系不同，所以在实行“统”“合”的过程中也出现一些问题不好解决，特别是一九六一年下半年以来，某些成员厂的变动很大，如：机电联合企业公司所属的线路器材厂、薄板厂分别划归中央和省直属，电讯器材厂已关闭，综合化工厂、万太锅铧厂已迁往外区，仅剩下机床、电线和柴油机等三个市营工厂；油脂化学联合企业公司的主体厂——油酒厂划归财贸部门领导，并属中央工业，只剩下油脂化工厂和制药厂两个厂子，所以这两个公司从形式上看还挂着牌子，可是实际内容已经没有了。

根据这两个公司的目前现状和二年来的经验以及中央发布的国营工业企业工作条例（草案）中所规定的“……每个企业在行政上，只能由一个行政主管机关负责管理，不能多头领导……”的精神，继续办下去是有困难的，因此，我们拟将这两个联合企业公司停办。

三、管理区的性质、任务和职权范围

生产管理区在目前一个时期内仍属公社（市人民委员会）的派出机关，今后管理区应继续发挥公社一级组织作用。它的总任务是：在公社党委、公社管委的领导下，正确地贯彻执行党的方针政策，对所领导和管理的部门实行监督

并保证各项工作任务的完成。具体任务(专指市区而言)是:

(1)领导本区内的社办工厂、手工业生产社(组)和家属手工业、副业生产;

(2)领导与管理本区的服务站(点);

(3)领导与管理本区内的社办福利事业单位;

(4)领导与管理本区内的社(民)办中、小学和卫生院;

(5)领导与管理街道的一切政权工作;

(6)领导与管理本区内的民兵工作;

(7)完成党在各个时期的中心工作。

上述七项任务,除第一项任务是新增添的以外,其余六项均属管理区原来所承担的任务,管理区对于公社工业、手工业社(组)等单位负责政治思想工作的领导和监督检查党的各项方针、政策、指示、决议的正确贯彻执行,其人权、财权、物权和业务领导仍由市的有关部门直接领导与管理。但是管理区对这些单位的人事、计划安排和财产处理等重大问题有提出建议的权利,市的有关部门应该尊重并充分考虑管理区的意见。

为了充分发挥管理区的作用,完成所交办的各项工作任务,首先本着精兵简政、紧缩开支的原则,调整机构,撤销手工业第一、二党总支,充实管理区的干部力量,同时不断地提高干部的思想觉悟和业务水平,认真贯彻执行党的方针政策,转变工作作风,密切联系群众,加强调查研究,总结经验,发现问题与解决问题。其次积极改进工作方法,方便群众办事,管理区可指派干部到所管辖的边远地方去办公,或采取干部轮流值班的方法,做好街道工作。

四、公社工业生产

从今年年初以来,根据中央的有关指示,不断地对公社工业进行了调整,截至目前统计已有百分之七十三点三的工业关闭停产,保留下来的十五个企业需要转给手工业部门的已有六个单位正式改为手工业合作社,尚有三个单位也将改为手工业合作社,最后公社仅仅保留六个单位(包括金属表带厂、金属制网厂、日用品厂、日用五金厂、木器加工厂、木器制镜），占一九六一年末实有工厂总数的 10.7%。这六个企业共有职工 862 名，生产三十余种主要产品，年产值可完成 254 万元，实现财务利润 48.8 万元。

根据中央十二条指示、中央批转全国手工业合作总社党组《关于调整手工业队伍巩固手工业合作社的报告》和省委批转省手工业管理局党组《关于城乡公社工业调整精简几个问题处理意见》的精神，我们认为，经过调整，确定保留下来的公社工业，凡属少量的不需要转给手工业部门的而又能办得好的企业，仍保留公社工业的形式，归公社所有，继续办下去。其主要理由有三：一是公社可依靠公社工业所获得的利润作为社办中、小学的办学经费和公社各项行政经费开支；二是通过组织生产从而更好地组织与安排社员生活；三是因为这几个企业的生产方向对头，对支援农业支援市场关系较大，产品质量较好，有盈余，公社不能背包袱，加之公社各级干部积累不少办工业的经验，可以管好、办好。当然这些企业无论在职工思想、企业管理和工资奖励等方面还存在不同程度的问题。为此，根据调整、巩固、充实、提高的方针和手工业“三十五条”精神，加强领导，从服务方向、供产销、经营管理、各种责任制度、劳动组织、利润分配和工资奖励等方面，一个企业一个企业的切实加以调整和整顿。通过清产核实，不合理的债务“包袱”要卸下来，拨给企业足够的流动资金和设备，以利生产的发展。今年手工业管理部门对公社工业要像管理手工业社（组）一样地管理起来，在原料、材料、燃料的供应和业务指导等方面应该一视同仁。

五、公社工业的利润分配

当前我市公社工业的利润分配是采取收支两条线的办法，即每个企业的盈余扣除所得税以外全部上缴公社，企业所需的“四项费用”是通过申请下拨的预决算制。现在看来，实行这种分配办法，统得过死，不利于公社工业生产的发展和调动企业经营管理的积极性。因此，公社工业的利润分配，应该从有利生产、有利调动企业和职工积极性出发，兼顾国家、集体和个人三方面的利益,适当安排,进行合理分配,从而刺激企业勤俭经营,加强经济核算和财务管理,厉行节约,增加盈利,反对不讲核算的"吃大锅饭"思想。通过分配体现统一领导,分级掌握,加强管理。

根据上述原则精神,对公社工业的利润分配,提出如下意见:

1. 利润分配比例:以公社工业的纯利润当作100企业留成20%—25%,其余上缴公社。在具体规定各类企业的留成比例时,应该根据各个企业的生产条件、产品、利润的不同情况分别确定。

2. 使用比例:企业留成部分,主要是用于职工福利、奖励、教育以及小型的设备维修、改善劳动条件等方面,其他如增添与改进技术设备等大型投资可由公社拨给。公社提取部分,用于扩大再生产部分可占60%,用于集体生活福利事业和公社各项行政经费的开支可占40%。

六、加强党的领导

在城市人民公社中,中国共产党的组织是领导核心。必须根据党的方针政策,加强对城市人民公社各级和各部门工作的领导。为此需要做好以下几项工作:

1. 公社中的党组织把公社工作提到党组织的议事日程上来,应该定期讨论和检查公社管理委员会的工作,对于生产、生活、教育和其他方面的重要问题,一般地应当先在党内充分酝酿,然后提交公社管理委员会讨论通过以后,保证执行。对于公社的日常行政工作应该由公社管理委员会负责办理,党的组织,不应该包办代替,充分发挥行政职能部门的作用。

2. 切实做好思想政治工作,通过各种形式,分别向党员、团员和公社干部、社员群众宣传马克思列宁主义,宣传毛泽东思想,宣传党的总路线、大跃进和人民公社,进行国际主义、社会主义、爱国主义的教育、集体主义的教育,进行时事政策的教育。教育党员、团员必须坚决贯彻党的阶级路线,依靠职工群众及其家属,团结其他劳动人民,教育和改造资产阶级分子及其家属,监督与打击五类分子的破坏活动。从思想上和政治上巩固城市人民公社。

3. 公社的各级组织，在党的统一领导下，按照党的方针政策加强调查研究，不断地检查公社工作，总结办社经验，转变工作作风，密切联系群众，不断地改进和提高城市人民公社工作。

以上意见当否，请指示。

中共四平市委

一九六二年十一月十七日

关于包头市城市人民公社情况的报告*

（一九六三年一月三十一日）

全国总工会党组城市人民公社办公室：

现将你们来信所要情况汇报如下：

一、关于城市人民公社的领导体制问题

我市的城市人民公社主要是由区级党政直接领导。关于公社企事业的领导和管理，我市、区两级城市人民公社企事业管理委员会和公社企业管理局具体负责。

二、关于城市人民公社工业的调整问题

我市城市人民公社的企事业从1961年下半年就开始整顿和调整。当时主要是纯洁队伍，整顿组织，个别进行了调整和精简。1962年按照中央关于城市人民公社基本不办工业的指示精神，进行了大调整、大精简。调整的原则主要是根据手工业的“五好要求”排队，大力精简人员，压缩城市人口。调整的办法是：根据我市去年城市人民公社工业会议提出的“分、转、减、并、停”进行调整。

第一，分散：对不宜集中生产的，进行组织起来，分散生产，并实行有活就干，无活就散；

* 此标题系编者加注。原件现存于内蒙古自治区档案馆。

第二,转业:转到为人民生活服务、为市场需要、有原材料的行业;

第三,减人:对能回农村的,和能够回农村继续从事手工业生产的人,均动员他们回农村去;

第四,合并:有些过于重复的网点,进行合并,合并后再精简;

第五,停办:对不能维持生产的,市场不急需的就停办,并对这些人进行适当安置,帮助他们解决生产、生活的办法(这项工作很差)。

调整以后,城市公社的企事业和人员均有很大缩减,按 1960 年底的基数,人员精简了 80%,按 1961 年底的基数,人员精简了 50%。精简下去的社员,出路大体有 3 条:第一,少数人回农村支援农业;第二,大部分人回家闲居无职业(基本上是世居城市人口);第三,少部分人为了谋生,则从事家庭手工业和跑自由市场,目前这些人都迫切要求就业,以谋生活。

截止到 1962 年底(市内 3 个区的统计),城市公社的工业修理服务网点还有 777 个,从业人员 4756 人;经营项目,属于制造加工性的,有铁木农具、铁制炊具、日用小五金、草木编织、文体用品、美术工艺、鞋帽缝纫、黑白铁加工、皮毛加工、食品酿造、其他等 11 个行业,从事人员 2000 多人;属于修理性的有修、绱鞋、修理自行车、黑白铁、日用家具、手工艺品等 31 个行业,53 个项目,从业人员 2300 余人。城市公社的事业单位还有 146 个,从事人员 2221 人,服务项目有理发、照相、服务站、幼儿园、托儿所、代销店、车马店、卫生所、接生站、兽医站、社办中学、社办食堂、装卸队、小车队、茶馆、说书馆、俱乐部等 31 项。上述企事业单位的经营管理均实行了独立核算、自计盈亏,并规定了财务管理办法、收益分配制度、人事工资制度、原辅材料供应办法。

三、关于服务站、托儿所、食堂经营情况

服务站现有 4 个,从业人员 82 人,都是综合性的服务站,项目有翻新补旧、拆洗缝补、编织毛衣、童鞋加工、代送煤炭、修理日用家具等。

托儿所现有 19 个(2 个幼儿园),保教人员 93 人,服务对象有社员、职工和市民。经营办法有两种:一是公社自筹自办,托儿所自负盈亏;二是公社主办,企业(大厂)支援,托儿所自负盈亏,公社略有补贴。

食堂现有 4 个,主要为社员中的单身服务,因市民举办的食堂早已停办了。

四、关于街道闲散劳动力的组织状况

最近我们调查了 2 个公社,大概情况如下:

东河区(旧区)和平公社,城市居民 8991 户(其中:农业户 130 户),人口 36274 人,其中:男 18732 人,女 17542 人。60 岁以上的男性 1114 人,55 岁以上的女性 2413 人,共计 3527 人,占总人口的 9. 6%(原数据有误);7 岁到 16 岁的儿童和少年 8195 人,占总人数的 22. 5%(原数据有误);6 岁及以下的儿童 7452 人,占总人数的 20. 5%;17 岁到 59 岁的男性和 17 岁到 54 岁的女性共计 17100 人,占总人数的 47%;上大学的 60 人,上中学的 1728 人,上小学的 5690 人,共计 7478 人,占总人数的 20. 6%;入托儿童 100 人,占 6 岁及以下儿童的 1. 3%。

有职业的国家职工 4518 人,占总人口的 12. 4%(原数据有误),合作社职工 1387 人,占总人口的 3. 8%,城市公社社员 639 人,占总人口的 1. 7%(原数据有误),个体劳动者 981 人,占总人口的 2. 7%,共计 7465 人(原数据有误),占总人口的 20. 5%(原数据有误)。

有劳动力而无职业的男性 792 人,女性 4369 人,共计 5161 人,其中:被精简的 890 人,从未就过业的 4271 人,失学青年 468 人。

患长期慢性病的 1018 人,患一般慢性病的 413 人,丧失劳动能力的 456 人,共计 1887 人,占总人口的 5. 1%(原数据有误)。

昆都仑区(新建区)跃进公社,城市居民 5057 户,人口 24066 人,其中:男 11775 人,女 12291 人;60 岁以上男性 377 人,55 岁以上女性 841 人,共计 1218 人,占总人口的 5. 06%;7 岁到 16 岁的儿童和少年 4649 人,占总人口的 19. 3%;6 岁以下儿童 6732 人,占总人口的 27. 97%;17 岁到 59 岁的男人和 17 岁到 54 岁的女人共计 11467 人,占总人口的 47. 6%(原数据有误);上大学的 79 人,上中学的 942 人,上小学的 3829 人,共计 4850 人,占总人口的 20. 15%;入托儿童 853 人,占 6 岁以下儿童的 12. 67%。

有职业的国家职工27053人，占总人口的29.3%，合作社职工29人，占总人口的0.12%，城市公社社员221人，占总人口的0.91%（原数据有误），个体劳动者36人，占总人口的0.14%（原数据有误），共计7339人，占总人口的30.4%（原数据有误）。

有劳动力而无职业者，男65人，女3083人，共计3148人，其中：被精简的538人，从未就过业的2603人，失学青年108人，患长期慢性病的305人，患一般慢性病的188人，丧失劳动能力的91人，共计584人，占总人口的2.42%（原数据有误）。

附：我市城市公社工业的发展情况和今后的意见一份，供参考。

中共包头市委办公厅城市人民公社办公室

一九六三年一月三十一日

包头市人民公社工业发展状况和今后意见*

（一九六三年二月十一日）

一

包头市城市人民公社工业是在一九五八年大办街道工业，特别是一九六〇年城市公社化运动中积极兴办并迅速发展起来的。到一九六〇年底，城市工业发展到九百二十三个点，二万四千三百余人（其中工业性修理服务三千多人）。另有从事商业服务、农副业生产、文教卫生等事业的劳动社员九千五百多人。城市公社工业大部分是厂矿企业支援下办起来的，少部分是街道居民自筹资金办起来的。自一九六一年以来，公社工业由大发展转入了逐步进行巩固和提高的时期。一九六二年根据中央关于城市工业的指示，并结合精简职员、压缩城镇人口，又对城市公社工业进行了缩、减、并、转的工作。经过调整整顿，撤、并了一百〇八个生产厂点，增加了一百八十七个工业性修理服务点。现在全市有七百七十七个公社工业厂点，四千七百五十六人，其中工业性修理服务七百二十二个点，二千三百〇六人。另外，还有事业单位一百四十六个，二千二百二十一人。

现在城市公社工业中，为人民生活服务的多，为大工业和农牧业生产服务的亦占一定的比重，有少量为出口帽子的辅助性加工。按产值计算，一九六〇年为大工业服务的约占百分之三十六，为人民生活服务的约占百分之六十四（为农牧业服务的小农具未单独计算产值）。从行业上看，调整前共有制鞋、

---

* 原件现存于内蒙古自治区档案馆。

日用陶瓷、黑白铁制品、木器、毛毡制品、竹藤棕草编织、日用五金、翻砂制品、被服、笼箩、文化用品、工艺品、造纸、车辆修配、日用小百货、化工品、建筑材料、肥料制造、农具修造、工业修理服务等二十余个行业。公社工业的产品以小商品为主。一九六〇年达四百五十余种,产值达二千一百六十二万余元;一九六一年产值为一千六百七十一万余元。现在城市人民公社中主要是修理服务事业。一九六二年元月至十月份完成了产值八百六十七万余元。

二

几年来,城市公社工业经过不断的发展和调整、整顿、巩固、提高的工作,发挥了显著的作用。归纳起来,主要有:

(一)城市公社工业组织了城市广大职工家属和其他闲散劳动力参加生产,调动了他们建设社会主义的积极性,从而发展了社会生产力。有不少家庭妇女通过生产实践的锻炼,掌握了一定的生产技术,同时也增加了家庭收入,起到了生产自救的作用。公社劳动社员中的职工家属每月收入一般达二、三十元,解决了一部分家庭经济困难,减少了国家对职工的补助,减轻了职工的家庭经济负担,也减轻了国家对城市闲散人员的社会救济。

(二)城市公社办的修理服务行业,增加了社会修配服务能力,适应了广大职工的迫切需要,方便了群众,起到了拾遗补缺、废物复活、节约社会财富的作用。现在城市公社办的修理服务行业,有修鞋、修车、翻新补旧、工艺修理、黑白铁、笼箩、木器家具修理等三十一个行业,五十一个项目,七百二十二个网点,从业人员二千三百〇六人。为了更好地支援工业生产,解决单身职工的困难,有些公社还在职工集体宿舍组织了服务站,为职工拆洗缝补、代买代送、照顾病人,给群众很大方便。

(三)城市公社工业为市场增加了商品(主要是日用小商品),为农业制造了小农具,为大工业进行了原材料整理、半成品加工改制和零星配件制造。据统计,一九六〇年城市公社工业生产了布鞋两万双,地毯六十四平方米,日用小五金三吨,镰刀一千八百余把,泡花碱八百八十八吨,电焊条三百〇二吨,焦炭八千三百〇二吨,泡花碱占手工业系统的百分之三十四。还有些公社工业生产了当时市场急需的缺门和不足产品，比如气门针、顶针、铁锅等，这些产品供应了人民生活需要，支援了农牧业和大工业的需要。从产值看，一九六〇年城市公社工业的产值在整个手工业系统中占百分之二十二，一九六一年占百分之二十九，一九六二年预计占百分之二十二，还有些城市公社社员去大厂做壮工和勤杂工等零活，如清理场地、搜集零星材料、挖土方、搬运装卸等，也支援了大工业生产。

（四）城市公社组织居民参加集体生产，通过生产积累了资金。在扩大再生产的同时，也给公社社员举办了集体福利事业，如兴办了一些托儿所、幼儿园、诊疗所、食堂、民办中学、俱乐部等，丰富了街道工作的内容，改变了社员的精神面貌，并不断地提高了社员的物质和文化生活水平。

通过这几年城市公社办工业，我们认为，公社工业的作用很大，公社搞的修理服务和小商品，大大方便了群众，有力地支援了市场，供应了人民需要，这是主要的。至于公社工业中出现了一些问题和缺点，是由于我们经验不足，领导管理跟不上，这是暂时的、前进中的问题，是可以逐步克服的。这些问题主要是：

（一）公社工业缺乏全面规划、统一安排，有盲目发展的偏向，致使有的企业未能很好地适应社会上的需要，有的产品造成积压。同时，有些可以纳入计划的产品也未纳入计划，原材料供应没有保障，致使有些产品不能正常生产。

（二）领导工作未能赶上去。市区手工业管理部门对城市公社工业的领导不够。手工业部门和城市公社工业体制也不相适应，加之缺乏总结经验，对及时解决问题不够。

（三）经营管理不健全，特别是人事工资和财务管理，缺乏统一的明确规定。领导管理方面，贯彻民主集中制不够。个别企事业有管理人员成分不纯、财务混乱的现象。对一部分组织起来、分散生产的社员，没有采取适当的管理办法，结果形成只是社员向公社缴纳管理费，实际上还是单干，甚至假公社名义进行非法活动。

（四）某些企业规模过大，行业混杂。如东河区西门公社五金厂包括施工队、小车队、烘炉和黑白铁等行业。红旗公社的综合加工厂包括修车、修电器、缝纫、烘炉、土坯队、理发等七个行业。这些互不相关的行业混在一起，既不便于发展生产，也不便于管理。

上述这些问题，自市委去年九月召开城市人民公社会议以后，都有不同程度的扭转和克服，并已成立了专管城市公社企事业的机构，即城市公社企事业管理委员会，它的主要任务是：负责指导公社企事业的经营管理工作；协助和监督有关行政部门的日常工作；讨论和决定有关公社企事业的重大事项。同时，为了加强日常行政管理工作，市和区成立了城市公社企事业管理局，和手工业管理局合署公办。目前通过调整精简工作，结合城市公社特点和实际情况，已经制定了有关人事工资、收益分配、财务管理和原材料供应等制度和办法。

三

通过几年来的工作实践，我们深深地体会到以下几点：

（一）城市公社的作用是显著的，它所显示出的优点和作用都是带有基本性的，但由于它是一个新生的事物，各级领导管理工作还赶不上，缺乏及时总结经验、及时发现问题、解决问题，因而也就难免产生一些缺点。但这些缺点是暂时性的，它必将随着领导管理工作的加强，经验的丰富，而得到逐步地克服。因此，城市公社必须坚定不移地办下去，并且把它办好。

（二）城市公社工业虽然属于集体所有制范畴，但它又不同于手工业合作社集体经济，因此必须从这个新型的城市公社的特点出发，恰当地解决具体问题和具体的领导问题。

（三）必须坚持自力更生、勤俭办一切事业的方针，贯彻民主集中制，坚持小型、分散、灵活、多样和必须便利群众、便利劳动社员的特点，充分发挥城市公社工业的作用。

（四）必须经常地研究和总结经验，及时发现问题，及时解决，不断地巩固提高城市公社的生产和事业。

为了继续坚持办好城市公社的企、事业，充分发挥城市公社企事业的作用，我们对公社工业的意见是：

（1）目前城市公社主要是办好修理服务业，发动广大社员努力提高修理服务的质量，增加修理服务项目和内容，降低成本，改善服务态度。

(2)有条件的搞一些工业生产,为农牧业服务,为大工业服务,为人民生活服务,且不与国营企业争原料,产品有销路,技术能过关,生产不赔钱。现有的厂点应根据市场需要、原材料来源和产品销路,定点定型,并合理解决公社工业的组织规模,适当分散划小,行业混杂的要划开。

(3)对现有工业性修理服务和生产性的厂点应普遍进行整顿、巩固、提高的工作,加强管理,进一步建立和健全各项必要可行的制度,严禁违法乱纪、铺张浪费的现象发生。

(4)在严格遵守政策法令的原则下,公社应积极寻找生产自救的门路,组织生活困难的职工家属和城市居民进行生产自救,先搞试点,然后逐步推广。

(5)在发展生产的基础上,举办社员和城市居民的集体生活福利事业。应在勤俭办事业的方针下,实行少补贴或者不亏不盈,逐步建立健全一些必要的管理办法。

(6)公社的一切企业和事业都应实行单独核算,各计盈亏,认真贯彻管理制度,严防贪污浪费。

(7)健全民主集中制的领导管理。加强民主管理,定期召开劳动社员代表大会,并向大会报告工作,重大问题都要经劳动社员民主讨论,并做出决议。广泛发扬民主,加强群众监督,集思广益,改进工作。

以上报告不妥之处,请指正。

中共包头市委办公厅城市人民公社办公室

一九六三年二月十一日

中共济南市委、济南市人委关于全面彻底清理城市人民公社各项资金的通知*

（一九六三年二月十二日）

各区委、区人委，各有关局：

目前，城市社办企业的体制调整工作，已基本结束；企业的上缴利润已有了统一规定；各人民公社历年积欠，正在着手清理。为了彻底结清城市人民公社的财务账目，合理地归还各项积欠，有效地加强各项资金的管理，正当地确定各项资金的使用，要求各区对几年来城市人民公社（包括各分社）各项资金的收入、支出、债权、债务和结存款项，进行一次全面彻底地清理，并对今后管理、使用各项资金订出具体办法。现将清资、归还和管理、使用等方面的问题规定如下：

一、各人民公社应收未收的款项中，凡社办企业（包括转出的生产合作社）1961 年底前按区规定的上缴比例，1962 年按市委、市人委规定的上缴比例，欠缴的上缴利润，以及历年欠缴的管理费和折旧基金，原则上应当如数缴清。能一次缴齐者一次缴齐，不能一次缴齐者，可分期缴清。亏损十分严重确实无力缴清的社办企业，可由各区研究确定减缴或免缴。转出去的生产合作社有这种情况的，则由市手工业局与有关区协商实行减缴或免缴。

二、关于处理公社外借款项的几项原则：

1. 凡借给社办企业的款项和为社办企业垫付的材料、设备等费用，目前生产经营好的单位，应一次或分期还清；亏损十分严重或清产核资后流动资金严

---

* 原件现存于济南市档案馆。

重不足的单位，可由各区研究确定，作为下拨资金处理。

2.凡借给转出生产合作社的款项和垫付的一切费用，应一次或分期还清。

3.凡属其他企事业单位、机关、学校和私人等借款，应一次或分期还清，且今后不得再借。

4.区级机关农、副业生产借款，能全部收回的则全部收回，能部分收回的则部分收回，确实亏损无法收回的，可列入支出项目，一次报销。今后在这方面不得再行借款。

5.各区进行的某些小型基本建设、购置交通工具与购置低值易耗品的借款，凡能归还的必须归还，确实无法归还的，可一次列入支出项目报销。但上述房产、对象的所有权应归公社所有。今后在这方面亦不得再行借款。

三、从社办企业转出去的原生产合作社，在社办期间的债权债务和亏损弥补，由公社负责结清；其中企业的上缴利润不再退还，企业分得的利润留成和各项特种基金，在结清后的结余部分由原合作社带走；转出去的企业较原并、转社办前，多余的或不足的固定资产和流动资金，双方不再互找。但并、转社办前未分配的盈余，在转回后应补交所得税。

四、清理、归还公社平调和借用企业、群众的物资、现金等方面，几项问题的处理原则：

1.凡因大办公社福利事业借用、平调群众的实物、现金，应当积极查清，坚决退还。凡有实物的退还实物，如实物已经损坏的应修理好退还，凡确实丢失的可作价赔偿。对于某些零杂物件（如碗、筷、小盆等）如已经丢失或查不清原主的，可向群众说明情况，商得其同意后不再退还。

2.公社化期间占用群众的房屋，凡系房屋改造对象的房屋，可按现行租金，如数补交市房管局；非房屋改造对象的房屋，可与房主协商，补交一定的租金；对今后占用的房屋，凡能腾出的尽量腾出，不能腾出的，应取得房主同意，继续租用。凡占用期间对原房有严重损坏的，应由公社加以修缮。

3.对于扣除临时工、合同工百分之十到百分之三十的工资和社办企事业苦战三月未付的部分工资，因多系用于兴办社办企业和社会福利事业，且绝大多数人都有不同程度的受益，因此，可向群众说明不再退还。

4.社办期间借用国营企事业单位的设备、材料、现金等，除对方已从账内冲销者外，凡未处理的应如数退还。其中确实无法归还的设备，可作价退还。

5.大办钢铁、大办水利、大搞绿化、修铁路、治黄等平调企业、群众的物资、劳力，应由有关部门负责按中央、省委指示办理，不能由公社负责退还。

五、全面彻底清理后的结存款项，仍旧归各区管理、使用。

今后各区在使用这部分资金和继续提取的分成，应主要用于补助集体教育事业，补助集体福利事业，兴办本区某些小型卫生设施和补助贫苦市民医疗所需不足的费用，修整本区偏僻巷道以及救济不属各系统和民政部门负责救济的困难户等。其他一切非生产基建项目、农副业生产、购置生活用品和借款等，一律不准从上述款项内开支。各区对上述资金使用范围，可召集有关方面研究，并定出使用比例，报市人委审查。

六、凡涉及上述规定的原则，对有关各项资金的清查处理，都应开列财务账目，经区人委审定，在3月底前报市手工业局，由手工业局会同财政局进行复核。

今后对上述资金的使用，应按市人委核准市手工业局拟定的管理办法，按年度和季度编造预算，报市财政局审查批准后动用。

中共济南市委

济南市人委

一九六三年二月十二日

呼和浩特市城市人民公社现状和今后意见*

（一九六三年四月二十六日）

呼市城市人民公社，是在1958年全国农村及其他城市大办人民公社的影响和推动下，开始试办的。公社成立后，经过1年多时间，由于当时公社存在一系列问题，没有得到解决，于1959年9月暂时停止了试办，至1960年4月又恢复公社试办工作。恢复后市内3个区，根据居住情况的不同特点，组织起以大厂矿为主、以机关为主、以居民为主3种类型的人民公社。全市共组成了17个城市人民公社（新城区7个，玉泉、回民区各5个）。公社恢复后，各公社都组织了一些工商企业和服务性行业等生产单位，通过组织生产，对安排社会闲散劳动力和为大工业服务等方面，起了一定的作用，但也存在着不少问题，主要是：

1. 由于公社生产的分散和不稳定性，不便纳入国家计划。

2. 生产条件、技术、设备等方面都很差，因而产品质量低、成本高、经济效果不好。

3. 各公社都吸收了不少盲流，人员混乱、复杂，工资待遇没有标准，管理十分混乱。

4. 各公社都组织起一些生产企业，不少是相同的行业，各公社都设法寻找原材料，出现互相争原料、市场，甚至与国家企业争原料等问题。

鉴于公社生产存在上述问题，并根据中央精简职工、压缩城镇人口的指示中有关城市人民公社暂不办工业企业的精神，于1962年下半年，对我市城市

---

* 原件现存于内蒙古自治区档案馆。

人民公社生产进行了整顿。经过整顿，精简了公社企业职工，迁返了来自农村的人口，公社工业和服务性行业，大部分转为街道家庭副业，一部分转为手工业，一部分下马。

经过整顿，城市人民公社已没有什么生产单位，因而将原城市人民公社干部精简了一部分，全市17个人民公社合并为15个，同时这15个公社也是区人委的街道办公处，为区人委的派出单位，承办区人委布置的行政工作任务，即“一套机构，两个牌子”。

根据前一阶段试办城市人民公社的实践和目前情况，现在城市人民公社只是保留了个牌子，实际上已没有什么内容。各区意见，根据城市特点和经济形势，一定时期不宜在城市组织人民公社，现在公社牌子也不必保留，可以撤销。

以上意见，仅供参考。

中共呼和浩特市委办公室

一九六三年四月二十六日

沈阳市教育局《关于城市人民公社试办半工半读夜中学的情况和今后意见》的报告*

（一九六五年三月二十二日）

张副市长：

为了继续提高未升学高小毕业生的政治、文化科学知识水平，为工农业生产战线培养劳动后备力量，我们于去年三月在和平、沈河两区的部分城市人民公社试办了一些半工半读夜中学。从一年的试办情况看，这类学校很适合高小毕业生的特点，可以满足他们继续学习的要求，是安排高小毕业生的较好形式。因此，拟于今年暑假在适当的发展一批夜中学，以便妥善解决我市未升学高小毕业生的问题。现将《关于城市人民公社试办半工半读夜中学的情况和今后意见》报去审批。

一九六五年三月二十二日

附：关于城市人民公社试办半工半读夜中学的情况和今后意见

（一九六五年三月二十二日）

自去年三月开始，我市先后在和平、沈河和铁西等区试办了二十五所半工半读夜中学，共开了九十四个班，有三千八百九十名学生约占全市历届未升入

* 原件现存于沈阳市档案馆。

初中的高小毕业生百分之二十。学制暂定为三年。开设了政治、语文、数学和农业基础知识课。上课多在晚间。每周十八至二十节。中、小学寒暑假期整日上课（每天六课时，约一百二十至一百五十课时）每学期授课时数为四百二十课时左右，生产劳动开展较好，经常组织学生参加力所能及的体力劳动。经过一年左右的试办，学校已基本上稳定，并有了一定的发展。

夜中学一出现就受到广大劳动人民群众的欢迎和支持。学生家长们高兴地说：这是一件喜事，孩子又有书念了，又有活干，去掉了一块心病。因此，积极送子女入学。北市夜中学开始搞布轮生产时需要烘干炉和一些工具，家长就积极帮助解决砖和工具，几天就干起来了，和平区自办学以来，收到了一百多封人民来信，一致赞许办这类学校很适合，为社会、为家庭、为未升学的青少年解决了问题。

各区、公社党、政领导对试办夜中学也很重视。和平区在区委领导下统筹安排了青少年教育工作，区委书记亲自抓夜中学试点工作。区人委认真研究了夜中学的办学方向，领导问题，并定期召开社长会议统一布置和解决夜中学工作中存在的问题。各公社积极挖出公社的废旧物潜力。为夜中学解决课桌椅子不足的困难。和平区委和公社党委，由于狠抓了夜中学工作，不到半年已办起了十五所学校，组织了三千二百余名青少年参加了学习，在不用国家经费，不增加群众负担的情况下，基本上解决了历届未升学的高小毕业生的学习问题。

通过夜中学一年来的试办，学生的政治思想面貌有了较大的提高。逐步培养了劳动观点和劳动习惯，学习了一些生产技能。许多学生努力学习，初步端正了学习目的和态度。

夜中学开办至今，时间不长，在工作过程中，初步总结有以下几点体会：

（一）坚持半工半读办学方向是办好夜中学的关键。夜中学组织学生参加生产劳动是贯彻党的教育方针，提高学生社会主义觉悟的重要措施，也是培养革命接班人的一条正确道路。从劳动来说，学生家长和一些学生认为干点零活学不到技术，有的怕要衣服，多吃粮食，也有的嫌脏怕累。教师中也有怕劳动多，保证不了教学质量的思想顾虑。在贯彻方针上遇到了阻碍，通过召开了各种会议，大力宣传了党的教育方针和青少年应该劳动化革命化的道理。

先提高了教师对半工半读的认识，然后教育家长，取得了广大学生家长的支持。这样就打通了办学的道路，学生对劳动有了认识，劳动效果都比较好。各校在劳动中的出勤率都保持 90% 以上，还取得了一定的经济收益，使各部分学校的办学经费基本上达到了自给自足。在劳动的同时也保证了文化基础知识课的教学时间，这一学期学校一般都上了政治、语文、代数、农业基础知识等四种，基本完成了规定的课程时数，还学了一些应用文和珠算，这就制造了办好这类学校的基本条件。

（二）必须以阶级教育为纲，首先抓住政治思想教育工作。这些青少年由于长期闲散在家，不可避免的受到了不同程度的资产阶级思想的影响和腐蚀，部分学生在课堂打架骂人，吸烟、破坏桌椅、玻璃窗等现象不断发生，个别破坏分子进入盗窃集团。当时有些教师对这些调皮捣蛋的学生感到束手无策，有的采取简单粗暴的办法。我们认为教育好这种学生，首先要组织教师学习党的教育方针，学习哈尔滨十二中学的工作经验，启发学生树立远大的革命理想，提高学生的阶级觉悟，通过多种多样的教育形式。如：①请老工人叙无产阶级红色家谱；②请老红军老党员讲革命斗争故事；③开展向雷锋同志学习活动；④讲国内外大好形势等教育后，对学生启发很大，使他们逐渐懂得了一些革命道理，初步树立起为人民服务的观点，也使学生逐步懂得了万恶的旧社会是劳苦大众的苦根子，今天的好日子是共产党、毛主席领导着无数革命前辈流血牺牲换来的，社会主义生活来之不易，要保卫她、建设她。现在的学校都建立了少年先锋队组织，成立了班委会、学生会，开展了经常性的队会、班会活动。调动了学生的学习自觉性和积极性。现在课堂秩序开始好转，课外也很少出现打架骂人的现象。如砂山夜中学有两名调皮捣蛋的学生，已成为爱集体、爱劳动、学习好的优秀学生，全校学期末评出了 14 名优秀学生，11 名劳动积极分子。夜中学的学生还积极为居民委街道、火车站做好事，受到社会上的好评。染上坏习气的学生也有了突出的转变，有些有偷摸行为的不偷摸了，而且按时到校上课，参加劳动，帮助班级工作。出现了爱集体，爱公物，爱劳动，认真读书的新风气。

（三）必须认真选拔不断培养提高师资队伍。夜中学的教师大部分是历届高中毕业生和社会知识青年中选聘家庭出身好、政治思想进步、作风好、爱劳动,愿做教育工作的积极分子。他们工作热情认真。但是由于夜中学是新生事物最初他们有不正确的看法。认为夜中学不"正规"、学不着啥,办不长,抱着"骑马找马"的想法。加之,办学初期困难较多,教师全是义务职,因之,教师队伍很不稳定。针对教师的思想问题公社党委加强了政治思想教育工作。统一安排了教师的政治、业务学习时间。首先组织教师反复地学习了"为人民服务""纪念白求恩""愚公移山""反对自由主义"等文章。教师的思想觉悟有了提高。教育行政部门也加强了教师的提高工作。如和平区文教局举办了短期训练班,有120多名教师集中地学习了党的教育方针政策和关于半工(农)半读教育制度的有关文件,并着重对夜中学的性质、任务、重要意义等问题进行了讨论。从而增强了教师的事业心和光荣感。为了帮助教师尽快地掌握教学业务,还由区教师进修学院负责组织了定期的(每周一次)教学业务辅导。同时还根据各校的具体情况给教师解决了少量的生活补贴费,每月二十五元左右,目前大多数教师情绪比较稳定,热心教学。有些教师为了给学生补课,中午假日都不休息。对夜中学开始有了感情和责任感。

(四)必须党委重视,加强领导,才能把学校办好。这批夜中学能办起来,并得到发展,主要是区、公社党政重视,加强具体领导的结果。如和平区在区委书记亲自领导下,召集有关部门研究统筹安排这项工作。在会议上决定由区文教局、劳动科、团委、妇联、武装部门等组成了领导小组统一管理青少年教育工作。公社在党委统一领导下设办学委员会,并加强对学校的政治思想教育工作,区、社领导对学校生产门路选聘教师,都做了具体的解决。公社社长、团委书记经常给夜中学讲政治课。这些对学校的巩固发展起了保证和推动作用。

从试办的情况看,虽然取得了一定成绩,但还存在一些问题:

(一)对新生事物的态度不够积极。市里为了搞好试点,要求各区积极试办一、二所。但到目前只有和平、沈河两区进行了试点,有的区个别公社自发的办了这样的学校,有的区对群众自发办学,未能积极领导,因此现在全市尚有万余名高小毕业生闲散在街道,这仍然是一个大问题。

(二)生产劳动门路还没有很好解决。由于生产企业部门对这种"非正规"学校,不能以勤工俭学的名义签订生产劳动合同。参加工厂企业劳动,受临时工的劳动工资计划限制。因此,目前尚未切实实现半工半读教学计划。

（三）师资流动性大。由于教师大部分是社会知识青年,没有任何福利待遇,生活补贴费也比较少。因此,教师流动频繁。这给教学和辅导工作带来了一定困难,和平区文教局搞了些教学业务辅导但很多教师没等入门就走了。

（四）经费问题:在试办初期,由于生产门路没有解决,办学经费只靠学生缴纳一些学杂费,负担全部办学经费有困难。这些学校,每学期收缴学杂费的标准是四至五元,一班只能收 200 元左右（收资率 80%—90%）如果按 1.5 元配备教师,教师生活补贴费的开支就有困难。如果收费标准过高,家庭负担过重,也不是办法。

为了认真贯彻执行中央关于两种教育制度,两种劳动制度的指示精神,结合我市的具体情况,在试办的基础上,对今后工作提出如下意见:

（一）任务与要求。今年暑假将有一万六千余名高小毕业生不能升入上一级学校,加上往届的共有二万五千余名。这些学生尚不完全具备生产劳动的条件。因此,应该积极试办半工半读夜中学和广播中学,为高小毕业生广开继续提高政治、文化科学知识的大门。为工农业生产战线输送劳动后备力量。要求各区教育局视条件和力量力争多办一些夜中学和多组织些往届与本届高小毕业生参加广播中学学习。

（二）办学方向和学制课程。夜中学是集体举办的,是国家教育事业的组成部分,必须认真贯彻党的“教育为无产阶级政治服务,教育与生产劳动相结合”的方针,实行半工半读教育制度,又劳动又学习,培养有社会主义觉悟,有一定文化和基本生产知识的劳动者。以阶级教育为纲,加强政治思想教育、劳动教育、工具学科和实用知识教育适当地进行一些生产技术知识教育。通过三年的时间在主要学科方面达到初中毕业水平,掌握一些生产基本知识。在课程设置上要根据“精简集中,学以致用”的原则,设政治、语文、数学、农业基础知识、物理、化学和史地常识。教材暂用普通中学课本或业余中学课本,但要注意多讲些实际应用知识。

（三）切实解决生产劳动门路问题。为了在这类学校中切实贯彻执行半工半读教育制度,各有关部门应统一认识,根据贯彻中央两种教育制度,两种劳动制度的指示精神,统筹安排,为他们广开生产劳动门路,允许他们以勤工俭学的名义和工厂、企业、农林部门签订生产劳动合同。各工厂、企业也应积极协助给予方便。以便保证实现半工半读教学计划。

这类学校学生劳动创造价值多是用于办学经费。因此,税务部门也应根据具体情况免于收税。

关于劳动收益,主要用于办学费用,也可以给予学生少量的生活补贴。

学生因参加一些生产劳动,活动量较大,他们的粮食定量应与普通初级中学学生相同为宜。

(四)充实加强师资队伍,为了切实办好夜中学,应在党委统一领导下,选拔一批政治条件好,能够教初中课的高中以上文化程度的知识青年担任夜中学教师,并力求稳定。为了使他们能够基本稳定下来,必须加强对他们的政治思想教育和业务辅导,在工资待遇方面,应给与适当解决。其工资大体可按中、小学代课教师的工资(28—32元)作为生活补助费,其福利待遇如粮食定量、布票等应与普通民办中学教师相同为宜。

(五)办学经费主要依靠群众自筹。来源应以勤工俭学生产养校为主。如果生产门路尚未解决或生产收入过少的,可以收缴少量的学杂费,但标准不宜超过普通中学。这样,学校正常开支仍有困难时,应从教育经费中给予适当的补助,以便扶植这类学校健康的发展。

(六)各区教育局应把这项工作纳入议事日程,加强领导,对各区所设专职干部,应给与具体帮助。并应与品德教育办公室协商抽调几名专职辅导员放在区里统一使用,同时搞好青少年的品德教育和夜中学、广播中学工作。

夜中学是依靠群策群力办起来的,政府不能全包下来,必须调动广大群众的积极性。因此,应有公社党委统一领导下,由公社党政领导参加吸收共青团、妇联、派出所和中、小学负责人以及有代表性的学生家长组成办学委员会,定期召开会议研究解决办学中的重大问题,社长兼夜中学的校长、中、小学校校长兼副校长,具体负责学校的政治思想和教学领导工作。

为了把夜中学和广播中学办好,市、区教育行政部门,应深入调查研究,蹲点总结经验,切实解决工作中亟待解决的问题,将夜中学越办越好。

（二）区（县）、社级城市人民公社研究资料

郑州市管城区红旗人民公社情况介绍*

（一九五八年八月十六日）

8月15日在清真寺街办事处范围内正式组成了我区第一个社会主义的社会基本单位——人民公社，这个公社是我区大办人民公社的第一面红旗，所以定名为"红旗人民公社"。

一

伟大的整风、反右派和社会主义教育运动带来了全国全民思想、工作的大跃进，广大群众的觉悟程度空前提高，划清了两条道路的界限，坚定了走社会主义道路的决心和信心。社会主义建设总路线颁布以后，群情更为高涨，大家比干劲、争上游，日夜苦战，发奋忘食，大办工业的热潮一掀而起。拿清真寺街来说，不到7天的工夫就建立了口罩、面袋、纸袋、纸、鞋底、黑凡、钱包等加工性的生产工厂7个，并且及时地投入了生产。

城市街道居民的特点是：男的少，女的多。所谓市民实际上大都是各方面职工的家属，并且多是中老年妇女，因此，在新形势、新任务面前就出现了一系列的问题。例如吃饭、做饭、看管小孩、照顾家务等问题。除了在工厂生产，还要分别回家做饭、料理家务，结果形成上班晚（上午8时半）、下班早（上午10时半）、工作时间短（2小时），加上小孩牵累和考虑其他琐碎事情，所以就严重地影响了生产的发展。清真寺街杨万花家没有人看小孩，就把小孩带到车

* 原件现存于郑州市管城区档案馆。

间，这样一来，就遭到了没有小孩的妇女的讽刺，说是："双头人来了！"（指带小孩的人），杨苦恼地说："要是有人替我看小孩，替我做饭，说咋干就咋干"。很显然，这种陈旧的生活方式已经成了大办工业的障碍物，而群众也深感"心有余而力不足"。

形势逼人，这种情况迫使我们根据社会的动向、群众的要求和全面大跃进的需要来大胆地进行生活方式的大革命，寻找解决生产和家务矛盾的正确途径：那就是建立人民公社，奔向人民公社共产主义道路，这是我们把人民公社搞起来的物质基础。

为了由点到面、由小到大逐步发展，我们先以清真寺街的第 3、4 组为重点，先行一步，树立标兵，创造经验，而后全面开花。

清真寺街第 3、4 组共有居民 58 户（回民 28 户，汉民 25 户，原数据有误）226 人。从职业情况来看，职工家属 26 户，军属 25 户，临时工 2 户，双干（男女双方参加工作的）2 户，市民 10 户，单干 1 户。我们的具体组织办法如下：

1. 首先召开积极分子会，在会上讲明由于大办工业投入生产后，家庭妇女参加生产，出现了新的问题——（看管）孩子、做饭、上班晚、下班早等，并介绍了天津市鸿顺里居民委员会办社会主义大家庭的情况和经验，积极分子都认识到建立社会主义大家庭的重要作用和优越性。接着又召开了群众会，向群众说明民办工业的远大前途和建立社会主义大家庭的重要，介绍了天津市的经验，多数群众都认为这是解决当前存在问题的好办法，要求马上办起来。如居民赵中英说："我早就想吃大锅饭了"（指大食堂）。积极分子盖秀荣说："说干就干，马上就办"。当场推选了筹备委员 13 人，开始了筹备工作。

由于我们紧紧地掌握了先务虚、后务实和深入地发动了群众，所以大家劲头高昂，纷纷报名。他们的口号是："踏破地球冲破天，要一步登上天。"可是，也有一部分人犹豫不决和不愿参加。第 4 组共有 30 户，贫苦的 17 户，富裕的 13 户，当场报名的就有 15 户，而且都是贫苦户，富裕户不但不报名参加，反而有个别人当场散布不满言论，强调客观，拒不参加，对群众起了很坏的影响。第 3 组孔祥娥（富裕户）在群众正热烈报名时说："我就是不参加，我肚子大、吃得多，怕入了社吃不饱"，群众一听，有的也发生了怀疑。第 4 组李连德在合作化高潮到来时入了社，又私自退社，现在有 3 套骡马的汽马车 1 辆，雇长工1人，有瓦房8间，老两口一直靠剥削吃饭，在动员他加入公社时说：“我现在有很多外债，老婆又有病，困难很多，为啥非叫我入社不行！”上述情况已经使我们清楚地看出，组织人民公社的过程也是资本主义与社会主义两条道路斗争的过程，于是我们就依靠贫苦户，依靠一切进步力量，开展了两条道路问题的大辩论。我们发动群众，就地取材，就地开辟战场，就地辩论，就地进行较量，以便拔白旗、插红旗，使人人受到社会主义的教育，结果群众大发议论，严肃地批判了一切错误认识。群众说：“说吃不饱是昧着良心说话的，和潘××的思想不是一样吗？有的人想上大厂去，看不起民办工业，咱这民办工业一样有希望，我们是推选红旗进大厂的；他这是白旗，就是不得去”。说得孔祥娥脸色一红一白，低头不语，最后也表示要加入公社，老老实实地搞民办工业。通过辩论，思想问题基本上解决了，他们变消极为积极，他们说：“不扒炉灶，思想就不算坚决”。于是第4组13户富裕户不到半小时就把炉灶全扒光了。

拔白旗的群众性大辩论，是两条道路斗争的一个锐利武器，它使群众受到了很大的教育，所以迅速地掀起了大办人民公社的高潮。

2. 人员组织起来之后，就讨论和解决了量材使用和合理分工问题，我们先在干部和积极分子中研究了初步名单，然后由内到外、逐步贯彻。在分工问题上同样进行了两种思想的斗争，有的说看孩子、做饭没出息，没前途，不愿干。如居民吕金龄（青年妇女）说：“叫我看孩子可以，只是我脾气不好。”马秀珍（青年妇女）说：“叫我看孩子我不干、干不了。叫我当啥工人都行，叫我学踏机器吧！”杜干英说：“我光会做稀饭，不会做稠饭”等。我们当即进行了“革命先烈不怕困难、不怕牺牲的英雄精神”的教育，并提出老年要学穆桂英，青年要学刘胡兰，同时又提出了“食堂、托儿所与生产的关系问题”并进行了辩论。经过辩论提高了认识，解决了思想问题，53岁的赵中英老太太当场提出要学穆桂英，报名要当炊事员。在这种事实的影响下，都主动地报名当炊事员和保育员，我们又将45个劳力进行了合理的分配，分配情况是：

炊事员5人，保育员5人，做钱包5人，做鞋底30人，做纸袋4人，环境美化组2人，炼铜5人，做口罩4人，缝纫4人，做耐火砖5人，洗衣组2人，银行1人，蔬菜供应1人，管理人员2人（其中，外面组30人在该院生产工作）。

人民公社虽然建成了，可是自私自利的思想在某些人的头脑中还是根深蒂固的，他们在食堂吃饭时，好菜多买，不好的菜不买；好饭多买，不好的饭少买；蒸馍多买，大吃大喝，主食票用完了伸手向社里要。为了纠正这种歪风邪气，我们发动群众搞了个“算大账”，算算哪亏、哪便宜。群众批评这种人是“大傻瓜”，“当面（个人利益）一指头也不吃，背地里（公共利益）一斧头觉不着。”张凤英的小组有 6 户不灭火、不交粮本，食堂饭好了上食堂吃，食堂饭不好回家做着吃，群众非常不满，说他们是：“罗锅腰背茄子——有了二心啦”，所以群众自动地起来“查二心”“割尾巴”。他们一看势头不对，立即表示：“马上就割尾巴、扒炉灶、交粮本。”总之，大办人民公社已经造成了社会舆论，已经形成了大势所趋、人心所向、所向披靡的局面。

3. 依靠群众，统一规划，合理调配使用房子。为了解决生产用房和食堂、托儿所、洗澡间的用房及家具困难，我们把这个问题交群众讨论。酝酿结果，自报投资房子 14 间，但有的很窄狭，不利适用。经过群众自己商量，坚决打破私有制度，互相动员，将宽敞房用窄的房子进行调换，这样进行了合理分配：生产用房 6 间，托儿所 3 间，哺乳室 1 间，洗澡间 1 间，食堂 3 间，其他伙食用具通过群众商量动员，很快凑集齐备，开始工作。

4. 搞好协作，密切关系，解决有关困难问题。在解决上述问题之后，就把我们不懂的和有困难的问题与有关方面进行联系，如组织托儿所、保健站，我们不懂，就和幼儿园、妇幼保健站联系，他们都大力支援我们，帮助建立组织，辅导我们开展业务，赠送必用家具和玩具，并建立了经常的联系制度（妇幼保健站每天派人辅导我们开展工作）。在供、产、销方面和设立蔬菜供应点问题，我们有困难，通过市委、市人委首长的参观，直接给予支持、解决，使财贸方面得到重视，不仅疏通了供、产、销，而且煤点、油点、粮点、百货马上增设。由于搞好了大协作，取得了有关方面的支持，使我们各单位都顺利地建立起来。

5. 人民公社的建成，大大解放了生产力，提高了生产效率。5 个炊事员、5 个保育员代替了 43 个人的家务劳动（做饭、看孩子），使她们心情愉快地参加生产，解除了后顾之忧，从而大大提高了生产效率。如口罩厂由原来每人每天摺 10 打提高到 20 多打；纳鞋底厂由每人每星期纳 4—5 双提高到 5—8 双；纸盒厂每人每天由 100 个提高到 500 个；扎面袋每人每天由 120 个，提高到 400 个。这样不仅增加了集体收入，而更主要的是提高了生产，按时完成了任务，支援了国家建设。

在党的正确领导和各方面的协作下,经过7个昼夜的苦战,胜利地建成了社会主义大家庭。到目前,我们大家庭已办有食堂、托儿所、俱乐部、洗澡间、煤炭点、粮油供应点、蔬菜供应点、百货供应点、银行储蓄代办所、环境卫生美化小组,并正在积极设法扩大生产。我们的炼铜已生产,耐火砖已试制成功,其他计划新建的工厂均正在进行筹建工作。

为了加强大家庭的领导和及时处理问题,我们还建立了大家庭管理委员会,由主任委员5人组成,委员分工管理生产、生活、文娱活动、福利、女工等各项工作。

这个人民公社是共产主义的萌芽,是一个良好的榜样,它给我们带来了极大的好处。群众赞扬说:"人民公社力量大,天塌地陷都不怕";"人民公社好处多,大搞钢铁超英国";"人民公社最优良,全民生活有保障,同生活来同劳动,幸福生活乐无疆。"

清真寺街居民委员会人民公社的建成,给广大群众做出了光辉的、足以效仿的榜样,虽然它刚刚诞生和存在着某些缺点,但是它有无限的生命力,因为它代表的是新生的、前进的、不可抗拒的共产主义力量,它为我们过渡到共产主义时期开辟了一条广阔的道路。广大群众发挥了敢想、敢做的首创精神,正如毛主席所说的,他们正在那张白纸上"写最新最好的文字,画最新最美的图画。"果然如此,这个公社的建成确实有力地震动了我区广大人民群众,他们奔走相告,广泛宣传,互相教育,自动地、积极地行动了起来,他们找地址、找房屋、找家具、找政府说理:"俺咋办呢?俺也想入公社呀!为啥不组织俺呢?赶紧叫俺干吧!"根据这种情况,我们就因势利导,将清真寺街所辖之工业、农业、街道组织为1个人民公社,并召开了积极分子大会,提出了大干7天7夜,完成建立人民公社任务的号召。号令一发,群众干劲汹涌澎湃,如同万马奔腾。工人新村群众提出:"说干就干,连夜宣传,不到天明,所有居民入社完。"居民委员会主任陈清洁没有散会就回家扒煤火、借笼、借锅,成立食堂,并保证家家户户都在食堂吃饭,不再单干。市府前街群众提出:"赶先进一步登天。"北大街居民委员会主任古秀芬也表示:"不怕困难千万条,一夜把它消灭掉"。群众的干劲已经产生了无比的威力,就这样很快地形成了群众性的大办人民公社运动。

现在这个公社已经正式成立了。这个公社现在已入社的1952户，占应入社户的83.42%，共计10690人(男4746人，女5944人)，其中：有业的2601人，无业的2627人，入学的1670人，未入学的133人，幼儿3659人(以上数字不包括公共户口、街道“双干”户)。这个公社共有工农业厂社63个，其中：民办58个，骨干5个，长期固定性的36个，间断性的27个，生产性的35个，加工性的28个。8月15日召开了人民公社成立大会，会上制定了公社社章，选举了管理委员会、监察委员会的主任和委员。会场上大家精神振奋，万分喜悦，异口同声地歌颂自己的公社：

妇女们说：

妇女解放，
走出厨房，
奔赴前线，
大搞炼钢。

青年们说：

人民公社，
你是社会主义必走的路线，
你是共产主义的萌芽，
你使我们每个人欢颜。

老年人说：

人老心不老，
跟着人民公社跑，
高歌齐欢唱，
红旗高又高。

广大群众说：

人民公社像灯塔，
照亮了劳动人民的家，
从今丢掉了贫困，
永远不会再见它。

人人高兴入了社，
个个兴奋笑哈哈！

二

虽然只是短时间的实践，但我们已经体会到办公社有以下好处：

第一，进一步解放了劳动力，特别是妇女劳动力。由于全民大办工业和各方面大跃进，所遇到的最突出问题是劳动力缺乏，如何解决没有成熟的办法，人民公社大举兴办，劳动力缺乏的问题就迎刃而解。仅从清真寺街的统计材料来看，由于办了人民公社，挖出了4000个能够参加各种生产工作的劳动力，其中绝大部分是妇女，这是惊人的数字。过去觉得劳力缺乏，现在经过统筹安排估计还会剩余一部分，将来输送到大工厂里去。

第二，进一步发展了生产力，增加了国家财富。这样一批劳动力投入了生产，就大大地增加了国家财富，这样一批劳动力过去仅认为他们是消费者，而没有首先看到他们是生产者，因而就白白地浪费去。由于人民公社的兴办，就把他们从消费者变为劳动者。由于广大妇女能够参加生产，因而精神愉快、情绪高涨，她们在生产上提高了效率。如纸盆厂过去每人每天做100个现在提高到500个。

第三，培养共产主义思想、集体习惯和共产主义观念。今天的人民公社是由过去的一家一户过着个体生活的居民，经过大张旗鼓地宣传，群众自己经过大鸣、大放、大辩论，认识到人民公社的优越性，提高了觉悟，放弃了分散的个体生活，投入了集体劳动、集体生活中来，也就逐步地加强了集体主义思想。如小孩进入托儿所受了集体主义教育，他们过去是满街跑、打架骂人等，现在变成了有礼貌、讲卫生、爱劳动和爱护公共财物的好孩子。

第四，增加了收入，改善了生活。由于统筹安排合理分工，群众参加了各种不同的劳动，因而就有不同程度地增加了收入，同时改善了生活。

第五，有了好的人民公社，工、农、商、学都有了。关于兵，虽今天没有，但我们可以训练兵，这样公社内有工业、农业、商业、教育事业还有军事什么都有了，就便于领导。

第六，节约大批物资、支援社会主义建设。仅燃煤一项就可足以说明，过去一家一户各有个炉灶，按每个炉每月200斤是正常的，要再节约是有困难的，人民公社办起来之后，仅原清真寺街居民委员会社会主义大院35个炉每月烧煤7000斤，现在合成食堂用2个大炉，每月烧煤1500斤，这一下就节约煤5500斤，每人每月节约25斤。现在管城区有150000多人口，每月节约煤达375万斤，1年可节约4500万斤煤。这仅是1个区的数字，全市计算起来是个惊人的数字。

第七，进一步加强了回汉民族的团结，密切了人与人之间的关系。我们开始是回族、汉族一起劳动，参加了公社，这样他们生产、生活在一起互相学习，共同发展，这样就代替了过去互相怀疑、猜测、吵架不团结的现象。

第八，有了人民公社大家就有了充分的时间，学习政治、文化和娱乐活动。如原来的社会主义大院就订立了生活会、读报组、学文化等制度，并开展卫生城市工作。

人民公社好，这是毛主席的指示。根据我们的体会，人民公社的好处决不止上述8件，只是由于我们观察时间短、水平低，而不能把人民公社好处尽其说出。

最后，我们把办公社的过程中所触及到的几个问题提出来，也把我们的意见说一下，供同志们研究。

1. 充分地走群众路线问题。在开始时我们并不是自觉地来执行，而是遇到问题我们没有好办法给群众，因而就交给群众去辩论，这样一来问题迎刃而解，如房子问题即是如此。

2. 从生产入手。生产是群众的迫切要求，因而办起公社后统一使用劳动力，统一安排生产则是带关键性问题。

3. 食堂必须办好，这是发展生产、打破"观朝派"的有力武器。如清真寺街居民委员会社会主义大院的食堂办得好，使"观朝派"也入了社。他们是调剂好、花样多，花钱不多、节约粮食，最突出的是树立了榜样，解除群众顾虑。

4. 托儿所必须办好，这也是群众最关心的问题之一。

5. 办人民公社是新工作，没有经验，必须加强党的领导，因而区委决定建立党委会，并配备一些数量的骨干加强领导。

由于人民公社是新事物、新工作，没有一套现成的经验，因而我们发扬敢想敢干的精神。为了便利工作，决定在社委会下设11个部，1个办公厅，以便处理日常工作。计：

工业部、农业部、文教卫生部、内务部、治安保卫部、财务部、妇女工作部、青少年部、军事技术部、对外联络部、宣传鼓动部，下设办公厅。

以上情况的介绍仅供同志们参考，如有不妥之处请市委或同志们批评帮助。

一九五八年八月十六日

郑州市管城区红旗人民公社社章(第二次草稿)*

（一九五八年八月二十一日）

第一章　总　则

第一条　人民公社是劳动人民在共产党和人民政府领导下的社会基层组织。它是实现建设社会主义总路线最好的组织形式,也是逐步走向共产主义社会最好的组织形式,实行政权、经济合一,旨在进一步消灭私有制,彻底解放生产力,特别是妇女生产力,把工、农、商、学、兵及社会上分散的劳动力都组织起来,使生产社会化,生活集体化,思想共产主义化,加速社会主义建设,逐步过渡到共产主义社会。

第二条　人民公社应大力发展生产,合理使用劳动力,充分发挥每个劳动力的积极性和创造性,深入地开展技术革命和文化革命,以适应生产的需要,为社会增加大量财富。随着生产的发展,逐步增加社员收入。还必须搞好社内的生活福利设施(托儿所、食堂、幸福院等),提高社员的物质文化生活水平。

第三条　人民公社要把国家利益、集体利益和个人利益密切地结合起来,社员必须服从国家利益和公社利益,在国家经济领导下,有计划地进行生产,并有照章向国家纳税的义务。

第四条　人民公社实行民主集中制,最高权力机关是社员代表大会,代表

* 原件现存于郑州市管城区档案馆。

大会选举出人民公社社务委员会、社长和副社长。在社员代表大会闭幕期间,由社委会贯彻执行大会决议及处理日常工作。社委会必须实行集体领导,密切联系群众,走群众路线,团结全体社员办好公社。

第二章　社员、权利义务

第五条　凡年满 16 周岁的男女劳动人民,都可以加入人民公社,为正式社员。

第六条　社员有以下权利:

1. 参加社内劳动,享受社内工资待遇;
2. 积极提出有关社务的合理化建议和批评,对社务进行民主监督;
3. 有选举权和被选举权;
4. 有享受公社举办的各种文化、福利事业的权利。

第七条　社员应尽如下义务:

1. 遵守社章,执行社员代表大会和社务委员会的决议;
2. 服从领导,积极参加劳动,遵守劳动纪律;
3. 爱护国家财产和公社财产;
4. 维护全社团结,同一切破坏公社的言行作坚决的斗争。

第八条　对地主、富农、反革命、坏分子、右派分子(指其本人),准许参加公社,由社员监督劳动,但不能称为社员,有个别经过较长时间的改造,确有转变,经社员讨论通过,报政府批准后,方可取得人民公社社员的称号。

第三章　生产资料和基金

第九条　入社社员须将私有的出租房屋、机器、运输工具(包括牛、驴、骡、马等)及社内所需要的其他生产工具,一律作价入社,作为社内基金,随着生产的发展酌情偿还。对社员现有住房,应根据社内的需要,公社有权统一调整,合理使用。

第十条　凡入社社员必须交纳入社费,一般以 1 元为宜,最多不超过 2

元,如经济确有困难者可酌情减少。

第四章　生产经营

第十一条　大力发展农业生产,积极进行土壤改良,深耕细作,普及良种,增施肥料,力争连年大面积丰收。随着生产的发展,人民生活水平的提高,必须相应地发展蔬菜生产、畜牧业和副业,如养鱼、养鸡、养鸭等生产,以满足城市人民的需要。

第十二条　积极发展民办工业,如轻工业、民用工业、肥料工业、加工工业、运输业和炼铜、炼铁、炼钢、炼焦等,广找生产门路,扩大生产范围。

第五章　积累分配

第十三条　在不断扩大公共积累、扩大再生产、增加收入、逐步改善社员生活的原则下,本着苦干一年改变公社面貌的精神,对社员实行低工资制,如在生产上有显著成绩者,还应结合给以物质奖励。

第十四条　对于家庭生活有特殊困难的社员,经本人申请,社员民主评议,可从公益金内酌情补助。

第六章　奖　惩

第十五条　对于积极提出合理化建议的单位或个人,根据其对生产改进和提高的价值大小,分别给予精神或物质奖励,对改进生产有重大发明创造,并获得显著成绩者,应给予物质奖励。

第十六条　对社员违犯社章和劳动纪律,给国家或公社造成损失者,根据情节轻重,分别给予批评教育、警告、记过或开除处分。对于造谣破坏或损害公社财产、给国家和公社造成严重损失者,分别情节轻重,报请政府依法处理。

第七章　文化福利

第十七条　社员应积极参加社内举办的政治文化学习和各种社会活动。

第十八条　随着生产的发展,必须相应地办好图书馆、托儿所、食堂、幸福院等各种文化福利事业,以满足社员文化生活的需要。

第十九条　社员因公负伤,均由公社负责。凡社员非因公负伤或患其他疾病者,药费暂时自理,随着生产的发展,逐步实现半公费或全公费医疗。

第二十条　妇女社员在怀孕期间,对其生产、生活上应给予适当照顾,在产期内经济上确有困难者,可酌情补助。

第二十一条　对无依无靠失去劳动能力的社员,其生活费用由公社全部负责。

第八章　组织机构

第二十二条　人民公社的最高权力机关是社员代表大会。在社员代表大会闭会期间,由社务委员会代行大会职权,处理日常社务问题。社务委员会由15人组成,设社长1人,副社长若干人,其余为委员。监察委员会由5人组成,主任1人,其余为委员。社员代表由社员选举产生,代表任期1年。

根据公社生产和工作的需要,设立1室9部,即:办公室、工业部、农业部、民政部、劳动工资部、商业部、财务计划部、文教卫生部、治安保卫部、福利部。

第二十三条　凡有关重大问题,必须经社员代表大会讨论通过做出决议后,由社委会贯彻执行。

第九章　附　则

第二十四条　本章程如有未尽事宜,由社员代表大会补充修正。

一九五八年八月二十一日

中共长沙市西区委员会
关于建立区人民公社意见的报告*

（一九五八年十二月四日）

在整风运动胜利的基础上，在工农业生产大跃进和全国农村人民公社化的形势鼓舞下，我区广大居民热烈要求建立人民公社。自9月上旬以来，在短短的两个月里，以街办事处为单位搭起了7个以居民为主的公社的架子，2万多名居民入了社。通过建社搭架子，进一步解放了妇女劳动力，95%以上的职工家属、家庭妇女参加了生产劳动，社会劳动力基本上统一管理起来了。在全民炼钢、水泥生产和修建京广铁路复线工程中，发挥了巨大的威力；区办工业掀起了新的高潮，提前37天完成了市委下达的900万元的年计划；食堂、托儿所等生活福利工作也随之大大地发展了，办起了66个街道公共食堂，69个幼儿园、托儿所；"我为人人，人人为我"，热爱劳动的共产主义风格已开始形成。所有这些，都初步显示了人民公社化的优越性。但是，建立的这些公社，还仅仅是个架子，公社的不少问题还没有很好研究明确，私有制的残余和分配等问题没有解决，如收入分配问题未按公社统一分配，各劳各得，而担任炼钢、水泥生产和修铁路工作的却是实行苦战，只吃饭，暂无工资；部分人的思想对人民公社问题存在各种疑虑和顾虑，甚至有抵触情绪；生活组织也未完全实现集体化；妇女劳动力还未彻底解放出来；其次，对区级机关和区属工厂怎样建设公社还尚待研究。从以上情况来看，搭的人民公社架子，只是为正式建立人民公社创造条件。现在就把我们两个月来的建社工作所触及的问题和我区具体情况，根据省委人民公社党委书记会议精神，对我区全面实现人民公社化提出如

---

* 原件现存于长沙市岳麓区档案馆。

下一些初步意见：

一、人民公社的性质和我区公社的规模、组织形式及体制问题

1. 公社性质问题：人民公社是以生产为中心的工、农、兵、学、商相结合的社会结构的基层单位，也是国家政权的基层单位；它是促使我国迅速地建成社会主义，并且使我国由社会主义逐渐过渡到共产主义的最好的社会经济政治组织形式，也是将来我国共产主义社会的基层单位的组织形式。现阶段的人民公社，基本上是社会主义的，但是已经有了若干共产主义因素；在所有制方面，是不完全的全民所有制。

2. 我区公社的组织形式和规模问题：区成立公社联社，下建分社。根据我区情况，提出 2 个建社的方案：一是打乱办事处范围建立 3 个分社，坡子街以南为 1 个分社（请市将南区所属黄兴街南路南段街道划为我区，使之成一条直线）；五一路以南坡子街以北为 1 个分社（包括水陆洲、五一路）；五一路以北湘春路以南为 1 个分社。二是建立 2 个分社，河东以五一路为界分南北段建立 2 个分社（水陆洲属北边的分社内）。

分社以下分别机关、工厂、学校和街道的专业结合地区等成立若干大队，大队下设中队和小队。工厂、学校、机关加入分社，其单位的领导、经济财产、人员等暂仍按原组织系统领导，但街道中心工作、社会活动（如除“四害”）和职工家属中的社员由公社领导。

3. 公社的体制问题：社本身实行政社合一，区人民委员会就是区联社的社务委员会，两块牌子，一套人马。社务委员会下设 10 个部门（生产部、计划财经部、人事劳动部、财贸部、福利部、文教部、武装保卫部、妇女部、秘书室、监察委员会）。党的机构：区党委就是联社党委；分社党委可设立秘书、组织、宣传、监察等部门，有关管理日常业务的部门与社务委员会有关部门合在一起，一个机构、两块牌子；公、检、法与武装保卫部联合在一起，一个机构、四块牌子。区妇联、区团委就是区联社妇联、区联社团委；分社建立社团委，社妇代会即社的妇女部，二块牌子，一套人马。派出所按分社设立，与分社的武装保卫

部一起，一个机构、两块牌子。街办事处机构随公社建立后撤销。

分社社务委员会配备 20—25 名干部，正副社长 2—3 人。街道的大队设 2—3 个专职脱产和半脱产干部。分社党委配备 6—10 名干部，党委书记 1—2 人。区委、区人委干部可精简编制 1/3 下放至分社；分社党委第一书记下放区委担任委员。

公社成立后，根据集中领导、分级管理的原则，机构将逐步下放分社。(1)工业方面：将部分区属工厂（包括手工业金属工厂）和大部分区办工厂下放到分社；建议市将区属工厂的行政领导下放到区联社，其他手工业工厂也下放联社和分社。区属单位企业仍为全民所有制。建议市将行政领导、计划安排、物资平衡、资产管理下放到区，区保证市下达的产值、产品、利润上缴的完成。职工工资福利不变，可抽出部分福利费交由公社支配使用。(2)学校方面：公私立小学、民办中学全部下放分社领导，教学业务由市、区统一领导。(3)商业方面：与居民生活关系密切的如粮油、蔬菜、肉食等下放分社，实行"两放"（人员、资产）、"三统"（政策、计划、流动资金的管理）、"一分成"（利润上缴分成或利润 5%归社，95%上缴），人员工资由公社按原标准在企业利润内支付，以后过渡实行"两放、三统、一包"（上缴利润定额包干），建议市将全部商店（批发和独特的商店除外）下放到联社。(4)房屋方面：建议除机关、学校、工厂的生产用房和集体宿舍外，其他公私房屋均下放到区联社，所需房屋新建、扩建经费由区联社报计划审批后下拨经费，在服从市的需要调拨房屋的原则下，联社可统一调整使用。此外，建议市将银行、储蓄、保险、联合诊所等也下放联社和分社。

二、实现全区公社化及当前几件工作的安排

城市建立人民公社是一项新的工作，城市的情况比农村复杂，涉及面广，因此，必须加强调查研究，多学习外地经验，采取边走、边看、边总结，逐步实现。目前是在现有的基础上深入开展共产主义教育，大抓生产，挖掘劳动力和生活集体化，打好思想和物资基础，为建立人民公社积极准备条件，要求在 12 月份做好准备工作，明年一季度实现全区人民公社化。

1.广泛深入地开展共产主义思想教育工作，从现在起突出地进行一个半月至两个月时间的宣传工作。建立人民公社，是政治上、思想上乃至生活习惯上一场严重的斗争，在目前包括无产阶级和资产阶级之间的斗争。这个斗争主要表现在：社会主义和剥削者的矛盾；小私有者和社会主义的矛盾；工人阶级内部先进和落后的矛盾。因此在建立人民公社中，自始至终要认真地、突出地抓住思想教育工作，采取教育说服、讲理、辩论的方式进行。

在进行宣传教育中，应贯彻以下几个基本观点：(1)发展生产、建设社会主义的观点；(2)目前利益与长远利益、个人利益与集体利益、局部利益与整体利益相结合的全局观点；(3)劳动创造财富、劳动光荣的观点；(4)群众路线的观点。宣传教育的具体内容：首先，应把人民公社的性质、目的讲清楚，要说明公社的根本目的是要过渡到共产主义，当前则是发展生产，加速社会主义建设；过渡到共产主义不是一蹴而就，而是根据社会产品极其丰富、全体人民共产主义思想觉悟和道德品质极大地提高、全民教育普及并且提高了等等条件，逐步过渡的。其次，要把入社经济问题的处理政策讲清楚，说明对资产阶级是继续贯彻赎买政策，完成经济改造。对劳动者是把那些闲置的、分散的生产资料利用起来加速生产建设，是根据自愿、互利原则加以处理。第三，进行劳动教育，说明劳动是光荣的、豪迈的事业，鄙视劳动是可耻的，说明建设社会主义必须各尽所能，积极劳动是每一个自觉的社会主义公民的态度。第四，要说明实现生活集体化是为了适应生产发展的要求，是为了更好地解放劳动力，特别是解放妇女劳动力。因此，必须随着生产发展的需要并根据群众的自愿来积极进行。在宣传中应根据不同对象抓住不同的重点进行宣传，对干部和职工应着重解释公社的优越性，建社的目的、性质，进行阶级教育，特别是分清剥削者和劳动者的界线等等；对个体独立劳动者着重进行两条道路的教育；对知识分子着重说明要自觉参加体力劳动、积极与工农结合；对资产阶级分子着重指出过共产主义“关”，都要树立自觉地、积极地从劳动中来改造自己的立场和思想。在宣传教育中，还必须首先面对工人和其他劳动群众，充分发动他们，使政策为他们所掌握，然后依靠他们去进行工作。为了更好地联系各阶层的思想实际进行教育，应当从现实生活出发，结合建社中每一阶段的具体问题，密切联系广大群众的切身利益，深入开展大鸣、大放、大字报、大辩论，以澄清各种思想顾虑和误解，并可进行标兵宣传，开展讨论，大破个人主义、本位主义和其他各种资本主义思想，大立共产主义思想。

2.必须抓好当前生产和明年生产的安排工作：

大力发展生产是巩固分社和实现全区公社化的中心问题。1959 年是苦战三年具有决定意义的一年。明年的工业生产必须有更大的跃进。全国工业生产的中心是 3000 万吨钢。这个中心给我们带来了巨大的任务；同时实行全区公社化，也要求我们大力发展生产。因此，区属工厂和区办工业，必须认清形势，充分估计一切积极因素，妥善地安排明年生产。

明年生产任务的总要求是：区办工业（区属工厂由主管局布置）总产值是保证 8000 万争取 1 亿；主要产品应该是以大搞机械、水泥为中心，同时大搞化工和轻工生产。建立一部分骨干工厂，走自力更生和自己武装自己的道路。

在安排明年生产工作的同时，首先应积极完成 1958 年的跃进计划，这不仅关系到 1958 年的问题，更重要的是关系到 1959 年的更大跃进基础。当前工业生产情况基本上是好的，至 11 月底区属工厂已有 29 个工厂提前 30 多天完成了计划，可以全面提前 25 天完成计划；区办工厂已提前 37 天完成市委下达的计划。但是区属工厂完成 14500 万（最后区属工厂自加数）和区办工业完成 1500 万计划还要尽最大的努力。其次，必须继续做好以下工作：（1）大搞群众运动，坚决贯彻“以钢为纲、全面带动”的方针，认真贯彻工业方面的“五字”宪法，即：交（向群众交任务、方针、计划底）、大（大放、大鸣、大字报、大辩论）、参（干部经常参加劳动、工人全面参加管理）、改（改革规章制度）、结（干部和工人、技术人员三结合）。（2）大力贯彻“小土群”的方针，大搞技术革命。全区工业针对当前劳动力、原材料、设备、技术问题，都应走自力更生、自己武装自己的道路。这样不断使我们的工业走向半机械化和机械化的程度，以充分挖掘我们工厂的潜力。（3）区办工业必须全面规划，整顿和发展一批工厂，加强管理工作，建立适应生产发展的制度，以逐步走向定型化、工厂化。第三，认真编好 1959 年的跃进计划，特别是明年一季度计划。（1）在编制计划时，应充分估计当前有利形势和一系列变化和要求，充分估计本企业的潜在力量，克服右倾保守和见物不见人的现象；（2）在计划分季安排时，应尽力提前即“赶前不赶后”，一般明年一季度计划应高于 1958 年第四季度的水平。(3)在编制计划时,应实事求是,既有革命的浪漫主义,又有革命的现实主义,特别是在编制原材料计划和基建资金使用方面应一切从节、一切从简。

3.彻底挖掘劳动潜力,组织劳力发展生产。建立人民公社的中心目的是在于进一步组织劳力,发展生产,只有把劳动力组织起来了,才有发展生产的力量,因此,必须从各方面彻底挖掘劳动潜力。首先是强调由社统一调配劳动力,把劳动力管死,未经劳动部门和公社同意,其他单位不得私自雇用。其次是采取各种措施从家务劳动中解放妇女,使他们的绝大多数能够参加社会劳动。第三是进行技术改革,改革工具,以节省劳动力。第四是改进社会劳动组织,发挥劳动效果。第五是培养多面手,提高劳动者的文化技术水平。通过以上各项办法,要求全区有劳动能力的100%参加生产劳动。在劳动力的组织调配上要根据统筹安排、统一调配的原则进行。首先要满足国家基本建设和工农业生产需要,特别是钢铁、水泥生产的需要。其次是安排生产上的劳动力的同时,也要注意适当照顾社会生活福利上劳动力的需要。

为了组织好劳动力,各街必须立即做好劳动力的全面摸底和编队工作,把全部劳动力根据生产需要和各人不同条件,根据不同生产分别编为4个生产队伍:(1)区办工业定型生产基干队(包括水泥生产),以生产单位为基础加以组织,以下按生产单位设生产分队。(2)交通运输基建基干队,以现在基建交通运输人员为基础加以组织,队下可分别基建交通设分队。(3)以区办工业、临时加工生产为基地的机动队,这个队伍是亦工、亦基建、亦交通运输……多种生产的队伍,这些人平时在生产单位生产,基建、运输任务紧张时,可随时调出,任务完成后仍回原生产单位生产。(4)服务队伍,主要是从事公共食堂、托儿所等公共服务事业的人员组成,当前各街应立即将修铁路的人员进行编队,以便任务完成后及时转入其他生产。整个编队工作要求在12月份内做好。

民兵组织即按劳动队伍组成团、营、连、排,结合编队工作同时进行,目前暂以街为单位组成团。

通过以上工作,以实现组织军事化和行动战斗化的要求。

4.积极举办公共服务事业。按照生产需要与群众自愿的原则,实现生活集体化。公共服务事业是关系到群众的生活和促进生产发展的一项重大工作，既要便利群众生活又要服务于生产，并贯彻“大集体、小自由”的原则。根据我区公共服务事业的情况，当前必须突出做好以下工作，以主动吸引群众，显示生活集体化的优越性：(1)现在公共服务事业人员进行一次审查整顿工作，五类分子及有传染病的人应调整其他工作，充实政治责任感强、既热心而又身体健康的人员负责此项工作。现在即边审查、边整顿，12月份内整顿好。(2)食堂要办得吃得好又省钱。食堂和幼儿园的管理费用要适当降低，根据不同对象收取费用，食堂管理费凡非在职职工的社员，分别大人小孩每人每月4角、8角，托儿所分别幼儿、婴儿每人每月管理费全托1—1.5元，日托0.5—0.8元。实行工资加奖励制以后，则取消管理费用。幼儿园、托儿所工作人员的工资适当提高，目前每月可为15元、18元、20元、22元、24元。(3)加强对公共服务事业的领导，各街必须指定专职干部负责抓此项工作，经常加以检查督促。区妇联、区文教卫生科可组织保育员进行业务学习，使之带好小孩。(4)建立和健全食堂的财务管理，账目结算清楚，防止贪污和盗窃行为。

关于幸福院、居民点的建立可根据条件逐步进行。

5.慎重处理分配和积累问题。在城市的现行分配制度中，有各种不同的形式，差别较大，要改变这种错综复杂的分配关系，逐步缩小收入水平的差别，是牵涉到所有的人并且对生产有直接影响的重大问题，必须十分慎重。根据我区情况和中央指示精神，以实行工资制为主、供给制为辅的办法。区办工业的固定生产人员暂仍按原工资制，街道其他居民参加劳动的，根据不同劳动队伍，以队为单位经济核算，实行基本工资加奖励制度，按社员政治思想进步、向坏人坏事作斗争、服从领导、积极生产、爱护公共财物、操作熟练、身体强弱等条件，每年由社员民主评定一次等级，按等级确定基本工资，制定超额完成任务的奖励办法，加以奖励。关于基本工资加奖励制度的订立问题，各街应即着手进行调查研究，在12月下旬提出初步意见。

积累与分配的关系，原则上应当保证生产发展的速度大于生活改善的速度，个人收入增长的幅度应当小于积累增长的幅度，即保证社员生活逐步有所改善的前提下，尽量扩大积累，扩大再生产，特别是在苦战三年的期间，尤应注意这个问题。因此，确定当前社的积累和分配比例，可按照发展生产的需要，现有生产水平和社员收入情况，算好收入支出总账，确定种类分配比例，采取

4比6、3比7、2比8、各半或者倒4比6、倒3比7、倒2比8等各种比例,不强求一律,社员平均每人每月收入不足15元,可免缴上缴利润。上缴分社部分,以60%—70%为公积金,扩大再生产,30%—40%为公益金,开支社会福利事业费,分社上缴收入中以10%上缴至联社作为扩大再生产和举办全区性的公共服务事业。

正确处理分配关系是人民公社建立以后进一步发展生产和巩固社的关键问题之一,处理这个问题既要有适合各个时期生产发展水平的形式,又要有充分的思想工作。在当前生产水平很低的情况下,特别要强调以共产主义精神去教育干部和群众,不断批判资产阶级的法权观点,批判那些不从生产出发、不看实际条件、要求一律打乱平分的思想,正确掌握好不断革命的思想,使人民公社迅速地发展巩固起来。

6.当前对于劳动组织、分配问题和集体生活、教育问题的解决,以如意街为试点,以点带面,以区为主,市派干部参加组成工作组,立即进行试点工作。各街也应立即进行准备和整顿分社的工作。试点地区,要求在12月底系统地解决建社的组织、经济处理、分配等问题,取得经验,12月10日先提出解决劳动编队、分配问题的意见。

区委在12月上旬要建立建社办公室,具体负责全区建社工作。

三、几个具体政策问题

1. 在建社工作中,要认真贯彻党的阶级政策,依靠广大的工人阶级,团结独立劳动者等小资产阶级的其他阶层,教育改造资产阶级分子,孤立打击和社会主义处于敌对地位的地、富、反、坏和极少数资产阶级右派分子。

2. 关于生产资料的处理问题。目前城市还存在有生产资料私有制残余,应当分别情况妥善进行处理。首先要注意区别生产资料和生活资料。属于生产资料的随着公社生产发展的需要,可以通过各种方式逐步过渡到集体所有和全民所有。其次要区别不同的阶级成分予以分别对待。对待劳动人民和剥削阶级应当采取不同的处理方式,为劳动人民所有的生产资料要经过说服教育,在自愿的原则下,采用折价入社、分期偿还或借用的方式进行,如果一时难以说服,还可以暂时允许私有。对资产阶级所有的某些残余,在建社后应当根据党对资改造的赎买政策的精神进行改造。房地产问题,自住房屋暂时一律不动,确因生产需要,可商量交换;不够改造起点的出租房屋,仍归个人私有,但自愿捐献者,可以接受,因生产需要可采取租用或借用的办法,但一定要坚持说服教育,不能强迫命令。

3. 关于地、富、反、坏、右规划入社的问题,应本着有利于分化、瓦解、改造的原则,分别对象加以规划处理。表现好的可以吸收为候补社员,否则以分别监督生产和管制生产的办法处理。

以上是否妥当,请市委批示,以便贯彻。

中共长沙市西区委员会

一九五八年十二月四日

长沙市城西区先锋人民公社关于整顿巩固城市人民公社各阶层的思想反映和动态*

（一九五九年一月二十日）

整顿巩固城市人民公社试点工作，从 1 月 8 日起在机关、团体、学校、厂企等有组织单位及民办工厂、街道居民中由基干到群众普遍进行了宣传，到目前为止，据不完全统计，听报告的约有 3000 人左右（有组织单位的未统计在内）；基干和群众讨论会，参加讨论的约有 2000 人左右。通过宣传，广大群众进一步明确了建立城市人民公社的重大意义、方针、政策；明确了整顿巩固城市人民公社的目的是为了发展生产而发展生产就能巩固和扩大公社的相互关系；明确了建立人民公社优越性以及为什么由小社并大社、有什么好处等问题，并纷纷表示态度，要以搞好生产、工作的实际行动来迎接整顿城市人民公社。金属加工厂生产人员通过讨论出现了新气象，15 日组织 44 人去修建京广复线义务劳动，年老的、家务较重的都主动参加，扭转了过去不服从调配的习惯。过去，不遵守劳动纪律、上班迟到是该厂较普遍的问题，如白铁车间有生产人员 11 人，经常迟到的有 4 人，除 1 人有孩子拖累外，其余 3 人都是自由散漫不遵守制度，14 日上班后该厂车间 11 人都准时上班。民办工厂、有组织单位的职工群众，没有开展宣传前，由于对公社性质不了解，担心今后建立公社实行供给制，因此向行政借钱，向银行取存款现象都出现不少，通过宣传后，打消群众顾虑，不仅借钱的现象减少了，而且还积极参加储蓄。

有的单位开完会回去后，向党支部汇报了会议情况，迅速进行了传达贯

* 原件现存于长沙市岳麓区档案馆。

彻。他们在讨论中,除积极拥护建立人民公社试点工作外,还认真负责地提出了关于如何进一步办好人民公社的建议和要求,并表示在各方面给以支持和协助,大力做好宣传鼓动工作。

在讨论中集中地谈了关于建立人民公社的优越性问题。1958 年由于公社的建立,大大推动了生产的发展,在生产发展的基础上组织了群众生活,实现了家务劳动社会化、生活集体化,彻底解放了妇女劳动力,使妇女在政治上、经济上、生活上真正得到了男女平等的地位。如金属加工厂王玉梅说:"人民公社好处说不尽,不仅参加了生产,还改善了家庭关系,我和爱人都有了工作,同上班、同下班、同进食堂吃饭,家庭比以前幸福了,再也没有为家务事扯皮吵架了。"王凤娇说:"我有了固定工作,参加了生产,增加了收入,改善了生活,以前政府照顾我做临时工,但生活仍然困难,需要政府支持,去年到金属加工厂生产,每月领到 30 元,工资维持一家 3 口人生活,什么也不愁,一心一意搞生产。"这是广大妇女共同的语言和体会。从人民公社给妇女带来的好处,进一步明确了人民公社与妇女的关系,只有走人民公社道路,才是妇女彻底解放的道路。

通过讨论,也暴露了不少问题,突出表现在以下几个方面:

一、对待参加劳动生产认识问题

民办工厂建立时间不长,刚建立时忙于生产,没有系统地组织生产人员进行政治学习,因此,生产人员的思想觉悟不够高,在思想认识上还存在着一系列问题。具体表现在:

1. 对民办工厂的方针、地位、作用、前途以及工厂与人的关系缺乏正确认识。较普遍反映,认为民办工厂冇(冇:长株潭方言,没有的意思——编者注,下同)前途,工资过低,劳动福利差,原材料供应困难,不安心在民办工厂生产,要求转到国营工厂去。如共青团员李碧云说:"民办工厂冇前途,发一套工作服还要钱,我想到国营工厂去学技术。"当前民办厂中突出的问题是,原材料缺乏,个别厂社干部中存在着一些埋怨和不满情绪,如综合一社女会计说:"买什么东西都要国营工厂优先,民办工厂冇搞手,我们只有早点转到国营工厂去还好些。”

部分生产人员中，爱厂如家的集体主义思想，没有很好地树立起来，对厂社原材料不爱护，工具不好好保管，进货不讲价钱，大手大脚多花了一些不必要花的钱，造成不应有的损失。

2. 为谁劳动的思想不明确，在劳动中斤斤计较自己工资待遇和劳动报酬，选择工种。

根据我们在金属加工厂调查，该厂有生产人员 131 人(有 10 名农村户口，3 名坏分子未统计在内)，排队情况如下：

一类：劳动目的比较明确、劳动态度较好、积极肯干的有 22 人。

二类：生产积极、劳动目的不够明确、表现一般的有 85 人。

三类：劳动认识差、劳动态度不好的有 21 人。

(三类还有一部分上升二类，现未统计好)

从排队情况来看，二、三类占了很大比重，即 80.8%，他们不明确劳动目的，又计较个人工资待遇，“有钱就干，冇钱就少干”。要加班首先考虑有没有加班费问题，如刘银秋(男)发工资时问会计：“我多做了 15 分钟还没有给我工资”。会计说：“15 分钟不好计算。”他说：“那就按一天一元算吧。”这种思想在其他人员中也很突出。据统计，该厂 131 人中有这类思想的 21 人(小商小贩、小商贩家属 7 人；手工业者、手工业者家属 4 人；农民 3 人；无固定职业 3 人；其他 3 人；职工家属 1 人)。从成分上可以看出，他们由于出身于小生产私有者，只考虑个人利益，不顾社的利益，不顾集体利益，只顾目前利益，不顾长远利益，把今天的劳动看成是为了自己穿衣吃饭。正如该厂文星林说：“我是有资产阶级思想，硬是要钱，冇得钱就不能解决我的问题，我就不干。”选择工种“四不干”思想也突出存在，如综合一社肖淑媛 21 岁(工属)，开始分配在牙刷车间，嫌活累不干，后调去装手电、卤菜嫌脏不干，爱人批评她，她又回厂，要求分配到弹棉车间，在弹棉车间别人一天搞 40 多斤，她一天搞 2 斤，又嫌弹棉脚酸，借故身体不好请长假回家。

另外，当前一部分人员不愿干服务性工作，认为搞食堂、托儿所冇前途，冇出息，还要受人气，工资少，活也累，现全社食堂共有 38 名不安心工作的，占服务人员总数的 2.54%。

总之，在劳动上不是根据生产需要、服从组织调配，而是考虑个人喜好、方便、钱多、活轻松，因此对自己所担负的工作不满意，在生产上消极怠工，不遵守劳动纪律，迟到早退，上班时间料理家务等现象较为普遍，如金属加工厂在×月×日调查机修车间，14 人中有 7 人迟到，白铁车间 11 人中有 4 人迟到。

3. 在技术革新方面，认为民办工厂生产人员水平都不高、设备差、原材料缺乏、搞不了技术革新，要求上面多派几个技术员，他们对开展技术革新、能减轻劳动强度、提高劳动效率的重大意义认识不够，存在迷信保守思想，敢想、敢说、敢做的共产主义风格没有很好地树立起来。因此民办工厂中，开展技术革新运动还必须扫除群众的思想阻碍，发动群众，献计献策。

4. 对集中生产与分散生产的认识问题。部分加工服务性生产，分散在街道，由居民组织加工小组与厂、社订合同加工生产。他们的生产方式，是根据生产的需要，有的是集中生产，有的是分散在家生产，参加生产的人员大部分是中、老年妇女且家务较重、身体不太好的。这次在讨论中有的群众提出关于分散生产与集中生产问题，发言中却肯定了集中生产与分散生产各有特点，但较多的意见是要求分散生产，如第二大队召开的不定型生产人员座谈会中到会 7 人，其中 5 人是分散在家生产兼管家务的，他们要求公社根据实际情况不要集中生产为好，理由是：(1) 孩子多，放在托儿所划不来，吃食堂管理费太贵、不合算，家中有老人、病人便于照顾，这样既照顾了家务又搞了生产，增加了收入，补助了家庭生活。(2) 天冷，集中生产没有较好房子，不习惯。根据以上情况有些是属于思想问题，有些是具体问题，需进一步了解情况提出意见。

当前绝大部分有劳动力能参加生产的都得到了合理安排，但目前仍有部分群众在对待参加劳动生产上还有些错误的认识和看法，特别是部分生活较富裕的职工、干部家庭以及过去没有劳动习惯的资产阶级家属及其他家属，他们仍存在着依赖等待思想。如紫荆街 8 号蔡云香（工属）说："我现在靠爱人维持生活，等实行供给制以后，爱人不能供给我生活费，我再去劳动。"有的说："现在天气太冷，等过了冬天再去搞生产。"有的说："现在没有适合我的工作，等有了适合我的工作再去生产。"也有的借口家务重、孩子多、生病等原因不能参加生产。当前未参加生产的人数虽不多，但也有必要对他们进行思想教育,提高他们的认识,把这一部分劳动力挖掘出来。

当前还有一部分人,确实是由于家务、孩子拖累、年老、生病,参加生产有一定的困难,暂时不能参加生产。这部分人在思想上也存在一些怀疑和顾虑,存在"四怕":怕基干摸底,把他们列为闲人不光彩;怕戴"懒婆娘"帽子;怕实行供给制后生活无来源;怕今后丢掉参加生产的机会。因此在宣传时,必须针对不同的思想特点,解除群众顾虑,实事求是地进行宣传,这样才能促进生产的积极性。

二、关于在整顿巩固人民公社中群众存在的若干问题

通过广泛宣传整顿、巩固城市人民公社,群众进一步认清了形势,明确了政策,绝大部分群众表示衷心拥护,基本上解除了一些顾虑。但就当前看,还存在一些问题:

1. 不明确政策,怕私有财产归公"共产"。第一分社讨论中,提到了关于生产、生活资料是否归公问题,有两种看法,有的说:"生产资料应归公,生活资料不归公。"居委会主任陈××说:"生产资料应归公,生活资料也应归公社统一掌握。"城市人民公社究竟如何处理私有财产问题,是当前群众顾虑较多的一个问题,因此,当前出现了变卖家产、变卖生产资料为生活资料等现象。如吉祥巷6号徐石庄过去开钱铺生活较好,这次听说办公社,怕实行供给制把存在银行里的600元钱取出来买了2只手表、2件呢大衣及其他日常用品等;紫竹林10号聂运开(资本家)听了报告后,将家里桌子、柜子等4件家具共变卖了40元。

2. 年老、劳动力较弱的群众怕建立公社后,像农村一样搞大兵团生产吃不消,如黄祠坪58号王娭毑说:"人民公社是好,妇女与男子平等,我虽是白胖胖的,但冒得劳动力,要我搞生产吃不消。"

3. 对人民公社性质、什么叫集体所有制、什么叫全民所有制、什么叫按劳付酬等搞不清。如竹厂肖炳秋说:"成立人民公社,将来全民所有制,会不会倒走到集体所有制?"有的说公社对劳动人民有利,对资产阶级不利;有的说

公社向集体所有制发展，以后按劳付酬。

4. 个别五类分子（地、富、反、坏、右）及五类分子家属对建立人民公社存在着不满。如坏分子家属宋德云说："以后房子（自己有 1 栋房子）如果公社要，我情愿打烂烧掉。"如吕祖巷 14 号周××，儿子在劳动教养，对政府不满，他说："人民公社什么好哩，还是冒事做，即算有事做，钱也不多。"

5. 少部分人对建立公社不够关心。如吉祥巷街的 7 号梅秋莲说："政府说怎样，就怎样。"有的报告讨论都不参加，认为听不听无所谓，反正与自己关系不大。

6. 有组织单位集体反映了几个问题：

（1）单位与公社关系不明确。认为与公社关系不大，入公社不入公社还是一样，学校偕（还——编者注，下同）是学校，工厂偕是工厂。如史家巷小学顾××说："我们属区文教科领导，工资不由公社发，好像关系不大。"

（2）领导关系不明确。有些单位在讨论中谈到，今后下放到公社是否行政上归公社领导，业务上仍属所属业务部门领导。第一机械厂负责人说："我们厂址在西区，党组织关系在北区，车间各区都有，今后究竟属谁领导？"

（3）有些单位认为下放到公社是倒退。如银苑茶厅柳春泉说："我们企业如果下放到公社是不是倒退？"公私合营商店，怕建立公社后打乱组织，影响原材料供应。

（4）下放到公社是否会降低生活、工资待遇、劳保福利。第一机械厂说："我们是个体手工业户组织起来的，过去劳保福利就没有人管，后转入到手工联厂，比过去好些，如果这次下放到公社，又会没有人管？"

（5）对整顿巩固城市人民公社片面理解。有的单位说："我们厂子就是劳动力不足，这次并大社就能解决劳动力问题。"福庆街小学老师说："我们学校就是房子困难，并大公社就能解决我们房子的问题。"这些单位反映的问题，是结合该单位当前存在的问题来谈人民公社的优越性，这是对的一面。但另一方面，确实某些单位对建立人民公社的优越性，缺乏全面正确的理解，认为人民公社的建立，什么问题都可以得到解决，这些想法，有些是脱离实际的。

（6）不少区、街办工业不愿受公社领导，如街办麻纺厂的万耀章同志说："目前厂里生产人员收入不多、工资低，社员只想到大厂子去，认为街办不如区办好,区办不如大厂子好。”

三、关于生活集体化问题

生活集体化,受到广大群众的拥护,食堂、托儿所福利事业不断得到了巩固和发展。就当前情况来看,也有少部分群众认为生活集体化不自由、不习惯、不方便;孩子放在托儿所不放心,怕别人带不好、怕吃不饱、怕冒火烤、怕哭脸等。个别妇女宁肯孩子在街上玩泥巴,并弄得一身很脏,她还认为比幼儿园好些。

有组织单位在讨论中也提到今后都到食堂吃饭,粮店、肉店、菜场都会相应减少,这样可节省部分劳动力参加生产。但担心的是不在食堂吃饭,星期日买粮、菜,地方太远不方便。

老年人、有生活来源的人,怕进敬老院。有一个老婆婆说:“敬老院与过去的残老院差不多,吃的残饭剩菜,我是不去的。”有的怕自己进了敬老院后,房子衣服都会归公。

四、对供给制问题的一些反映

供给制问题并没有向群众作报告,有的看了报纸,有的道听途说,总之对供给制问题精神实质是不了解的。当前生活富裕、负担轻的就担心实行供给制会降低自己的生活。他们装穷叫苦,讨还债务,取存款添置衣物,认为反正要实行供给制,财产会归公,不如多花些。这种情况通过人民公社宣传后,在某些方面有了好转,但仍需进一步加强教育。家庭人口多、负担较重的就希望快点实行供给制,像农村一样,吃饭不要钱,小孩读书不要钱,只认做事吃饭,自己不当家了,卸了一个大包袱,免得再愁油、愁米了。

五、基干思想情况

基干在这次整社工作中一般表现是好的,工作干劲足,关心群众生产、生活,积极作宣传动员工作。在未开展宣传前:(1)个别基干有“卸包袱”思想,认为上面派来了咯(咯:长株潭方言,“这”“这么”的意思——编者注)多干部,我们可以少管些。(2)有松气思想。愿意搞生产,不愿搞工作,特别不愿负责搞服务性工作,认为麻烦、难搞。(3)认为今后面广、人多、工作不好抓,特别是生产单位不好进行工作。(4)有的考虑自己工资待遇。有的说,今后我只要公社供给我吃饭,就一心一意搞工作。有的说,干脆不要安排,我在生产单位,挂了一个名又冒搞生产,又拿工资对人不住。

以上问题通过宣传后,基干情绪较稳定,对工作有了些认识,有些问题还待进一步进行宣传教育。

以上问题是通过座谈会、侧面了解、个别访问、基本群众讨论会上以及街办、分社主任会上收集的,了解不全面,还要进一步深入了解情况,针对当前存在的问题,需要提出阶段性的宣传工作意见。

六、当前在教师中的一些思想反映

(一)大部分教师是积极拥护的。如听说西区试点扩并人民公社,都感到光荣。三太街小学张伟良教师说:“要求早日交社领导,作个社员。”潮宗街完小杨辉钜还征求教师对办社的意见和要求带到会上来。福庆街王真文还说:“人民公社是向共产主义过渡的最好形式,学校教育是为政治服务的,是培养共产主义接班人。”说“学校与人民公社关系非常密切”。

(二)当前的主要思想反映。1.从2次座谈会中,要求增拨房屋、扩充校舍是教师普遍反映的一个问题,差不多每个教师都谈了这个问题。福庆街小学易昌安老师三次发言,都是这个问题,最后一次发言说:“我还有一个意见,偕是房子问题。”普遍认为“建立了人民公社,人民公社办学,什么问题都容易解决了,房子问题也容易解决了。”有的学校还提出哪一栋房子拨归我们的具体意见。要求增加房子的理由有:一是解决目前学校需要的宿舍和教室的困难;二是解决小学生住校需用的房子问题。在年老教师座谈会上,几乎有一半时间谈到了住校的好处,认为住校可以照顾周到,教育得好些,复习时间多些,坏习惯沾染得少些,便于培养集体主义精神,教师可以减少访问时间,省出时间进修等等;认为住校是“为了人民公社、组织了参加生产、基建和修铁路以后家长们的普遍要求”,说:“小学教育要适应这个新形势发展的需要,使学校能够照顾学生,家长可以安心生产。”并认为住校也是“小学教育今后发展的道路和方向”。潮宗街完小谢正元教师建议:“将三中迁到郊区去,将玉皇坪、湘春路、潮宗街、如意街等完小迁到三中去,可以解决住校问题。”也有部分教师建议:“将附近几个小学合并,一可以节省人力,解决设备困难。同时,可以解决房子不足问题。”

2. 对实行供给制的问题,也是两次座谈会反映出来的突出问题,无论是老年教师或青年教师们共同关心的问题。这些问题,从侧面、从间接反映的多些,史家巷完小徐瑞廷教师说:“我校个别老师向别人打听说,听说裕湘纱厂实行了供给制。”人多负担重和欠了债的迫切要求实行供给制。潮宗街完小杨辉钜说:“我校有一个老师有 9 个小孩,她原来听说今年 1 月份改供给制,现在又说 3 月份才改。”延寿街刘尉仪教说:“我校一个老师说,社会主义过了十年,我还没摸到一点风。实行了供给制,我们就一样了。她还指着自己的小孩对别人说,你看这些小孩都是由国家负担了,我还不是和你一样。”湘春路完小尚琪教师说:“我校陶起凤老师欠了 200 多元账,她听说了要实行供给制,说:‘这下就好了。’(意思是账的问题可以解决了)”;人少、负担轻和有储蓄的也对实行供给制非常关心,并有一些误解和抵触。潮宗街完小一名青年教师说:“才参加工作,就实行供给制。”福星街完小彭××教师说:“我校一个老师说,除了吃饭,只发十几块钱,那就不够用。”史家巷青年教师徐瑞廷在会上暴露自己的思想说:“我现在每月 49 元,一个人很舒服,实行了供给制,那就要受限制了。”潮宗街完小杨××说:“早知道实行供给制,我何必买那两间房子。”她还谈到另一个老师“感叹”地说:“我辛辛苦苦培养了两个儿子读大学,今年毕了业,又实行了供给制。”(意思是大学毕业,不能挣到多的钱,自己能享的福也不能“享”了)。史家巷完小龙××教师说:“裕湘职工某某听说要实行供给制,将银行存款取了出来买了手表,原有 1 条呢裤,又买了 1 条,并将 100 元为爱人买了 1 件皮大衣。”福星街完小彭××教师说:“有一老师说,赶快把这件丝棉袍子做了,不然,实行供给制了就只穿一色蓝布衣了。”另一教师说:“明年只盖一床棉被了。”有些已是散播谣言。

3. 关于生活集体化问题，也是谈得较多的一个问题。除了三太街小学说与食堂配合较好、公社对学校照顾周到以外，其余都或多或少有些意见。福星街完小彭××教师说："我校老师有些怕，派了6位老师去试吃，并说，时间合不上，有时去迟了，没饭菜吃，老师因事留学生，看到学生也很着急，生怕吃不到饭。"史家巷完小对收管理费也有意见，说："居民只要1.2元，老师要1.5元，问原因说，教师不是本地社员。"有的认为托儿所、幼儿园很好，要求能将社会上全部儿童入托。有的也说，照顾不周。福星街完小彭××教师说："有一次，见到保育员坐在门口，把脚一拦，不准儿童出门，儿童闹得很，就吹一声哨子，吼一声，动也不动。"湘春路完小廖锡珍教师说："托儿所5点半就把小孩送回来，晚上老师开会时，一人面前都是几个，很不好。"建议托儿所带到9点半再送回。

4. 在座谈会中，对以下两个问题、对学校与公社的关系不明确：

(1)教师入不入人民公社。潮宗街完小老师问："如何入公社，我在这里，家在别区，怎么办？"培成中学冯世奇问："入社有些什么手续，财产、设备是否全部入社？"要求解答。

(2)今后学校属谁领导，属区文教科，还是属人民公社？

5. 通过座谈会，还建议并反映了以下几个问题：

(1)相近小学可以合并，统一使用人力、物力，事情容易办，还可以解决部分房子问题，学校不要办在城内，可以迁郊区，建立文化区。史家巷完小×××说："一个一栋宿舍，上班来，下班去，跟工厂一样。"

(2)幼儿教育与小孩教育可以衔接起来，不要分街办、民办和公办；小教范围应扩大。如意街完小×××说："今后可1班1校，老师跟班上便于研究。"

(3)办公社后，可以工厂办学，称为×××厂×××学校。能更好地贯彻教育和生产劳动相结合的方针。

(4)提高教师社会地位。福星街完小彭××说："某家长跑来学校谩骂老师。"

(5)小学生品质倒退。不少教师反映，自去年下半年大跃进以来，学生劳动观点大大加强，但某些品质显著倒退。福庆街小学王真文说："学生痞话当成歌唱。"史家巷完小徐瑞廷教师说："学生在教室里也骂痞话。"如意街完小发现一个盗窃集团,有20多人,问题很大,个别的还喂有狗子作工具。此外,学生迟到旷课现象也严重。福星街完小一名小学生迟了到,问他,他毫不在乎地说:“我想玩一下。”有的过去是好学生的,也变坏了。史家巷一名学生说:“以前我表现好都是假的。”如意街完小昨天将一名原是中队委的学生开除了学籍(因盗窃),他也无所谓。有教师建议,应广泛地开展一次社会教育。

(6)前一段学校与公社关系问题。在全民炼钢中,联系密切,不分彼此。搞水泥生产以后,有了一些问题。主要是借用学校教室、礼堂、损坏课桌椅,清洁等工作不好,玉皇坪完小戴绪慧说:“搞水泥,使学校又脏、又闹、又乱,公社要用学校东西,只要讲,而学校请公社解决房子问题,就说不是社员。”史家巷完小徐瑞廷教师说:“小学生用水泥球打架,有的打破脑皮流血,操坪后面被开专门,保卫工作也不管。”并问“水泥窑到底要不要?不要,就拆了,学校好用。”湘春路完小廖锡珍老师说:“学校课桌椅损坏了100多张,有的坏了公社拿去做柴烧。”潮宗街完小也反映:“原来有10个教室的课桌椅,现在只有8个教室的了,其余由学生自己带。”老师很有意见。

(7)不关心整社问题。玉皇坪完小戴××说:“学文件时,才谈一下。”福庆街王真文说:“牵扯到公社问题,一有事,又扯开了。”学校行政也只简单传达,邀请青年教师几人座谈,而迟了1点半钟还只到了6人。部分青年教师还流露出认为办公社是一件很容易的事,三太街小学张伟良教师说:“办公社就办吧,改供给制就改吧。”好像问题不大。这一方面说明尚未接触到具体问题,不关心;另一方面也说明了对办公社必然会引起的一些复杂的思想斗争情况,有些忽视或看不到。

长沙市城西区先锋人民公社

一九五九年一月二十日

长沙市西区先锋人民公社试点工作情况*

（一九六〇年三月三十日）

先锋人民公社是1958年9月开始试办的，包括原来的如意、西长、西园3个街道，相当于西区的半边，是长沙市的商业地带，共有15666户61646人，其中省、市、区属有组织单位107户6986人，绝大多数是居民，约占总人口的50%左右，而居民中大部分是城市居民和职工家属，还包括一部分小手工业者及少数资本家家属。目前是以居民为主的城市街道公社，下面有3个分社，共有13个大队。通过一年多的试点工作，虽然还是街道人民公社，但已走向了巩固提高和发展的道路，并显示了在城市建立公社的必要性和优越性。

一

先锋人民公社的出现不是偶然的，首先是农村建立人民公社对城市居民起了很大的启发作用。1958年在农村建立人民公社时，大家敲锣打鼓，半夜游行，热烈拥护，特别是通过1958年的全民整风运动，政治觉悟空前提高，迫切要求参加生产和社会劳动，愿为迅速改变“一穷二白”的面貌、为加快社会主义建设出力，加上全党全民办工业，群众热火朝天，在极短的时间里街道工业生产，如雨后春笋般地兴办起来了；随着街道工业的兴办，广大妇女参加劳动，公共食堂、托儿所、幼儿园等集体生活福利事业也要求相应地、大量地办起

* 原件现存于长沙市岳麓区档案馆。

来，因此，街道工作内容起了根本的变化，要求转入以生产为中心、全面组织群众政治、经济、文化生活的新阶段。先锋人民公社就在组织人民生产、生活的基础上办起来了。

由于公社是代表着广大城市人民的意志，一经出现就发挥了巨大威力，显示了无比的优越性。

（一）解放了劳动力，发展了生产

开始建立公社就紧紧抓住了发展生产这一中心环节。1年来，先锋公社解放了5000多名妇女劳动力参加了生产，根据市委提出的“充分利用，就地取材，因陋就简，填空补缺，小型多样，简单灵活，亦工亦民，可进可退”的方针和以生产日用工业品、加工服务为主、为大工业服务、为农业服务、为人民生活服务、为社会主义市场服务的方向，通过整顿，现属公社定型工厂有35个，生产人员2592人，还有大队办的生产小组242个，生产人员3527人。公社成立了工业供销经理部，在遵守市场管理和“全国一盘棋”的方针下，在原材料、产品、技术设备等方面，大购、大销、大搞协作，为工业发展疏通了道路。1959年全年完成了工业总产值766万元，比1958年提高了4.5倍。1960年生产发展更快，至3月14日止，已完成产值993万元，胜利地超额完成了全年生产计划（区委下达年计划为980万元）。由于开展了技术革新和技术革命运动，加上与大工厂之间的密切协作，技术改革进展迅速，全社已有车床8部、铇床2部、电动机64台、发电设备1套、炼油设备1套、锯床7台、12吨冲床4部，压机11台、铁木混合机4台，其他各种主要机器600多台，由1958年的“白手起家”逐步达到机械化。至3月19日止实现机械化、半机械化的程度，平均达61%，个别厂社已达83%。由于逐步实现机械化和半机械化，工效显著提高，并腾出了一部分劳动力大办卫星工厂和增设车间，试制新产品。现可能生产的产品有200多种，其中为大工业服务的有钢丝绳、铁铸件，冲天炉、钨钢模、机油、锅炉、块碱等90种，为农业服务的有化肥、禾镰、锄耙头、篼箕、斗笠、插秧机等10多种，日用工业品有煤扒、菜刀、火钳、皮鞋、布鞋、香料油、针抵、纸张、各种服装、竹木用具、家具等100多种。在日用工业品生产方面，逐步代替了原来手工业生产的任务，日益发挥着区、街工业成为日用工业品生产的主要基地的作用，成为市工业系统中不可缺少的主要的组织部分，预计今年可完成总产值1亿多元，为去年工业总产值的15倍以上。由于公社工业的发展，支援了大工业、农业生产的发展，满足了市场部分日用工业品的需要，为国家、公社积累了资金，仅1959年即达75万元，同时增加了社员收入，改善了生活，1959年发给生产人员的工资和奖金为89万元。据通太街大队984户3752人的调查，1958年以前平均每人每月收入为8.9元，现在平均为12.55元，提高了41%。

在发展工业生产的基础上，还成立了3个运输连，共262人，有板车250部，在市内短途运输战线上起了很大的作用。

（二）全面组织了社员经济生活

为了巩固和发展生产，适应人民群众经济生活要求，公社根据“积极办好，自愿参加”的原则，举办了集体福利事业，现在公共食堂35个，入食堂人数5381人（机关团体在内），托儿所、幼儿园25个，入托2916人，敬老院和社会福利院4所。在公社工业和商业部门的支援下，食堂炊具进行了逐步改革，特别是商业、服务、福利“三结合”，财贸部门采取“四派”（派最好的厨师帮助食堂提高烹调技术，派财会人员帮助食堂建立和健全财会管理制度，派粮店营业员帮助提高出饭率，派干部帮助食堂改进各项管理制度）的方法，饭菜质量大大提高，花色品种多，一般每餐有3—5个菜，茶、水方便；有些食堂实行了馆子化、馆子食堂化（经济分别核算），开餐人员可以吃到馒头、米饭、面、粉等，群众满意，入伙人员日渐增加。幼儿园已有部分达到或接近市级机关幼儿园的水平，在园儿童会唱歌会舞蹈，爱清洁卫生，见人极有礼貌，显得伶俐乖巧，家长十分满意。敬老院的老人们在党的无微不至的关怀下，有时参加些力所能及的轻微劳动，他们都有点储蓄，老人们在畅谈今昔对比时说：“人老无子苦如连，在今天已成笑柄”。由于生产的发展、福利事业管理的改善，在部分公共食堂已免收或半免收管理费用，不久即可全面免收，使收入少、子女多的人家减轻负担，以促进生活集体化程度达到65%。为了全面组织人民经济生活，进一步挖掘劳动潜力，公社共建有社会服务站13个，服务人员590人，邻里互助组、服务网布满全社，服务范围很广，如洗衣、缝纫、简易澡堂、茶水站、搬家、代写书信、煎药请医、接生等100多个服务项目，从衣、食、住、行、用，到老、幼、孕、病、丧、残等各个方面，无所不包，群众称为“万能服务站”，为彻底解放妇女劳动力创造了极为有利的条件。同时，社员服务站成了社员活动的中心，并且成了社员与有组织单位加强联系的纽带，基本上做到了“人人有事做，事事有人管”。

（三）各项工作全面跃进

公社以发展生产为中心，工农商学兵密切结合，促进了集体福利、社会服务、文教卫生、社会治安等工作相应地巩固发展。公社成立了民兵团，现有民兵2000多名，根据“劳武结合”的方针，加强训练，由于民兵训练的逐步开展，加强了社员的组织性、纪律性，大大有利于推动生产的发展。同时由于社办工业的迅速发展，积累了资金，在人力、物力、财力方面为公社兴办中小学、食堂、幼儿园、敬老院、红专学校、除害灭病提供了有利条件。一年来，用于集体福利事业方面的经费达27800元。在商业方面，1959年4月，财贸部门将与群众日常生活密切相关的14个行业（粮食、蔬菜、肉食、饮食、南食、理发、澡堂、洗染等）共123个门市部下放公社管理后，使商业、福利、服务拧成一股绳，促进了生活集体化的巩固和发展，同时加强了公社党委对商业的领导，从而使商业工作更加有了起色。1959年在评比竞赛运动中取得了全市全区的“企业和群众关系第一”“卫生第一”“市场管理第一”“资金周转第一”等8次荣誉奖励和表扬，并收到群众的各种形式的表扬有38600次。在文教卫生事业方面：一年来，为了适应生产的需要，提高社员的政治文化和技术水平，共组织了1583人参加了红专学校的学习，扫除文盲686人，还办了社办小学3所，容纳小学生1550人；公社有了医疗所、保健站、保健员，臭虫、老鼠基本除尽，蚊子、苍蝇大为减少，发病率1959年比1958年下降了15.75%，流感、脑膜炎下降98.6%，生活环境逐步实现美化、绿化。由于生产、生活的集体化，加强了对社会生产资料私有制残余、个体手工业户298人和转业摊贩136人的管理和改造。在加强生产管理的同时，对198名“地、富、反、坏、右”五类分子的教育和监督，也更加严密，社会治安情况空前良好，人民民主专政有了进一步加强和巩固。由于社员先后加入了公社的各种组织，因此，在贯彻党的方针政策方面更加及时,目前各项工作正围绕生产的高速度发展前进。

(四)社员的精神面貌起了深刻的变化

公社建立之后,通过大抓思想,大抓生产,大抓生活,基本上把广大社员都组织起来了。随着各项工作的开展,加强党的领导和社会主义、共产主义的思想教育,在社会主义事业飞跃前进的同时,社员的精神面貌也起了深刻的变化,改变了人与人之间的关系,我为人人、舍己为人的共产主义风格大为发扬。广大居民参加生产劳动,特别是妇女在经济上得到自主,觉悟空前提高,个个精神饱满,人人干劲冲天。在技术革新运动中,有的彻夜不眠搞创造,缺乏原材料就拿出自家的木材,青年妇女在生产中都要求以“红霞姐、刘胡兰、加干诺娃”等英雄人物来命名,一年来,共评出先进人物 2243 人次,其中入党的 30 名,入团的 38 名。老年人也和青年人一样,意气风发,如通太街“十老”交通监督岗,不避风雨坚持工作,老人们心情十分舒畅地说:“我们还要为社会主义尽点义务。”孤寡老太婆,不愁煎药无人,她们说:“要是寻得长生不老之药,硬要在新社会多活几十年。”庭院卫生过去是“各扫门前雪”,现在争先打扫;有的过去是“死对头”,现在成了“亲姐妹”,等等,人与人之间的互助,不再被视为私人的感情和恩报,开始成为社会劳动和理应尽的义务。家庭和睦、邻里亲善之风日益高涨。广大社员普遍感到社会主义大家庭的温暖。

从先锋人民公社一年来的发展情况和取得的成绩看,在党的领导下,把城市居民组织起来,进一步挖掘城市劳动潜力,特别是妇女劳动力,发展生产,为大工业服务、为农业服务、为城市人民生活需要服务,更好地体现工业上“两条腿走路”的方针,促进大工业的发展,加强城乡协作,巩固工农联盟,更好地促进生产、生活和文化教育事业的迅速发展;便于按工人阶级的思想要求,改造城市各阶层的人,提高人民的共产主义思想觉悟,鼓足干劲,为建设社会主义事业而共同跃进。随着公社的进一步巩固和发展,必将使其更加成为改造旧城市、建设社会主义新城市的工具,并进一步发挥其作为生产、交换、分配和人民生活福利的统一组织者的作用。

二

1 年来,从先锋公社试点看,有以下几点体会:(一)关于在城市建立人民公社的步骤问题。城市的特点和农村不同,情况比较复杂,另外,在经济方面,社会主义全民所有制虽占绝对的统治地位,但是还有集体所有制的手工业合作社和自负盈亏的合作组织,个体所有制的独立劳动者和小商小贩存在。在全社 61646 人中,除去国营企业、机关、学校的职工,居民约有 30000 人左右,将近 50%。从居民的情况看,组织涣散,据重点调查,在 60 岁以上的居民中,属职工、干部家属的占 40%左右,无固定工作的劳动市民及其家属约占 25%左右,摊贩和手工业者及其家属约占 18%,资本家及其家属约占 7%,五类分子和刑事犯罪分子及其家属约占 5%左右,由于他们政治经济地位的不同,对待公社的态度也就不一样,劳动人民热烈欢迎城市人民公社的建立,资产阶级及其知识分子则有若干怀疑抵触,害怕“共产”,没有劳动习惯。根据上述特点,为了适应当前生产发展形势的需要,以及便于逐步彻底消灭城市生产资料私有制残余,并且避免变动过大、引起波动,因此,在开始试点的时候,采取了积极稳步的方针,第一步,居民为对象,从生产、生活上把他们迅速组织起来,成立人民公社,第二步,将社员群众日常关系密切的商业下放公社管理,第三步,再扩大到全部有组织的单位,吸收为社员,使公社进一步成为工农商学兵相结合的广大社员群众的生产生活的组织者。

(二)建立人民公社的中心环节,是发展生产,加速社会主义建设,为实现“两个过渡”创造条件。公社的建立、巩固和发展,自始至终是与大办工业、大搞生产劳动的群众运动紧密地联系在一起的,由于他们抓住了这一中心环节,建社以来,解放了大批劳动力,特别是妇女劳动力,参加了大工业和社办工业的生产。根据党的八届六中全会关于人民公社若干问题的决议指示,社办工业的方针,必须坚持为大工业服务、为农业服务、为社会主义市场和为社员日常生活需要服务的方向。从试点中看,先锋公社已贯彻了这个方针。从产品来看,据 200 多种主要产品的统计,为大工业加工服务的有钢丝绳、铝丝、铁铸件、冲天炉、钨钢模、机油、锅炉、矿石袋、块碱、硫酸、凡士林等 90 多种,占

45%，支援农业生产的有化肥、禾镰、斗笠、锄、耙头、插秧机等10多种，占6%，日用工业品和手工业品有煤扒、煤皿、煤、菜刀、皮鞋、布鞋、香料油、蛤蜊油、纸张、各种服装和竹木器等100多种，占49%；在生产安排上，社办工业，必须服从国营工业，在劳动力的安排上，首先满足全市性的工业生产、基建、交通和新办企业的需要；其次，必须抓好日用工业品和手工业品的生产，满足人民生活需要，还必须抓好农具、工具和化肥生产，支援生产大跃进。由于这样，公社生产得到了迅速的发展，1959年工业产值比1958年翻了四点五番，完成了766万元，估计今年可以完成1亿多元，比去年要翻十几番。由于生产的大发展，不仅增加了社员收入，而且今年还要为社员盖330平方米的住房，公社自己还办了3所小学，大大地推动了公社集体福利事业和文化教育事业的发展。由此证明，只有大抓生产，才能增加积累，不断扩大再生产，才能进一步满足社员日益增长的需要，加速向共产主义的过渡。

（三）在大抓生产的同时，必须认真办好生活福利事业，这是巩固人民公社的一个重要环节。我们认为生产和生活是辩证的，是一个事情的两个方面。发展生产的目的，就是最大限度的满足人民不断增长的物质和文化生活的需要，搞好生活，才能更大地发挥群众的生产积极性；另一方面，生产发展了，生活才能有保证。在如何办好集体福利事业中，必须认识城市特点与农村不同，生产性质不同，经济差别较大，必须更好地贯彻“积极办好，自愿参加”的原则，只有积极办好，群众才会不请自来，必须注意不能强迫命令。先锋公社在办福利事业中，自始至终都贯彻了积极办好、自愿参加的原则。他们为了更好地、全面地组织人民经济生活，解决生产人员的后顾之忧，及进一步挖掘城市劳动潜力，成立了13个社会服务站。另外，他们在办集体福利事业中，采取商业、服务、福利三结合的办法，健全了管理制度，加强了技术辅导，依靠群众办事，实行了民主管理，因而集体福利事业发展很快，群众很满意。为了适应生产发展的需要，他们不但要解决社员的吃饭、托儿问题，而且必须将所有的家务事都管起来。先锋公社从去年起开始建立社会服务站，现在已经成立了服务网（包括邻里互助），如洗衣、缝补、理发、茶水站、简易澡堂、搬家、代写书信等服务项目，包括衣、食、住、行、用、生、老、幼、病、婚、丧等方面，无所不包，解决了参加生产人员的后顾之忧，有利于社员安心生产和进一步挖掘劳动潜力，促进生产大跃进。

（四）人民公社是我国社会主义社会结构的工农商学兵相结合的基层单位，同时又是社会主义政权的基层单位，是社员群众生产、交换、分配和人民生活福利各方面的统一组织者。从试点中看，必须在建社过程中，首先下放一部分与社员生活密切相关的国营零售商业，以承担组织公社生产、交换、分配、消费的任务。到目前为止，他们已下放商业服务14个行业、123个门市部。下放后的经验证明，首先进一步密切了工农商学兵的有机结合。其次，不是削弱了领导，而是加强了公社党委对基层财贸工作的领导，因为公社不仅要大抓生产，还要管好人民经济生活，而商品供应工作与社员日常生活密切相关，这一工作抓得好坏，直接关系到社员生活的改善和生产的提高，关系到公社的巩固和发展。从实际情况看，党委不仅在政治上、思想上加强了对基层财贸的领导，而且公社成立了财贸科，加强业务方面的具体领导。第三，商业下放密切了企业和群众的关系，广大社员群众把公社商业看作是自己的商业，而商业职工也把社员群众当作自己家里人一样看待。第四，特别是客观形势的发展，组织人民经济生活更有了新的意义，这就要求商业部门做到有计划的消费与组织供应相结合，指导消费与组织生活相结合。由于商业下放，把商业、服务、福利生活拧成一股绳，更有利于实现这个任务。如指导消费方面，财贸部门去年协助公社食堂计划用粮，共节约了30000多斤粮食，帮助食堂建立经济核算制，帮助组织提高技术，使食堂工作大大提高一步，使食堂由过去的亏本到不收管理费，群众很满意，好多没有参加食堂的人都想参加食堂，如三分社最近要求报名参加的有2219人，办好食堂的原因当然是多方面的，但商业、服务、福利三结合是办好人民经济生活最重要的方面，由于商业部门掌握了群众的要求和需要，做到了先集体、照顾重点和特殊的需要，如三分社60岁以上的老年人1168人，病人869人（其中肺病271人，肝炎118人，高血压58人，肋膜炎6人，其他病460人）、孕妇203人、3岁以下儿童1256人。他们能够根据年龄、性别、疾病的不同情况和不同要求优先照顾，送货上门，这样财贸工作真正做到了群众生活的管家人。

（五）公社的积累和分配问题，是建立城市人民公社当中的一个重要的、复杂的问题，当前城市公社的经济基本上是社会主义集体所有制，还应该实行按劳分配的原则。同时由于公社生产基础还不雄厚,生产水平还不高,在原则上社办工业生产人员与集体福利事业工作人员,应该实行低工资制。从先锋公社工资水平看,一般在 30 元左右,最高 80—100 元(主要是少数技术人员),最低 15—18 元。从工资形式看,大体上有计时工资、计件工资、分成工资 3 种,他们提出工资水平的原则是,以稍低于同类型的合作工厂为宜,当然不能与国营企业职工工资比较,这是因为劳动数量和质量以及生产基础不同的关系,必须按照社会主义按劳分配的原则,但又要承认差别,在不断管理生产、提高劳动生产率的基础上逐步调整。公社生产人员除工伤事故由企业负担工资与医药费外,暂不实行公费医疗,各生产单位设立保健站,在企业福利费中适当开支。他们在处理积累和分配比例关系上,是为迅速增加公社积累扩大再生产以及照顾社员基本生活的前提下处理积累和分配的比例关系。目前是社办企业利润缴纳国税以后,40%交区统筹,30%交公社,社办工厂自留 30%;在工厂自留的 30%中,以 20%用于扩大再生产,5%为奖励金,5%为福利费。至于不定型的加工生产小组,除交一定的管理费用外,基本是计件工资制,做多少,拿多少钱。

(六)城市人民公社的规模体制问题,范围究竟大一点好,还是小一点好?我们认为,根据城市特点、政治经济情况比较复杂,在开始试点时期一般应该由小到大、由低到高。先锋公社在试点初期,仅如意街(即现一分社),当时公社尚在试点,缺乏经验,小一点,单纯一点,工作也就好做一些。后来试点工作有了发展,又觉得如意街太小了,扩大到 3 个街,居民人口 30000 人左右。这样,与原来一条街比较,在人力物力上便于集中管理、统一调配,更好地发挥“一大二公”的作用。目前,如果过大了则指挥不灵,如果全面统一组织生产、生活,以现在的区组织 1 个人民公社,下边再分若干分社,较为适宜,过小则资金周转、劳动力调配范围不大,不利于生产、生活的进一步发展。

公社机构设置,应该注意从有利于加强党的领导、有利于发展生产和正确处理各方面的关系出发。目前,先锋公社设党委会和社委会领导一切工作。党委设宣传、组织 2 部,社委会设工业、福利、文教卫生、财贸、政法 6 科,有团总支、妇联。公社以下分片成立 3 个分社,分社设党分总支委员会,主要是抓部分定型生产单位和大队不定型的生产单位,以及抓生活福利工作。分社以下设13个大队，管理各大队的经济生活，管理加工小组和社会服务站。每个大队以下设2个服务站，服务站既管临时性的加工生产小组，又管集体福利与日常行政工作，这样，分工明确，层层负责，加强了党对整个公社工作的领导，推动整个工作向前发展。

（七）建立城市人民公社的几个具体政策问题。1. 社员入社条件：除地、富、反、坏、右以外，在社辖区内，凡年满16岁的公民，均可申请入社。资本家自愿申请者，可以入社，目前还是拿定息，也不摘帽子，但目前不要急于动员他们入社，已摘掉帽子的地、富、反、坏、右分子，可吸收为社员；未摘掉帽子的为非正式社员，进行监督劳动。

2. 社员入社不投资，生活资料不归公，生产资料（工具、机床）和部分生活资料（板凳、桌子），在办社时借用，或以后需要向社员借用的，要有借有还。如公社长期需要，则按质作价收买。这些具体政策必须向社员说明，认真贯彻，以利于打消一切顾虑，调动一切积极因素。

（八）坚持政治挂帅，加强党的领导，是办好人民公社的根本保证。建立城市人民公社是一场极为深刻的社会主义革命，因此，在建立和巩固公社过程中，必然自始至终存在两条道路的斗争。由于新的生产关系的建立，一切资本主义和小商贩、个体手工业户等自发势力都将杜绝，因而必然触犯资本主义残余势力和小私有者的利益，他们虽然在大势所趋的情况下，参加了社办工业，但因其阶级本质与资本主义的自发活动，仍然企图反抗，企图利用社办企业的招牌，进行投机倒把，当这些非法活动受到制止时，他们就大叫“公社不好，公社不自由”。在党的领导下，发动群众进行了整风，对猖狂分子进行了打击，才促进公社企业进一步的巩固。

另外，公社干部中，也还存在两条道路的斗争，具有资本主义思想观点的，说“城市人民公社没有优越性”“先锋人民公社不像公社”，甚至公开泄气打退堂鼓，直到1959年整风中，先锋公社有无优越性，要不要办，仍然是一个斗争焦点，这些都代表着已在消逝的资本主义的思想反映。

从试点中看，虽然90%以上的人拥护人民公社，但是还存在一些问题。在对待劳动问题上，绝大多数是自觉地、积极地参加，但资本家的家属和部分生活富裕的非劳动者出身的部分职工家属，他们对劳动抵触情绪很大，好逸恶劳，习于坐食。在开始试点时的典型调查中，在街道中以各种借口，有劳动能力而不愿参加劳动的人，约占有劳动能力的5%，例如他们提出“四不干”（重活不干、钱少不干、活脏不干、民办工厂不干）；在生活上有的人不愿参加食堂，留恋小家庭生活，此外，有些人由于对政策认识不清，顾虑很多，资本家怕共产，贫苦市民认为加入公社，就万事大吉，因此在建社过程中，必须抓住深入的政治思想教育，必须讲清公社的性质、目的和意义，讲清目前利益和长远利益、个人利益和集体利益之间的关系、生产和生活关系。经验证明，由于我们坚持了政治挂帅，加强了党的领导，充分注意了政治思想教育工作，消除了对公社不正确的看法和各种顾虑。

中共长沙市西区委员会

一九六〇年三月三十日

长沙市西区关于各阶层入社界限的意见*

（一九六〇年七月十日）

省委关于《城市人民公社若干问题的规定》和省、市委有关发展社员的规定指出：城市人民公社是以工人阶级和其他劳动人民为主体组织起来的社会基层组织，在发展和批准社员时，必须贯彻阶级路线，首先应该批准那些能够入社而又积极要求参加的人（干部、职工及其家属和劳动人民）到公社里来，以树立劳动人民的优势，同时必须正确处理非劳动人民和其他各类分子的入社问题，以利于团结、教育和改造他们，有利于调动一切积极因素，巩固和发展城市人民公社。为此，省、市公安工作组在公社分社具体领导下，全市城市公社办公室同志，对三分社各阶层入社问题进行了初步的调查研究，现将调查情况分述如下：

一、工人、干部、学生、教职人员和其他劳动人民凡是具备社员条件的，只要自愿申请，均应批准为公社社员。

二、小商贩、小业主、小房主、小手工业者和其他独立劳动者的入社问题：由于他们是小私有者，占有一定的生产资料，资产阶级思想影响较深，对加入公社有些顾虑和抵触，但这些人和我们的根本利益是一致的，经过思想教育、经过实际评价，他们的思想觉悟是可以慢慢提高的，是会走社会主义道路的，如果自愿申请将生产资料折价归社，加入人民公社，应该批准。如果暂时不愿加入，也不勉强。对于自发分子，经过批判斗争的，暂缓入社。

根据调查，这个阶层的阶级成分非常复杂，各色各样的人物都有，混入了

---

* 原件现存于长沙市岳麓区档案馆。

相当数量的资产阶级分子、资产阶级知识分子、伪军政人员和五类分子。这些人都不能以小商贩、小业主、小手工业者和独立劳动者看待,应按照他们原来的身份分别处理。

三、资产阶级分子、资产阶级知识分子及其家属入社问题:这些人都是剥削阶级出身,他们没有入社的迫切要求,即使有的已经申请,也主要是基于政治上的原因,并非内心所愿,因此不要急于让他们入社,这对巩固和发展城市人民公社是有利无害的,对个别已经批准入社的,也可以保留在社内,不必再动员其退社。

对资产阶级分子要区别大户与中小户,对资产阶级知识分子要区别高级知识分子(包括大学讲师以上、医院主治医师以上、工厂工程师以上以及中学校长等)、与一般资产阶级知识分子;对资产阶级分子中小户及其家属,解放后接受改造、积极参加劳动、一贯遵守政策法令、在各项运动中都表现很好、积极要求参加公社经过审查确实出于自愿的,个别的也可以批准为社员,但不能摘掉帽子,不取消定息,一般不得担任公社领导职务和要害部位的工作,对于一般资产阶级知识分子,只要他们认真进行思想改造,并在各项运动中表现较好,积极要求参加公社的,可以批准为社员。对资产阶级分子、资产阶级知识分子的子女应依据他们的身份分别予以处理。

四、民主人士包括县(市)以上人民代表、政协委员、民主党派县(市)以上委员、参事室参事、文史馆人员、社行政机关担任厅、局长的民主党派成员或无党派民主人士、天主教的神甫、主教、基督教的教师、牧师、伊斯兰教的阿訇、佛教的方丈、住持以及少数民族的上层代表人物等均暂缓入社。

五、华侨、侨眷和港澳回来的人员,只要具备社员条件,而又积极要求参加的就应该接收他们为社员。

六、地、富、反、坏、右分子。凡是正依法服刑(包括费制、缓刑、假释、保外就医)的五类分子(不包括正在服刑的属于人民内部犯法分子),一律不给社员称号,其他五类分子也暂时一律不入社,必须充分利用有利条件先把他们放在公社监督劳动改造,待公社经过整顿进一步巩固和发展,选择适当时机报请党委批准后,再对他们进行划类入社,通过群众评定,划为社员、正式社员、监督劳动、管制生产四种以加强改造,进一步促使他们又多又快地向好的方面转化,成为自食其力的劳动者。

对已经改变成分的地主富农分子和已经摘掉帽子的反革命分子、坏分子、右派分子。原则上不以五类分子对待,但因为他们一般摘掉帽子、改变成分的时间不长,城市人民公社成立不久,我们对城市中的五类分子尚未正式全面进行规划,因此也一律暂缓入社。

对地、富、反、坏嫌疑分子在未查实以前不以五类分子看待,但应积极严密控制,经查实为地、富、反、坏分子后,再另行处理。

干部家属中的地、富分子(指已改变成分),如随同干部长住机关、年老、由于受进步势力的影响、表现尚好、对人民公社有正确的认识、积极申请入社的,可以个别批准入社,不按五类分子对待。

七、伪军家属及以上军官、伪政府保长、主要科员以上人员、地下武装和地主还乡武装中没有以反革命分子论的骨干分子以及非骨干分子但表现不好、有危害治安的危险性分子、反动党团骨干中未以反革命论的分子、一般反动党团员的活动分子,对于这些人,原则上暂缓入社,但他们中少数人解放前只有一般反革命身份和反动职务,罪恶不大,解放后一贯表现好,积极靠拢政府、拥护政府各项政策法令、安分守己、积极从事劳动生产、拥护人民公社、真正自愿申请入社的,可以批准为社员。

八、反动会道门中的中小道首和从道人员,原则上暂缓入社,但对其中从取缔反动会道门以后,已经改邪归正,积极从事劳动生产,拥护政府各项政策法令,在多项政治运动中确实表现好、拥护人民公社、积极申请,个别的可以批准为社员。

九、受杀、关、管、刑事处分和在逃漏网的地、富、反、坏、右分子的家属,原则上应与五类分子区别对待,应根据其本人的具体情况分别处理:有杀亲之仇者,一律暂缓入社,凡有亲人正在关、管的家属,只要认识明确、思想上能划清界线、积极从事劳动生产、多项运动中表现较好、拥护政府各项政策法令、积极要求入社的,可以批准为社员。

对其他地、富、反、坏分子和开除公社的右派分子的家属,按本人成分和一贯表现情况、符合入社条件、自愿申请入社的,可以批准为社员。

十、刑满释放犯(包括留厂就业人员)的入社人员问题:凡是刑满释放的(不包括属于人民内部犯法分子)和留厂就业的反革命犯、刑事犯原则上暂不入社，但刑满释放的刑事犯（不包括留厂就业人员）中个别的罪刑不大、判刑时间短、释放的时间较长、释放后积极劳动生产、遵守政府法令、积极拥护人民公社、确实表现好、真正自愿申请入社的，可以批准为社员。

十一、劳动教养的人员，在劳教期间一律不入社，解除劳教以后表现很好、具备社员条件、自愿申请入社的，可以批准为社员。

十二、迷信职业分子，解放以后已经洗手不干、积极从事劳动、在多项运动中表现好、又具备社员条件、自愿申请的，可以批准为社员；对于现在仍从事迷信职业的分子，一律不批准入社。

十三、反右斗争中工人及其他劳动人民中的反党反社会主义分子，根据两年多来的表现，确实表现好、积极要求入社的，可以批准为社员。

十四、其他有一般历史问题的人，可按现在的身份和表现批准为社员。

此外，如有未包括的人员入社问题，可以参照上述有关部分处理。

一九六〇年七月十日

湘潭市河西公社委员会整风领导小组关于“三反”运动第二步开展情况和今后安排向市委整风领导小组的报告*

（一九六〇年九月五日）

9月5—6日，公社党委召开了各战线、各分社、管区、市属下放各厂、机关等整风领导小组正副组长及全体专干会议，到会152人，传达贯彻了市委整风会议精神，检查回顾了反贪污斗争的开展情况，并按照市委指示精神，对下步“三反”运动做了安排。

一

8月1日，我社全面转入了大张旗鼓、雷厉风行的反贪污、反浪费阶段。由于及时、坚决地贯彻了市委指示精神，各级党组织加强了对运动的领导，广泛、深入地发动群众，抓住了大动员，大造声势，大鸣、大放、大辩论、大字报，使政策深入人心，广大群众积极、热情地投入了运动。在参加整风的64个单位14264人（包括营业员、工人13843人）中进行检举揭发斗争的达13554人，占94%（原数据有误）。批判斗争前后，出现了两次鸣放、检举、坦白、交代的高潮，贴出大字报39061张，意见9477条，集中地揭发了531的贪污浪费事实，大小贪污行为一齐暴露出来了，隐藏很久、很深的贪污分子也被大量地揪出来了，并且受到了深刻的批判、斗争，他们在群众强大的理、据双全的追击下，97

* 原件现存于湘潭市雨湖区档案馆。

名已经批判斗争的对象中有91名(占93%,原数据有误)基本老实下来、低头认罪;与此同时,揭发小贪污、盗窃、挪用等事实190起,金额达19728元,揭发了以物易物、开后门、走私路等违法乱纪行为495起495人,揭发了浪费案件580件。

通过反贪污、反浪费,从政治上、经济上取得了决定性的胜利,具体有以下几点收获:

第一,贪污分子被大量地揪出来了,并受到了较深刻的批判斗争,从而堵塞了增产节约的漏洞,保卫了国家财产和社会主义建设事业。运动以来揪出贪污对象247名(其中有证有据的193名),贪污金额达40973元,100元以下93名,100—300元80名,300—500元11名,500—1000元9名,1000元以上的2名。大部分进行批判斗争或未进行批判斗争的对象在政策的感召下,认识了只有老实坦白交代才是唯一出路,自动交代了大小贪污行为的193人,交代金额30743元,交出现金20881元,储蓄4800元,公债46元,粮票591斤,赃物244件,价值951元。从揭发的贪污对象来看,手段非常巧妙毒辣,工业方面初步归纳有10种:(1)涂改单据;(2)重报单据;(3)伪造单据;(4)毁灭单据;(5)盗买公物不报账;(6)多报账、扩大数字;(7)挪用公款长期不归还;(8)收款不入账;(9)假公济私,“慷”公家之“慨”;(10)转买商品做黑市买卖。在财贸系统一部分营业、服务员中间贪污手段有22种:(1)利用节日紧张或值日、值班进行偷钱偷货;(2)提级抬价,以次货代好货出售;(3)短斤少两;(4)利用亲朋戚友以赊销办法收款不交;(5)营业时间零打碎敲;(6)掺杂混级;(7)撕毁销货记录卡;(8)以白纸条当发票;(9)搞自发经营;(10)坐地分赃(集体贪污);(11)出卖剩余商品;(12)隐瞒升溢不报(商品盘存盈余的金额实物进行贪污);(13)变卖已报废的商品;(14)制造假账浑水摸鱼;(15)公私不分,“偷吃”商品;(16)私开发票、偷走现金;(17)收购货品压级压价;(18)填空解缺、隐瞒差错;(19)虚报库存商品偷走现金;(20)变卖包装;(21)故意不销号;(22)趁火打劫虚报盗窃款。从揭露的管区主任中的贪污手段主要是:(1)敲诈勒索;(2)利用职权,损公利己剥削他人劳力;(3)假公济私;(4)剥“鬼皮”肥私(别人死了,将衣服脱下来变卖);(5)盗窃公款;(6)私吞力资运费;(7)既盗又贪;(8)群众献物不上缴,浑水摸鱼。以上贪污手段虽然不是非常全面概括了，但说明贪污的人是无孔不入的，盖子揭开以后，迅速采取措施进行堵塞，为加速社会主义建设搬开了一块大石头。

第二，群众觉悟大大提高，廉洁奉公的思想作风进一步树立起来了，从思想上、行动上与贪污分子划清了界限，对贪污分子的可耻行为感到切齿的痛恨，贪污分子成为“老鼠过街、人人喊打”，爱护国家财产、保卫社会主义建设的风气普遍形成。许多干部反映：这次“三反”运动来得及时、英明，如不来这一次大扫除，灰尘将堆得更高了。据参加运动的 2416 名干部的思想排队来看，观点鲜明、立场坚定、彻底划清了思想界限、积极参加斗争、能大胆检举坏人坏事的一类由“三反”初期的 51%上升到了 75%；态度一般、基本划清了思想界线也能参加斗争的二类由 32. 6%下降到 18. 1%；态度不坚决、还没有和资产阶级思想决裂、不敢和坏人坏事进行面对面的斗争的三类由 16. 5%下降到 6. 8%。

第三，通过反贪污斗争，进一步揭露了领导的官僚主义、管理制度不严和基层组织的严重不纯，加强了思想组织建设。事实证明：贪污浪费最多的地方，也就是官僚主义最严重的地方。许多领导感到，由于官僚主义作风存在，制造了贪污浪费。制革厂支书楚湘应说：“如果我们过去的工作做得细致、扎实一点，也不至于出现这么大的贪污（该厂总务詹广益贪污 800 多元），这次对我也是一次很大的教育”。贪污问题最严重的是管区，在湘江、雨湖两个分社 16 个管区中大部分干部有贪污行为，48 个管区主任中揪出来的对象有 23 名，占 49%（其中党员 13 名，原数据有误），贪污金额达 9708 元，甚至过去认为是“一类型”的干部也暴露了真相。这些问题揭露出来以后，不能不对那些官僚主义的领导敲起了一次警钟。有的非常惊异，××分社有一位领导说：“怎么？个个管区都有问题？想起来，我这个官僚主义的领导实在是太危险了，如果不来这次‘三反’，还不知要造成好大的损失？”

问题揭发出来以后，大多数单位均采取措施建立健全了各种制度，对财务进行了一次清底算账，严格了财经手续，初步加强了组织和思想建设。

第四，通过反贪污斗争，挽救了一大批干部。这次揭发的犯错误的人有一部分人是坏人办坏事，但有一大部分人是属于好人办蠢事的，后一部分人通过批判、斗争或批评教育一般有所悔悟，痛改前非，放下包袱以后，思想畅快，工作劲头大了。湘江六管区李朝霞(党员主任,自动坦白交代了贪污400多元)说:“咯(咯:长株潭方言,此处为‘这’的意思——编者注)次我硬当得住了三年学校,洗了一个干净澡。如果发展下去,就会走向黑暗路上去,成为人民的罪人,我一定要在实际工作中来改造自己”(实际工作上比以前劲头大多了)。

通过反贪污斗争,对“一顶儿”的运动亦有很大推动,8月份工业产值完成9853090元,与去年同期对比增长1倍以上。

前段反贪污斗争虽然发展健康,成绩巨大,但也存在一些问题。主要是个别单位搞得不深不透,在应受批判、斗争的133名对象中还有15名未受批斗;已经批判斗争的97名对象中还有6名没有彻底斗垮,占6.18%(原数据有误);64个单位属于不深不透的还有5个,占7.8%。在反贪污斗争中,个别单位贯彻政策不力,没有坚持说理斗争,喊口号、揪头发、推推搡搡等现象在个别单位有所出现,发生逃跑事件3起(已追回2人)。

二

根据市委指示,公社党委初步研究,下一步运动必须紧紧围绕以保粮、保钢为中心的增产节约运动,提出新的内容,在取得反贪污斗争彻底胜利的基础上,9月10日左右转入第三步。

第三步是建设阶段,实际上也是系统整改、系统提高阶段。在这一阶段,总的是解决立场、观点、方法问题,狠抓资产阶级个人主义,进一步掀起反官僚主义的新高潮。

在我们干部队伍中,虽然绝大多数同志是社会主义的促进派,勤勤恳恳,老老实实,全心全意为人民服务,敢想敢说敢干,但是也还有一小部分人仍然死抱着个人主义的灵牌不放,与党离心离德,在思想上、行动上暴露了形形色色的资产阶级个人主义。初步概括起来有10种表现:(1)骄傲自满,狂妄自大,自以为是,独断专行;(2)革命意志衰退,饱食终日,无所用心,死气沉沉;(3)不求有功,但求无过,不在人前,不在人后;(4)贪图安逸,贪图享乐,生活特殊,脱离群众;(5)讲条件,叫困难,前怕龙后怕虎,没有雄心壮志和敢想敢干的风格;(6)要名誉、要地位,闹工资待遇,斤斤计较个人得失;(7)疑神疑鬼,情绪时高时低,工作时冷时热;(8)爱出风头,讲排场、讲阔气、贪大求洋;(9)作风浮夸,处处好表现自己;(10)不安心工作,这山望见那山高。

以上这些是不完全的分析,但个人主义的危害性是极其严重的,个人主义是无产阶级思想的死敌。个人主义是一种以“个人”为中心的、自私自利的剥削阶级思想,是一种损人利己的资产阶级思想,是万恶之源,因此,在整风第3阶段必须突出地解决,把资产阶级个人主义烧尽烧透。

通过思想建设,力求促使我们的立场、观点、方法符合马克思列宁主义的要求,符合毛泽东思想,在我们干部中真正树立起一种良好的作风,即理论联系实际的作风、密切联系群众的作风、实事求是的作风和自我批评的作风,达到“三破三立”:破官僚主义、主观主义的思想作风,树立马列主义实事求是、深入群众、深入实际的思想作风;破铺张浪费资产阶级思想观点,树立艰苦朴素、勤俭办一切事业的无产阶级思想观点;破资产阶级本位主义观点,树立“全国一盘棋”的、大公无私的无产阶级观点,树立先国后家、先整体后局部、先重点后一般的全面观点。

(一) 内容

在思想建设方面,系统解决四个方面的问题:(1)卧薪尝胆、发奋图强、埋头苦干、自力更生,要在思想建设阶段牢固地树立起来,彻底根除那种浮在上面、华而不实、怕艰苦、怕深入的工作作风,彻底批判资产阶级个人主义,深入细致、踏踏实实地进行工作,树立敢想、敢说、敢干、知难而进、一条心、一股劲、真干实干、一干到底的良好风气。(2)国民经济以农业为基础的思想,必须真正地深入人心,要使干部、工人了解只有高速度发展农业、彻底改变农业的落后面貌,才能保证城市人口对粮食和其他农产品的需要,才能供给轻工业的充足原料,才能给工业产品开辟最广阔的市场,才能保证工业发展所需要的劳动力,为高速度发展工业打下稳固可靠的基础。因此,城市要从各方面支援农业。(3)要解决局部利益服从整体利益问题,在领导干部中牢固地树立“全国一盘棋”思想,树立看问题从中央出发、从大集体出发、从大公出发、从长远利益出发的思想,反对那种自私本位,从小公出发、从本单位出发、从打“小算盘”出发的思想。(4)工业、财贸、文教系统均应根据单位存在的问题,确定内容,工业系统要着重解决企业管理和以物易物、非法协作、浪费国家财产、贪大求洋、强迫命令等问题;财贸突出解决经营管理、服务态度、服务观点、开后门、违反市场管理占小便宜等,树立三个观点:政治观点、生产观点、群众观点;文卫系统重点应放在教育为无产阶级政治服务、教育与劳动生产相结合方面,部分老师虐待学生的行为也要"烧一把";机关干部要着重烧掉自由散漫、不愿艰苦深入、革命意志衰退、缺乏政治责任感等问题。

在组织建设方面,要求解决以下几方面的问题:

(1)在工业企业中,加强党的核心领导,建立与健全职工代表大会制度,充分发扬民主,依靠工人群众自己管理好企业。

(2)调整配备充实领导力量,纯洁队伍。对于坏人当道的、政治上不纯的、不称职的领导要进行适当的调整,在一部分坏人当道的管区主任中,要坚决调离或清洗。

(3)精简机构。精简非生产人员,权力下放,建立切实可行的干部参加劳动、深入第一线的制度,坚持贯彻"二五制"。

(4)建立健全各种经济、政治制度,如企业中的财务管理、生产管理、保管收发、会议禀报等制度,建立健全政治教育制度,严格组织生活,在党员、干部中开展评比竞赛,开设业余党、团校。

(5)定案工作,要尽快地跟上来,抽出 72 名专干进行定案处理。当前应迅速做好材料查对核实工作,在定案处理时必须掌握政策标准,力争运动结束,定案结束。

(二) 做法、时间安排

整个"三反"运动力争 9 月 20 号全面结束,最迟不得超过 9 月 25 号,第三步时间确定 9 月 10 号—9 月 20 号。

当前各单位应根据具体情况做出安排:反贪污任务还大的应集中优势兵力一鼓作气地搞下来,不能"老牛拖破车",要把反贪污斗争搞彻底;任务不大的,可以把反贪污与反个人主义结合起来交叉进行;已结束了批判、斗争的单位,应马上转入第三步。

在建设阶段分三步:

第一步：狠抓一把生产，掀起“保粮保钢”的生产大高潮，充分讨论中央提出的“卧薪尝胆、发奋图强、自力更生、埋头苦干”的精神，检查总结前8个月的工作和生产，安排下4个月的生产，进一步掀起反官僚主义的新高潮，在职工中开展以农业为基础和“保粮保钢”的教育（这一步大多数的单位已做了，需要再深入一步）。

第二步：组织鸣放、专题辩论，围绕上述四个内容进行大鸣大放，火烧个人主义和掀起反官僚主义的新高潮。辩论的内容包括：企业管理官僚主义、个人主义的表现及其危害性、物资调配政策、市场管理，廉洁奉公、服务态度和服务观点等，重点帮助，开展批评与自我批评。

第三步：插红旗，树标兵，建立健全制度，写出思想小结，进行民主鉴定，制定增产节约规划，建党建团，配备提拔干部。

在整个三步中，要掀起鸣放、辩论、系统整改三个高潮。

职工社会主义教育问题：除了进行以农业为基础的保粮保钢和增产节约教育外，还要对工人进行基本知识的教育，包括：(1)为谁劳动、劳动光荣的教育；(2)树立主人翁思想的教育；(3)以厂为家、以社为家的教育；(4)公物还家的教育；(5)个人与集体关系的教育；(6)遵守劳动纪律、为社会主义立功勋的教育。

方法采取大会报告、重点辅导、小会讨论、鸣放辩论等，时间上与干部的整风同时进行。

以上报告当否，请指示。

河西公社党委整风领导小组

一九六〇年九月五日

湘潭市中共河西人民公社委员会“三反”办公室关于定案、退赃工作情况的通报*

（一九六〇年十月二十一日）

各战线、分社、工厂“三反”整风领导小组：

在反贪污斗争取得胜利的基础上，各单位狠狠抓住了定案、退赃的工作。由于各级领导的重视，专职干部积极努力，抓得较紧，因而取得成绩很大。至10月19日止，已定妥对象77人（其中公社已批的35人，市管干部8人），在应退赃的279名贪污对象中，已退赃207名（其中全部退赃82名），占74.1%（原数据有误），退出金额18882.64元，占应退金额45050.41元的41.9%，其中现金2992.86元，实物折价15889.18元。

在定案、退赃工作中，大部分领导均很积极，抓得较紧，措施有力，方法对头，因而在一部分单位进度较快。财贸战线应定对象37名，现已整好材料初步定案的有32名，占应定对象的85%（原数据有误）；印刷厂一个对象贪污171元，现已全部退清；糖果厂对象郭××贪污890元，已退710元，剩下部分可以迅速退清。他们这些单位共同的特点是：领导亲自挂帅，专人负责，抓紧抓狠，加强了对象的思想教育，摸清他们的经济底子和思想底子，天天找对象谈话，分秒不放，并督促其做出积极可行的规划。这些做法取得了一定效果。

但是，当前也还存在一些问题：

（1）在定案方面：1. 进度缓慢，抓得不紧不狠，到本月18日止仅报来材料77人，占应定的143人的53%（原数据有误），特别是少数单位领导对这一工

---

* 原件现存于湘潭市雨湖区档案馆。

作不够重视;2.上报材料质量很低,有马虎从事的现象,从已上报的77个材料看没有一份材料不要重新整理,有的是既不盖公章,也不提出处理意见和性质;3.专干力量少而不强,大部分单位无专职定案干部,都系兼职干部,更严重的是干部存在有厌战马虎情绪。

(2)在退赃工作上也是进度不快,少数单位对这一工作采取被动的“等送上门”的态度,抓得不紧,措施不力;对于一部分故意拖欠或抗拒退赃的对象没有采取积极可行的办法。

鉴于上述情况,为把定案、退赃工作做好,进一步巩固整风成果,各单位必须切实加强领导,加强集体研究,确定专人管理这方面的工作,对对象再进行一次详细的排队,具体分析原因,在定案方面要求10月底基本结束。在退赃工作上要求进一步摸清经济底子和思想底子,切实加强思想教育,加快进度,尽可能地、尽快地挽回经济损失,在积极组织追退赃款、物的同时,要坚决防止硬追硬逼的简单粗糙的行为,以杜绝意外事件的发生。

一九六〇年十月二十一日

湘潭市河西公社“三反”运动检查组关于“三反”整风运动重点检查情况向公社党委、市委的报告*

（一九六〇年十月二十八日）

根据市委关于开展“三反”运动大检查的指示，我们于10月21—23日组织了6名干部，分成2个小组分别对湘江、雨湖分社所属管区市制革厂、红砖一厂、财贸系统所属的长沙旅社等5个单位开展了“三反”运动的检查。运用了听（听汇报）、看（看声势、看记录）、访（个别访问）、谈（召开座谈会）的方法，较全面、系统地对运动进行了一次估价，正确地肯定了成绩，提出了问题，为“三反”运动搞深、搞透、搞彻底、夺取运动全胜指出了方向。

一

“三反”运动是7月中旬正式开始的。过去的一段，一直紧密团结、配合党的中心，经过了轰轰烈烈的反官僚主义、反贪污浪费、思想建设和组织建设三个步骤，由于市委、公社党委的正确领导，各级党组织的重视，充分发动和依靠了群众，因而取得的成绩是巨大的。3个多月整风基本达到了省委提出的“提高思想，改进作风，促进生产，纯洁队伍”的目的。从以下几个方面可以表明：

（一）广泛深入地发动了群众，使绝大多数的人受到了“三反”运动的教育。5个单位应参加运动的379人，实际自始至终参加的344人，占88.4%

---

* 原件现存于湘潭市雨湖区档案馆。

(原数据有误),断断续续参加的31人,占8.1%(原数据有误),根本未参加的4人,占3.6%(原数据有误);未参加运动的4人,已采取不同形式进行了“补火”。运动中绝大部分人受到了一场深刻的阶级斗争教育,提高了觉悟,认识了官僚主义是贪污浪费的温床,是贪污浪费之母,而贪污浪费则是对人民的一种犯罪行为,也是一种破坏社会主义建设、损害国家利益的行为,因而广大群众都积极地投入了检举揭发和批判斗争,使官僚主义、违法乱纪、贪污浪费、资产阶级个人主义较全面地暴露出来了。一、二、三阶段在参加运动的344名干部中,共写大字报4915张、意见7222条(平均每人14张、21条),其中官僚主义2138条,违法乱纪222条,贪污1887条,浪费347条,个人主义848条,生产管理106条,其他1582条。

(二)单位中存在的主要矛盾被彻底揭发暴露,并得到基本的解决,干部队伍中的歪风邪气受到了应有的打击。“三反”初期,着重在领导干部中开展了反官僚主义,揭露了犯有严重官僚主义错误的24人,占参加运动的干部344人的6%。官僚主义的表现形式有这样几点:(1)高高在上,不理下情,主观臆断,乱下结论。红砖一厂厂长陈××以前对于落后工地(先锋中心工地等)1个多月不去检查工作;公社下放干部陈××同志下到管区一个多月,8个联组中只去过2个。(2)摆老资格,狂妄自大,上无领导、下无群众。长沙旅社经理颜××常在群众中拍胸部:“我是党员,我就是党,你们不听我的话,就是不听党的话,就要犯错误”。(3)强迫命令,违法乱纪,雨湖七管区党支书李××常骂干部、群众是“猪”,“牵了鼻子走都走不动”,弄得人家大哭。1958年大炼钢铁、水泥时,采取硬逼方法要群众去挖黄泥巴、水泥,以致造成3人丧命。(4)生活特殊,脱离群众。陈××下到管区后,要人家给他买东西,打洗脸水等。(5)工作华而不实。雨湖五管区支书李××下到管区几个月,本来分工抓工业,而谈不出工业的基本情况。这些问题揭发出来以后,用集中整风、领导与群众相结合的方法,进行了批判斗争,问题得到了基本解决。在受批判的24名对象中,已批判深透的8人,基本深透的11人,不深透的5人。

反贪污斗争也取得很大的成绩。5个单位中,共揪出贪污对象53名,贪污手段是毒辣而又阴险的。反贪污斗争中,普遍运用了大、中、小会相结合的方法,发动群众,大造声势,形成浓厚的政治压力,使贪污分子在理、据双全的追击下，大部分对象理屈词穷，低下了头。53 名贪污对象中，经过批判斗争，口服心服、批判彻底的 22 人，基本彻底的 20 人，不彻底的 11 人。反贪污斗争结束后狠狠抓紧了定案、退赃工作，在 44 名应定对象中，已初定的 15 人（公社未批），至目前为止，已退赃 44 人（退一部分），占应退赃 53 名对象的 83%。

在反贪污斗争取得胜利的基础上，开展了思想建设、组织建设，重点“火烧”了干部中一部分严重的个人主义对象共 19 人，对于他们中存在的政治责任感不强、革命意志衰退、贪图安逸、闹名誉地位、闹本位等形形色色的资产阶级个人主义进行了重点帮助。至目前为止，已重点帮助的 19 人中，已深透的 10 人，基本深透的 3 人，不深透的 6 人。帮助以后，绝大多数心悦诚服，干劲大了。制革厂主任会计黄仲韩原来看不起领导，不接受任务，不提供资料，这次重点帮助时，他深刻认识了自己的错误，干劲更大了。10 月份在该厂开了财务管理工作现场会，现在每 5 天主动向支书楚湘应汇报、请示工作。

（三）通过“三反”整风，干部作风有了显著的改变，生产、工作有了很大的起色。

首先，表现在干部、职工思想觉悟有了显著的提高。据 5 个单位 253 名干部排队，运动后：（1）觉悟高、立场稳、干劲大、风格高的有 138 名，比运动前 90 名上升 19. 4%；（2）表现一般的 87 名，比运动前 104 名下降 6. 8%；（3）思想落后、干劲不大、观点模糊的 28 名，比运动前 59 名下降 12. 3%。

其次，表现在领导和干部的作风有了很大的改变，从 248 名干部排队看，运动前能深入的 149 名，占 60%，运动后能深入的 224 名，占 90%。红砖一厂以前由于厂办公室相距工地太远，工人反映：“找个干部都麻烦，要跑几里路”，现在办公室搬到了工地，支书袁子修、厂长陈桐村等都兼了工地主任。制革厂负责人万扬连深入到皮鞋车间坐镇破关，9 月份 90 个工人中有 40%闹超额奖金，取消超额奖金后，生产逐渐下降，由日产皮鞋 70 双下降到日产 40 双，质量出口皮鞋合格率只达 28%。老万下去后，召开党员、骨干、班前、班后会发动群众，大家分析，又带了 4 名工人赴长沙参观，接着回来又和工人研究，提出开展“五牌”竞赛（产品质量超美牌，干劲无底牌，革新技术永久牌，保粮保钢红旗牌，思想解放牌），工人劲头来了，产品质量逐渐提高，产量由 40 多双恢复到 70 多双，甚至高达 80 双，质量合格率由 28%上升到 96%。

通过整风运动，建立健全了各项制度。如长沙旅社整风后建立了9项制度（分店经理责任制度、会议学习制度、治安保卫制度、工作人员开会制度、寄存行李制度、上下班制度、清洁卫生制度、财经制度、会客制度）。制革厂“三反”后，搞了管理工作的配套成龙，设立了1室（厂长室）、4股（生产、人劳、财计、供销）、10大赛（安全卫生、劳动调配、生活福利、党委宣传、成本核算、计划统计、工资管理、工具保管、质量检查、革新推销）、精简中层（车间）、权力下放到小组，精简了干部6名。

二

通过检查，发现有一部分单位整风搞得不深不透。在检查的5个单位中，以雨湖、湘江、红砖3个单位为不够深透，不够深透的表现有以下几个方面：

（1）整风时间没有保证，太少了、太不够了。雨湖自9月1日转入三阶段以来，只搞了10次（包括2次动员），湘江搞了12次，红砖一厂个人主义只搞了两次，因而形成走过场。

（2）问题解决不彻底。3个单位统计起来，反官僚主义时对象22人，不彻底的5人，占22.7%；揪出的贪污分子42人，批判不透的11人，占26%；第三阶段应批的个人主义对象33人，未批的19人，占58%。

（3）群众中震动不大。湘江、雨湖两社所属管区的整风，有一定数量的干部不愿参加整风，对整风没引起高度重视。如雨湖58人参加，实际总是20多或10多人参加，湘江也是如此。

产生的原因主要是领导决心不大，没有坚持书记挂帅。湘江、雨湖整风有时无人领导，特别是雨湖，书记不大过问，你去找他还要受一顿批评，把担子交到专干身上；其次是科学安排时间不够，没有使用“两条腿走路”的工作方针，因而每次安排、计划、措施都落空了；专职整风，干部也抓得不够狠、不够紧。

根据上述情况，为使整风有始有终搞彻底，保证运动全胜，我们认为对不深透的单位，必须采取紧急措施进行“补火”，公社“三反”检查组在检查中均提出了“补火”意见，要求迅速开好一次整风领导小组会议，分析当前运动情况和存在的问题,加强对运动的领导,强调书记亲自挂帅,集中力量和时间在整风"扫尾战"期间,将不深透的问题全部解决。此外,公社加强检查、督促、指导。

上述报告当否,请指示。

河西公社三反运动检查组

一九六〇年十月二十八日

湘潭市河西公社委员会整风领导小组关于切实加强对“三反”整风扫尾阶段的领导保证运动全胜的紧急通知*

（一九六〇年十一月十六日）

当前，总的情况很好，一般能按照上级党委布置，善始善终加强对运动的领导，抓紧做好整风后期的各项工作，定案工作完成了50%，退赃完成30%左右，总结鉴定工作也在抓紧进行，这都是很好的。但是，就现在的情况分析，无论从数量、质量、时间上来检查，都是不符合上级党委的要求的。在一部分单位和领导中间，滋长了一种新的松气右倾情绪，集中反映在：（1）尾巴拖得太长，时间拖得太久。据了解，雨湖、湘江及一部分市属工厂自11月以来已经全部停顿，组织鉴定至今没作动员，究竟如何搞也没有做打算和具体安排。（2）马虎了事，草率收兵。个别单位采取不负责的态度，定案材料不审查，不深入调查研究，马马虎虎把材料上报就算完成任务了、就不管了，因而送上的材料质量往往很低劣，不合要求；有的领导和专干有“畏难”情绪，对难以肯定的问题、难以找到的证据感到苦恼，没有办法。（3）放弃领导、抽走专干。据了解，大部分单位现在没有专人管整风，小部分单位兼管的人也没有了。以上这些问题的存在，严重地阻碍了整风运动的圆满结束，影响了“三反”运动成果的巩固，因而使其拖得太长。不好腾出手来从事其他工作。产生的原因，主要是一部分单位和领导对整风后期工作的艰巨性、复杂性以及它的重要性认识不足，认为轰轰烈烈的批判斗争阶段过去了，定案、

---

* 原件现存于湘潭市雨湖区档案馆。

退赃、鉴定可以慢吞吞地搞，可以放弃领导了，这是一种政治上的右倾表现；另一种情况，确实因为当前中心多、工作多，由于没有科学地安排时间，而把整风搁下来了。

鉴于上述情况，党委再次地指出，必须把“三反”运动搞深、搞透、搞彻底，夺取运动全胜。因此，要求各单位善始善终加强对运动的领导，确定专门力量专管或兼管这方面的工作，妥善安排时间，在保证质量的前提下尽快地结束定案、退赃、组织鉴定等几项主要工作，最多也不得超过 11 月 25 日，各单位必须严格、认真地贯彻这一决定。

(1)定案问题：各单位必须有专人负责，包干到底。强调把问题搞得水落石出，不存在含糊，坚决做到一事一证，定案材料、本人交代、旁证材料三统一。材料整理以后，必须由单位整风领导小组集体研究，提出意见。材料没有查清之先不得上报公社，必须继续查清。对于当前有几个对象，如湘江的周××、肖××、冯××，雨湖的罗××、涂××等还没有彻底斗垮，还在继续翻案，分社党委应迅速搞一次周密的研究，是对象不老实？是材料有问题？如材料确凿、是对象不老实的，应立即组织斗争(3、5 人斗也可以)，通过斗争仍不解决问题，那就是在组织处理时加强处分的问题。如材料有问题，经查证以后也应当机立断，能否定的就否定，并提出否定的理由。总之，要求既对党负责，也对对象本人负责。

(2)退赃问题：总的要求是在可能的条件下，尽量挽回经济损失。能退的马上退，能缓退的也要做出计划，能退一部分的退一部分，不能退的，单位领导小组也必须认真研究分析一次，并算出细账，提出理由，向公社党委写出书面报告。但值得注意的是，在进行这项工作时，必须加强对对象的政治思想教育，解除其顾虑，对退得好的，可以适当加以表扬鼓励，对仍然顽固抵赖、抗拒退赃的，也必须适当地开展思想交锋，指出花招，督促迅速归还。

(3)组织鉴定问题：要求安排一定的时间和力量，迅速开展此项工作。鉴定时，必须贯彻“分析批判从严，文字鉴定恰如其分”的精神，防止马虎从事、走过场的现象出现，强调保证组织鉴定时，重点鉴定“三反”运动以来的立场、观点、方法、工作、服务态度、学习态度、群众观点，结合 1957 年以来的历次运动中的表现,1957 年、1958 年、1959 年各项运动中的表现,单位党支部均必须签署具体意见。手续完备以后,一律上报公社党委组织部。

上述工作,希望立即研究贯彻。

一九六〇年十一月十六日

办好集体福利事业
巩固人民公社*

——在湘潭市河西区第四届人代会第一次会议上的发言

（一九六〇年十一月二十九日）

主席、各位代表：

到目前为止，我社（包括农村）共有公共食堂569个，就餐人数达121290人，占应就餐人数的93.3%；托幼组织397个，入托儿童16463人；"红色少年之家"5个，吸收儿童200多人；敬老院15个，入院213人；服务站15个，妇产院10个。福利事业的大批兴办使成批的长期为家务、孩子所拖累的家庭妇女走出了厨房，参加了生产和工作，实现了家务劳动社会化。

通过几次的不断巩固和提高，绝大部分集体福利事业都办得很好，贯彻了为生产服务的方针，广大社员生活安定、情绪饱满，对促进生产巩固人民公社起了很大作用。

据□□□食堂摸底排队，其中领导纯洁、做到"八好"（政治挂帅好、副业开展好、服务态度好、清洁卫生好、坚持"五热"好、过冬准备好、节约用粮好、精打细算好）的有329个食堂，占总食堂的58.7%；托幼组织，其中领导纯洁、做到"六好"（小孩带得好、玩得好、住得好、教得好、吃得好、群众反映好）的有244个，占托幼组织总数的61%。在集体福利事业方面越办越好，越来越显示了它的无比优越性。其主要经验是：

---

* 原件现存于湘潭市雨湖区档案馆。

一、勤俭办福利，贯彻为生产服务的方针

随着人民公社的建立，随着生产的发展，我们兴办了大批的福利单位，而这些单位的兴办，都是贯彻勤俭办一切事业的方针，如湘江分社六一幼儿园，在开办时，一无房子，二无用具，三无幼师，困难重重，在党的正确领导下，依靠群众自力更生，挑选了4个家庭妇女担任保育人员，苦战三个月不拿工资，并发动群众大家动手，利用废木料、洋铁皮、碎角布，自制玩具、床铺桌椅，使60多个全托儿童每人拥有一床一椅、1—3件玩具，真正做到了“没有床铺自己制，房子坏了自己修，墙壁坏了自己刷，篱笆烂了自己织，没有玩具自己做”。为了做到方便群众服务生产，我们采取了：①教育职工克服资本主义经营思想；②从工业利润内解决福利工作人员的工资，降低收费标准；③严格财经制度，处处精打细算，有不少食堂、托幼组织都做到了花钱少、吃得好、吃得饱、收费少、孩子带得好。

二、纯洁领导队伍，树立“三部分人”当家作主

不论城市和农村，部分集体福利单位混入了少数不纯分子，通过几次整顿，清洗了一批不纯的，真正树立了“三部分人”当家作主，改变了后进面貌。如星火大队试验队九食堂5个工作人员，其中有地主1人，富农2人，坏分子1人，首先由于坏人当权长期处于“三类”状态，群众反映该食堂是“三亏”“六冒”“两缺”“一多”：“三亏”（亏粮、亏钱、亏油）；“六冒”（冒：没有的意思——编者注。冒骨干、冒鱼塘、冒肥猪、冒家禽、冒桌椅板凳、冒账算）；“两缺”（缺管理、缺蔬菜）；“一多”（亏粮多）。通过清洗不纯分子树立“三部分人”当家作主以后，这个食堂很快就改变了面貌，现在不仅有余钱剩米，并且小家务生产开展很好，猪肥、鱼跃、鸡鸭成群，社员人人欢喜、个个满意，现在的反映是有“五热”“六多”“五有”。“五热”（热饭、热菜、热茶、热水、热情）；“六多”（粮多、菜多、猪多、鱼多、家禽多、代用品多）；“五有”（有制度、有余钱剩米、有部分人当家作主、有合理安排、对老弱有照顾）。事实证明，只要树立“三部分

人”当家作主，面貌就会焕然一新，事情才能办好，群众才会满意。

三、坚持政治挂帅，不断提高服务人员思想技术水平

坚持政治挂帅、思想领先，是办好集体福利事业的关键。起初部分服务人员存在有营利思想，认为服务行业不好，生产单位挣钱多，不挣钱就是没有完成任务。公社党委针对这些错误思想及时进行了教育，坚决指出服务事业为生产服务、为人民生活服务的方针不能动摇，批判单纯追求利润的资本主义经营思想。经过反复地耐心教育，服务人员提高了认识，端正了思想。还有些服务人员对服务事业的重要意义缺乏认识，认为服务工作“低三下四”，是侍候人的、怪麻烦的、没出息；有的是爱人扯后腿，认为干这行脸面不好看。针对这些思想情绪，并对服务人员进行了建设社会主义事业光荣的教育。有些单位，开展了鸣放辩论和登门拜访进行解释，从而克服这些错误思想，认识了集体福利事业的重要性。为了不断提高思想水平和技术水平，除订立各项学习制度外，并开办了短期训练班，有计划地、分期分批地组织学习，从而不断改进服务态度、提高服务质量。

四、插红旗，树立标兵，开展评比竞赛

在大办集体福利事业中，涌现了不少的红旗，不论食堂托幼组织，不论敬老院、服务站，都有干得非常出色的先进集体、先进个人，如湘江的六一幼儿园、3管区的敬老院、湘江二管区“三八”食堂、雨湖八管区的服务站、雨湖五管区的“红色少年之家”等，都是福利事业中的鲜花。然而，“一朵鲜花不算美，万紫千红才是春”，为了做到红旗成林、先进成群，各分社大队管区都开展了经常性的检查评比、现场介绍、观摩表演等活动，推广经验，这样不但使红旗插得更牢，举得更高，同时还带动了一股，鼓舞了后进。如食堂在推广“六用灶”“梅花灶”时，我们发现复兴园食堂搞得好，即召开了现场会议，不到一个月时间，城市 203 个食堂，60%推广了“六用灶”，大大节约了用煤，提高了工效。

五、改变三类单位面貌，争取平衡发展

在抓生活福利时，一直贯彻抓“两头”（先进、后进）的工作方法。工作不是静止的，因此，我们随着工作的开展情况及变化，对各项集体福利单位，经常不断地进行摸底排队。对后进单位我们下了最大决心，采取了一系列措施加强力量，采取“五定”（定人、定点、定时、定员、定要求），限期改变面貌，如在这次的整社中，公社分社、管区共派了 17 个干部深入到 55 个三类单位，和职工贯彻“四同”，深入发现问题，充分发动群众，从根本上解决，仅半个月的时间，有 4 个单位基本上改变了三类面貌。

为了使今后的集体生活福利事业，在党的绝对领导下，沿着正确的道路向前发展和不断地得到巩固与提高，除继续发扬已有的经验外，我们认为还应该抓好如下几项工作：

生活福利事业项目很多，但其中突出的是办好食堂，因为食堂是人们活动的中心场所，也是人们接触最多、感觉最深、反映最快、最为关心的场所，它对显示人民公社的无限优越性有着十分直接的关系。因此，一定要把公共食堂办好，要办好食堂，我们认为必须抓好如下八点：

①进一步改进管理方法（健全食委会），加强管理，建立健全各种制度，搞好经济核算和账务公开，堵死一切贪污浪费的漏洞。

②进一步发展小家务生产，雄厚食堂家底，大力发展蔬菜，保护好生猪过冬，生产鲜鱼家禽，逐步实现自给，保证吃饱、吃好、吃省，做到生活多样化。

③计划用粮，节约用粮，干稀搭配、粮菜混吃，大搞代用品生产，代替主粮，坚决执行以人定量、指标到户，凭票开餐，节余归已。

④不断提高服务质量，进一步改善服务态度，做到“四热”（茶、水、饭、菜）、“六照顾”（照顾病人、老人小孩、客人孕妇、产妇、婚丧、喜庆），克服人等饭，做到饭等人，消灭排队现象，做到随到随买。

⑤不断改进烹调技术，做到一菜多品种，粗菜细作，定量用油，咸淡可口，多锅炒菜。

⑥大搞“双革、四化”，不断节约人力、物力、财力，节约开支，降低成本。

⑦搞好环境卫生，做到窗明几净、室雅心舒。

⑧配好“管家人”，个个以堂为家，爱堂如家，善于精打细算，安排生活、关心群众生活，处处为群众着想。

要达到以上八点，最主要的一条是要贯彻“政治到食堂、干部下伙房”，各级干部除应深入生产一线以外，还应深入到食堂、伙房去，贯彻“四同”，把群众生活安排好，把食堂办好，如果不亲临其境，不管你的愿望多么好，做计划多么周密，总难免有隔靴搔痒之感，因此，我们必须亲自深入食堂，踏踏实实地更进一步地把食堂办好。

托幼组织：

刘少奇主席说过：管孩子比管拖拉机更重要。这充分地说明了办好托幼组织是何等重要而又光荣的事情。因此，我们要为孩子的健康成长着想，为减轻孩子妈妈负担着想，为促进生产大跃进着想。带好小孩除搞好教学工作外，最主要一条是做好保健工作，要做好保健工作就必须贯彻“四个字”，即：勤、细、深、净。“勤”：保育人员必须付出辛勤的劳动，对孩子要处处关心，事情周到，一时一刻不能疏忽大意，要做到有病即治，防重于治，预防疾病流行；“细”：对孩子要细心照顾，细心地向孩子进行教育，不断地发展孩子的德育、智育；“深”：深入了解孩子的个性，和他们建立深厚的感情，使孩子幼小心灵不受到刺激，而感到胜过母亲般的温暖，培养他们热爱集体生活；“净”：经常保持园所内外的卫生、保育员和孩子们的个人卫生，使孩子们在舒服的环境下受到集体教养，养成良好的习惯，以得到活泼健康的成长。办好托幼组织的标准是“五好、四满意”：“五好”是吃、玩、睡、卫生、身体好；“四满意”是领导、家长、小孩、保健员满意。达到这个标准，托幼组织就办得差不多了，我们必须朝着这个方向努力，并加以实现。

服务站工作：

城市人民公社建立以后，城市的广大家庭妇女参加了社会劳动，原来由各家各户进行的许多家务工作，就需要服务站担负起来，服务范围相当广泛，服务项目、价格应有统一规定，不能信口开河、乱喊一通，服务人员应树立为人民服务的观点，处处从关心群众生活出发，千方百计满足顾客要求，从当前看，拆洗缝补是群众迫切需要解决的一项重要工作，这个工作搞好了，群众得到方便，就能更好地集中精力搞好生产和工作；搞好拆洗缝补能为国家节省大量棉布和节省大量的社会劳动力，养成节约风尚，这是贯彻党的勤俭建国、勤俭持家、勤俭办一切事业方针的一种具体措施。因此，服务站必须明确服务目的，在抓好其他服务项目的同时要突出地抓好这一工作。

其他如敬老院、妇产院、红色少年之家，也都应相应地抓好，使无依无靠的老人真正能欢聚一堂，度过幸福的晚年，孩子能得到活泼健康的成长，产妇能得到周到的服务。

目前已进入寒风凛冽、霜雪飘飞的季节了，集体福利单位以及社员个人都要妥善安排好过冬，并应开展一次全面性的检查。针对过冬方面存在的各种具体问题，认真地、妥善地、迅速地加以解决，高度地关心群众生活，这样才能更好地团结广大群众，鼓舞群众生产情绪，养精蓄锐搞好当前生产，夺取明年大丰收。

毛主席经常教育我们，我们只有关心群众生活，群众生产干劲才会越大，群众生产干劲越大，我们越要关心群众生活。这充分说明搞好生活福利的重要性，因此，我们今后必须再接再厉，乘胜前进，共同领导和带动群众更好地办好集体福利事业，促进生产大发展，为来年生产大丰收奠定良好的基础。

一九六〇年十一月二十九日

中共河西公社委员会肃反领导小组关于前段肃反准备工作情况及今后意见（湘潭市）*

（一九六〇年十二月十九日）

肃反运动准备工作是12月1日全面铺开的，10多天来，由于市委的正确领导，各级党组织的高度重视，取得的成绩很大，为下一步工作的进行奠定了一些基础，具体说，有以下几方面收获：

一、认真贯彻了地市委肃反工作会议精神，从上至下统一了思想认识，明确了工作方向。地市委肃反会议以后，公社党委立即进行了研究，并成立了领导小组，在领导小组成员内广泛深入地展开了讨论，并于12月3—4日召开了2天肃反工作会议，传达布置立即在公社范围内全面开展内部肃反的准备工作。随后，各分社、各战线、各单位又分别作了传达贯彻，层层动员，统一认识。一般召开了党委会、总支部委员会或党员大会等。总的来看，思想上重视，决心大，行动快，措施比较得力，因而保证了内部肃反运动的准备工作健康、顺利开展。从当前情况检查，据市属、社办工业、财贸、分社等战线37个单位排队，运动开展有三种情况：第一种：指导思想明确，态度坚决，行动迅速，方法具体，摸底工作做得比较扎实细致，对下一步工作有具体打算：有细菌肥料、酿酒、制药、制革、机床等厂以及湘江、雨湖2个分社等17个单位，占46%；第二种：领导思想比较重视，作了一般贯彻，初步进行了摸底排队，但进度不快，办法不多或对下步缺乏具体打算：有针织、冶金、化工、糖果、牙刷等16个单位，占43.2%；第三种：领导不够重视，对运动没有真正打算，没有配备一定力量管理

* 原件现存于湘潭市雨湖区档案馆。

这方面的工作,因而底子不清、行动不快的有4个单位。

二、成立了机构,配备了专门力量,对专职(兼职)干部进行了训练,对运动做了比较细致的安排。根据运动的需要,公社、分社、战线一部分厂子分别成立了肃反领导小组,党委、总支、支部书记担任了领导小组长,并分别成立了办公机构。到目前为止,我们全社共配备了专职干部29人,兼职干部46人,从所抽出的专(兼)干部看,一般保证了政治质量。为了提高专职干部的政策、业务水平,采取了专门训练与边工作边训练相结合的方法,进行了1—3次的训练,分社集中训练了两天。在实际工作中,部分干部感到迫切需要提高政策水平与业务能力,因而将中央政策带在口袋里,不通又将它翻出来,随时弄通。

三、初步摸清了底子,确定了肃反的范围和任务,从而使其心中有数,有的放矢。据两次反复地摸底审查,我们全公社应该参加这次内部肃反的有66个单位,11129人,其中干部2460人,工人8669人。初步摸底,已暴露身份的五类分子338名,占参加运动总人数的3%,□□□□□□□对象11129人,占□%。在摸底排队时首先澄清了肃反底子,即:(1)确定了参加肃反的人数;(2)全部人员进行逐个排队找出清查对象;(3)从清查对象中排出重点对象;(4)排出重点单位或部门;(5)已经排出的单位继续进行了排队;(6)已公开的五类分子进行排队。摸底后公社分社管区各单位普遍运用了"七查、五结合"。

"七查"即查成分、查出身、查籍贯、查历史、查来历、查参加工作时间、查现实表现。

"五结合"即普查与重点相结合、历史与现实相结合、缄调与外调相结合、骨干会议与调查研究相结合,专干力量与群众相结合。

四、在摸底排队的同时广泛搜集了资料,补充了资料,个别单位如细菌肥料厂已发出8封迁调信进行调查。在搜集材料中,一般做到了"档案大翻身,材料大会师"。材料的来源,大体有以下几个方面:(1)组织、人事、"三反"、肃反以及其他管理干部的部门所保管的历史材料;(2)各项中心运动中和现实表现中的反动言论或诗歌、信件;(3)在节约粮食、生产度荒,"十二条"政策贯彻中的表现;(4)没有档案材料的进行补写履历自传与组织一批可靠老工人积极分子进行座谈回忆，提供线索；(5)个别访问，对知情者进行了解。通过以上手段，使我们初步掌握了一些线索或扩大一些线索。

以上四点是我们10多天工作以来所取得的成绩，这是肯定的。是与各单位领导重视以及全体专职干部的努力分不开的，但另一方面，我们所做的工作与上级党委对我们的要求比较，还差得很远，工作中还有着比较严重的问题：

(1)有一部分单位底子不清，界线不明，工作不深、不细、不扎实，农村各大队、文卫各支部除个别的摸出了一个初步底子外，还有一大部分单位至今还没有摸底审查，还没有排出清查对象或重点对象；有的虽然排了，但不够严肃认真，交给专干一个人凭印象地排出来，不经过详细地研究分析。有很大一部分单位虽然将名单排出了，但对其具体情况不了解，心中无数，还停留在"据说"、"有人说"上面，没有可靠线索；有的专干看材料停留在表面现象上，走马观花，不够细致，抓住了一些早已暴露身份的五类分子；或者草木皆兵，把凡属有一点小问题的人或社会关系比较复杂的人都排上了。

(2)消极等待，停滞不前。据37个单位排队，在人员摸底以后，对下一步工作缺乏具体打算，或者处于停滞不前状态的有20个，占54%，如有的工厂的专干说："我们厂里反正任务不大，仅几个对象，以后交给公社去调查就解决问题了。"有几个厂子将对象排出后，专干也不管事了。因此，汇报时总喊没有进度，对于如何抓住时间、加快进度，按时完成任务，在思想上没有紧张起来。

(3)试点工作，虽然专干做了很多努力、劲头足。但目前来说，进度不快，如何先走一步、总结经验来指导全盘工作不够。

产生以上问题的主要原因是两个方面：一是一部分领导干部思想没有高度重视，没有亲自上阵，有简单化的表现。其实质还是政治上的麻痹右倾，决心不大，有的领导自己不参加会议，认为这一套没有什么了不起，有的参加了会议，回去后往专干身上一搭，冒探(冒探：长株潭方言，没有管、不管的意思——编者注)了，更突出的是一部分领导有简单化的表现，如××厂支书说："我们厂里这100多人眉毛都数得清"。又如××厂支书说："我们厂里女职工多，又是老厂子，不会有什么问题。"还有的领导说："我们厂里老问题都搞了，新问题嘛，都是年轻人，问题不大"。二是工作方法上存在问题。专职干部政策水平、业务水平不高,政策界线不够清楚,分不清主次,眉毛胡子一把抓;有的排了队以后下步工作不知如何进行了,感到束手无策,办法不多。

根据上述情况,按照市委本月 12—13 日在纱厂召开的肃反工作会议精神,对于下一步工作提出如下意见:总的要求,紧紧围绕党的中心、围绕生产,把肃反作为手段来保卫中心,保证生产任务的完成,妥善地安排肃反运动,让运动健康、顺利地开展;总的时间安排、做法、步骤按上次布置的不变,仍然是全面准备、分批开展、分批完成。

一、加强领导。要求书记挂帅、委员专管、专职干部具体办理。当前任务很多,生产任务非常紧张,肃反任务也刻不容缓,领导必须用清醒的头脑、主动积极的工作作风,把肃反准备工作紧紧抓在手里,既不能消极等待,也不能盲目急躁,要从容不迫地进行。各单位挂帅的书记要求有一定时间参与研究,做具体指导,至少也要保证 1/3 时间参加。各分社、各战线的办公室主任要做具体工作,以身作则,艰苦深入,做出榜样,指导运动。专职干部现在大部分都配备了,在目前准备工作期间,凡一、二批开展的单位都必须“专”起来,农村各大队必须迅速地确定一个人专门办理摸底准备的研究工作,否则到开展运动时,准备没做好就会陷于被动。

在指导思想上,必须把肃反工作与党的一整套中心紧密结合起来,不能单打一。准备阶段要通过中心切实掌握敌情,挖掘敌人。可以从几个方面来挖:1. 从公开的找;2. 从内部挖向外部,从外部挖进内部,内外结合起来;3. 从严重违法乱纪中特别是坏人办坏事中挖;4. 从重大的反革命社会基础中挖;5. 从漏划的五类分子中挖;6. 从经常发生的事故案件中挖。

二、进一步做好材料准备工作:必须千方百计地做好。第一批开展的单位仍然要求 12 月底以前做好一切准备,没有准备好就不能开展运动,但不能消极等待。在指导思想上,必须抓住重点对象,在工作内容上必须抓反复排队,在力量的摆布上要加强要害部门,重点对象要采取兵对兵、将对将的方法,狠抓内查与分析研究,不急于外调。在工作作风上,强调艰苦深入,强调工作质量。具体做法:

1. 继续抓住摸底排队。当前可以再排四个队:(1)初步确定的对象进行复查排队。分析有没有偏紧或偏松,是否有遗漏,进一步有把握做出初步肯定；(2)重点对象的问题主次排队，确定怀疑线索，分析哪些是主要的，哪些是次要的；(3)线索的关系地区、关系单位、关系人排队，为外调奠定基础；(4)对象的材料底子排队，在摸底排队时，可采取“两路进军”的办法：一部分人坐下来进行全面摸底排队、分析研究，查阅材料；另一部分人则进行补充和调查工作。第1批开展的单位要求本月20号前将重点对象线索分布情况全面搞清。

2. 加强骨干的培养训练工作。骨干队伍要根据运动的发展需要，不断发展壮大。但在目前情况下不宜扩得太大，可扩到可靠的党、团员方面，或最可靠的小部分积极分子方面。在整个准备阶段，要开好五次骨干会议：第一次宣传开展运动的目的、意义，统一思想认识；第二次学习政策界限，明确做法；第三次座谈收集反映，为运动提供线索；第四次根据单位的任务进行分工、包干；第五次准备工作后期群众运动之前召开一次，武装思想，投入斗争。对骨干要做到“五交”：交任务、交政策、交线索、交办法、交时间。

3. 内查外调的具体做法问题。总的是统一领导，全面安排，保证重点，分工包干。初步意见：凡市、县区以内的问题，或县市以外单位可能搞清的问题，由单位负责外调，调查后将结果报告公社肃反办公室。县区、市区以外问题比较重大的线索，事先由单位填出线索表报公社，由公社审查后，指派对象的所在单位的专干或配合一定力量开展外调工作，不得盲目外调。调查中必须贯彻“三先、三后”的原则，先主后次、先近后远、先易后难。按“三个要求”办事：即时间少、质量好、节约开支。调查的材料要具备四个要素：即时间、地点、人物、场合。

三、在材料准备工作中要注意几点：1. 在方法上避免走弯路，要不断提高专干的政策业务水平，多进行总结分析研究。

2. 为统一口径，根据地委布置，今后在摸清全部人员的底子时根据“四个标准”划分：一类：没有问题的人；二类：一般政治历史问题的人；三类：已公开的五类分子；四类：这次运动重点清查对象。

3. 要防止盲目外调。开展外调时，要具备两个条件：(1)属于重大怀疑、内部无法查清、外调后价值大、线索可靠；(2)经审查以后，单位确实无法弄清必须进行外调的。总之，外调要适当控制，避免无故浪费人力、财力和时间。

4. 正确掌握政策界限,严格区分两类性质的矛盾,达到狠、准、稳、细的要求。

5. 专职干部作风要艰苦深入、细致踏实,做到"四不错":不错人、不错问题、不错字、不错数。为保证运动健康顺利地开展,保证专干队伍的纯洁和质量,经公社党委研究,对各级领导小组成员及专干(兼干)队伍,定出几条纪律:

(1)立场坚定,敌我分明,对坏人坏事作无情地斗争。

(2)作风艰苦深入、办事细致认真,坚决贯彻上级党委指示和政策精神,在摸底调查工作中强调"四不准":不准走马观花,不准粗而不细,不准主观臆断,不准张冠李戴。坚决做到"四不错":不错人、不错问题、不错字、不错数。

(3)切实做好保卫、保密工作,不许公开的指示精神一律不得公开宣传,并妥善保管好自己的文件、材料、日记本,并随时提高革命警惕,擦亮眼睛,注意敌人的活动,随时给予有力地打击。

(4)不断积极学习中央有关肃反运动的方针政策,深刻领会并熟练掌握中央"十人小组"关于反革命分子和其他坏分子的解释及处理的政策界限,严格区分两类性质的矛盾,不冤枉好人,不漏掉坏人。

四、关于试点工作:

通过试点工作必须达到的目的是:不断摸索掌握运动的规律,正确掌握政策,总结经验,指导运动。要求试点工作必须加快进度,要迅速、准确,善于发现问题,总结经验,时间上仍然要求先走一步或半步。

在做好上项工作的同时,要求切实做好安全防范工作,狠狠打击现行,加强对群众的敌情教育,加强敌情观念,敌情、社情作为今后的一条汇报内容。

公社党委肃反领导小组

一九六〇年十二月十九日

中共湘潭市委河西人民公社雨湖分社党委会双“三反”领导小组关于开展“三反”整风运动的规划*

（一九六一年三月七日）

当前形势极好，以机械化半机械化、自动化半自动化为中心的技术革新和技术革命运动，已沿着正确的、科学的、全民的道路蓬勃地发展，城市人民公社已经建立，广大职工的社会主义觉悟和共产主义觉悟有了显著的提高，生产劲头空前高涨，到处呈现一片欣欣向荣的景象。通过历年来的各项政治运动，特别是1957年、1959年的两次整风运动以来，我区各级领导骨干和一般干部的马列主义、毛泽东思想水平有了很大的提高，实事求是和群众路线的思想方法和工作方法有了很大的改进，极大多数干部艰苦朴素、廉洁奉公、诚诚恳恳、忠心耿耿、联系群众、深入实际。这是当前的主要方面，马列主义、毛泽东思想的主流必须充分肯定。

由于阶级斗争的存在，在当前极好的形势下，某些消极因素仍然存在。根据重点摸底，官僚主义、贪污浪费、命令风、浮夸风等坏作风有某些抬头、滋长或发展的趋势，这些消极因素都会危害党的事业、危害人民的利益。某些干部、财会人员中贪污腐化、铺张浪费、强迫命令等旧社会遗留下来的坏作风，仍然存在，如五管区牧场场长开会向大家宣布说：“一次开会不到罚扫猪栏五天，二次不到罚七天不吃饭，三次不到罚一个月不吃饭”，会后结果有4个工人不干走了；又如搬运队搞自发，一个人每天能得工钱7元，其

* 原件现存于湘潭市雨湖区档案馆。

他的任务便宜了不干；打鱼队把打回的鱼搞黑市，抬高市价卖8角1斤，装了货也不报账；今年3月发洪水冲走了楠竹，请他们去抢救，没有钱不干，并说：“什么国家财产不国家财产，我只认得钱”，结果他们只花3小时工夫得人民币9元；纸盒厂总务贪污70元，粮票160斤，已逃走了；还有某些管区的领导不深入群众，指手画脚、坐茶馆，违法乱纪，拿公家的财产作为己有。某些生产部门生产任务完成不够好，对原材料、保管制度不严，有浪费现象；某些教师挪用学费，贪污学生免费金。上述问题虽是极个别的，但对整个建设事业带来了不利，阻碍了当前的生产和“四化”。为了保证实现1960年更大、更好、更全面的跃进，因此，完全有必要全面地开展一个大规模的双“三反”整风运动。

根据中央和省、地委、市委关于反官僚主义的指示精神，特作出我区双“三反”整风运动的规划如下：

一、运动的意义、目的要求

毛主席早就指出过：“贪污和浪费是极大的犯罪。”省委指出：官僚主义是旧社会遗留下来的坏作风，不经常加以清扫，它就会“春风吹又生”，危害党和人民的共产主义事业。因此，必须认识：这次中央提出反贪污、反浪费、反官僚主义斗争是保卫社会主义建设的伟大胜利的新的整风运动，双“三反”运动无论在政治上、经济上都具有极其重要的历史意义和现实意义，是当前全党一项重要的政治任务。

通过双“三反”运动要达到如下要求：

1. 整顿干部作风，巩固地树立和发扬党的群众路线的工作作风和工作方法；

2. 发扬共产主义风格，树立“三敢”作风；

3. 改进领导方法，彻底克服“五多”“五少”，对严重的贪污浪费、官僚主义作出适当的处理，进一步推动“四化”，争取第二季度和全年红、红到底，为完成和超额完成1960年的国民经济计划而奋斗。

二、运动的安排、步骤、做法、时间

为了使运动有计划、有准备地进行，按照省、地、市委指示精神，运动分两步进行：第一步，主要是一般号召，干部深入下去；第二步，普遍开展全面揭发。

好处：

1. 先大抓一下工作，围绕当前生产“四化”为中心的增产节约运动，从积极的方面，狠狠地克服官僚主义，改进领导方法，针对关键，全面破关，掀起一个生产“四化”高潮。

2. 可以挽救一批干部，对那些愿意改正错误的，给予一个自觉交代、改正错误的好机会。

第一步：一般号召和重点试验相结合，干部深入下去以反官僚主义、改进领导作风为重点，时间2个月，从4月底—6月中旬。

1. 一般号召由上到下、由干部到一般，召开支部书记和单位负责人会、党员会等，以传达贯彻省、市党代会的精神，从总结第一季度的工作经验入手，肯定成绩，指出问题，层层动员，讲清运动开展的目的、意义与要求，大造声势、立即行动。组织学习有关文件：“中央八届八中全会的公报”、关于增产节约运动的决议以及毛主席有关群众路线、整顿作风、勤俭建国、艰苦奋斗等指示文件，认真领会双“三反”的精神，消除顾虑、统一思想、自觉、大胆、积极地投入运动。对有问题的人要敲起警钟，自动“下楼”，号召自觉交代，内部掌握情况，在社会上以及职工中，主要开展正面的社会主义和共产主义教育、增产节约运动的教育，对广大职工群众进行教育，贯彻“两参、一改、三结合”。

2. 立即组织干部深入下去，具体克服官僚主义，改变领导作风，抓好中心、以推动“四化”为主，抓住问题、解决问题，深入发动群众，继续大鼓干劲，开展各行各业追赶全国先进水平的运动，调查研究典型(上、中、下)，帮助基层总结经验。

3. 实行“五定、四包、四同”。

4. 大插红旗，包括单位和个人认真总结经验，要求红旗成林，先进成群，红旗插得鲜明。

5. 第一步末，搞好“三反”展览会。

第二步：普遍开展运动。通过大鸣、大放、大字报的方法，揭发、检举、批判，对个别严重的开展斗争，深入发动群众，以反贪污浪费为主，进一步揭发批判官僚主义，改进工作方法，时间从 6 月中旬开始。

方法：在总结第一步干部深入下去克服官僚主义、改进领导方法的基础上，首先，进一步动员“三反”运动，大造声势，深入发动群众，交代政策，大胆揭发检举批判贪污浪费事实，个别通过斗争。其次，组织力量，深入调查研究，查账、算账、外调、分别问题情节，定案结论，适当处理。再次，健全制度，堵塞漏洞，加强管理工作，彻底克服人浮于事现象，直接推动以“四化”、“双革”为中心的生产高潮。

运动中应注意的几个问题：1. 双“三反”运动自始至终应围绕增产节约、“双革”、“四化”、城市人民公社、爱国卫生运动紧密配合进行，在时间安排上不能对立起来。

2. 始终贯彻“有破、有立”的精神，在揭发批判贪污浪费和官僚主义的同时，对于那些廉洁奉公、爱护国家财产的好人好事给予表扬，大插红旗，大立标兵，坚持以理服人。

3. 根据各业情况抓住重点，机关以反官僚主义为重点，工厂以反官僚主义和浪费为主，学校以教学改革为中心，提高思想，改进领导作风，有什么反什么，对广大职工群众进行社会主义思想教育。

4. 运动中各级领导骨干要有“引火烧身”的精神，勇于自我批判，对本单位存在的问题和不良现象大胆揭发，与己有关的应进行诚恳深刻的检查，大胆暴露，主动克服，交代政策，消除群众顾虑。

5. 政策界限问题，内部掌握几条原则，总的是坚持坦白从宽、抗拒从严、团结——批评——团结的精神，对那些犯错误而不严重、自己愿意改正的同志，应采取教育的方法，帮助他们改正错误，照样工作。我们主张坚决撤掉或法办的是那些错误极严重、民愤极大的人。总之，应当分别情况适当处理，教育为主，惩办为辅。

组织领导问题：

“三反”运动是一场群众性的、非常激烈的两条道路的斗争，党委应加强领导,成立领导小组和“三反”整风办公室,各支部应成立“三反”领导小组,各级领导及干部要自始至终坚持毛泽东思想的学习,抓好思想和工作,推动“四化”运动。

学习时间安排:

每周学习时间不少于6小时,每周一、三、七晚上为学习时间。

一九六一年三月七日

关于南京市白下区五老村分社的初步调查材料*

（一九六一年三月）

一、基本情况

五老村分社，是在一九六〇年四月十六日，由白下区原科巷、三条巷、马府街三个街道办事处的二十六个居民委员会合并建立的。范围是东至秦淮河，西至太平路，南至白下路，北至中山东路，占地面积达一百三十七万平方公尺，共有居民一万二千三百四十户，五万六千三百五十四人。分社下设六个街道委员会，每个街道委员会人口在八千人到一万人左右。辖区内有区以上公企单位共五十个，八千七百七十二人。

（一）工业（包括交通建筑）

现有十五个单位，职工二千一百八十一人，每月开支工资五万二千九百〇一元，职工中女工占百分之六十九点一四。这十五个单位中：

(1)属于社有集体所有制的九个单位，职工一千四百九十二人。九个单位中有七个工厂、一个交通站、一个建筑修缮队。

七个工厂是艺工木器厂、合力消防器材厂、电线电缆厂、五老村印刷厂、东风化工厂、无线电厂、五老村棉织厂，共有职工一千二百五十人，其中技工二百九十人，占百分之二十三点二，机械动力设备一百〇八台，主要产品有经济煤炉、小菜箩、藤柳日用器具、木器家具、口碱、日用五金、照相器材、消防器材、测

---

* 原件现存于南京市档案馆。

量器材、文教用品等一百四十二种，其中属于日用工业品的有八十八种，占百分之六十一点二七，参加日用品生产的工人有七百七十二人，占职工总数的百分之五十以上。

交通站有职工一百〇二人，有人力板车一百一十部。

建筑修缮队有职工一百二十二人，在业务上除小量为本分社修缮房屋外，主要为社外公企单位修缮房屋。

(2)属于社以下小集体所有制的六个单位(分布在六个街道委员会，统称为街道综合工厂)，职工七百〇二人，有固定资产一万一千四百元(其中属分社投资和企业积累扩大再生产的有一万〇六百元，占百分之九十二点五九，居民集资九百元，占百分之七点四一)，下分二十九个生产单位，集中生产的有十九个单位，四百三十三人，分散生产的有十个单位，二百六十一人。生产的品种有农药、儿童玩具、骨衬、日用杂品、纸盒、仪表装配、缝绣、马鞍五金等。

(二) 农牧副业

现有三个单位(即板桥农场、饲养场、农艺场)，都是一九六〇年下半年办起来的，共有三百六十六人(男二百二十八人，女一百三十八人)，其中脱产管理人员二十一人，占百分之五点七四。

板桥农场有土地四百亩(其中仅三十亩系分社开荒，余皆为板桥大队调给的)，有职工二百三十八人，其中五类分子和老弱残疾计八十余人。从一九六〇年九月开办到今年二月底，共支付基建、种子、工具、工资福利、办公费等达六万三千七百五十五元(其中区副食品局拨款四万六千余元，分社拨款一万七千七百余元)，而农场生产的商品和自吃蔬菜仅能折价收回四百余元。

农艺场是以原有的小集体所有制的两个农艺社为基础，吸收八家私人饲养家禽家畜的单干户，于去年十一月份合并建立的，共有土地二十四亩，兔四百七十只，羊二十九头，还有一部分白鼠和荷兰猪。全场共有八十人，设蔬菜、花卉、家禽家畜三个生产队。目前由于生产周期和季节性的影响，收入尚不敷支出。

饲养场现有职工四十八人，猪舍一百〇六间，圈养生猪三百头。从去年九月建场至今年二月止，已向国家出售肥猪六十余头；共支出基建、工资福利、购猪成本、饲料费、办公费二万六千余元(其中区副食品局拨款八千余元,分社拨款一万七千八百余元)。

(三) 修旧服务行业

现有生活服务总站一个,下设修旧服务网点十一个,共有二百二十四人。其中由分社直接领导的有服装、制帽、黑白铁、修补胶鞋、水电安装等六个修旧网点,属服务总站领导的有五个修旧网点,有分散经营的洗衣、染衣、缝纫、通阴沟、磨剪刀、修算盘、修棕棚等四十五人,服务总站分别从他们的营业额中收百分之十五至百分之三十的管理费。还有三十二个水炉、六十二个人,从去年八月后也归服务总站领导,今年一月份改为统一管理,每月从营业额中提百分之十,除交税外,其余归服务总站使用。

(四) 集体服务事业

现有街道食堂二十五个,工作人员一百六十五人,就餐人数约五千六百人,占总人口的百分之十。食堂工作人员均系固定工资,每月开支工资、房租、水电等共计四千七百元,每月除管理费等收入外,分社要补贴食堂二千六百元左右。二十五个食堂中,余粮的十个,共余一千一百五十六斤,亏粮的十五个,共亏二千八百七十斤。

现有幼儿园十九个(其中全托二个,日托十七个),共有保教人员一百二十人,入托儿童一千五百六十九人。入托儿童中,属于区以上企事业单位职工子女的占百分之五十二,社办企事业单位职工子女占百分之三十四,参加其他劳动的妇女子女占百分之七,家庭妇女的子女占百分之六。十九个幼儿园中,收入自给有余的十六个(盈余一百元至四百元),有三个尚不能自给(平均每个园每月亏五元至二十元)。

(五) 文教卫生事业

现有民办小学三所(其中完全小学一所,初级小学二所),共四十八个班级,实行全日制的二十三个班,半日制的二十五个班;共有教职员工六十一人,学生二千六百二十三人。一九六〇年分社补贴四百九十元,国家补助拨款一千〇七十三元。本学期预计收费九千〇三十二元,工资、房租、办公费开支一万〇一百〇五元,收支相差一千〇七十三元。

分社有医院一所、卫生所一个、保健站一个、工作人员六十七人(其中包括西医六人,中医七人,针灸三人)。

二、存在的几个主要问题

第一,关于“共产风”问题:

由于对中央早在公社化运动前就指示的“城市人民公社有国有制、社有集体制、社以下集体所有制同时并存是很好的,也是不可避免的”认识不足,自觉或不自觉地强调了发展社有经济,觉得社有经济愈大愈好,过渡愈快愈好,加之对现阶段按劳分配的制度认识不清、贯彻不力,这就产生了严重的一平二调的“共产风”。具体表现在:

1. 通过平调来兴办社办企事业,发展和壮大社有经济。

(1)社办工业(包括交通建筑)在发展的过程中,不区分所有制性质,不讲究方针政策,通过整顿和生产布局的调整,进行了大调整、大合并、大集中,上升为社有经济。从五老村的情况来看,生产单位的兴办有四种类型:一是家庭妇女、独立劳动者和小业主集资办起来的;二是民政部门组织救济户用救济费办起来的;三是区下放的合作工厂;四是国营大厂下的“蛋”。它的发展大体分以下几个阶段:一九五八年以前,都是民政部门办的生产自救性的工厂,单位和人数都很少,那时五老村分社地区只有三个小厂。一九五八年四月至一九五九年八月,是全党全民大办街道工业的第一个高潮,也是全市性的第一次整顿时期。原料巷、三条巷、马府街三个办事处共办起了十多个工厂,这些工厂是群众集资和民政部门投资,发动群众用穷办苦干、自力更生的办法办起来的,各生产单位独立核算、自负盈亏,办事处和民政部门除少量提些利润用作社会救济经费外,主要做领导和扶持工作,整顿后期,办事处开始加强领导,建立了主管生产和财务的机构,插手搞经济。一九五九年八月至一九六〇年四月分社建立,是街道工业的第二个大发展高潮,从办事处到居民委员会,都以生产单位为中心,大办生产事业,一方面从生产单位平调大量资金投资兴办,另一方面大厂下“蛋”和区下放合作工厂，分社共办起大小生产单位一百一十七个，逐步由群众办变成社营、社办、社负盈亏。分社成立后，为了端正生产方向和体现人民公社“一大二公”的优越性，开始进行大合并、大调整、大发展的工作。在不到一年的时间内，先后进行了五、六次调整。生产单位由一百一十个（其中社有集体三十八个，社以下小集体七十五个）合并为五十三个、二十八个、十八个、十三个，至现在的九个。调整合并中，穷富不分，相互平调，结果混淆了所有制界线，共了小集体和群众的产。据现有九个社办生产单位的调查，在五十九万六千一百元固定资产中，市区投资的有二十三万七千六百元，占百分之三十七点九九，企业的扩大再生产有三十五万一千九百元，占百分之五十八点七三，群众集资的有一万八千元，占百分之三点二八。在积累扩大再生产的资金中，有相当数量是从小集体和群众头上共来的。在合并中，由于模糊了所有制界线，一个单位中，有全民、社集体、小集体和个体以及股金、集资办厂的资金、私人的设备、生产工具等未作处理的经济遗留问题混淆不清。在分配上，工资福利制度不一，待遇不同，高低悬殊不合理。有些单位由于合来合去，造成损耗很大，固定资产越合越少，如东风化工厂，是由十二个化工厂和制药厂合并的，合并时有硫酸坛五千多个，由于资产不清，无人管理，已损失三千多个，每只七、八元，共损失二万多元；有些单位合得非牛非马，不利巩固提高，不利生产发展，如美术模型厂、虹光照相馆和印刷厂合并后，业务各不相干，只是给印刷厂背上一个补贴美术模型厂的“包袱”。

对现属小集体的六个综合工厂，虽未合并上升，分社虽规定利润分成综合工厂百分之二十五，街道委员会百分之二十五，分社百分之五十，但以管为名，将全部利润统交分社，单位只留三十元的备用金。六个综合工厂在分社建立以来的九个月中，共赚利润七万五千八百三十六元，除本身少量使用外，其余全部被分社“共产”。

（2）在农副业方面，公社化以后，将原属小集体的两个农艺社和九家养家畜、家禽的单干户，统改为社有经济，生产资料收归社有，分别建立了分社的农艺场和畜牧场，原两个农艺社有各种花圃花苗八千多棵，金鱼九千七百余尾，生猪一百二十八头，菜地二十四亩，以及各种菜种和简易农具等；九家单干户有奶羊十五头，兔二百〇三只，荷兰猪三十一只，洋老鼠四十只，家禽九只，兔笼和木箱九十三只等。这些生产资料既不作价发还资金,也没办理任何租借等手续。

(3)在财贸方面,对服装、制帽、黑白铁、修补胶鞋、皮匠、水炉、染衣、洗衣等二十三个行业的一统户因怕冒尖生长资本主义进行了改造,为此,分社建立了服务总站。改造中不仅共了部分人的生产资料,而且也普遍平调了他们的收入。对于服装、制帽、黑白铁、修补胶鞋、水电安装的四十四人,组成了六个门市部,由服务总站(即分社)统一经营,统负盈亏。其中除分社原有的一部分职工和生产资料外,单干户的生产资料收归社有,对三十二家水炉子,由总站统一管理,统一经营,统一核算,统一分配燃料、统一工资标准,工资、房屋、水电、燃料、税收等统归总站开支,其余的行业受总站统一管理,集中或分散经营,自负盈亏,每月从这些人的头上共百分之十五至百分之三十的所谓"管理费"。总站共这部分人的产有四件"法宝",即原材料供应、补粮、发票和招牌。从去年九月服务总站成立到今年二月的五个月中,除统一经营、统负盈亏的六个门市部外,共平调管理费六千七百二十二元,其中,修旧门市部三千二百九十八元,水炉业二千二百八十五元,街道委员会生活服务站(洗衣、缝纫等家庭副业)一千一百三十九元。

(4)在大办生产和集体福利事业中,还无偿或少偿地调用群众的房屋一百一十八间(其中有不少已改建),桌、椅、厨、大锅等家具七百三十件(不包括碗筷和小炊具)。这些生活资料,除部分系群众自愿支援外,有不少是"共产"来的,分社既没有清理登记承认群众的所有权,也没有作价偿还。

此外,分社及其基层单位,通过加工生产、正常和不正常的协作、盗窃等手段,贪污、挪用、盗窃全民的原材料、建筑材料、燃料、生产设备等,来发展社办企事业的现象也非常严重。这种以公偷公、损公肥私的现象,在一九五九年下半年至一九六〇年上半年尤为严重,据粗略估算,总值达数十万元以上。分社原土建队,在去年八月整顿以前十一个月中,用偷窃、高估工价、偷工减料等手段,多占国家资财达四万元,粮食一万余斤,分社原友联服装厂,利用为一一一厂加工之便,无偿占用该厂军用帆布一千九百余公尺。原三条巷办事处为改建家园,偷窃南京木器厂的木材二十五个立方米。在改建家园中,分社无偿占用国家的建筑材料,有账可查的有三万余元,多数无账无据,没法计算。

同时，市、区也存在着无偿和少偿调用分社及其基层单位的人力、物力和财力的现象。公社化以后，区从分社上调的有海洋沙石轧粉厂、五老村汽车修理厂以及交通管理站的一部分固定资产（三十五部板车等）共作价八万多元。无偿或少偿调用分社及其基层单位的劳动力，支援修秦淮河、小铁路、农副业等的有二万二千二百七十二人次，代垫付工资差额一万三千〇六十六元。

2. 建立一本总账，实行统负盈亏。对社有企业，由单位各自核算，由分社统负盈亏。分社除每月从社企业中提成利润外，还将福利基金（百分之七点五的附加工资）、修旧基金等统一集中分社，用于弥补亏损、办统筹医疗和集体福利事业。对于亏损单位，不问原因，统由分社包下来。去年六月至今年二月，从社有企业中共提取利润九万二千一百二十九元三角，用于弥补所属厂亏损的有八万〇三百九十四元八角一分。

对去年三季度办起来的养猪场和郊外农场，除市、区副食品局拨款外，分社共支出三万五千五百余元。

农艺场由于实行了统一经营、统负盈亏，从去年九月到目前，分社共付出亏损补贴七千余元。

集体福利事业，一九六〇年都是群众自办，自力更生，公社化后，改为分社办，一切收入上交分社（有部分职工每人每月交搭伙费一元），全部开支由分社包下来。全社二十五个食堂，从去年六月至今年二月共补贴四万一千八百一十三元。托儿所、幼儿园、民办教育、医院等单位，同期共补贴四万八千四百六十六元，两项合计为八万九千二百八十元。

从一九六〇年五月至一九六一年二月，全分社社办企事业和社以下小集体单位，共上缴分社的利润有十九万〇一百〇九元，其中行政管理费、福利费、厂企亏损三项共支出二十万〇二千二百七十八元，收支相抵，尚欠一万二千一百六十九元（不包括农副业支出）。

3. 在工资制度上，贯彻多劳多得、按劳付酬的原则很差。公社化运动前，社办企事业单位中实行计件、计时、拆账、死分活计等工资制度的约占百分之五十左右，公社化后逐步进行了整顿和改革，实行了低工资加福利。目前，在工资制度上，固定工资多，计件、计时工资少。社办工厂工人中，固定工资占百分之七十七点八，计件、计时、拆账的占百分之二十二点二；集体福利事业中的职工，全部是固定工资。综合工厂的职工中，固定工资〈占〉百分之三十一，计件、计时占百分之六十九。农艺场的职工，不分技术高低和体力强弱，男工一律三十元、女工一律二十五元。在工资水平上，自然等级太多，高低悬殊太大。社办工厂有七十多个自然等级，集体福利事业有三十多个自然等级，文教卫生单位有九十多个自然等级。全分社职工平均工资二十四元六角九分，最高一百十五元，最低五元，其中社办企事业平均工资三十二元六角九分，最高一百一十五元，最低十二元，集体平均工资十六元六角九分，最高七十七元四角，最低五元。九个社办企业普通工平均工资二十三元三角八分，管理人员平均工资三十八元七角八分，技工平均工资四十三元五角一分，徒工平均工资十五元七角七分。

刮一平二调“共产风”的后果，在所有制方面，不分你的、我的，在分配方面单位与单位之间抽肥补瘦、相互拉平，工资形式固定多、计件少，从而挫伤了集体和群众的积极性，破坏了生产力的发展，党的领导降低到经济事务中去，分社书记、社长成了总厂长、总食堂主任、总站长、总幼儿园主任、总银行行长，其他同志成了厂、站、集体福利事业单位的管理人员，从上到下，整天忙于事务。

农艺场由于平调了个人的生产资料，分配上实行了男工三十元，女工二十五元的平均分配。

社办企事业由于包下来“吃大锅饭”，造成了一些单位不积极经营，不精打细算，一些人不干活，光拿钱，依赖分社。食堂由于分社包发工资和房租水电，便不积极经营，不积极收搭伙费。细柳巷食堂，由于经营不善，入伙人数极少，一度八个工作人员每天只烧九斤米的饭，自烧自吃，到时分社照发工资。由于管理混乱、核算不实、工作人员多吃多占和贪污盗窃，二十五个食堂中有十五个缺粮，共缺粮二千八百七十斤。

农艺场由于在分配上实行了男工一律三十元，女工一律二十五元的平均分配，职工生产情绪低落，消极怠工，过去社员抢时机、抓农时、播种、施肥、烧水、出售，人人关心，现在是不问盈亏，不关心生产；种菜、种花、种苗圃的，不问季节，不抢农时，不管播种，不管施肥，不管经营，迟上工，早下班，下雨阴天睡大觉；养畜牧家禽的，不关心饲养，不关心繁殖，不积极经营，过去青饲料他们自己到郊外放牧割运，现在要分社雇人搞。职工反映："拿多少钱，干多少活"，有技术的不施展技术，有体力的不愿干重活，"反正到月头拿工资"，"共产党不会饿死人"。有的社员说："我过去有挑十担水的劲，现在连挑三担水的劲也没有了"。此外，职工中小偷小摸和贪污盗窃成风，社员戚志华偷农艺场的饲料养鸡十只，兔四只，一头母猪，十一头小猪。

在修理服务行业方面，经营的积极性大受挫折。以三十二家水炉为例，去年八月至十二月一度实行了统一管理、统一经营、统一核算、统一分配燃料，工作人员实行固定工资加奖励，一切开支均由分社服务总站统管，总站除设十名管理人员专管这个行业外，每个水炉还雇一人专卖水等，一天拿工资五角。三十二家水炉比过去增加了四十二个吃饭的。因为收入减少了，水炉主经营就不积极了，形成迟开门、早打烊、水烧不开的现象，价格也由七厘一瓶提高到一分一瓶，给居民群众造成很大的不方便。据统计，去年八月至十二月，平调三十二家水炉的利润，除交税、支付管理人员工资外，分社服务总站净得二千三百八十五元（注：这项办法已于今年元月份废除，三十二家水炉又恢复单干）。

工资形式固定多、计件少，也大大损伤了群众的积极性。五老村棉织厂生产鞋底线的职工，实行计件时，三十五个机子、三十五个人生产，月产七百二十包，工人责任心强，没有福利待遇；去年改为固定工资后，四十个机子，四十个人生产，月产五百五十包还完不成。增加了人，减少了产量，增加了统筹医疗等福利待遇，出现了请假多、旷工多，责任心不强的反常现象。合力消防器材厂，计件时每人每天做消防筒十八只，改为固定后每人每天只做三只。电缆厂的元钉车间，今年一月是计件，二月改成固定，三月改成计件，四月又改成固定。计件时工人工资收入三十元至四十元，日产元钉三十斤，改成固定后，工人工资十八元至二十元，日产元钉二十斤不到。

分社党委由于包办代替了行政工作，天天忙经济事务，党的领导大大削弱，政治思想工作无人过问，党不管党的现象十分严重。从分社建立以来，党委没有研究布置过一次支部工作，没有召开过一次支部书记会议。在党的建设方面，从分社成立以来，只发展了四名新党员（其中有一个是分社成立以前发展的），而吸收这四名新党员党委也没有开会研究过。由于党委不抓党的工作，多数基层支部的核心战斗堡垒没有形成，组织生活极为涣散松弛，党员思想无人过问,对犯了错误的党员也没有及时进行教育处理。五老村棉织厂党员厂长曲国旗,产假在家不主动交党费,支部书记代她垫交二角钱,她上班后在群众面前说:“谁叫你代我交这么多的。过去我只交五分钱”。会计(群众)储淑良在一旁说:“曲厂长不交我代她交好了。”弄得支部书记啼笑皆非。

第二,关于阶级路线问题:

由于分社党委忙于经济事务,忽视政治领导,对中央关于城市人民公社要“树立以职工家属和城市劳动人民为核心领导优势的”阶级路线领会很差,贯彻不力,所产生的组织不纯、队伍不纯的现象是相当严重的。

经过“三反”“五整”的揭发,在社属工厂、综合工厂、食堂、幼儿园、交通、建筑等六个系统、八十四个单位的九百六十七名管理人员中,党员五十九人、团员二十四人,共占总人数百分之九;五类分子四十一人,五类分子家属四十人,重大政治历史问题四人,社会危险分子五人,一般政治历史问题三十四人,资本家三人,小业主四十六人,小业主家属二人,其他问题的九人,共计一百八十四人,占总人数的百分之二十,如将一般政治历史问题除外,也有一百五十五人,占总人数的百分之十五点五,其中社属工厂占百分之二十五点二一,街道委员会专业主任及综合工厂占百分之十五点三,建筑队占百分之四十九点一,交通队占百分之三十八点四,食堂占百分之五,幼儿园占百分之八点三。从以上各系统管理人员的政治面貌,反映了干部队伍中不纯洁情况是严重的,一些坏分子窃取了一些要害岗位的实权和领导权,尤其是会计、供销人员队伍更为复杂,在社属工厂四十个供销人员中就有五类分子四人,政治历史不清的六人,小业主七人,反革命家属一人,占会计、供销人员总数的百分之五十二多。

这些坏分子窃取实权和领导权后,利用职权进行投机倒把、贪污盗窃、排斥打击积极分子、拉拢腐蚀干部等各种破坏活动。如科巷土建队纪良,解放前曾干汪伪和平军团长、大队副及包工头。解放后,因盗窃国家财产,判刑四年,刑满释放后,隐瞒坏分子身份,假借居民委员会名义组织科巷建筑队,自封主任,委任反革命分子、坏分子为大队副、施工员、人事管理员、主管会计等各项重要职务,大肆进行盗窃活动,用高工资加补助津贴和粮票等手段挖雇在业工人和收买流散人员扩大施工队伍;采取高估工价等手段,十一个月中就超收国家资金四万余元;虚报人数,重复冒领了粮票一万余斤。又如新力照相器材厂采购员郭作平(小业主)买空卖空,盗窃国家物资,搞地下工厂,先后贪污盗窃一千九百多元。再如红亮皮革厂采购员于某,是个屡教不改的坏分子,曾被开除二次,到处招摇撞骗,吹嘘自己是党员,冒充为书记、厂长、市委委员,奸污妇女,横行不法。

通过“三反”和“五整”运动,整顿组织,清理了队伍,坚决揭发和斗倒了坏人坏事,基本上树立了以党、团员和基本群众的领导优势。目前,社属企事业九个系统五十五个单位,有领导干部八十七人,党员三十二人,团员四人,基本群众四十八人,有问题的三人(其中蜕化变质一人,一般的国民党员一人,五类分子家属一人),但队伍不纯的现象仍然存在。现有所属企事业六十一个单位的五百九十三名管理人员和工作人员中,还有五类分子六人,五类分子家属三十九人,反动党团骨干四人,有海外关系的十九人,有一般政治历史问题的十七人,有重大历史问题的四人,资本家家属五人,伪军官家属六人,有其他问题的七人,共计一百〇七人,占总人数的百分之十八,因而还必须进一步加以彻底整顿调整,使领导权牢固掌握在党和劳动人民手中。

第三,关于组织机构和干部作风问题:

由于分社各项事业要大办,各项事业要集中,过去是群众办、群众管,现在是分社办、分社管,因此,分社机构增大,脱产人员增多。除党委外,行政上设有工业、财务、生活福利、文教卫生四个科,现有脱产管理人员四十二人(最多时达到七十八人),其中吃国家饭的二十七人,吃事业饭的十五人。以财务科为例,由于统一核算、统负盈亏搞得太多,而设了八个财务人员(最高时十二人),其中在编制的只有二人,不在编制的六人。

公社成立以前,每个居民委员会只有三、四个干部,主要负责除“四害”讲卫生、妇联社会救济、群众性的文化政治学习等几件群众工作,每月补贴工资共有三十元左右。成立街道委员会后,每个委员会设有工业生产、生活福利、文教、卫生、治保、妇联等七个专门委员会,专门委员会正副主任有八十人,委员一百三十一人。此外,还有脱产和半脱产的扫盲教师十七人,保洁员五十四人,勤杂工二人。在这些人员中,拿补贴工资的有一百三十四人,补贴工资总额每月达一千八百八十三元(由分社发的一千三百二十八元,在综合工厂挂名领工资五百五十六元)，五十四名保洁人员的工资在居民头上收钱养活，每月工资九百六十元。

目前街道委员会存在的主要问题是："三大、三多、三少、三干、三不干"。"三大"即：面积大、机构大、工作范围大。每个街道委员会有三、四千户，八千人至一万人，开会下通知得跑半天。每个街道委员会有七个专门委员会，脱产人员都在三十人左右。工作上除现在管的工业生产、生活福利、文教、卫生、治保、妇联工作外，要挨家挨户收房地税和为居民买火车票、产妇孕妇买草纸、学生费减免、提前补粮等出具证明。"三多、三少"即脱产干部多，实际干事的少；拿钱的多，干工作的少；不负责任的多，负责任的少。街道委员会的脱产人员虽然很多，但办事的人很少，有的搞家务，有的开保姆介绍所，有的做投机倒把生意，甚至有的开赌场，真是成事不足，败事有余。如科巷街道委员会十四个主任中，拿钱不干事的有六人，十六个委员中拿钱不干事的有十人，生产副主任汪秀华，每月拿补贴工资三十元，整天在家不工作，并说："就是我不工作或减少补贴我也不怕，分社也要保证我的最低生活费"。福利委员陈开义在食堂每月拿补贴十二元，到现在连食堂的门也未进过。群众反映："陈开义，真能干，做私人的活，吃公家的饭"，五老村街道委员会工业副主任李玉华，每月拿二十三元不干事，经常在家开设赌场，已被派出所抓过四次，但仍屡教不改。有的街道干部还贩卖黑市青菜、高级糖等投机违法活动。"三干、三不干"，即：钱多就干，钱少不干；对己有利的干，对己无利的不干；轻松的干，重的不干。有的街道干部说："一分行情一分货，给多少钱就干多少事"。工作上消极疲沓，互相推诿，不负责任。

一九五九年下半年以来，街道工作的中心，由群众工作和社会性工作转向搞生产和集体福利事业、搞产值、搞利润等经济事务，群众工作和社会工作，很少有人过问，如打扫卫生过去是发动群众干，到处很卫生，现在是拿钱雇人干，反而不卫生。

各项企事业脱产管理人员较多，人浮于事。七个社办工厂有脱产管理人员一百四十四人，占总人数的百分之十一点五二；交通站有行政管理人员九人，占总人数的百分之八点八；建筑修缮队管理人员十一人，占总人数的百分之九；六个街道综合工厂管理人员有四十六人，占百分之六点五；农艺场有五人，占百分之六点二五；饲养场有管理人员八人，占百分之十六点七；生活服务总站行政管理人员有十七人，占百分之七点六；街道食堂由食堂主任、会计五十六人，占百分之三十四（有一部分兼做炊事员）；幼儿园有主任、会计等三十六人，占百分之三十（有一部分兼做保教人员）。脱产人员越来越多，连积极分子都变成了"官"，大家都有钱、有衔、有权，这就为特权自私、徇私舞弊提供了"土壤"、大开了方便之门，干部特殊风滋长起来了。板桥农场支部副书记陈××（已调回检查）政治不挂帅，工作不负责任，在生活上专讲吃喝，经常一个人在宿舍内由事务长童长俊（小业主）送面粉、酒肉等给他包饺子、下面条吃，并以农场的名义与富农合伙杀了一头肥猪，除他们少数人吃了一些外，由陈××、肖××（副场长，团员）、刘金锡（中队长，群众）三人各分一条腿带回家过春节。群众反映："陈书记是吃喝书记"，有的说："一人省一口，养了口大肥猪"（指陈）。白下制药厂支部书记赵××，是"三反"中重点批判的对象，"三反"后以农药和麒麟大队搞不正当的"协作"，换鲜鱼四十斤，胡萝卜二千斤，除部分分给职工外，赵一人分鱼十斤，胡萝卜数不明，并以卖农药为名勒索古西大队公、母鸡各一只。另外，以调动工作为名到四川酒家大吃了一餐。五老村棉织厂在处理次毛巾和线时，除规定每个工人买二条外，支部书记谭芬买六十六条毛巾、二十二两次品纱，党员厂长邱英买了十二条，副厂长曲国旗买了五十六条，副厂长隋炳业买了四十八条，次品纱五两，因看别人多买，又擅自买正品纱十二斤半，群众反映很坏。五老村无线电厂书记刘永海、生活服务总站书记孙宏宽，因调往板桥农场工作，为欢送书记到四川酒家都大吃一餐，据了解服务总站八个工作人员共吃五十余元。据初步了解，分社干部在街道食堂吃饭、多吃多占的现象也很严重，分社不少干部都有几个食堂的饭菜票，哪个食堂吃好的就到哪个食堂就餐。

街道委员会干部的特权自私、强迫命令、违法乱纪、相互妒忌、消极怠工、多占多用、贪污挪用等也很严重。如三条巷街委福利副主任董士风利用职权令清洁员，开后门买南瓜二百斤不给钱。这个街委副主任王汉章发烟票时，多发给他儿子十四张。太平巷街委主任侯安，经常到五福巷食堂吃饭多吃少给，叫幼儿园搞油饼给他吃。科巷街委治保主任胡秀英乘食堂合并之机到食堂吃饭几次不交饭菜票，群众影响极坏。五老村街委工业副主任李月华，不仅在家开赌场，并且贩卖年糕、酒、高级糖果等，并到外地芜湖去卖黑市，做投机生意。五老村、科巷等街委会用不完成送肥任务不发给棉花票和豆芽票的办法，强迫群众送肥，造成影响极坏。在收卫生费中，利用换发购物证的机会，强迫群众缴纳，不缴卫生费不发证。

南京市白下区人民公社办公室调查组

一九六一年三月

中共长沙市先锋人民公社委员会批转党委*

——五金厂整风工作组关于压缩社办工业农村人口还乡的具体界限及有关规定

（一九六一年六月十五日）

一五金厂整风工作组关于压缩社办工业农村人口还乡的具体界限及有关规定的意见（草稿），公社党委基本同意，请市委批示。各分社党委、总支、支部可参考此意见，制订具体办法，市委批示以后按市委意见执行。

中共长沙市先锋人民公社委员会

一九六一年六月十五日

附：先锋公社党委一五金厂整风工作组关于压缩社办工业农村人口还乡的具体界限及有关规定

（一九六一年六月十五日）

（一）回乡对象的具体界限

1. 应动员回乡的一般有以下几种情况：（1）凡没有正式户口、从农村临时转粮来的劳动力，不论在工厂有固定工作或做临时工人，均应坚决动员回乡生产。

---

* 原件现存于长沙市岳麓区档案馆。

(2)1957年确定的劝返对象,经动员没有回乡或回乡不久又流入城市进了工厂的劳动力,应坚决动员回乡生产。

(3)1958年以来由农村迁入城市进了工厂的男女职工,现在有条件回乡的,应坚决动员回乡生产。

(4)1958年以来入城读书、现已停学而进入工厂学徒或工作的学生,应坚决动员回乡生产。

(5)1958年以来由农村进城结婚的女职工、婚后其婆家在农村的,应尽可能动员回乡生产。

(6)由农村迁入城市的时间较长(解放以后或解放以前几年)、现在农村有家、有条件回乡的职工,应尽可能动员回乡生产。

(7)在城市没有亲属,而有子女在农村、有条件回乡的老年职工应尽可能动员回乡生活或参加生产。

(8)凡爱人是国营工厂企业、机关的干部、职工,这次被批准还乡的,一般也应动员与爱人一道还乡。

(9)凡由农村迁入的五类分子及其他依法被剥夺政治权利的分子一律勒令还乡,但可在压缩城市人口的后期进行,以示区别。

附:所谓有条件回乡是指:农村有直系亲属或亲友负责供养;或农村有房屋居住;或虽无房屋、亲友,但是由农村迁入的单身劳动力,回乡后可以由公社安排生产生活的,都应视为有条件回乡的对象。

2. 可动员、可不动员回乡的有以下几种情况:(1)凡本人历来在城市工作(如有的是1931—1941年就进城工作)、长期离开农村生活、不懂得农业知识、现在虽然家住农村,有条件回乡,也可以不列为回乡对象,但如本人愿意回乡生产的,则应同意。

(2)由农村迁入城市结婚的女职工,其婆家不住在农村的,可以不列为还乡对象,但如本人愿意回娘家参加生产的,应予同意。

(3)现在没有条件到农村参加农业生产的,不列为还乡对象,但如本人千方百计创造条件或愿意到农村亲友家参加生产的,应予同意。

3. 可不动员回乡的一般有以下几种情况:(1)入城后现在农村确无房屋、农具、家具等生产生活条件,回乡困难很大的可不动员。

(2)属于农村人口,但现在确系厂内生产的关键人物、生产上有重大贡献的先进生产者、企业的领导骨干,经报请公社党委审查同意留厂后,可不动员。

(3)属于农村人口,但因工残疾、失去从事农业生产劳动力的可不动员。

(4)子女拖累重、本人身体弱、农村虽有房屋但无亲友帮助、回乡后生产生活均有困难的,可不动员。

(5)凡城市里的商贩及手工业者以及资本家、归国华侨不动员回乡。

(二) 回乡职工工资、路费等生活待遇的规定

1. 工资福利:(1)这次动员回乡的职工,在离厂时如在社办工厂工作不满1年的发给1个月的工资;超过1年、不满3年的发2个月工资;3年以上的发3个月工资,此笔费在工资总额中开支。

(2)凡携带家属随同返乡的,可根据职工本人的生活困难情况和回乡安家等具体情况,分别给予10—50元的安家补助费(夫妻双方都是职工的只发给一方),可分三类进行补助,其标准:一类:农村有家,家中有主要劳动力,本人负担的小孩不多,或需要添置小量用具,有困难者补助10元;二类:农村有家而没有主要劳动力,属本人负担的小孩或老人在3人以上,生活较困难或需要添置部分用具的,补给20—30元;三类:农村有家,但没有主要劳动力,属本人负担的小孩或老人在3人以上,生活困难较大,或需要添置全部用具者补给40—50元(上述凡无困难者不能补助)。此费用可先在福利费中开支。

(3)凡经领导批准确系去农村交涉本人回乡有关事宜,在未超过的假期内工资照发。

(4)因病或其他原因过去曾欠有企业借款,本人确系生活困难无法归还的,一律减免,此费用可在福利费中冲销。

2. 路费:回乡职工的路费(包括车船票和本人携带的家具用品搬运费)由企业负担,按实际需要发给。

3. 粮食:回乡职工的粮食一律按本人转给临时供给关系,一直转到7月底,对个别粮食标准较低、回乡有困难的,可在全厂机动粮内适当补助,但最多不得超过3斤,7月份以后便在所在农村人民公社参加分配,由当地供应。

4. 属于农村人口的小商贩和手工业者，这次批准还乡，其投入企业的股金，凡在 1000 元以内者应全部退给本人，但在退给时，可分两期到三期退给。

5. 回乡的职工，应一律保留厂籍。

（三）正确处理与生产的关系

压缩城市人口，对于增强农业生产第一线、争取今年及今后农业好收成有极重大的意义。必须坚决贯彻市委和公社有关的指导和规定，为了正确处理这一工作与工业生产的关系，应注意以下几个问题：

1. 必须正确地掌握农村人口中生产上的关键人物、有重大贡献的先进生产者和企业领导骨干的界限。

（1）生产上的关键人物是指某些关键性的工种、具有五级或相当五级以上技工，如动员其回乡后，某些关键性的部件无法生产而影响整个生产衔接者，或虽没有具备五级以上的技术，但如动员其回乡后无法补充技术力量，而使重点产品（包括省、市下达和市场急需的缺销产品）停工者；如系一般产品，其技术力量动员回乡后，一时无法生产，可报经公社计委批准后压缩或停止生产。

（2）有重大贡献的先进生产者是指：近几年以来在生产技术上有重大的发明创造，对促进工业生产有显著贡献而被评为出席省、市的先进生产者或革新标兵者。出席市、区的一般先进生产者不在此限。

（3）企业中的领导骨干是指厂级或关键性的车间、部门的领导骨干，如动员其回乡后，一时无法配齐领导骨干而使生产、工作受到重大影响者。但如企业中的领导骨干较多，动员一部分回乡后对生产工作影响不大者不在此限。

2. 在压缩城市人口的工作中，应号召没有条件回乡的职工鼓足干劲，针对生产关键大搞技术革新和技术革命，实现减人增产，以实际行动支援农业生产。

3. 在压缩城市人口基本上告一段落后，应依靠发动群众迅速进行定员，修订定额，整顿奖励制度，加强生产管理，以充分调动职工群众的积极性，建立正常的生产秩序。

4. 通过压缩城市人口，如回乡人口仅占全厂职工总人数的15%左右，没有超过20%者，原则上不再增加劳动力，应尽可能从企业内部挖掘劳动潜力，不降低压缩劳动力以前的生产水平。

（四）工作中应注意的几个问题

1. 压缩城市人口是一项十分艰巨和极为紧迫的政治任务，必须切实加强领导，不失时机，深入细致和扎扎实实地做好思想发动工作，并尽可能地帮助回乡职工解决一些能够解决的具体困难，使他们真正是自觉地、愉快地回到农村参加农业生产，不允许采取停餐、扣粮等强迫命令的办法。

2. 对于有条件回乡的职工，均应在充分做好思想工作的基础上，采取自报申请、组织审批，应尽可能事先与有关公社、大队联系安排好以后再批，成熟一个就欢送一个。

3. 对于回乡职工的工资福利待遇问题，应切实贯彻群众路线的方法，实事求是地、正确地处理，一般可根据内查外调情况，先在骨干中讨论评定，然后发动回乡职工自己评定，并出榜公布。

4. 在压缩城市人口的工作中，从厂级到车间的领导力量应有适当分工，使现场生产和日常工作有专人负责，不能使生产大幅度下降，同时应做好保卫工作，防止敌人破坏。

先锋公社党委一五金厂整风工作组

一九六一年六月十五日

中共湘潭市雨湖人民公社委员会关于在干部中开展整风运动的安排*

（一九六一年八月二十六日）

一、整风的目的、意义：

1958年来，我公社和全市一样，工业、交通、文教、卫生等各项工作都取得了很大的成绩，积累了不少的经验，几年来的工作证明：党委领导、政治挂帅、群众路线等都是一些成功的经验。

今年以来，我们按党中央提出的"调整、巩固、充实、提高"的八字方针，在市委的正确领导下，又进行了一系列的工作。在工业方面，进行了定质、定量调整体制，按照社会主义的分配原则，改变了一些不合理的分配制度。通过这些工作，工人的生产积极性不断提高，生产面貌不断改变，今年1—7月份，主要产品比去年同期增加14种，产量大部分有所上升，今年二季度的工业生产总值比一季度增长20.21%。在生活福利方面，根据"自愿参加、自由组合、单独核算、自负盈亏"的原则，将74个食堂下放了67个，托幼组织也下放了一部分，这样就克服了包办代替，适合了群众的心愿。其他文教、卫生、财贸等方面，也进行了很多工作，取得了一定的成绩。

前段，通过"先改后整、大改小整"取得了不少成绩，但从目前来看，仍然存在不少的问题，如生产上的瞎指挥、管理不善、制度混乱、企业亏本、劳动纪律松弛、劳动组织不合理、管理人员多、生产人员少、部分干部的工作方法简单、办事粗糙、民主作风发扬不够、有的特殊化仍然很严重等等。正因为有这

* 原件现存于湘潭市雨湖区档案馆。

些问题的存在，所以党委提出要自上而下的开展整风。整风的目的，简单地说来就是四条：

1. 总结经验，发展生产，调整生产关系，贯彻城乡手工业“35 条”，使生产关系适应生产力的发展，争取国民经济在三年跃进的基础上继续跃进。

2. 改变干部思想作风。

3. 坚决执行政策。

4. 整顿干部队伍、健全各项制度。

为达到这个目的，必须把整风运动搞深、搞透，其标准有五条：

1. 发动群众达到 100%。

2. 彻底揭开盖子，讲尽心里话，把一切矛盾揭发出来，达到深、广、尽、透。

3. 所有应解决而又能够解决的问题，都要得到基本解决，使群众满意。

4. 通过整风，达到人人精神饱满、个个心情舒畅、干群关系密切、又有民主、又有集中、又有纪律、又有自由、又有统一意志、又有个人心情舒畅、生动活泼的政治局面。

5. 在整个运动中，生产一直上升，要求出现“三高”（高产、高质、高工效）、“二无”（无废品、无浪费）、“一低”（低成本）的新纪录。

二、整风内容。总的是：总结经验、转变作风、贯彻政策、健全制度，具体来说是“四大作风、两大改进”。

（一）“四大作风”

1. 官僚主义作风：不了解下情，不深入实际，不做调查研究，生产瞎指挥。

2. 不民主作风：遇事包办代替，独断专行，不和群众商量，而是我说你听，我的命令你服从。

3. 特殊化作风：超越一切规章制度，不按照国家的政策办事，不和群众同生活、同劳动、同商量，而是个人突出。

4. 资本主义经营作风：违反国家政策法令，单纯追求高效利润，贪大求洋，不从实际出发，没有为生产服务、为消费服务、为出口服务的观点。

（二）“两大改进”

1. 改进企业管理（8 个内容）

①分配问题：必须贯彻按劳分配、多劳多得、不劳不得的原则。

②产供销问题:必须环环扣紧,不至脱节,哪些组的渠道能够恢复,哪些生产方式成本最低、产量最多、质量最高,哪些供应方法最便民利民、最适合国家的需要、群众的心愿。

③经济核算问题:以厂核算,还是班组核算;单位成本核算,还是综合成本核算,究竟哪种办法好。

④根据单位设备、技术、原材料等条件,确定重点产品。

⑤几年来政治思想教育存在哪些问题,如何加强这方面的工作。

⑥计划管理如何抓,如生产计划、财务计划、利润计划等。

⑦建立一些什么样的制度最切合实际,既能调动群众积极性,又能堵死一切漏洞,防止混乱。

⑧工厂如何实行定质、定额、定成本、定原材料、定产量、定质量。过去做了哪些,现在还有哪些应该做。

2. 改进生活管理:吃饭、睡觉、娱乐、学习、如何促进生产、增进职工干部身体健康;食堂、住房、福利等方面存在有哪些问题。

总之,各单位必须以整风为纲,认真总结几年来的经验和教训,提高思想,端正认识,消除怨气,鼓足干劲,促进生产,推动工作,使各方面的工作出现新的面貌,在现在基础上大大向前推进一步。

中共湘潭市雨湖公社委员会

一九六一年八月二十六日

关于株洲市田心区城市人民经济生活若干问题的意见*

（一九六二年八月）

一、公共食堂问题

公共食堂是群众自愿参加的集体生活福利组织，应当坚持“积极办好，自愿参加”的原则，真正做到自愿参加，自愿退出，便利群众便利生产。

从当前现实条件出发，根据群众的意见和要求，职工家属，街道居民，可以办食堂，也可以不办食堂，可以办全部人参加的食堂，也可以办部分人参加的食堂。工厂企业、机关、团体、学校的职工也可以单独办食堂，也可以参加居民、家属食堂，也可以不参加食堂；可以以单位或车间办食堂，也可以以几个单位或几个车间联合办食堂。

食堂规模不宜过大，职工食堂一般在200人至300人左右，居民食堂根据居住条件一般以不超过100户为宜。

凡愿意退出食堂的职工、家属、居民，应一律允许退出，并做到有领导、有计划地退好，妥善安置，切实解决以下几个具体问题：

（一）帮助解决好炊具、用具问题。缺乏炊具、用具的户，可以采取三种办法解决：1. 商业部门及时组织供应。2. 原食堂借用个人的炊具、用具，应退给原主。3. 食堂规模缩小或停办后，一部分小型炊具、用具可卖给群众。

（二）做好粮、油、煤（柴）、菜等生活物资的供应。凡要求退出食堂的人员，有关部门应及时办理粮、油、煤（柴）、菜等生活物资的供应关系，做好供应

---

* 原件现存于株洲市档案馆。

工作。同时今后在生活物资供应上,应该与参加食堂人员一样,同等待遇,一视同仁。

(三)原有食堂占用私人开垦的菜地,应该一律退还给本人。

(四)家属、居民食堂在处理群众退食堂的时候,应该将食堂的现金、实物和食堂小家务认真进行一次清理结算,公布账目,经过民主讨论,合理处理。并要防止因群众退出食堂而造成对家畜、蔬菜和各种财产的破坏和浪费。

继续办下去的食堂,应该坚持积极办好,自愿参加,单独核算,自负盈亏的原则,逐步实行食堂企业化。同时,必须建立健全制度,加强民主管理,民主选举管理委员会,选举食堂工作人员(职工食堂例外)。食堂管理员、炊事员,应该由品质好,作风好,办事公道,有管家过日子经验的人担任,并且随时接受群众的监督。食堂账目要做到日清月结,按月公布,定期进行审查,杜绝贪污漏洞。

公共食堂必须实行严格的经济核算,改善经营管理,节约开支,尽量做到吃饱、吃好、吃省。在有条件的地方,食堂应尽可能搞一些副业生产(如养猪、种菜)增加收入,改善生活。职工食堂的副业生产,应以不增加定员,不妨碍生产为原则,利用业余时间,有组织的进行,并要注意量力而为。家属、居民食堂的管理费用(包括工作人员的工资),在目前条件下,应该从积极发展养猪、种菜收入中解决一部分;以参加食堂人员中收一部分管理费。管理费不宜收得过多,一般以2—5角为宜(职工不收),困难户可以少收或者不收;其余由人民公社和参加食堂人员的所属单位从福利金中给予一部分补贴。补贴比例,应该根据不同地区的不同情况确定,基本定死,包干到食堂,节余归食堂,以发挥经营副业生产的积极性。随着食堂收入的增加,补贴部分应逐步减少,以逐步达到食堂企业化的目的。

必须坚持计划用粮,以人定量,指标到人,节约归己制度。

为了照顾大集体下的小自由,在假期、节日里,群众要求回家做饭的,食堂应该允许,并分给一定数量的粮、油、盐、菜等主副食品。对于因病要求临时回家做饭的人员,也应予以照顾。

每一个食堂都应由群众民主讨论,分别制定各个食堂的管理办法,真正实行群众自己办,自己管理。

二、蔬菜、猪肉的生产和供应问题

城市蔬菜、猪肉的供应来源，主要实行以农村生产为主，工厂、机关、学校自种自养为辅。有条件的工厂企业，也可以采取完全自种自养，蔬菜、肉食供应全部自给。

1. 为了保证城市蔬菜、猪肉的供应，城市近郊应该坚定不移地贯彻“以菜、肉为纲”的方针，实行按劳分配的原则，加强经营管理，按照城市需要，大力发展蔬菜、生猪和其他副食品的商品性生产。城市对于蔬菜、生猪等副食品的商品性生产所需要的肥料、饲料、设备等应予优先供应。城市的猪饲料，今后主要用于蔬菜地区和养猪基地，每头猪每月供应三七糠 60 斤。社员私人养猪，自愿卖给国家者，按照规定，每头猪给谷 50 斤。

城市工厂、机关、部队、学校的种菜、养猪，应该以不妨碍生产和工作为原则，根据可能条件，采取群众性与专业队伍相结合的办法。种菜、养猪应该主要是利用业余时间去搞，一律不搞专业队伍，但有条件的单位，可以组织小型专业队。城市种菜主要是就近开垦荒地，对过去租用农村的土地，如目前没有力量进行种植的，应立即退还给生产队。为了调动广大职工集体种菜的积极性，应贯彻按劳分配的原则。职工利用业余时间集体种菜的收入，大体上以 30%左右上缴本单位食堂，作为生产工具、种子、肥料等开支，以 70%左右由食堂按国家收购牌价付给同等价值的食堂菜票（不在食堂开餐的可以给钱），由参加生产的人进行评工记分，按劳分配。同时对于交菜多的集体或个人，除按质论价付给菜票以外，食堂在蔬菜供应数量上应给予适当照顾。为了鼓励工厂、机关、部队、学校以及公共食堂饲养生猪的积极性，国家按各单位吃粮指标计算，每 100 斤米供应 3 斤细糠作饲料，所饲养的生猪完全归本单位支配，不顶猪肉供应指标。除此以外，如有条件多养，国家可另外供给饲料（每头每月 60 斤三七糠），饲养的生猪，以 80%顶国家供应肉食指标，20%归饲养单位支配。积极鼓励城市居民、职工家属发展私人种菜、饲养家畜等家庭副业。个人自种的蔬菜，自养的家畜家禽，除自食以外，可以卖给国家，也可以自由出卖。私人饲养的生猪，凡自愿卖给国家的，每头供应谷50斤，按每100斤毛重，自留肉40斤，由商业部门发给肉票。

城市不论工厂、机关、学校、部队或私人开垦的荒地，如果因建设需要占用时，占用单位，应给予土壤改良费和生产补偿。

2. 蔬菜、猪肉的供应。蔬菜的供应应本着优质优价、按质论价，由商业部门、生产单位、消费单位三方面协商，按季公平合理议定价格，分别不同情况，采取如下供应办法：(1)大的集体单位，采取产销见面、划地包干的办法，直接与蔬菜大队签订合同，及时供应。(2)较小的集体伙食单位，可以几个单位联合与一个蔬菜大队挂钩，也可以由商业部门指定蔬菜供应点供应。(3)单独起伙户，由商业部门定点直接供应，也可以在集市贸易市场购买蔬菜。(4)蔬菜大队根据合同按期、按质、按量向挂钩供应的单位和指定的蔬菜门市部送菜，收购单位应根据优质优价，按质论价的原则，送多少，收多少，并按照送菜路程远近和数量，付给送菜力资，力资标准原则上按每100斤蔬菜七分钱一华里(船运力资按运输部门运费结算)，消费单位也可以利用职工业余时间，直接上菜地取菜，节省运费。(5)城市蔬菜供应上，商业部门应该统筹兼顾，全面安排，积极支持生产，组织供应。特别是对于与蔬菜大队直接挂钩的消费单位，商业部门应该负责调剂品种，调剂淡旺季的余缺，组织加工。

猪肉的供应。一般的以区为单位，以各区的蔬菜大队为主，既包蔬菜生产，又包肉食生产。有条件的工厂，也可以由国家按规定划给一定地区的养猪、种菜基地，由工厂直接领导，并按规定发给饲料，实行以工厂为单位，肉食、蔬菜供应全部包干。

实行包干生产和供应后，为了鼓励城市各区养猪的积极性，实行多养多吃的原则，克服猪肉供应上的平均主义，各区的猪肉供应标准，应该有所不同。

猪肉供应水平，在目前条件，生产职工的供应指标，应该高于家属、居民的供应指标。今后七个月内，力争做到职工供应指标平均每人每月半斤，家属、居民每人每月三两(包括节日在内)。除了国家按指标供给以外，各单位可以多养多吃。

三、商品分配和供应问题

商业工作是联系生产与消费之间、生产与生产之间的纽带，应该大力改进。进一步加强政治观点、生活观点和群众观点，做到合理分配，活跃经济，促进生产，方便群众。

1. 改变商业体制，增设商业网点。现在国营商业的单线供应，与当前生产水平和群众要求不相适应，必须认真改进。应该以国营商业为主，在国营商业的领导下，按照"管而不死，活而不乱"的原则，恢复集体所有制商业、集市贸易，实行国营商业、公私合营商业、合作社商业、集市贸易四线供应的办法，统筹兼顾，全面安排，各得其所。商业网点的分布，应该根据人口和生产单位的分布、交通条件、群众习惯情况，加以合理安排，采取综合与专业、大与小、铺面与摊贩，固定与流动等方式，进行合理的布局。可以考虑以区为单位建立供销社，以人民公社的管理区为单位建立消费合作分社，以经营蔬菜等副食品为主，适当经营一部分布匹、百货、小五金、日用杂品等商品，以及开设旅社等业务，也可以组织收购和代销城市居民家庭副业、手工业产品；销售合作社，由群众集股投资，并受群众监督。以蔬菜生产大队为单位建立供销分社，负责生产。生活资料供应和农副产品的收购。将原来合并到国营商业的小商小贩分出一部分，组织合作商店或合作小组，经营小饮食业、服务业、小土特产、小百货、迷信品以及国营和集体商业没有经营的商品。

2. 商品分配应该尽量做到合理，力求简化供应手续。凡关系到国计民生较大的商品，在目前条件下，仍应实行凭票凭证供应的办法，但凭票凭证供应的范围应尽量缩小，并应尽量做到公平方便，接受群众的监督，杜绝一切走后门和私分多分的现象。对于一般物资，应该坚持自由选购的办法，并且自由选购的范围要尽可能扩大。

3. 大力改进商业部门的经营管理，改善服务态度。一切商业单位必须健全财务制度，严格实行经济核算。加强商品的调发工作，合理组织运输，减少中转环节，节约流转费用，改善储存保管，防止和减少商品的损坏流失现象。对于剩余变质商品的处理，应给基层商业单位一定的机动权，避免统得过死，以致失去处理时机，造成不应有的损失，为了调动商业工作人员的积极性，改进服务态度，必须坚持政治挂帅和物资鼓励相结合的原则，加强政治思想教育，实行基本工资加奖励或计件工资制，贯彻按劳付酬。

四、托儿所、幼儿园，小学教育问题

城市托儿所、幼儿园，应该根据生产需要和群众要求，可以办日托，也可以办全托，一般以日托为主。自愿参加，自愿退出，加强管理，积极办好。收费标准应该是日托从低，全托适当加高。工作人员的工资开支和玩具、用具的添置费用，主要应从各单位福利费用和人民公社公益金中解决。

城市小学教育，应采取国家办和民办“两条腿走路”的办法，大力普及，城市适龄儿童都应该组织入学。校舍不够的，应由工厂、人民公社采取因陋就简的办法，调剂解决。师资问题，主要由各单位自行解决，不足的由教育部门解决。

五、职工住宅问题

职工住宅问题是当前群众生活中一个突出问题，必须全面安排，千方百计，具体解决。解决办法：(1)对现有职工住房进行一次全面摸底、清理，从实际出发，分别不同情况，采取调整、搬移、压缩城市人口等办法，合理安排。对于有些职工占用房子较多的，或公用事业占用房子较多，应该合理调整，坚决压缩，对于已调离工作的职工家属仍住本单位的，应该尽可能迁出，对于一切应该动员回乡，又有条件回乡的职工家属，必须坚决动员回乡。(2)在不依靠国家投资、供应原材料的原则下，新建和改建一部分简易宿舍。(3)由工厂所在地的人民公社开设一部分旅馆，以便于职工家属来厂探亲，避免职工家属来厂探亲长期占用职工住宅的现象，并控制城市人口的增加。

六、手工业问题

手工业生产是国民经济中一个重要的组成部分，它同社会生产、人民生活的关系非常密切，迅速恢复并且力求进一步发展手工业生产，充分发挥手工业行业多，机动灵活，便于适应各方面需要所增品种，提高质量，满足人民生活需要是当前一个重要的经济任务和政治任务。也是缓和目前市场紧张的一个重要措施。

凡是大跃进以来合并升级到国营工厂或社办工业、街道工业的手工业，应该根据有利生产，便利群众的原则，按照不同情况，从实际出发，在五、六月份迅速予以恢复。

1. 原升级合并到国营工厂企业的手工业，其中能够办好的，生产的产品能够代替又能满足社会需要的，可以不再恢复，已经实现机械化了的，不应该再恢复原来的手工操作。但有些手工业升级合并后，对生产不利，对群众不便的应该退回。

2. 已转为社办工业的，其中凡是能够按照社会需要，保持和恢复原有品种和数量的。对人民便利的，就不再分散，仍属公社集体所有。

3. 原升级合并到国营和社办工业的修理服务行业，不便于生产，不便利群众的，而适于小集体经营的，按行业组织手工业生产合作社或合作小组。

4. 凡是属于家庭副业性质的手工业，可以作为家庭副业，采取个体经营。

一切需要恢复的手工业，原来人事手工业的工人和干部应该归队，个别确因生产需要不能调回的，要经过批准，同时对于原有手工业的资金、厂房、工具也要随着归队。

手工业的工资，应该贯彻按劳分配，多劳多得的原则，分别不同情况采取多种多样的形式。既可以实行比例分成或计件，也可以实行基本工资加奖励，对于一些修理服务行业以及一些游街串巷的手工业者还可以按照具体情况，分别采取计件工资、集体与个人分成的办法或者收入包干、自负盈亏的办法，以提高他们的积极性。

手工业企业应当实行单独经济核算，自负盈亏。要充分发扬勤俭办社的优良作风，多想办法，克服困难，增加生产，厉行节约，紧缩非生产开支，反对铺张浪费。手工业企业的收益分配，应该既保证社员的合理收入，又保证社员享受必要的福利，同时还要有一定的积累。在目前情况下，积累不宜过大，并且在积累部分中以多留少缴的办法较好，以利于调动群众的积极性，促进手工业的发展。

为了适应手工业服务形式、生产方式以及生产产品,都是多种多样化的特点,应该采取多种多样的办法,在服从国家计划管理、价格管理和市场管理的原则下,合理解决手工业生产的供产销问题。第一种是由国家完全供应原料或者供应大部分原料以及主要原料,产品全部交给国家包销,其中超产部分提价收购或者采取其他奖励形式给予适当奖励;第二种是由国家基本上供应原料,产品分成,一部分国家包销,一部分自销;第三种是基本上不供应原料,自购原料,自产自销。

在恢复和发展手工业生产中,要积极提倡就地取材,就地生产,充分利用废品废料,综合利用大工厂的下脚料,减少原材料供应环节,扩大原材料来源,增加生产,并且要有计划地建立原材料基地,自产自用。

家庭手工业对于供应社会需要,有重要的作用,它是社会主义经济的补充和得力助手,应该采取积极领导,具体帮助的方针,由商业部门或者手工业部门采取加工订货、产品包销、自产自销和来料加工等办法,给予生产上的服务,政策上的管理,思想上的指导,充分发挥其积极作用。

在恢复和发展手工业中,要提倡手工业师傅带徒弟。同时,要从政治上提高手工业工人特别是一部分服务业从业人员的地位,并加强对他们的政治思想工作,要扭转社会上有些人轻视手工业的风气,手工业干部和职工要懂得自己所从事的工作是为人民服务的崇高的事业,这些工作同从事其他工作一样是十分光荣的,不要有自卑感。

为了加强对手工业的领导,分别成立市、区手工业联社,并在各级联社中,成立手工业供销经理部,帮助各手工业生产社、组组织部分原料的供应和产品的推销。在各个手工业合作组织中,要分别建立民主管理机构和各项管理制度,实行民主管理,民主办社。